EUの国際民事訴訟法判例

Entscheidungen zum europäischen und
internationalen Zivilprozessrecht

石川　明・石渡　哲 編

Herausgegeben von
Dr. Dr. h.c mult. Akira ISHIKAWA
Professor, emeritus Keio-Gijuku Universität
Dr. Satoshi ISHIWATA
Professor, Verteidigungsakademie

信 山 社

はしがき

本書出版の意図

　1957年のヨーロッパ共同体設立条約 [Vertrag zur Gründung der Europäischen Wirtschaftsgemeinschaft vom 25. März 1957.] (いわゆるローマ条約) を受けて、1968年に、民事及び商事事件に関する裁判管轄及び執行に関する条約 [EG-Übereinkommen vom 27. September 1968 über die gerichtliche Zuständigkeit und die Vollstreckung gerichtlicher Entscheidungen in Zivil- und Handelssachen] (いわゆるブリュッセル条約) が成立した。これ以降、ヨーロッパでは、民事訴訟に関する規定の国際的統一化の動きが活発になった。もっとも、ドイツの学界においては、各国の訴訟制度は、それぞれの国に固有の文化、政治体制、経済構造などを基盤として成り立っているという考え方もあって、必ずしも全ての学説がこのような統一化に積極的であるわけではないようである (この間の事情についは、たとえば、vgl. Rolf Stürner, "Das Eurpäische Zivilprozeßrecht - Einheit oder Vielfalt?", in: Wolfgang Grunsky u. a. (Hrsg.), Wege zu einem europäischen Zivilprozeßrecht, Tübinger Symposium zum 80. Geburtstag von Fritz Baur (1992), S.1ff.; Herbert Roth, "Die Vorschläge der Kommission für ein eurpäisches Zivilprozeßgesetzbuch", ZZP 109 (1996), 271ff.; Astrid Stadler, "Die Europäisierung des Zivilprozeßrechts", in: Claus-Wilhelm Canaris u.a. (Hrsg.), 50 Jahre Bundesgerichtshof, Bd. 3 (2000), S. 645ff. わが国の文献では、たとえば、貝瀬幸雄・比較訴訟法学の精神 257 頁以下 [1996年] 参照)。

　しかし、ヨーロッパ内で国際民事紛争が増加し、それにともない、各国において国際民事訴訟の判例の数も増加の一途をたどっているという現実は、否定できない。また、ブリュッセル条約の解釈について疑義が生じた場合になされる、構成国裁判所からヨーロッパ裁判所 [Gerichtshof der Europäischen Gemeinschaften] への付託の件数が増加し、その結果、同裁判所の判例も増加している。さらに、これらに対応して、ドイツにおいては、国際民事訴訟法の体系書および概説書ならびにブリュッセル条約、および、現在ではそれを引き継いでいるブリュッセル規則の注釈書が多数出版されるとと

はしがき

もに，個別の問題に関する論文や判例評釈も数多く公刊されている。事情は，他の EU 諸国においても，同様である（Jan Kropholler, Europäisches Zivilprozeßrecht, 7. Aufl., 2002, S. 20ff. にドイツを含めた各国の文献が掲載されている）。

とくに，ヨーロッパ諸国では，わが国とは異なり，国際私法の教科書において国際民事訴訟に関し相当程度の記述がなされているが，ブリュッセル規則（Ⅰ）（Ⅱ）は，デンマークを除く EU 諸国に対して拘束力を持つものであることから，さらには，これらの諸国で同規則の法源としての重要性は計り知れないことから，ブリュッセル規則に関する記述も多い。

さらに，アメリカ合衆国と EU 諸国との間では，ブリュッセル条約，ブリュッセル規則（Ⅰ）（Ⅱ）の適用はないにもかかわらず，アメリカのいくつかの教科書やケースブックでは，EU 法に関する言及がなされ（たとえば，Peter Hay, et al, Conflict of Laws, 11th ed. (2000), at 51, 63; F. Scoles, et al, Conflict of Laws, 3rd ed. (2000), at 1197; Symeon Symeonides, et al, Conflict of Laws: American, Comparative, International, 1998, at 724, 868），また，少なからぬ論説が公表されており，関心が払われている。

わが国においても，国際民事紛争の件数は増加し，その解決は現在の民事司法が抱える重要問題の1つになっている。そのような状況に応じて，国際民事訴訟法に関する学説も発展，深化している。学説は，もとより，一方で，アメリカ法への関心を示しているが，それは主としてアメリカの法廷で日本法人ないし自然である日本人が当事者となるケースが多いことに由来するものである。しかし，理論的には，今なおヨーロッパの学説ないし判例の成果が参酌されることが多い。

このような状況に鑑み，われわれは，ヨーロッパにおける国際民事訴訟に関する重要な判例を収集し，これらを1冊の本にまとめて，日本語で評釈を付けて紹介することは，学説のさらなる進展のためにも，また，実務のためにも大変に有意義なことであると考えて，本書の出版を企画した。もし，本書が学界や実務になんらかの寄与をなし得るとすれば，編者であるわれわれにとって，大変に幸せなことである。

はしがき

本書出版の経緯

本書の出版は，以下のような作業を経て行われた。まず，本書の編者の1人である石川が，以前から親交のあった，ドイツ連邦共和国フライブルク大学のディーター・ライポルト教授（Prof. Dr. Dr. h. c. Dieter Leipold）に，国際民事訴訟に関するヨーロッパ裁判所およびドイツの裁判所の判例の中から重要なものを選んでいただいた（後者については，下級審裁判例1件を含む）。そして，選ばれた判例を，この分野に関心を持っている，主として若手の研究者に，それぞれの希望をうかがいながら，割り当てて，執筆をお願いした。幸いにして，多くの研究者が執筆を快諾された。しかし，外国の判例研究を1冊にまとめて出版するという作業は，当初の予想よりもはるかに困難であったため，最初に企画を立てて，ライポルト教授に判例の選択を依頼した1999年から，実際に出版できるまでに約6年もの歳月が経過してしまった。その間にもヨーロッパ裁判所およびドイツの裁判所では，重要な判例が出されたので，ライポルト教授の提案に基づき，収録する判例を追加した。また，困難な編集作業に対応するため，執筆者の1人として本書の出版に参加していた石渡が，編集作業にも加わることになった。

表記等について

本書については，あらかじめ，以下のことをおことわりしておかなければならない。

(1) まず，上述のように，本書は企画から出版までに約6年もの歳月を費やしたため，その間に，各判例で争点になった問題について，さらに新たな判例が出たり，文献が公刊された。また，有力な文献のいくつかが改訂された。それのみならず，ヨーロッパにおける条約の変更によって，ヨーロッパの法状態自体が大幅に変わってしまった。すなわち，ブリュッセル条約が，2002年発効の，民事及び商事事件に関する裁判管轄並びに裁判の承認及び執行に関する2000年12月22日の理事会規則［Verordnung (EG) Nr. 44/2001 des Rates vom 22. Dezember über die gerichtliche Zuständigkcit und die Anerkennung und Vollstreckung von Entscheidungen in Zivil- und Handelssachen］（いわゆるブリュッセル規則（I））として，内容的に若干の変更をともない，引き継がれた。また，主として離婚事件の承認を対象とし

た、婚姻事件及び子に対する親の責任に関する手続の管轄並びに裁判の承認及び執行に関する2000年5月29日の理事会規則〔Verordnung (EG) Nr. 1347/2000 des Rates vom 29. Mai 2000 über die Zuständigkeit und die Anerkennung und Vollstreckung von Entscheidungen in Ehesachen und Verfahren betreffend die elterliche Verantwortung für die gemeinsamen Kinder der Ehegatten〕(いわゆるブリュッセル規則 (II)) が2001年に発効した (この間の詳細については、明治大学の芳賀雅顯助教授に、その概略を明らかにする解説を執筆していただき、それを本書に収録した〔本文1頁以下〕。各判例研究を読まれるさいに、この解説もあわせて読んでいただければ、幸いである)。そのため、早い時期に原稿を提出された執筆者には、大変にご迷惑をおかけしてしまった。そのような執筆者には、校正の段階で原稿に手を入れることと、各評釈の末尾に補正原稿を追加することによって、対応していただいた。おそらく、それでは、必ずしも十分な対応ができず、ご不満を抱かれている執筆者もおられることと思う。類書のあまりない企画であることをご考慮いただき、ご容赦をお願い申し上げる次第である。

(2) 本書は、23編の判例研究を収録し (同一原稿で2件の判例を取り上げた判例研究が2編あるので、取り上げられた判例は25件である)、執筆者は13名にのぼる。そのため、判例の紹介の仕方にも、また評釈の仕方にも、相当の差違がある。たとえば、判旨について、判決理由を長文にわたって逐語訳しているものもあるし、簡潔に要約して紹介しているものもある。評釈についても、外国およびわが国の学説を多数引用し、詳細に論じているものもあれば、簡潔な解説もある。これらの点については、編者が各執筆者の原稿に手を加えることはせずに、そのまま公刊した。他方、専門用語の訳語、記述の形式、ならびに、判例および文献の表記方法などは、編集にあたって、統一を試みた。しかし、それでもなお不統一な点が残り、読者および執筆者にご迷惑をおかけすることを、編者としては、恐れている。これらの点についても、やはり、類書が少ないこと、および、執筆者が多数にのぼったことのゆえに、統一化が困難であったことをご理解いただければ、幸いである。

なお、訳語の統一については、さらに一言申し述べておきたい。専門用語にいかなる訳語をあてるかは、各人がその用語をいかに理解しているかに掛かっており、たんなる形式上の問題には止まらないことを、われわれも承知

している。あるいは，執筆者の中には，本書において統一された用語に必ずしも納得されていない方がおられるかもしれない。しかし，これも，複数の執筆者による著作の宿命として，受け容れていただくよう，お願い申し上げる次第である。

(3) 本書では，読者の便宜のために，〈事実の概要〉および〈判旨〉の紹介と〈評釈〉の間に，関連する条約や法律の条文の邦訳を掲げた。執筆者の中には，邦訳の作成にあたり，参考にした先行文献を指摘された方も相当数おられる。しかし，この指摘をされなかった執筆者もいたこと，および，全ての先行文献を指摘するのは煩雑であることを考慮して，編者の責任において，指摘は省略することにした（凡例(5)に，各執筆者が参照した文献が列挙されている）。

おわりに

前述のように，ライポルト教授には，本書の企画の最初の段階で，判例の選択をお願いし，その後も，種々ご助言をいただいた。記して感謝申し上げる。しかし，編者達の不手際から，出版が大幅に遅延し，しかも，執筆予定者の中に，諸般の事情からついに脱稿に至らなかった方もいるため，選んでいただいた判例の中には本書に収録することができなかったものもある。ライポルト教授にこれらの点について，お詫び申し上げなければならない。

最後に，本書の出版を引き受けてくださった信山社，および，企画の段階から常にわれわれを助け，また励ましてくださった同社の渡辺左近氏に心から感謝申し上げる。渡辺氏のご協力と激励がなければ，本書は出版できなかったであろう。本書の出版については，手続法研究所の出版助成を受けた。記して感謝申し上げる。

　　　2005年7月20日

石　川　　　明
石　渡　　　哲

追記　編集にあたっては，明治大学の芳賀雅顯助教授に，用語や表現形式の統一など，重要な点から細部にいたるまで，御協力いただいた。記して感謝申し上げる。

Vorwort

Zur Intention dieses Werkes

Aufbauend auf dem "Vertrag zur Gründung der Europäischen Wirtschaftsgemeinschaft vom 25. März 1957" (sog. Römischer Vertrag) wurde im Jahre 1968 das "EG-Übereinkommen vom 27. September 1968 über die gerichtliche Zuständigkeit und die Vollstreckung gerichtlicher Entscheidungen in Zivil- und Handelssachen" (sog. Brüsseler Übereinkommen) getroffen. In der Folgezeit belebten sich die Bemühungen um eine europaweite Vereinheitlichung der Regelungen zum internationalen Zivilprozeßrecht in Europa. Unter Hinweis darauf, daß die jeweiligen Prozessrechtssysteme auf der eigenständigen Kultur sowie den gewachsenen politischen und wirtschaftlichen Systemen der einzelnen europäischen Staaten basieren, unterstützen freilich nicht notwendigerweise alle Stimmen in der deutschen Rechtswissenschaft das Voranschreiten einer solchen Integration (vgl. diesbezüglich aus jüngerer Zeit etwa Rolf Stürner, "Das Europäische Zivilprozeßrecht - Einheit oder Vielfalt?" in: Wolfgang Grunsky u.a. (Hrsg.), Wege zu einem europäischen Zivilprozeßrecht, Tübinger Symposium zum 80. Geburtstag von Fritz Baur (1992) S. 1ff.; Herbert Roth, "Die Vorschläge der Kommission für ein europäisches Zivilprozeßgesetzbuch", ZZP 109 (1996), S. 271ff.; Astrid Stadler, "Die Europäisierung des Zivilprozeßrechts", in: Claus-Wilhelm Canaris u.a. (Hrsg.), 50 Jahre Bundesgerichtshof, Bd. 3 (2000), S. 645ff., sowie etwa in der japanischen Literatur Yukio Kaise, "Das Wesen der Prozessrechtsvergleichung" (Hikakusoshōhōgaku no seishin), S. 257ff., (1996).

Der stetige Anstieg der grenzübergreifenden Streitfälle innerhalb Europas und damit auch der Zahl an Entscheidungen zum internationalen Zivilprozeßrecht in den jeweiligen Staaten sind jedoch unbestreitbare Fakten. Des weiteren nimmt auch die Anzahl der Entscheidungen des Gerichtshofes der Europäischen Gemeinschaften (EuGH) zu Auslegungsfragen des Brüsseler Übereinkommens als Ergebnis der steigenden Zahl der Vorlagebeschlüsse von Gerichten aus den Unterzeichnerstaaten des Abkommens zu. Diese Entwicklung findet beachtlichen Widerhall in Deutschland, wie die vermehrten

Vorwort

Veröffentlichungen von Lehrbüchern und Kurzlehrbüchern des internationalen Zivilprozeßrechtes sowie von Kommentaren zum Brüsseler Übereinkommen bzw. zu den nunmehr an die Stelle des Übereinkommens getretenen Brüsseler Verordnungen belegen, während zugleich immer häufiger Aufsätze zu einzelnen Problemen sowie Entscheidungsanmerkungen publiziert werden. In anderen EU-Ländern ist die Lage vergleichbar (vgl. Jan Kropholler, Europäisches Zivilprozeßrecht, 7.Aufl. 2002, S. 20ff., mit Nachweisen aus der deutschen und der Literatur der einzelnen Mitgliedsstaaten).

Im Unterschied zu Japan enthalten in den Staaten der EU die Lehrbücher zum Internationalen Privatrecht einen beträchtlichen Anteil an Ausführungen zum internationalen Zivilprozeßrecht, wobei gerade im Hinblick auf die Bindung aller EU-Staaten (mit Ausnahme Dänemarks) an die Brüsseler Verordnungen (I) und (II) sowie die überragende Bedeutung der Verordnungen als Rechtsquelle in diesen Staaten die Bezüge zu diesen Verordnungen besonders häufig und umfangreich ausfallen.

Ungeachtet der Unanwendbarkeit des Brüsseler Übereinkommens bzw. der Brüsseler Verordnungen zwischen den Vereinigten Staaten von Amerika und den EU-Mitgliedsstaaten ist auch in Amerika das Interesse groß, wie auf das EU-Recht bezugnehmende Zitate in vielen Lehr- und Fallbüchern (vgl. etwa Peter Hay, u.a., Conflict of Laws, 11.Auflage 2000, S. 51, 63; Eugene F. Scoles, u.a., Conflict of Laws, 3.Auflage 2000, S. 1197; Symeon Symeonides, u.a., Conflict of Laws: American, Comparative, International, 1998, S. 724, 868) und zahlreiche veröffentlichte Arbeiten zeigen.

Auch in Japan ist die Zahl der internationalen Streitfälle im Zunehmen begriffen, so daß ihre Bewältigung zu einem schwierigen Problem der Zivilgerichtsbarkeit geworden ist, weshalb im Gegenzug auch die Lehren zum internationalen Zivilprozeßrecht weiterentwickelt und ausgebaut werden. Wenn dabei das Interesse der Wissenschaft an amerikanischem Recht im Unterschied zu früher stärker hervortritt, ist dies vor allem auf die steigende Zahl von Prozessen in den USA zurückzuführen, an denen japanische juristische und natürliche Personen als Parteien beteiligt sind; rechtstheoretisch finden jedoch unverändert häufig die Früchte europäischer Rechtswissenschaft und Rechtsprechung Berücksichtigung.

In Anbetracht dieser Situation haben wir uns das Ziel gesetzt, wichtige europäische Gerichtsentscheidungen zum internationalen Zivilprozeßrecht zusammenzutragen und diese gesammelt in einem Band mit japanischer Kommentierung vorzustellen, in dem Bemühen, sowohl die Entwicklung der Rechtslehre weiter voranzutreiben als auch der Praxis ein wertvolles Hilfsmittel an die Hand zu geben. Wir würden uns als Herausgeber äußerst glücklich schätzen, wenn das Werk für Wissenschaft und Praxis einen kleinen Beitrag in diese Richtung leisten könnte.

Werdegang des Werkes

Zunächst wählte Herr Professor Dr. Dr. h.c. Dieter Leipold von der Universität Freiburg, Bundesrepublik Deutschland, ein langjähriger Freund des Mitherausgebers Akira Ishikawa, auf dessen Bitte wichtige Entscheidungen des EuGH und deutscher Gerichte zum internationalen Prozeßrecht aus (es findet sich darunter auch ein Judikat eines deutschen Instanzgerichtes). Diese Entscheidungen wurden sodann mit der Bitte um Bearbeitung an zumeist Nachwuchswissenschaftler mit Interesse an dem jeweiligen Fachgebiet nach deren Wünschen abgegeben, von denen sich erfreulich viele zur Bearbeitung bereitfanden. Allerdings stellte sich bald heraus, daß die Sammlung und Herausgabe von Forschungen an Entscheidungen ausländischer Gerichte in einem einzigen Band weitaus größeren Aufwand erforderte als zunächst angenommen, weshalb von den ersten Planungen und der Bitte an Herrn Prof. Leipold im Jahre 1999 bis zur tatsächlichen Veröffentlichung ungefähr 5 Jahre vergingen. Während dieses Zeitraumes fällten der EuGH und die deutschen Gerichte natürlich auch weiterhin wichtige Entscheidungen, die wir auf fachkundigen Rat von Herrn Prof. Leipold den bereits zu bearbeitenden Judikaten hinzufügten. Schließlich übernahm es Satoshi Ishiwata, nicht nur als Autor sondern zusätzlich auch als Herausgeber mitzuwirken, um Engpässen bei der Edition der Bearbeitungen zu begegnen.

Vorwort

Einige Bemerkungen zur Darstellung

Die Herausgeber möchten ferner vorab auf die folgenden Punkte hinweisen.

(1) Das Verstreichen der erwähnten Zeitdauer von immerhin 5 Jahren zwischen Planung und Veröffentlichung brachte es mit sich, daß in der Zwischenzeit Streitfragen vieler Entscheidungen erneut Gegenstand von Judikaten wurden, infolge derer einschlägige Literatur erstmals bzw. viele führende Veröffentlichungen in überarbeiteter Auflage erschienen. Hinzukommen die umfangreichen Veränderungen im Europarecht selbst aufgrund der Änderungen der europäischen Verträge. Zu nennen sind insbesondere die Ablösung des Brüsseler Übereinkommens durch die 2002 in kraft getretene "Brüsseler Verordnung (I)" (Verordnung (EG) Nr. 44/2001 des Rates vom 22. Dezember 2000 über die gerichtliche Zuständigkeit und die Anerkennung und Vollstreckung von Entscheidungen in Zivil- und Handelssachen), die kleinere inhaltliche Veränderungen mit sich brachte, sowie die sog. "Brüsseler Verordnung (II)" (Verordnung (EG) Nr. 1347/2000 des Rates vom 29. Mai 2000 über die Zuständigkeit und die Anerkennung und Vollstreckung von Entscheidungen in Ehesachen und Verfahren betreffend die elterliche Verantwortung für die gemeinsamen Kinder der Ehegatten), die sich vor allem mit der Anerkennung von Ehescheidungen befaßt und 2001 in kraft trat. (Herr Associate Professor Masaaki Haga von der Meiji Universität hat dankenswerterweise einen die Hintergründe der Veränderungen in dieser Zeit erhellenden Überblick verfaßt, den wir in das vorliegende Werk mit aufgenommen haben [S. 1ff.]. Wir würden uns freuen, wenn der Leser diesen im Zusammenhang mit der Lektüre der Entscheidungen und Besprechungen zur Kenntnis nähme.) Aus diesem Grunde kamen wir bedauerlicherweise nicht umhin, insbesondere den Autoren, die ihre Manuskripte frühzeitig eingereicht hatten, erhebliche Unannehmlichkeiten zu bereiten und ihnen abzuverlangen, ihre bereits im Stadium der Korrekturlesung befindlichen abgeschlossenen Kommentierungen zu überarbeiten und zu ergänzen. Gleichwohl sind wir uns darüber im klaren, dass auch dies im Zweifel nicht hinreichen dürfte, um mit den Entwicklungen während der Zeit der Verfassung des Buches Schritt zu halten, und dass dieser Umstand für einige Autoren sehr unbefriedigend sein dürfte. Wir bitten jedoch um Verständnis für diese Folge

Vorwort

der außergewöhnlichen Natur eines Projektes, zu dem es bisher kaum vergleichbare Werke gibt.

(2) In dem vorliegenden Buch sind 23 Beiträge enthalten (teilweise finden sich in zwei Beiträge Besprechungen zu zwei Judikaten, so das die Gesamtzahl der besprochenen Entscheidungen sich auf 25 beläuft), an denen 13 Autoren mitgewirkt haben. Es sollte daher nicht verwundern, wenn die Darstellungsweise der Entscheidungen sowie die Art und Weise der rechtlichen Erörterungen durchaus erhebliche Unterschiede aufweisen. So werden etwa manche Entscheidungen in direkter Übersetzung ganzer Passagen der Gründe wiedergegeben, während andere nur ihren wesentlichen Aussagen entsprechend zusammengefaßt vorgestellt werden. Desgleichen finden sich in den Erläuterungen teilweise umfangreiche Bezugnahmen auf in- und ausländische Literatur oder detaillierte Diskussionen, wo andere Autoren sich mit Kurzbesprechungen begnügen. Diesbezüglich haben die Herausgeber davon abgesehen, selbst Hand an die eingereichten Beitragsmanuskripte zu legen und diese unverändert übernommen. Stattdessen haben wir den Versuch unternommen, Übersetzungen von Fachtermini, die Form der Darstellung sowie Zitierweise von Rechtsprechung und Literatur etc. zu vereinheitlichen. Gleichwohl hegen wir die Befürchtung, durch verbleibende Unstimmigkeiten bei Lesern und Autoren gleichermaßen Verwirrung zu stiften. Auch in diesem Zusammenhang können wir nur auf Verständnis hoffen für die Schwierigkeiten der Vereinheitlichung von Beiträgen einer Vielzahl von Autoren bei der Umsetzung eines ungewöhnlichen Projektes, zu dem es bisher kaum Parallelen gibt.

Bezüglich der Vereinheitlichung der Fachbegriffe möchten wir noch anmerken, daß wir uns dessen bewußt sind, daß die Zuordnung einer ganz bestimmten Übersetzung zu einem Fachterminus immer vom Verständnis des einzelnen abhängt und daher nicht als reine Formalität betrachtet werden kann. Unter den Autoren gibt es daher wahrscheinlich einige, die mit der in diesem Buch gewählten einheitlichen Begrifflichkeit nicht notwendigerweise einverstanden sind. Wir bitten, auch dies letztlich als das Los einer wissenschaftlichen Arbeit, welche von einer Vielzahl von Autoren erstellt

Vorwort

wird, mit Nachsicht zu betrachten.

(3) Um dem Leser im übrigen die Arbeit mit den besprochenen Entscheidungen zu erleichtern, haben wir zwischen die Vorstellung von wesentlichem Sachverhalt und Gründen einer jeden Entscheidung und deren Besprechung eine japanische Übersetzung der einschlägigen Bestimmungen aus Verträgen bzw. Gesetzen einfügen lassen. Eine nicht unbeträchtliche Zahl der Autoren hat hierbei Referenzen auf Quellen der Übersetzung aufgenommen; da andere hiervon jedoch absahen und wir die Einfügung vollständiger Verweisungen auch eher für umständlich halten, haben wir uns als Herausgeber dazu entschlossen, auf eigene Verantwortung solche Verweisungen insgesamt aus den Manuskripten zu entfernen.

Abschliesende Bemerkungen
Wie erwähnt, erhielten wir beginnend mit dem Stadium der ersten Planungen des Buches großzügige Unterstützung von Herrn Prof. Leipold, die sich nicht auf die Auswahl der zu bearbeitenden Entscheidungen beschränkte, sondern auch im Anschluß daran in vielerlei Hinsicht anhielt, wofür wir an dieser Stelle unserer Dankbarkeit Ausdruck verleihen möchten. Es ist allein den Herausgebern zuzurechnen, wenn gleichwohl die Veröffentlichung des Buches sich stark verzögerte, darüberhinaus vor Abschluß ihrer Arbeiten aus vielerlei Gründen Personen aus dem ursprünglichen Autorenkreise ausscheiden mußten und somit von den ausgewählten Entscheidungen manche letztlich doch keinen Eingang in das Werk finden konnten.

Schließlich möchten wir dem Shinzansha Verlag für die Annahme des Buches zur Verlegung und die stete Unterstützung und Ermunterung von Beginn an durch Herrn Sakon Watanabe von Herzen danken. Ohne die Zusammenarbeit und Hilfe Herrn Watanabes hätten wir dieses Werk nicht vollenden können.

Am 20. Juli 2005
Akira Ishikawa
Satoshi Ishiwata

目　次

はしがき

ヨーロッパ国際民事訴訟法の最近の変遷 ……………………………芳賀雅顯… 1

第1部　管　轄

I　一般原則

1　国際裁判管轄の基準（二重機能論）／直接的一般管轄の
上級審における審理可能性（肯定） ……………………芳賀雅顯… 27

II　義務履行地

2　ブリュッセル条約5条1号に基づく義務履行地管轄 …長田真里… 44

3　義務履行地管轄 ……………………………………………芳賀雅顯… 55

III　不法行為地

4　ブリュッセル条約5条3号による不法行為地の国際裁判管轄
………………………………………………………………木川裕一郎… 83

5　名誉毀損の国際裁判管轄 …………………………………芳賀雅顯… 95

IV　財産所在地

6　財産所在地の国際裁判管轄 ………………………………中野俊一郎… 114

V　合意管轄

7　商人間での契約内容確認書に基づくブリュッセル
条約17条1項2文にいう管轄の合意の成否について…越山和広… 131

VI　相殺

8　①訴訟上の相殺と国際裁判管轄
②ブリュッセル条約による反訴の管轄と訴訟上の相殺
………………………………………………………………石渡　哲… 138

目　次

 Ⅶ　保全処分
  9　ブリュッセル条約24条における保全処分について ……越山和広…155

第2部　訴訟競合
 Ⅰ　訴訟係属
  10　ブリュッセル条約による訴訟係属の概念 ……………三上威彦…165
 Ⅱ　事件の同一性
  11　ブリュッセル条約21条の意味における請求権 …………酒井　一…176
  12　ブリュッセル条約21条の意味における「請求権」と「当事者」／
   ブリュッセル条約22条における「訴えの関連性」……酒井　一…182

第3部　送　達
  13　外国裁判所による訴訟差止判決（命令）の送達と内国公序
   ………………………………………………………………渡辺惺之…191
  14　外国に所在する被告への欠席判決の送達 ………………芳賀雅顯…202

第4部　外国判決の承認・執行
 Ⅰ　間接管轄
  15　外国判決の承認要件──間接管轄 ………………………芳賀雅顯…231
 Ⅱ　送　達
  16　外国判決の承認要件──送達 ……………………………芳賀雅顯…246
 Ⅲ　矛盾判決
  17　内外判決の矛盾 ……………………………………………芳賀雅顯…272
 Ⅳ　公　序
  18　アメリカの懲罰的損害賠償判決のドイツにおける執行可能性
   ………………………………………………………………中山幸二…299
 Ⅴ　離婚事件
  19　①法律行為による国内における外国人の離婚
   ②外国においてなされた私的離婚は，婚姻の解消にとってドイツ法

目　次

　　　が（も）基準になる場合には，承認適格を有しない。
　　　………………………………………………………三上威彦…315
　20　外国離婚判決に付随する裁判の承認 …………石川明＝芳賀雅顯…356
Ⅵ　実質的再審査の禁止
　21　承認管轄の審査方法と実質的再審査禁止の原則の限界
　　　………………………………………………………安達栄司…390
Ⅶ　執　行
　22　外国における執行の必要性とブリュッセル条約…………森　勇…417
　23　ブリュッセル条約50条における公の証書の意味について
　　　………………………………………………………越山和広…438

凡　例
(略記法一覧)

(1)　本書の構成

本書は，1つの事件を〈判決要旨〉〈事案の概要〉〈判旨〉〈参照条文〉および〈研究〉の部分に分けて紹介・解説を行っている。

(2)　紹介判例の掲載誌の表記方法

複数の雑誌や判例集に掲載されているものについては，掲載誌を＝で結んだ。その際，順番は，ヨーロッパ裁判所の判例については Slg. を，連邦通常裁判所の判例（判決または決定）については BGHZ を最初に掲げ，その他の掲載誌については各執筆者に委ねた。掲載誌上において判例と当該判例の評釈が離れた箇所で掲載されているときには，評釈の頁数はカッコに入れて表記することにした。

例：BGHZ 44,46 = NJW 1965, 1665 Anm. Maier (1650) = JZ ...

(3)　日本語文献などの引用

日本法のカッコ内での引用・法律雑誌の引用は，通常の略語による。また，本書で比較的頻繁に引用されている文献については，以下の略語を用いた。左側が本書での略語である。

安達・展開	安達栄司・国際民事訴訟法の展開（2000年）
石川＝小島・国際民訴	石川明＝小島武司編・国際民事訴訟法（1994年）
石黒・現代	石黒一憲・現代国際私法（上）（1986年）
石黒・国際民訴	石黒一憲・国際民事訴訟法（1996年）
石黒・深層	石黒一憲・国際民事紛争処理の深層（1992年）
兼子・体系	兼子一・新修民事訴訟法体系〔増補〕（1965年）
兼子ほか・条解	兼子一ほか・条解民事訴訟法（1986年）

凡 例

木棚ほか・概論〔第3版〕	木棚照一=松岡博=渡辺惺之・国際私法概論〔第3版〕（1998年）
木棚ほか・概論〔第3版補訂版〕	木棚照一=松岡博=渡辺惺之・国際私法概論〔第3版補訂版〕（2001年）
国際私法の争点〔新版〕	澤木敬郎=秌場準一編・国際私法の争点〔新版〕（1996年）
国際私法百選	櫻田嘉章=道垣内正人編・国際私法判例百選（2004年）
小林・紛争〔新版〕	小林秀之・国際取引紛争〔新版〕（2000年）
小林・紛争〔第3版〕	小林秀之・国際取引紛争〔第3版〕（2003年）
澤木=青山・理論	澤木敬郎=青山善充編・国際民事訴訟法の理論（1987年）
渉外百選〔第2版〕	池原季雄=早田芳郎編・渉外判例百選〔第2版〕（1986年）
渉外百選〔第3版〕	池原季雄=早田芳郎編・渉外判例百選〔第3版〕（1995年）
新実務講座（7）	鈴木忠一=三ケ月章編・新実務民事訴訟講座（7）（1982年）
新実務大系（3）	高桑昭=道垣内正人編・新裁判実務大系（3）（2002年）
注解民執（1）	鈴木忠一=三ケ月章編・注解民事執行法（1）（1984年）
注解民訴（3）	斉藤秀夫=小室直人=西村宏一=林屋礼二編・〔第2版〕注釈民事訴訟法（3）
注解民訴（5）	斉藤秀夫=小室直人=西村宏一=林屋礼二編・〔第2版〕注釈民事訴訟法（5）（1991年）
注釈民訴（1）	新堂幸司=小島武司編・注釈民事訴訟法（1）（1991年）
注釈民訴（4）	鈴木正裕=青山善充編・注釈民事訴訟法（4）（1997年）
古田・訴訟競合	古田啓昌・国際訴訟競合（1997）

凡 例

(4) 規則・条約・法律の名称

本書中，規則・条約・法律の邦語名称および独語名称の略記は以下のように統一した（ドイツ語による条約の表記は，主として，Jayme/Hausmann, Internationales Privat- und Verfahrensrecht, 12. Aufl. 2004 にしたがった）。

① 規則・条約

* ウィーン売買条約（国際物品売買契約に関する1980年4月11日のウィーンにおける国連条約）

CISG = Wiener UN-Übereinkommen über Verträge über den internationalen Warenverkauf vom 11. April 1980

* 契約債務の準拠法に関する条約（契約債務の準拠法に関する1980年6月19日のローマ条約）

EVÜ = Römisches EWG-Übereinkommen über das auf vertragliche Schuldverhältnisse anzuwendende Recht vom 19. Juni 1980

* ハーグ送達条約（民事及び商事事件における外国での裁判上及び裁判外の書類の送達に関する1965年11月15日のハーグ条約）

HZÜ = Haager Übereinkommen über die Zustellung gerichtlicher und außergerichtlicher Schriftstücke im Ausland in Zivil- und Handelssachen vom 15. November 1965

* ブリュッセル条約（民事及び商事事件に関する裁判管轄及び執行に関する1968年9月27日のブリュッセル条約）

EuGVÜ = Brüsseler EWG-Übereinkommen über die gerichtliche Zuständigkeit und die Vollstreckung gerichtlicher Entscheidungen in Zivil- und Handelssachen vom 27. September 1968

* ブリュッセル規則（I）（民事及び商事事件に関する裁判管轄並びに裁判の承認及び執行に関する2000年12月22日の理事会規則）

EuGVO = Verordnung (EG) Nr.44/2001 des Rates über die gerichtliche Zuständigkeit und die Anerkennung und Vollstreckung von Entscheidungen in Zivil- und Handelssachen vom 22. Dezember 2000

* ブリュッセル規則（II）（婚姻事件及び子に対する親の責任に関する手続の管轄並びに裁判の承認及び執行に関する2000年5月29日の理事会規

則)

　EheVO = Verordnung (EG) Nr.1347/2000 des Rates über die Zuständigkeit und die Anerkennung und Vollstreckung von Entscheidungen in Ehesachen und in Verfahren betreffend die elterliche Verantwortung für die gemeinsamen Kinder der Ehegatten vom 29. Mai 2000
* ヨーロッパ人権条約（人権及び基本的自由の保護に関するヨーロッパ条約）

　EMRK = Europäische Konvention zum Schutze der Menschenrechte und Grundfreiheiten
* ヨーロッパ送達規則（構成国での民事又は商事事件における裁判上及び裁判外の書類の送達に関する2000年5月29日の理事会規則）

　EuZVO = Verordnung (EG) Nr.1348/2000 des Rates über die Zustellung gerichtlicher und außergerichtlicher Schriftstücke in Zivil- oder Handelssachen in den Mitgliedstaaten vom 29. Mai 2000
* ルガノ条約（民事及び商事事件における管轄及び判決の執行に関する1988年9月16日のルガノ条約）

　LugÜ = Luganer Übereinkommen über die gerichtliche Zuständigkeit und die Vollstreckung gerichtlicher Entscheidungen in Zivil- und Handelssachen vom 16. September 1988
* ローマ条約（ヨーロッパ経済共同体設立のための1957年3月25日のローマ条約）

　EGV = Römischer Vertrag zur Gründung der Europäischen Wirtschaftsgemeinschaft vom 25. März 1957

② 法　律
* 家族法改正法

　FamRÄndG = Familienrechtsänderungsgesetz
* 基本法

　GG = Grundgesetz für die Bundesrepublik Deutschland
* 行政手続法

凡例

　　VwVfG = Verwaltungsverfahrensgesetz
* 　公課法
　　AO = Abgabenordnung
* 　裁判所構成法
　　GVG = Gerichtsverfassungsgesetz
* 　非訟事件手続法
　　FGG = Gesetz über die Angelegenheiten der freiwilligen Gerichtsbarkeit
* 　民事及び商事事件における二国間承認執行条約の実施に関する法律
　　AVAG = Gesetz zur Ausführung zwischenstaatlicher Anerkennungs- und Vollstreckungsverträge in Zivil- und Handelssachen
* 　民事訴訟法
　　ZPO = Zivilprozessordnung
* 　民法
　　BGB = Bürgerliches Gesetzbuch
* 　民法施行法
　　EGBGB = Einführungsgesetz zum BGB

(5)　規則・条約・条文の訳文の典拠

「はしがき」にもあるように，条約およびドイツの法律の翻訳に際して各執筆者が参照した文献を本文中それぞれの箇所で引用することは，煩雑であるため，ここでまとめて掲記する。

すなわち，①ブリュッセル条約については，岡本善八「わが国際私法事件におけるEEC裁判管轄条約（1）」同法29巻4号（1977年），②ブリュッセル規則（Ⅰ）については，中西康「民事及び商事事件における裁判管轄および裁判の執行に関する2000年12月22日の理事会規則（EC）44/2001（ブリュッセルⅠ規則）」国際商事法務30巻3号311頁（2002年），③ウィーン物品売買法については，曽野和明＝山手正史・国際売買法（1993年），および，山田鐐一＝佐野寛・国際取引法〔新版〕（1998年），④ドイツ民事訴訟法については，法務大臣官房司法法制調査部編・ドイツ民事訴訟法典（1993年），である。

凡 例

(6) 欧文略語

本書では以下の略記法に従った。

① 一 般

- a.a.O. = am angegebenen Ort：前掲
- Abs. = Absatz：項
- a.F. = alte Fassung：旧条文
- Anm. = Anmerkung：評釈，注
- Art. = Artikel：条
- Aufl. = Auflage：版
- BayObLG = Bayerisches Oberstes Landesgericht：バイエルン州最上級地方裁判所
- Beschl. = Beschluß：決定
- BGH = Bundesgerichtshof：連邦通常裁判所
- BVerfG = Bundesverfassungsgericht：連邦憲法裁判所
- ders. = derselbe：同前
- EuGH = Europäischer Gerichtshof = Gerichtshof der Europäischen Gemeinschaften：ヨーロッパ裁判所
- f. = und die folgende：および次の頁（欄外脚注）
- ff. = und folgende：および次の頁（欄外脚注）以下
- Fn. = Fußnote：脚注
- FS. = Festschrift：記念論文集
- GS. = Gedächtnisschrift：追悼論文集
- Hrsg. = Herausgeber：編集者
- KG = Kammergericht：ベルリン上級地方裁判所
- LG = Landgericht：地方裁判所
- m.w. N. = mit weiteren Nachweisen：その他の文献を参照
- OLG = Oberlandesgericht：上級地方裁判所
- Rdn./Rdnr./Rn./Rz. = Randnummer /Randziffer：欄外番号
- S. = Seite：頁
- Slg. = Sammlung der Rechtsprechung des Gerichtshofs：ヨーロッパ裁判所判例集

凡 例

- u.a. = und andere：そのほか
- Urt. = Urteil：判決
- usw. = und so weiter：など
- vgl. = vergleiche：参照

② 法律雑誌など
- ABl. = Amtsblatt der Europäischen Gemeinschaften
- All E.R. = All England Law Reports
- AWD = Außenwirtschaftsdienst des Betriebsberaters
- BGBl. = Bundesgesetzblatt
- BayObLGZ = Entscheidungen des Bayerischen Obersten Landesgerichts in Zivilsachen
- BGHZ = Entscheidungen des Bundesgerichtshofs in Zivilsachen
- BT-Drucks. = Drucksachen des Deutschen Bundestags
- BVerfGE = Entscheidungen des Bundesverfassungsgerichts
- Clunet = Journal de droit international privé
- C.M.L.R. = Common Market Law Review
- DNotZ = Deutsche Notar-Zeitschrift
- D.S. = Recueil Dalloz Sirey
- DZWiR = Deutsche Zeitschrift für Wirtschaftsrecht
- E.C.R. = European Court Reports
- EuGHE = Sammlung der Entscheidungen des Gerichtshofs der Europäischen Gemeinschaften
- EuZW = Europäische Zeitschrift für Wirtschaftsrecht
- EWiR = Entscheidungen zum Wirtschaftsrecht
- EWS = Europäisches Wirtschafts- und Steuerrecht
- FamRZ = Zeitschrift für das gesamte Familienrecht
- I.C.L.Q. = The International and Comparative Law Quarterly
- IPRax = Praxis des internationalen Privat- und Verfahrensrechts
- IPRspr = Die deutsche Rechtsprechung auf dem Gebiete des Internationalen Privatrechts
- JuS = Juristische Schulung

凡 例

- JZ = Juristenzeitung
- LM = Lindenmaier-Möhring Nachwerk des BGH
- LZ = Leipziger Zeitschrift
- MDR = Monatsschrift für Deutsches Recht
- N.J. = Neue Justiz
- NJW = Neue Juristische Wochenschrift
- NJW-RR = Neue Juristische Wochenschrift Rechtsprechungs-Report
- OLGZ = Entscheidungen der Oberlandesgerichte in Zivilsachen
- RabelsZ = Rabels Zeitschrift für ausländisches und internationales Privatrecht
- Rev. crit. = Revue critique de driot international privé
- Riv. dir. int = Rivista di diritto internazionale
- Riv. dir. int. priv. proc. = Rivista di diritto internazionale privato e processuale
- RGBl. = Reichsgesetzblatt
- RGZ = Entscheidungen des Reichsgerichts in Zivilsachen
- RIW = Recht der internationalen Wirtschaft
- Rpfleger = Der Deutsche Rechtspfleger
- StAZ = Zeitschrift für Standesamtswesen
- WM = Wertpapier-Mitteilungen
- WuB = Entscheidungssammlung zum Wirtschafts-und Bankrecht
- ZblJR = Zentralblatt für Jugendrecht und Jugendwohlfahrt
- ZEuP = Zeitschrift für Europäisches Privatrecht
- ZIP = Zeitschrift für Wirtschaftsrecht
- ZZP = Zeitschrift für Zivilprozess
- ZZP Int = Zeitschrift für Zivilprozess International

執筆者紹介

(50音順, ＊編者)

安達栄司	成城大学法学部教授
＊石川　明	慶應義塾大学名誉教授・朝日大学大学院法学研究科教授
＊石渡　哲	防衛大学校人文社会科学群教授
木川裕一郎	中央大学法学部助教授
越山和広	関西大学大学院法務研究科助教授
酒井　一	立命館大学大学院法務研究科教授
長田真里	大阪大学大学院法学研究科助教授
中野俊一郎	神戸大学大学院法学研究科実務法律専攻教授
中山幸二	明治大学大学院法務研究科教授
芳賀雅顯	明治大学法学部助教授
三上威彦	慶應義塾大学大学院法務研究科教授
森　勇	中央大学大学院法務研究科教授
渡辺惺之	立命館大学大学院法務研究科教授

ヨーロッパ国際民事訴訟法の最近の変遷

芳賀雅顯

I　はじめに——新世紀におけるヨーロッパ民事訴訟法の素描(1)
1　ブリュッセル条約

　ヨーロッパにおける民事訴訟法の簡素化ないし統一化への具体的な動きは，今から半世紀近く前まで遡ることになる。1957年のヨーロッパ経済共同体設立条約（いわゆるローマ条約）220条（1997年のアムステルダム条約では293条）は，裁判および仲裁の相互承認・執行に関する方式の簡素化に向けて必要な措置を講ずることを構成国に義務づけていた。これを承けて，1968年9月27日に，「民事及び商事事件に関する裁判管轄及び執行に関する条約」がブリュッセルで署名された（いわゆる「ブリュッセル条約」。以下でもこの名称を用いる。ドイツでは EuGVÜ と表記されることが多い）。この条約は，外国判決の承認に関するルールを統一しただけでなく，構成国が判決国として裁判をする場合の国際裁判管轄，すなわち審理管轄［Entscheidungszuständigkeit］も規定しているので（いわゆる, convention double），構成国裁判所および当事者は渉外訴訟の訴え提起段階からこの条約に拘束されることになる。原構成国は，イタリア，オランダ，ドイツ，フランス，ベルギーおよびルクセンブルクであり，1973年2月1日に発効している。この1968年条約に関しては，ジュナール［Jenard］が報告書を著している。その後，この条約に新たに加入する国が現れ，そのたびに若干の修正を受けてきた（ただし，実質的修正がなされない場合もある）。まず，最初の加入条約［Beitrittsübereinkommen］が1978年10月9日にルクセンブルクで署名され，アイルランド，デンマークおよび連合王国が新たな構成国になった（1978年条約）。この条約については，シュロッサー［Schlosser］が報告書を著している。第2の加入条約は，1982年10月25日に同じくルクセンブルクで署名され，ギリシャが構成国となった（1982年条約）。第3加入条

約は，1989年5月26日にサン・セバスチャンで署名され，ポルトガルとスペインが構成国となった（1989年条約）。第4加入条約は，1995年1月1日にオーストリア，スウェーデンおよびフィンランドがEUに加盟したことに伴い，1996年11月29日にブリュッセルで署名された（1996年条約）。

ブリュッセル条約の基本的な枠組みを示すと以下のようになる。なお，ジュナール報告書（1968年条約）およびシュロッサー報告書（1978年条約）には，邦訳がある（後掲III 1を参照）。

なお，本解説は2003年11月25日までに参照しえた文献・規則などに基づいて執筆した。

＊ブリュッセル条約
前文
第1章　適用範囲　　　　　　　　　　　　第1条
第2章　管轄
　第1節　一般規定　　　　　　　　　　　第2条〜第4条
　第2節　特別管轄　　　　　　　　　　　第5条〜第6条a
　第3節　保険事件の管轄　　　　　　　　第7条〜第12条a
　第4節　消費者事件の管轄　　　　　　　第13条〜第15条
　第5節　専属管轄　　　　　　　　　　　第16条
　第6節　管轄の合意　　　　　　　　　　第17条，第18条
　第7節　管轄および手続の適法性の審査　　第19条，第20条
　第8節　訴訟係属および関連訴訟　　　　第21条〜23条
　第9節　保全処分を含む暫定的措置　　　第24条
第3章　承認および執行　　　　　　　　　第25条
　第1節　承認　　　　　　　　　　　　　第26条〜30条
　第2節　執行　　　　　　　　　　　　　第31条〜第45条
　第3節　共通規定　　　　　　　　　　　第46条〜49条
第4章　公の証書および訴訟上の和解　　　第50条，第51条
第5章　一般規定　　　　　　　　　　　　第52条，第53条
第6章　経過規定　　　　　　　　　　　　以下略

2 ルガノ条約

ブリュッセル条約が構成国を増やし成功裏に運営されていることは、EU（当時はEC）に加盟していない国にとっても、同条約は魅力的な存在となった。ブリュッセル条約59条は、第三国と条約を締結することを排除しないと明文で規定している[2]。そこでブリュッセル条約の構成国（1988年当時は、アイルランド、イタリア、オランダ、ギリシャ、スペイン、デンマーク、ドイツ、フランス、ベルギー、ポルトガル、ルクセンブルクおよび連合王国の12ヶ国）とEFTA（欧州自由貿易連合）締約国（当時は、アイスランド、オーストリア、スイス、スウェーデン、ノルウェーおよびフィンランドの6ヶ国）は、1988年9月16日に、ブリュッセル条約と同内容の管轄および外国判決の承認・執行に関する条約（並行条約［Parallelübereinkommen］と表現される）をスイスのルガノで署名し、1990年代に18ヶ国で発効した（いわゆる「ルガノ」条約。以下でもこの名称を用いる。ドイツではLGVÜまたはLugÜと表記されることが多い）。これら2つの国家連合は相互に緊密な経済関係を有し、また巨大な市場を構成することから、本条約によってもたらされるヨーロッパワイドでの手続法分野における国際協調が有する意義は大きい。さらに、ルガノ条約62条は、EUにもEFTAにも加盟していない国に条約の加入を認めているが、これにより2000年2月1日にはポーランドでも同条約が発効した[3]。この条約については、ジュナール［Jenard］およびメラー［Möller］が報告書を著しており、邦訳がある（後掲III 1を参照）。

3 ブリュッセル＝ルガノ条約からブリュッセル規則（I）へ

ブリュッセル条約改定の動きは1996年に生じた。1997年には作業部会が設置され、1999年には改訂案が提示された。そして、最終的には、「民事及び商事事件における裁判管轄並びに裁判の承認及び執行に関する2000年12月22日の理事会規則」［EG-VO Nr.44/2001 v. 22.12.2000（ABl.EG 2001 L 12/1）］としてまとまった（いわゆる「ブリュッセル規則（I）」。以下でもこの名称を用いる。ドイツではBrüssel VO-I、EuGVVOまたはGVOなどと表記されることが多い）。ブリュッセル規則（I）は2002年3月1日に発効しており（同規則76条）、68条の規定によりブリュッセル規則（I）はブリュッセル条約に優先する。しかし、デンマークにはブリュッセル規則の適用がなく、デンマークとの関係では依然としてブリュッセル条約が適用される（同規則1条3項）。また、ルガ

ノ条約とブリュッセル規則（Ⅰ）の関係については，ブリュッセル規則（Ⅰ）がEU構成国との関係においてのみ適用されることから，ルガノ条約の締約国ではあるがEU構成国ではない国（アイスランド，スイス，ノルウェーおよびポーランド）では，引き続きルガノ条約が妥当することになる[4]。

なお，ヨーロッパ法でいう規則とは，日本法において通常理解されているものとは異なる。ここでの規則［Verordnung ; Regulation］とは，国内法上の手当（置き換え）を要することなく，直接の法的効力を構成国内で有する立法形式である（岡村尭・ヨーロッパ法180頁（2001年）参照）。

ブリュッセル規則（Ⅰ）の基本的な枠組みを示すと以下のようになる。

＊ブリュッセル規則（Ⅰ）
検討理由
第1章　適用範囲　第1条
第2章　管轄
　　第1節　一般規定　　　　　　　　　　第2条～第4条
　　第2節　特別管轄　　　　　　　　　　第5条～第7条
　　第3節　保険事件の管轄　　　　　　　第8条～第14条
　　第4節　消費者事件の管轄　　　　　　第15条～第17条
　　第5節　個別労働契約の管轄　　　　　第18条～第21条
　　第6節　専属管轄　　　　　　　　　　第22条
　　第7節　管轄の合意　　　　　　　　　第23条，第24条
　　第8節　管轄および手続の適法性の審査　第25条，第26条
　　第9節　訴訟係属および関連訴訟　　　第27条～第30条
　　第10節　保全処分を含む暫定的措置　　第31条
第3章　承認および執行　　　　　　　　　第32条
　　第1節　承認　　　　　　　　　　　　第33条～第37条
　　第2節　執行　　　　　　　　　　　　第38条～第52条
　　第3節　共通規定　　　　　　　　　　第53条～第56条
第4章　公の証書および訴訟上の和解　　　第57条，第58条
第5章　一般規定　　　　　　　　　　　　第59条～第65条
第6章　経過規定　　　　　　　　　　　　以下略

ブリュッセル条約からブリュッセル規則（Ⅰ）への変更点は後述するが，規則（Ⅰ）の概要は次のように簡単にまとめることができよう。まず，管轄に関しては，普通裁判籍（2条〜4条，59条，60条），特別裁判籍（5条から22条にかけて契約，扶養，不法行為，共同訴訟，船舶，保険，消費者契約，労働契約および専属管轄）ならびに合意管轄（23条，24条）のそれぞれについて，相当程度，条約独自に概念規定を置いている。訴訟競合に関しては，各国で管轄が競合する結果，同一紛争ないし関連する紛争が複数の構成国で提起された場合には，前訴が優先することとし（27条から29条），前訴とは条約独自の基準により基本的には裁判所または送達実施機関に訴状が先に提出された手続をいう（30条）。本案の管轄と保全処分の管轄は一致する必要はない（31条）。つぎに，外国裁判の承認・執行に関しては，自動承認制度が採られている（32条）。日本法との対比で特色を有するのは，34条が列挙する不承認事由（公序，送達，矛盾裁判）には管轄違反および相互保証が含まれていない点である。とくに管轄に関しては，保険事件，消費者事件，専属管轄などに反した場合を除いて不承認事由にはあたらないと明文で規定されている（35条）。したがって，その限度で管轄違反は判決国においてのみ主張が可能となる。執行に際しては，執行が申し立てられた裁判所は，方式さえ満たしていれば34条および35条の審査をすることなく，また債務者を審尋せずに強制執行を許可する（41条）。したがって，外国判決は形式的要件さえ満たしていれば承認されることになるので，自動承認といっても日本民事訴訟法118条，ドイツ民事訴訟法328条におけるそれとは異なる。債務者が不承認事由の存在を主張できるのは，不服申立手続においてである（43条3項）。この不服申立手続に対しては，上訴が可能である（44条）。公の証書および裁判上の和解に基づく強制執行も可能である（57条，58条）。

4　その他

　その他にもいくつかのヨーロッパワイドの条約がある。ヨーロッパ共同体設立に関する1997年アムステルダム条約65条以下は，民事事件に関する司法協力を定めており，すでにいくつかの分野では具体化がなされている[5]。
　(1)　ブリュッセル規則（Ⅱ）［EG-VO Nr.1347/2000 v. 29.5.2000（ABl.EG 2000 L 160/19）］

ブリュッセル条約，ルガノ条約およびブリュッセル規則（Ⅰ）は，それぞれ1条2項a（ルガノ条約では1条2項1号）で，婚姻，親子関係，後見，遺産などに関する事件を適用範囲から除外していたが，最近になり，「婚姻事件及び子に対する親の責任に関する手続の管轄並びに裁判の承認及び執行に関する2000年5月29日の理事会規則」が，制定された（いわゆる「ブリュッセル規則（Ⅱ）」。以下でもこの名称を用いる。ドイツでは Brüssel VO-Ⅱ, EheGVO, EheVO, EuEheVO などと表記されることが多い）。この規則は，2001年3月1日に発効している（同規則46条）。ブリュッセル規則（Ⅱ）は，事項的適用範囲の点を除いて，ブリュッセル条約とほぼ同じ規律方法を採る。同規則については，ボラス［Borrás］教授による報告書が著されており(6)，早晩，条文訳とともに本報告書についても邦訳の発表が期待される（なお，本書 **20** 事件の追補において，本規則の概要を示しておいた）。
　ブリュッセル規則（Ⅱ）の基本的な枠組みを示すと以下のようになる。

＊ブリュッセル規則（Ⅱ）
検討理由
第1章　適用範囲　　　　　　　　　　　　　第1条
第2章　裁判管轄
　　第1節　一般規定　　　　　　　　　　　第2条〜第8条
　　第2節　管轄および手続の適法性の審査　　第9条，第10条
　　第3節　訴訟係属および係属中の手続　　　第11条
　　第4節　保全処分を含む暫定的措置　　　　第12条
第3章　承認および執行　　　　　　　　　　　第13条
　　第1節　承認　　　　　　　　　　　　　第14条〜第20条
　　第2節　執行　　　　　　　　　　　　　第21条〜第31条
　　第3節　共通規定　　　　　　　　　　　第32条〜第35条
第4章　一般規定　　　　　　　　　　　　　第36条〜第41条
第5章　経過規定　　　　　　　　　　　　　第42条
第6章　最終規定　　　　　　　　　　　　　以下略

　(2)　送達規則［EG-VO Nr.1348/2000 v. 29.5.2000（ABl.EG 2000 L 160/37）］

構成国内における国境を越える送達の簡素化と迅速化を目的として,「構成国間での民事及び商事事件における裁判上及び裁判外の書類の送達に関する2000年5月29日の理事会規則」が制定された(ドイツでは,Zust-VOまたはEuZVOと表記されることが多い)。この規則は2001年5月31日より発効している(同規則25条)。規則の事項的適用範囲は送達条約の範囲をカバーし,構成国間では規則の方が優先する(同規則20条1項)。シュロッサーは,送達条約と対比した送達規則の特徴として次の3点を挙げている(7)。すなわち,第1に,郵便による送達が可能となったこと(14条),第2に,翻訳文の添付は合理的場合に限定されたこと(8条),第3に,送達における公序要件が設定されていないこと(送達条約13条参照),である。

(3) 証拠収集規則［EG-VO Nr.1206/2001 v. 28.5.2001(ABl.EG 2001 L 174/1)］

証拠収集の領域における裁判所間の協同作業を改善し,とくに簡素化と迅速化を目的として,「民事及び商事事件の証拠収集の領域における構成国の裁判所間の共同作業に関する2001年5月28日の理事会規則」が制定された(EuBVOと表記されることが多い)。この規則は,民事訴訟条約および証拠収集条約における司法共助ルールの対象を基本的にカバーし(一致はしていない),構成国間では規則の方が優先する(同規則21条1項)。また,アイルランド,オーストリア,ギリシャおよびベルギーといった,証拠収集条約に加盟していない国が本規則によって規律される点,その意義が強調されている(8)。

(4) 倒産規則［EG-VO Nr.1346/2000 v. 29.5.2000(ABl. EG 2000 L 160/1)］

「倒産手続に関する2000年5月29日の理事会規則」(EuInsOと表記されることが多い)は,2002年5月31日に発効し(同規則47条),ブリュッセル規則(Ⅱ)と同様に,ブリュッセル規則(Ⅰ)の1条2項の適用除外事項の1つをカバーしている。

(5) 司法情報に関する決定［ABl. EG 2001 L 174/25］

「民事及び商事事件に関するヨーロッパ司法ネットワークに関する2001年5月28日の理事会決定［Europäisches Justielles Netz für Zivil- und Handelssachen］」がある。刑事事件については,すでに同様のネットワークがあり,民事事件についても制定が望まれていた。このネットワークの目的は2つあるとされる。第1に,ウェブサイトでEUの法的活動［Rechtsakte］について情報が得られるようにすること,第2に,各国の司法当局者が定期的に会合

を持ち，相互理解を深めることである。

II　ブリュッセル規則（I）における変更点の概略

このように，ヨーロッパ民事訴訟法の動きは新世紀に入ってからも急速な展開を遂げているが，本書との関係で最も重要であるのはブリュッセル規則（I）である。ブリュッセル規則（I）は，ブリュッセル＝ルガノ条約の基本構造を継承しており（ブリュッセル規則（II）も基本的には同じ構造である），以下ではブリュッセル条約からブリュッセル規則（I）への移行に伴う内容上の変更点について簡単に触れておくことにする。なお，後掲III 2 の対照表において，もう少し詳しい変更点の解説とともに若干の参考文献も掲げた。ここでの記述は内容的には対照表と重複するが，改正点の大筋をまず先に把握しておくことは後述部分の理解に資すると思われるので，簡単に言及しておく（ここで引用する条文はすべてブリュッセル規則（I）のものである）。

まず第1に，国際裁判管轄については，契約事件の義務履行地，不法行為地，共同訴訟，保険事件，消費者事件，労働事件，不動産の専属管轄および合意管轄について改正がなされた。すなわち，まず契約事件の義務履行地管轄については，動産売買と役務提供に関して規則は独自に義務履行地概念を定めた（5条1号）。不法行為地管轄については，不法行為が発生するおそれがある地にも管轄が認められ，予防的な不作為請求を不法行為地管轄でなしうることになった（5条3号）。複数の被告を同一訴訟で訴えるときには，矛盾判決を回避することが求められるほど密接な関連性が請求にあることが求められた（6条1号）。保険事件では，保険契約者，被保険者または保険金受取人が原告となるときには，原告の住所地国で訴えを提起することができるようになった（9条1項b）。消費者事件については，従来よりも消費者事件として扱う適用範囲を広げた（15条）。労働事件については，労働者保護の観点から従来の判例理論を整理する形で，管轄を規定し直した（18条から21条）。不動産事件では，原則として不動産所在地国が専属管轄を有するとされているが，個人使用の短期間賃貸借の場合には，被告の住所地国も管轄を有するとされた（22条1項後段）。管轄の合意は，Eメールやファクスでもなしうるようになった（23条2項）。

第2に，訴訟係属との関係では，同一訴訟ではないが関連する複数の請求について訴訟が提起された場合に，後訴裁判所が，手続を中止する要件および却下する要件について改正された（28条）。国際的訴訟競合において前訴を優先させる扱いをしているが，前訴の判断基準について従来からの判例における解釈を変更し，条約独自に定めた（30条）。

　第3に，外国裁判の承認要件の中では送達の要件について，従来よりも要件を緩和する方向で改正された（34条2項）。また，外国裁判に基づく強制執行の許可申立ての手続は，方式性を具備しているか否かを審査するだけで承認拒否事由（34条，35条）の存否を審査せずに，また債務者を審尋することなく進められる（41条）。承認拒否事由の審査は抗告（[Beschwerde] 2審にあたる。ドイツでは，上級地方裁判所で行う）および法律抗告（[Rechtsbesch- werde] 3審にあたる。ドイツでは，連邦通常裁判所で行う）の段階において初めてなされる。第2審では対審手続が保障されているが（43条3項），第3審では任意的口頭弁論で手続は進められる。

　第4に，迅速な権利保護を実現するために，強制執行許可が下される前であっても，41条の要件を具備するときには仮の権利保護が認められる（47条1項）。

　第5に，外国裁判や訴訟上の和解，公の証書の証明に関しては，提出書類が簡素化された（54条，57条および58条ないし附属文書ⅤおよびⅥ）。

　第6に，法人の住所地概念について，規則独自の定義をおいた（60条）。

Ⅲ　ブリュッセル条約とブリュッセル規則（Ⅰ）の対照表

1　はじめに――若干の文献紹介

　本書において解説がなされている判例の多くは，ブリュッセル条約の解釈に関するものである。しかし，ブリュッセル条約は2002年3月1日施行のブリュッセル規則（Ⅰ）によって適用される局面が大幅に狭められた。また，ブリュッセル規則（Ⅰ）の多くの条文はブリュッセル条約の内容を引き継いでいるものの条文の位置が変わったり，判例・学説の進展を受けて（部分的ではあるにせよ）条文内容が改正されたものもある。本来は，ブリュッセル規則（Ⅰ）の条文を基礎に各判例解説がなされるべきであるが，本書の出版事情に

より必ずしも容易ではないことから，新たに以下に対照表を掲げ，その責を塞ぐこととなった。改正法に関する文献は膨大な量にのぼるが対照表作成の際に参考にした文献は，参照が容易な若干の注釈書ないし教科書に限定した(9)。なお，細部の変更と考えられる部分については，対照表には反映していない。したがって，必ずしも精確な対照表ではないことをお断りしておく。なお，中西康「ブリュッセルⅠ条約の規則化とその問題点」国際私法年報第3号151頁（2001年）にも，ブリュッセル条約からブリュッセル規則（Ⅰ）へ改正された際の変更点について解説がなされているので，ご参照いただきたい。

ブリュッセル規則（Ⅰ）の条文訳としては，中西康「民事及び商事事件における裁判管轄及び裁判の執行に関する2000年12月22日の理事会規則（EC）44/2001（ブリュッセルⅠ規則）〔上・下〕」際商30巻3号311頁，4号465頁（2002年）がある。また，中西康「民事及び商事事件における裁判管轄及び裁判の執行に関するブリュッセル条約（1）（2・完）」民商122巻3号134頁，122巻4＝5号254頁（2000年）が同条約の逐条解説を試み，関西国際民事訴訟法研究会「民事及び商事に関する裁判管轄並びに判決の執行に関するブラッセル条約公式報告書（1）～（21・完）」際商27巻7号（1999年）～29巻3号（2001年），同「民事及び商事に関する裁判管轄並びに判決の執行に関するルガノ条約公式報告書〔全訳〕（1）～（13・完）」際商29巻4号（2001年）～30巻4号（2002年）は，ブリュッセル条約とルガノ条約の公式報告書の邦訳である。今日では適用範囲が狭められたとはいえ，ブリュッセル＝ルガノ条約の多くの規定がブリュッセル規則（Ⅰ）に引き継がれていることに鑑みると，これらの文献は同規則の解釈を知る上で重要な参考資料であることに変わりはない。ブリュッセル条約の邦訳は，判例に掲げてある文献をご参照頂きたい。また，ルガノ条約の条文訳については，たとえば，奥田安弘・国際取引法の理論（1992年）308頁，西賢「ルガーノ条約と欧州共同体」国際法外交雑誌92巻3号1頁（1993年）を参照。なお，ナイ／ポカール（道垣内正人／織田有基子訳）「民事及び商事に関する国際裁判管轄権及び外国判決の効力に関する特別委員会報告書（1）～（15・完）」際商29巻2号（2001年）～30巻4号（2002年）も，ハーグ国際私法会議での議論に関するものではあるが(10)，同種の国際条約に関する資料として好個の比較対象の材料となりえよう。

2　対照表

ブリュッセル条約 [EuGVÜ]	ブリュッセル規則（I）[EuGVVO]
序文 [Präambel]	検討理由 [Erwägungsgründe]
1条	1条
2条	2条
3条	3条（附属文書I）注（a）
4条	4条（附属文書I）注（a）
5条	5条（1号，3号改正；労働事件につき18条から21条）注（b）
6条	6条（1号改正）注（c）
6条a	7条
7条	8条
8条	9条（1項b改正）注（d）
9条	10条
10条	11条
11条	12条
12条	13条
12条a	14条
13条	15条（1項，3項改正）注（e）
14条	16条
15条	17条
	18条から21条（新設）注（f）
16条	22条（1号，2号，4号改正）注（g）
17条	23条（1項改正，2項新設）注（h）
18条	24条
19条	25条
20条	26条（3項改正，4項新設）
21条	27条
22条	28条（1項2項改正）注（i）

23条	29条
	30条（新設）注（j）
24条	31条
25条	32条
26条	33条
27条	34条（2号改正）注（k）
28条	35条
29条	36条
30条	37条
31条	38条
32条	39条（1項，2項改正。附属文書Ⅱ）注（l）
33条	40条
34条1項2項（3項は45条2項へ）	41条（改正）注（m）
35条	42条（改正）注（n）
36条	43条（改正，附属文書Ⅲ）注（o）
37条	44条（改正，附属文書Ⅳ）注（o）
	45条（1項新設）注（o）
38条	46条
39条	47条（1項新設）注（p）
40条	43条
41条	44条
42条	48条
43条	49条
44条	50条（2項削除）
45条	51条
議定書3条	52条
46条	53条（改正）注（q）
47条	54条（改正，附属文書Ⅴ）注（q）
48条	55条
49条	56条

50条	57条（改正，附属文書Ⅵ）注（r）
51条	58条（改正，附属文書Ⅴ）注（s）
52条	59条
53条	60条（1項2項改正）注（t）
議定書Ⅱ	61条（新設）注（u）
議定書Ⅴa	62条（新設）注（u）
議定書Ⅰ	63条（新設）注（u）
議定書Ⅴb	64条（新設）注（u）
議定書Ⅴ	65条（新設）注（u）
54条	66条（改正）
54条a	削除
55条	69条
56条	70条
57条1項，2項	71条
57条3項	67条
	68条（新設）注（v）
58条	削除
59条	72条（改正）
60条から65条	73条から76条（新設）注（w）

３　対照表の注の解説

　以下では，煩雑をさけるため，ブリュッセル条約を条約，ブリュッセル規則（Ⅰ）を規則（Ⅰ）と略称する。主として参考にした文献は，対照表作成に用いた上述のドイツ語文献である。なお，規則において附属文書が用いられている箇所については，改正の有無にかかわらず内容に言及した。

（1）国際裁判管轄

　注（a）国際裁判管轄のブラックリスト　規則（Ⅰ）3条2項では，構成国の国際裁判管轄規定のうち一定のものについては利用することができないとしている（なお，規則（Ⅰ）4条2項も参照）。具体的には同規則の附属文書Ⅰにリストアップされており，ドイツに関しては民事訴訟法23条が定める財産所在地の管轄がこれに該当する。

注（b）契約事件の義務履行地および不法行為地の管轄　　規則（Ⅰ）5条は特別の国際裁判管轄を定めているが，この中で契約事件の義務履行地と不法行為地について変更がなされた。まず，義務履行地に関して，条約5条1号は，前段で契約債務の国際裁判管轄一般について定め，後段で労働契約について規定を置いていた。義務履行地概念は各国法上その内容が異なることから，その確定が問題になるが，ヨーロッパ裁判所の判例は法廷地国際私法が指定する契約準拠法により定まるとした。これに対して，学説からは，この解決方法ではフォーラム・ショッピングを招くとして批判が強かった。そこで，規則（Ⅰ）5条では，1号（a）に契約債務一般に関して義務履行地が管轄を有する旨の規定をそのまま置いたものの，(b)で特段の定めがある場合を除き，動産売買については動産の引渡地に，そして役務提供については役務の提供地が履行地にあたるとして，履行地概念を規則独自に具体的に定めた。ただし，契約事件全般について条約独自に義務履行地を定めているのではない点は注意を要する。なお，労働契約については，18条から21条にかけて規定を設けている（注（f）参照）。また，不法行為地管轄については，条約5条3号では，損害をもたらす事件が発生した地だけに管轄が認められていたが，規則（Ⅰ）5条3号では，事件が発生するおそれがある地にも管轄を認めた。これにより，旧法下では予防的不作為の訴えおよび予防的確認の訴えを不法行為地管轄で提起することができるのかという問題があったが，前者について立法的に解決された[11]。

注（c）共同訴訟の管轄　　規則（Ⅰ）6条1号は，共同訴訟の国際裁判管轄について定める。同号の改正の中心は，従来のヨーロッパ裁判所が展開してきた判例理論[12]を文言上明確にし，各被告に対して別個に裁判をした場合に矛盾判決が生じてしまうことを避けるだけの密接な関連性がある場合に限り，一方の被告の住所地において別の被告をも訴えることができるとした点にある。

注（d）保険事件の管轄　　条約8条2号では，保険契約者の住所地において保険者を相手に訴えを提起することができると定めていたが，規則（Ⅰ）9条1項bでは，保険契約者，被保険者または保険金受取人［Begünstigte］が訴えを提起するときには，原告の住所地も管轄を有すると定める。これにより，原告の裁判籍が広範囲で認められることとなり，弱者保護が図られた[13]。

注（e）消費者事件の管轄　　適用範囲について条約13条1項では，動産の割賦販売（1号），動産購入を目的とした消費貸借など（2号）を扱い，3号は役務提供および動産の引渡しについて定めていた。これに対して，規則（Ⅰ）15条1項では条約13条1項1号・2号はそのままにして，3号の部分を改め，役務提供と動産引渡の2つの場合に限定することなく，消費者が構成国で締結した契約について規則の適用を受けるとして，適用範囲を広げている。また，条約13条3項では，旅行契約には本節の規定は適用されないとしていたが，規則（Ⅰ）15条3項は，旅客運送と宿泊がセットになったパック旅行については例外的に適用するとしている。

注（f）労働事件の管轄　　条約5条1号後段では，労働契約事件に関する国際裁判管轄を定めていたが，規則（Ⅰ）では節を一つ起こして18条から21条にかけて比較的詳細な規定を置いている。この改正は，旧法下においてヨーロッパ裁判所が発展させてきた判例理論をもとにして定められたが，その基本にあるのは労働契約における弱者保護（労働者保護）である[14]。条約では，個別労働契約または個別労働契約から生ずる請求権が訴訟の対象をなすときには，労働者が通常の労務提供する地の裁判所に訴えを提起することができるものとし，通常の労務提供が同一国でなされていないときには，労働者を雇用した営業所が所在する（または所在した）地の裁判所でも雇用者を訴えることができると定めていた。規則（Ⅰ）では，まず18条1項は，個別労働事件の管轄について，18条から21条にかけての特別規定のほかに4条および5条5号（普通裁判籍）の適用があるとした。そのうえで，雇用者が構成国に住所を有していないものの，構成国に支店などを有するときには構成国内に住所を有するものと扱われる（18条2項）。また，19条によると，構成国に住所を有する雇用者を相手に訴えを提起する場合には，雇用者の住所地国（19条1号），労働者の労務提供地国（同一国で労務提供した場合）または労働者を雇用した営業所所在地国（複数の国で労務提供した場合），のいずれかによるとしている（19条2号）。19条2号の規定は，基本的に条約5条1号を受け継いでいる。そして20条は，雇用者側が提起する訴えは，労働者保護の見地から，労働者が住所を有する構成国の裁判所においてのみ可能と定めた。雇用者は労務提供地で労働者を相手に訴えを提起することができないので，本条はそのかぎりで，条約5条1号よりも労働者保護を強化している[15]。また21条

は，労働事件の合意管轄について定めている。それによると，紛争発生後に合意がなされたか，労働者側に法定管轄以外に付加的に管轄を認める場合にかぎり（つまり，労働者に有利に管轄を認める），合意は有効とされる（23条5項参照）。

注（g）不動産の専属管轄　不動産に関する物権ないし賃借権の訴訟では不動産所在地国の専属管轄とされるが（条約16条1号，規則（I）22条1号前段），新たに規則では，6ヶ月以内の個人使用の賃貸借契約で，両当事者が同一構成国に住所を有し，かつ賃借人が自然人であるときには，被告の住所地国においても訴えを提起することができるとした（同号後段）。

注（h）管轄の合意　電子的手法による合意も記録が永続する場合には，書面と同じに扱われることになった（規則（I）23条2項）。この規定により，Eメールやファクスによる合意も，本条に含まれることが文言上明らかにされた[16]。

(2)　訴　訟　係　属

注（i）関連訴訟の中止および却下　規則（I）28条は，複数の関連する請求をめぐって訴えが提起された場合について，従来の基本枠組みを変更せずに文言を改めた（同一当事者間の同一事件については規則（I）27条が規律する）。条約22条1項では，双方の請求が第1審に係属しているときには，後訴裁判所は手続を中止することができるとしていた。しかし，この文言では，前訴がすでに控訴審に係属しているときに後訴が提起された場合には，関連請求の二重訴訟を阻止しえないことになり，批判を受けていた[17]。そこで規則（I）28条1項は，双方の手続が第1審に係属していることという要件をはずし，関連請求の訴えが提起されたときには，後訴裁判所は，前訴裁判所の管轄が確定するまでは職権で手続を中止することができるとした。また，条約22条2項では，後訴裁判所の法廷地法により双方の手続を併合することが適法とされ，かつ前訴裁判所が双方の訴訟につき管轄を有しているときには，後訴裁判所は，申立てにより管轄を有しないことを宣言することができるとしていた。これに対して規則（I）28条2項は，双方の手続が第1審に係属し，前訴裁判所が双方の訴訟について管轄を有し，かつ前訴の法廷地法により併合が認められるときには，後訴裁判所は，申し立てにより訴えを却下することができるとした。このように関連請求の併合を第1審に限定した

のは，多くの国では控訴審での新訴提起を認めていないことから[18]，第1審に限定することで審級の利益を確保する点にある[19]。

注（j）訴訟係属の発生時期　規則（I）30条は，訴訟係属の発生時期について新たに規定をおいた。国際的訴訟競合の処理について前訴が優先するとの基本ルールを条約，規則ともに採用している（ただし，ブリュッセル規則（II）では異なる。この点は，17事件の追補を参照）。しかし，訴訟係属概念は各国で異なることからその判断基準が必要となるものの，条約にはこの点に関する規定はなく，ヨーロッパ裁判所はそれぞれの受訴裁判所が所在する国の法により判断するとした。しかし，これではフォーラム・ショッピングを招くなどとして批判があった。そこで，規則（I）30条は，訴訟係属の発生時期について従来からのヨーロッパ裁判所の解釈を改めて，条約独自の統一ルールを定めた。それによると，基本的に，訴訟を開始する書面が裁判所に提出されたとき，または書面が裁判所に提出される前に被告に送達される場合には，送達機関が書類を受領したとき，に訴訟係属があったものとされることになった[20]。

(3) 外国裁判の承認・執行

注（k）承認要件としての送達　規則（I）34条は外国裁判の承認要件を定めている。要件の多くは条約27条をそのままの形で受け継いでいるが，送達に関する2号は改正された。条約27条2号では送達に関しては，適式［ordnungsgemäß］かつ適時［rechtzeitig］に送達されることが求められていた。しかし，規則（I）34条2号では，被告の防御が可能なほどに適時に送達されることが要求されるにとどまった。したがって，適式でない送達であっても，被告がそれによって防御できないような場合に不承認となるにすぎない。その点で，承認要件が緩和されたといえる。しかも，判決国で不服申立てをしなかった場合は承認されることとなり，被告は判決国での上訴提起義務を課された。

注（l）強制執行の申立て　強制執行の申立ては（規則（I）39条），附属文書IIにより，ドイツでは地方裁判所または公の証書については公証人に宛ててなすものとされた。

注（m）執行許可宣言の手続　規則（I）41条は，執行許可宣言に関する手続の改正における核心部分をなすと評されている[21]。本条によると，当

事者が53条の定める書式（裁判の正本）を裁判所に提出すると，34条および35条が定める不承認事由を審査することなく，また債務者を審尋せずに，裁判所は遅滞なく執行許可の宣言を下すものとされた（承認要件の審査は，後述の不服申立の段階（注（ｏ））ではじめてなされる）。

　注（ｎ）裁判の送達　　強制執行の許可を求める申立てに関する裁判を申立人に通知することは，すでに条約35条に定められており，規則（Ｉ）42条1項がこれを受け継いでいる。同42条2項（新設）は，執行許可宣言だけでなく裁判それ自体を債務者に送達することを定めている。条約36条1項は執行宣言を債務者に送達することを規定していたが，規則は債務名義そのものも債務者に送達すると定めたことから，債務者は，不意打ちから解放されることになった(22)。

　注（ｏ）不服申立て　　規則（Ｉ）43条は，強制執行の許可を求める裁判に対する不服申立を定める。執行許可の申立てに関する裁判所の判断に対しては，条約では債務者側からの法的救済（36条）と債権者側からの法的救済（40条）を分けていたが，規則（Ｉ）では43条で統一的に規定した。ドイツでは，管轄裁判所は上級地方裁判所とされ（附属文書Ⅲ），また不服申立手段は抗告［Beschwerde］である。執行許可の申立手続では債務者は審尋されないが（41条後段），不服申立手続では相手方当事者に審問の機会が与えられた争訟手続［ein kontradiktorisches Verfahren］によるものとされている（43条3項）。不服申立ての期間は，債務者側からの場合は執行許可決定の送達がなされたときから1ヶ月以内であるのに対して（43条5項），債権者側からの場合についてはとくに規定は置かれていない(23)。不服申立理由は，45条の説明を参照。規則（Ｉ）44条は，43条の裁判に対する不服申立てを定める。不服申立ての裁判（43条1項）に対しては，規則（Ｉ）44条が定める附属文書Ⅳに基づき，ドイツでは，連邦通常裁判所への法律抗告［Rechtsbeschwerde］が可能とされた。期間は，原裁判の送達があった日より1ヶ月以内とされ，審理は任意的口頭弁論で進められる。規則（Ｉ）45条は，強制執行を許可した裁判に対する不服申立てにさいして，許可の取消しないし棄却をするための事由を掲げている。本条は，条約には直接対応する規定がない。本条1項により，第2審（43条）および第3審（44条）の裁判所は，34条および35条が規定する承認拒否事由の有無だけを審査する。また実質的再審査は禁止されている（45条2項）。

債務者側からの不服申立ての場合，審理の範囲は原則として規則（Ⅰ）45条1項に基づき34条および35条の事由（承認拒否事由）に限られる[24]。他方，①規則（Ⅰ）の適用範囲にあり，②39条が定める管轄裁判所に提起され，③53条の方式性を備えている場合には，外国裁判の強制執行は許可されることから[25]，執行が許可されなかった場合には，債権者は不服申立手続でこれらの事由が存在することを主張して不許可の取消しを求めることができ，裁判所は，①から③の事由が存在すると認定したときには，34条および35条に該当する場合にのみこれを退けることができる[26]。

注（p）保全処分　　規則（Ⅰ）47条1項（新設）は，外国裁判が41条の要件を具備しているときは執行許可宣言を得る前であっても，債権者は保全処分を求めることができるとした。執行宣言が下された後の保全処分に関する同条2項および3項は，条約39条を引き継いだ。

(4)　文書の証明

注（q）債権者による証書の証明　　規則（Ⅰ）53条2項および54条は，条約と比べて債権者による証書の証明を簡易化した。すなわち，強制執行を求める当事者は，裁判の正本（53条1項）のほかに附属文書Ⅴが定める様式（その内容は注(19)の文献の当該条文解説参照）の証明書（54条）を提出すればよいことになり（53条2項），条約46条および47条が様々な証書の提出を求めていたことと比べると，当事者の負担が軽減された[27]。53条1項は条約46条1号を引き継いだ。

注（r）公の証書の証明　　規則57条4項による公の証書の証明については，附属文書Ⅵにより，次の事項が証明されなければならない。①公の証書が発行された構成国名［Ursprungsmitgliedstaat］，②証明書を発行した当局（名称，所在地，電話番号・ファクス番号・メールアドレス），③文書を認証した当局（公の証書の作成に関与した当局，公の証書を登録した当局），④公の証書（書類の名称，日時，書類番号，当事者），⑤強制執行をなし得る文言，など。

注（s）裁判および訴訟上の和解に関する証明　　規則（Ⅰ）54条および58条が定める，裁判および訴訟上の和解に関する証明については附属文書Ⅴにより，次の事項が記載されなければならない。①裁判または訴訟上の和解がなされた構成国名［Ursprungsmitgliedstaat］，②証明書を発行した裁判所または当局（名称，所在地，電話番号・ファクス番号・メールアドレス），③受訴裁

判所または訴訟上の和解を締結した裁判所（裁判所の名称，所在地），④裁判または訴訟上の和解（日時，書類番号，当事者名，被告が応訴しなかった場合には送達の日時，判決主文または訴訟上の和解の文言），⑤訴訟費用の救助が認められた当事者の氏名，など。

(5) その他

注（t）法人の所在地　法人を相手に訴訟を起こす場合に，法人がどこに所在するのかについては，域内でも，本拠地法説［Sitztheorie］と設立準拠法説［Inkorporationstheorie］の対立がある（国際私法では，法人の従属法の決定問題という形で出てくる。日本では設立準拠法説，ドイツでは本拠地法説が支配的である）。そこで，法人を相手に訴訟を起こすときにいずれの基準によるのか決定する必要が出てくるが，条約53条1項後段は，受訴裁判所の法廷地国際私法が判断するとした。しかし，これでは管轄の積極的・消極的抵触（重住所・無住所）が生ずることになる。そこで，規則（Ⅰ）60条1項は，ヨーロッパ経済共同体設立条約（ローマ条約）48条1項と同様に，定款が定める本拠，主たる業務管理地，または主たる営業所所在地のいずれかの所在地に住所を有することとした。この方法では積極的な管轄抵触の問題は残るが，訴訟競合に関する一般原則で処理される(28)。ところで，本拠［Sitz］という概念は大陸法上のものであり，英国法とアイルランド法とは必ずしも調和しないことから(29)，同条2項で，これらの国については定款が定める本拠とは，登録地［registered office］，それがないときには法人格の付与がなされた地［place of incorporation］，また，それもないときには設立［formation; Gründung］がなされた地とした(30)。

注（u）条約では議定書の中で扱われていた部分を，規則では一般規定の中においた。

注（v）他の条約との関係

注（w）最終規定

(1) 本文で論ずるブリュッセル条約およびブリュッセル規則（Ⅰ）（Ⅱ）などに関する文献は，ドイツに限定しても膨大な量に及ぶが，本稿の性質上比較的参照が容易な若干の教科書，注釈書に限定して引用する。すなわち，Kropholler, Europäisches Zivilprozeßrecht, 7.Aufl.2002, Synopse

EuGVÜ/EuGVO (S. 534 ff.); Mayr/Czernich, Das neue europäische Zivilprozessrecht, 2002, S. 135 ff.; Münchener Kommentar/Gottwald, ZPO, Bd. 3, 2.Aufl. 2001, S.1971 ff.; Münchener Kommentar/Gottwald, ZPO, Akutualisierungsband, 2.Aufl. 2002, S. 838 ff.; Schack, Internationales Zivilverfahrensrecht, 3.Aufl. 2002, Rdnr. 106 d; Schlosser, EU-Zivilprozessrecht, 2.Aufl. 2003; Thomas/Putzo/Hüßtege, ZPO, 25. Aufl. 2003, Vorbem.15 zu EuGVVO である。
(2) これに関係して，いわゆる第三国問題 [Drittstaatenproblematik] と呼ばれる問題があるが，ここでは詳論する余裕はない。vgl.Schack, a.a.O. (Fn.1), Rdnr. 102 ff.
(3) ブリュッセル条約およびルガノ条約の各国での発効状況については，vgl. Schack, a.a.O. (Fn.1), Tabelle zu Rdnr. 82.
(4) Mayr/Czernich, a.a.O. (Fn.1), S. 16.
(5) 今後の展開については，たとえば，Mayr/Czernich, a.a.O. (Fn.1), S. 24 ff.
(6) ABl.EG 1998 C 221/27 v. 16.7.1998.
(7) Schlosser, a.a.O. (Fn.1), Vorb.zu EuZVO. aber vgl. auch. Schack, a.a.O. (Fn.1), Rdnr. 614.
(8) Vgl. Schack, a.a.O. (Fn.1), Rdnr. 718a.
(9) 注（1）の諸文献。
(10) なお，vgl. Schack, a.a.O. (Fn.1), Rdnr. 111b.
(11) Vgl. Kropholler, a.a.O. (Fn.1), Art.5 Rdnr. 68; Münchener Kommentar/Gottwald, a.a.O. (Fn.1), Art.5 EuGVO Rdnr. 19 f.
(12) Vgl. Thomas/Putzo/Hüßtege, a.a.O. (Fn.1), Art.6 EuGVVO Rdnr. 2.
(13) Kropholler, a.a.O. (Fn.1), Art.9 Rdnr. 1.
(14) Kropholler, a.a.O. (Fn.1), Art.18 Rdnr. 1.
(15) Schlosser, a.a.O. (Fn.1), Art.20 EuGVVO Rdnr. 1.
(16) Münchener Kommentar/Gottwald, a.a.O. (Fn.1), Art.23 EuGVO Rdnr. 5.
(17) Vgl. Münchener Kommentar/Gottwald, a.a.O. (Fn.1), Art.22 EuGVÜ Rdnr. 3.
(18) Münchener Kommentar/Gottwald, a.a.O. (Fn.1), Art.28 EuGVO Rdnr. 3.
(19) Vgl. Kropholler, a.a.O. (Fn.1), Art.28 Rdnr. 8.
(20) リュスマン「国際民事訴訟法における訴訟係属の時期」法研75巻9号79頁

(2002年)参照。

(21) Münchener Kommentar/Gottwald, a.a.O. (Fn.1), Art.41 EuGVO Rdnr. 1.

(22) Stadler, Die Revision des Brüsseler und des Lugano-Übereinkommens über die gerichtliche Zuständigkeit und die Vollstreckung gerichtlicher Entscheidungen in Zivil- und Handelssachen, in: Gottwald (Hrsg.), Revision des EuGVÜ, 2000, S.54 f.; vgl. Schlosser, a.a.O. (Fn.1), Art.42 EuGVVO Rdnr. 1.

(23) Vgl. Schlosser, a.a.O. (Fn.1), Art.43 EuGVVO Rdnr. 3.

(24) Vgl. Schlosser, a.a.O. (Fn.1), Art.43 EuGVVO Rdnr. 13.

(25) Thomas/Putzo/Hüßtege, a.a.O. (Fn.1), Art.41 EuGVVO Rdnr. 2.

(26) Thomas/Puzto/Hüßtege, a.a.O. (Fn.1), Art.45 EuGVVO Rdnr. 4.

(27) Kropholler, a.a.O. (Fn.1), Art.53 Rdnr. 1 ff.

(28) Vgl. Münchener Kommentar/Gottwald, a.a.O. (Fn.1), Art.60 EuGVO Rdnr. 1.

(29) Vgl. Kropholler, a.a.O. (Fn.1), Art.60 Rdnr. 3.

(30) なお，vgl. Halbhuber, Das Ende der Sitztheorie als Kompetenztheorie - Das Urteil des Europäischen Gerichtshofs in der Rechtssache C-208/00 (Überseering), ZEuP 2003, 418, 422 ff.

　本文脱稿（2003年11月25日）後に生じた法状況の変更について，若干補足する。

　まず，ブリュッセル規則Ⅰの適用範囲が拡大された。EU構成国として新たに10ヶ国（チェコ，ハンガリー，ポーランドなど）が加わったが，これらの国に対して同規則は，2004年5月1日から直接適用される（Thomas/Putzo/Hüßtege, ZPO, 26.Aufl. 2004, Vorbemerkung vor Art. 1 EuGVVO Rdnr. 1）。

　また，ブリュッセル規則Ⅱが廃止され，新たな規則が定まった。新規則は，「婚姻事件及び親の責任に関する手続の管轄及び承認執行に関する2003年11月27日のヨーロッパ理事会規則2201/2003（Verordnung (EG) Nr.2201/2003 über die Zuständigkeit und die Anerkennung und Vollstreckung von Entscheidungen in Ehesachen und in Verfahren betreffend die elterliche Verantwortung vom 27.11.2003)」という（ドイツの文献では，Brussel (II) a, EheVO ⅡあるいはEheVO n. F. と表記されることが多い）。法形式上は，旧規則

が廃止され，新規則が施行される形となっている（新規則72条）が，新規則では，婚姻事件については内容的な変更はなされていない。しかし，子に対する親の責任に関しては，包括的な変更がなされている（文献としては，たとえば，Jame/Kohler, Europäisches Kollisionsrecht, 2004: Territoriale Erweiterung und methodische Rückgriffe, IPRax 2004, S. 481, 490 を参照）。新規則72条によると，同規則は2004年8月1日に発効（Inkrafttreten）となっているが，その適用（gelten）は2005年3月1日からとされている。また，国際強制執行の分野においても，新たに規則が設けられた（同規則33条によると2005年1月21日発効，同年10月21日より適用）。邦語文献としては，春日偉知郎「ヨーロッパ債務名義創設法（『争いのない債権に関するヨーロッパ債務名義の創設のための欧州議会及び理事会の規則』）（2004年4月21日）について」国際商事法務32巻10号1331頁（2004年）に解説と条文訳がある。ドイツ語の文献としては，たとえば，Rauscher, Der Europäische Vollstreckungstitel für unbestrittene Forderungen, 2004.

さらに，ドイツ民事訴訟法は，新たに第11編「ヨーロッパ連合における司法共助（Justizielle Zusammmenarbeit in der Europäischen Union）」を起こし（2004年1月1日施行），2つのヨーロッパ規則に関する規定を設けた。まず，第1節として1067条から1071条にかけて，ヨーロッパ送達規則に関する規定を設けている。つづいて，第2節では1072条から1075条にかけてヨーロッパ証拠規則（同規則24条によると，2004年7月1日施行（Inkrafttreten），2004年1月1日より適用（gelten）とされる）に関する規定をおいている。

なお，ヨーロッパ民事訴訟法がドイツ国内訴訟法に及ぼす影響としては，たとえば，Koch, Einführung in das europäische Zivilprozessrecht, JuS 2003, 105, 108 では，①外国当事者を差別的に扱うことの禁止，②ヨーロッパ民事訴訟法が国内訴訟法のモデルとなること，③ヨーロッパ人権条約6条により公平な手続が求められたが，国内訴訟法がこれと整合するか問題となる場面が生じたこと，が挙げられている。

脱稿後の文献としては，たとえば，Schmidt, Europäisches Zivilprozessrecht, 2004 がヨーロッパ民事訴訟規則についてコンパクトにまとめてある。

第1部

管　　轄

1 国際裁判管轄の基準（二重機能論）
直接的一般管轄の上級審における審理可能性（肯定）

BGH, Beschluß vom 14. 6. 1965

芳 賀 雅 顯

BGHZ 44, 46＝NJW 1965, 1665 Anm. Maier (1650)＝JZ 1966, 237 Anm. Neuhaus＝JuS 1965, 458 Anm. Bähr.

〈判決要旨〉

国際裁判管轄の決定基準には民事訴訟法の国内土地管轄規定を用いるが，土地管轄違反を理由とする上訴を許さないとしたドイツ民事訴訟法512条aは，国際裁判管轄には適用されない。

〈事実の概要〉

ブルガリア国営企業の輸出入代理店である被告Yは，1956年7月18日付けの手紙で，原告Xに500トンのブルガリア産のイチゴジャムの取引を持ちかけた。Xは，Yに同年7月19日付けの手紙で，それに応じる旨を伝えた。その後Xは，同年7月25日付けの手紙でYに宛てて，ジャムはいつ発送準備可能なのかを問い合わせたところ，Yは8月6日に返答し，その商品をすでに他に売却したことを知らせてきた。

これに対しXは，1956年7月18日と19日のXY間の手紙のやりとりによって両者の売買契約は成立しており，Yは正当な理由なしに契約を解消したと主張し，損害賠償請求訴訟をドイツで提起した。Yは，ドイツの裁判所には国際裁判管轄はなく，ブルガリアの裁判所が管轄を有すると主張したところ，地裁は中間判決でYによる無管轄の抗弁を退けた。そこでYは，ドイツの裁判所は国際裁判管轄を有しないとの理由に基づき控訴した。これに対して上級地方裁判所は，土地管轄違反を理由とする控訴を認めないドイツ民事訴訟法512条aにかんがみて，上訴審による国際裁判管轄の審査は許されないとし，Yの控訴を却下した。Yが上告。従来の連邦通常裁判所の判断は，土地

管轄違反を理由とする上告を認めないドイツ民事訴訟法549条2項は国内土地管轄の問題のみならず国際裁判管轄の争いにも適用されるとしてきたが，連邦通常裁判所民事8部は1964年12月9日に (NJW 1965, 487)，裁判所構成法136条の規定に基づき，この問題を民事部大法廷に送付する判断を下した。

〈判　旨〉

　大法廷は，つぎのように述べて，上訴審による国際裁判管轄の審査を肯定した。「民事訴訟法は，国際裁判管轄，つまりドイツの裁判所と外国裁判所との管轄の限界付けを明確かつ直接には定めておらず (例外，民事訴訟法606条 b)，原則として裁判籍に関する民事訴訟法12条以下の規定を黙示的に指定することを通じて間接的に定めているに過ぎない。つまり，これらの規定によりドイツの裁判所が土地管轄を有しているときには，ドイツ法により裁判所は国際裁判管轄，つまり外国裁判所との関係で管轄を有する。民事訴訟法512条aと549条2項に関する従来の判例は，土地管轄と国際裁判管轄のこのような連結を基礎にしている。これらの判例によると，両規定は国際裁判管轄についても適用されなければならない。なぜなら，『土地管轄に関する民訴法の規定はドイツ裁判所の裁判権を相互に規律するだけでなく，同時に間接的に外国との関係でドイツの裁判権を行使する限界線をも定めているからである』 (RGZ 126, 196 ff.; 150, 265, 268)」。

　しかし，民事訴訟法の諸規定は土地管轄を規定するだけではなく国際裁判管轄についても適用されるのかという問題に対する答えは，土地管轄と国際裁判管轄に関する実定法上の連結から直ちに論理的に導かれるものではなく，本件ではむしろ，ドイツ民事訴訟法512条aと549条2項の解釈からのみ得られるとした。「512条aと549条2項の意味と目的は，主として立法経過から明らかになる。549条2項は，ライヒ裁判所の負担軽減を目的として，1905年6月5日の法律 (RGBl. I, 536) で挿入された。この規定は，帝国議会委員会の諮問により初めて草案に採り入れられ，その理由書で述べられているように，『ライヒ裁判所は管轄をめぐる争いから大幅に解放されることになった』。512条aは，1924年2月13日の民事訴訟法 (RGBl. I, 135, 143) に由来する。この法律は，上訴審の負担軽減と訴訟促進のために，控訴審での土地管轄に関する無管轄の抗弁を被告から奪った。それにより，法律は，土地管轄を有する裁

1　国際裁判管轄の基準など

判所にのみ訴訟に引き込まれるという被告の利益を，上級審裁判所を管轄の争いから解放し手続を迅速にするとの一般的利益よりも劣位に位置づけた。」「ドイツの第一審裁判所が等価値である——と仮定すべき——とすると，……土地管轄を肯定した区裁判所または地方裁判所の代わりに，他の区裁判所または地方裁判所が訴訟を裁判することについて被告は実質的利益を有しない。なぜならドイツのいずれの裁判所も事件を審理をすることができ，裁判所は同一の手続法と実体法を適用するからである。」「他方で，ある特定の訴訟がどの裁判所で判断されるかは，国家司法の関心事ではない。したがって，下級審裁判所が土地管轄を肯定したときに，……土地管轄に関するそれ以上の争いを無意味とみなし上級審から排除することができるとした。」

だが，下級審裁判所が不当に国際裁判管轄を肯定したと被告が主張したときには，利益状況はかなり異なる。被告が外国人である場合，「被告にとって重要であるのは，ドイツの裁判所ではなくその本国の裁判所が手続をすることである。被告に有利な場所にある裁判所が訴訟を進めるということによって，この利益が無くなるものではない——この観点はここでは二次的な意義しかない。」「さらに，国際裁判管轄は——土地管轄と異なり——法的紛争を処理する手続法をも決定する。なぜなら，ドイツの裁判所はドイツ訴訟法を適用し，外国裁判所はその外国固有の訴訟法を適用するからである。さらに，どの実体法により訴訟が判断されるのかということは，国際裁判管轄に依存することが稀ではない。ドイツの国際裁判管轄が肯定されると，ドイツ国際私法がどの実質法により争訟的法律関係を判断すべきかを定める。しかし，ドイツの国際裁判管轄が否定されると（したがって，原告が外国の裁判所に訴えを提起する），外国裁判所が，その国の国際私法にしたがい適用すべき法規範を決定する。したがって，国際裁判管轄の判断は——土地管轄の判断とは対照的に——訴訟の実質的判断を先取りしている。」「国際裁判管轄について国家司法の関心も，同じ方向を示す。両当事者がある事件をA地裁かB地裁のいずれで裁判するかで争っているときには無関心であるが，ある渉外事件をドイツの裁判所と外国裁判所のいずれで裁判すべきか問題になったときには関心を有する。……国家司法の観点からすると，この問題は，狭義のドイツ裁判権の限界に関する判断，たとえば主権免除のケース（これについては，ライヒ裁判所も512条ａ，549条2項の適用を否定する。RGZ 157,389,392）と同様で

29

ある。」「国際裁判管轄が争われている場合には——土地管轄の争いの場合と異なり——個々の関係者の利益と同様に，国家司法の関心もまた非常に重要であるので，重要性の低い争点についてのみ上級審から排除しようとした民事訴訟法が土地管轄についてのみ言及している場合に，国際裁判管轄についてもそのように考えているということは受け容れることはできない。」

「そのような解釈によってのみ，上告審でのその他の訴訟要件の扱いと一致する。……ドイツの通常裁判所ではなく，ドイツの労働裁判所，行政裁判所，社会裁判所または財政裁判所が管轄を有することを理由に控訴や上告を提起することができるのに，ドイツの裁判所ではなく外国の裁判所が裁判をなすことを理由に上訴提起をすることができないのは，矛盾であろう。

したがって，上級審裁判所へ提出した問題は，肯定されるべきである。〈これにより〉上訴審裁判所，とくに連邦通常裁判所の過大な負担が見込まれるが，従来の判例を変更するに足りる根拠があることにかんがみて，やむを得ない。」

〈参照条文〉
ドイツ民事訴訟法
　第512条 a　財産権に関する訴訟では，第1審裁判所が土地管轄を不当に肯定したことを理由に，控訴を提起することはできない。

　第549条
　第2項　上告裁判所は，第1審裁判所が事物管轄または土地管轄を有していたか，労働裁判所が管轄を有したか，または家事事件が存在したかを審査することはできない。

〈研　究〉
　I　本判決の意義
　連邦通常裁判所は，本件で，法廷地であるドイツが渉外民事事件の審理をするさいの国際裁判管轄の基準（直接的一般管轄）について，ドイツ民事訴訟法の定める国内土地管轄規定を用いる二重機能論にしたがうとしながらも，第1審裁判所の管轄違背を上訴理由とすることはできないとしたドイツ民事

訴訟法の規定（控訴審につき512条ａ，上告審につき549条2項）は，渉外民事事件については適用されないと判断した。この決定により，ライヒ裁判所以来，連邦通常裁判所においても繰り返し支持されてきた最上級審の判例を変更した点に意義がある。

Ⅱ　ドイツでの国際裁判管轄の決定基準と上訴審による管轄審査

　国際裁判管轄について，連邦通常裁判所は本決定で，ドイツ民事訴訟法は606条ｂといった例外を除き明文の規定を有していないとしたうえで，同法12条以下の土地管轄規定を黙示的に指定［stillschweigende Verweisung］して間接的に定めていると説き，現在のドイツの判例・通説と同様に二重機能論によることとした。

　このように国際裁判管轄の決定基準に関して，ドイツ民事訴訟法の規定が密接に関係してくるとなると，受訴裁判所による管轄有無の判断に不服があるときに上訴を提起することはできないと定める512条ａと549条2項の規定は(1)，渉外事件で適用されるのか否かが問題になる。ライヒ裁判所は，これらの規定は渉外民事事件についても適用されるとして，国際裁判管轄違反を理由とする上訴提起の問題を否定的に解し，連邦通常裁判所も当初はライヒ裁判所の見解にしたがっていた(2)。

　しかし，学説では，このような扱いに反対する見解が有力に主張されていた。とくに1937年に発表されたパゲンステッヒャー［Pagenstecher］の論文以降，この判例理論に反対する見解が増えたとされる(3)。そこでパゲンステッヒャーの主張を簡単に整理しておく。彼によると，控訴審手続は，判例の統一という公的利益も含まれるが，まず第1に当事者の私的利益に基づくとしたうえで，訴訟を自国でなしうるか外国でしなければならないのかという問題については，どこで訴訟を起こすかで準拠実体法が異なることから誰しも重大な利害を有すると述べ(4)，また，上告審では，ライヒ裁判所が説くようにとくに公的利益が問題になるが，それによって訴訟のいかなる段階においても国際裁判管轄を審査する要求が生ずるし，さらに，不当に国際裁判管轄を肯定した外国裁判所の判断はドイツ民事訴訟法328条1項1号により不承認とされるのに対して，不当に国際裁判管轄を肯定したドイツの裁判に対しては法的救済が認められないのは問題であるとする(5)。したがって，ドイツ

民事訴訟法512条aと549条2項は，国際裁判管轄の問題には適用も類推適用もなされないと説いていた(6)。

このような状況において，連邦通常裁判所は，本決定により従来の伝統的解釈からの方向転換を図った。再述をおそれずに，その骨子を簡単にまとめるとつぎのようになろう。つまり，512条aと549条2項に関するライヒ裁判所以来の解釈は，土地管轄の規定が国際裁判管轄にも全面的に適用されることを前提にしているが，本決定は土地管轄と国際裁判管轄は機能的相違があると指摘する。すなわち，ドイツの裁判所間相互での土地管轄をめぐる争いについては，いずれのドイツの裁判所で訴訟をしても，同一の手続法と実体法が適用されるので，被告の利益は第1審裁判所の地理的状況だけであるが，他方，外国裁判所とドイツ裁判所との国際裁判管轄の争いでは，自分が慣れ親しんだ本国の組織や母国語で手続を進める利益に関しては，本国の裁判所と他国の裁判所とでは全く異なるし，また訴訟法・準拠法の適用は内外いずれの裁判所に事件が係属するのかで異なる可能性があると述べる。さらに，国家の関心からすると，国際裁判管轄の問題は，主権免除のようなドイツの裁判権行使の限界と同様の立場にあると考えられるところ，主権免除についてはライヒ裁判所は既にこれらの条文の適用を否定している。そのうえ，ドイツの通常裁判所と特別裁判所との管轄問題はあるゆる審級で審査可能であるのに対して，ドイツの裁判所と外国の裁判所との管轄問題について上訴提起をすることができないのは矛盾であるとする。そして，渉外事件でドイツ民事訴訟法512条aと549条2項の適用を否定することから生じ裁判所の負担は，やむをえないものとした。

現在では，この連邦通常裁判所決定はドイツの学説・判例において圧倒的支持を受け，512条aと549条2項は渉外民事事件では適用されず，上級審裁判所が国際裁判管轄の調査をすることは一般的に認められている(7)。したがって，通説・判例によると，これらの条文が適用されるのは，国内土地管轄の問題に限定されることになる。ドイツにおいては民事訴訟法の土地管轄規定が，国内事件と渉外事件の双方のルールとなる二重機能の役割を果たすと理解されているにもかかわらず，本件のように管轄審査の局面で両者に違いを認めた理由としては，国際裁判管轄の有無が被告に及ぼす影響は，国内土地管轄の場合と比べて著しく重大な点にあると説かれる(8)。なお，国際裁判

管轄原因の有無の審査に際して，たとえば連邦通常裁判所は上級地方裁判所がなした管轄原因事実の認定には拘束されず[9]，被告がドイツに住所を有していたか否かを，連邦通常裁判所は独自に調べることができるとされる[10]。他方，ガイマー［Geimer］は通説とは異なり，応訴管轄（ドイツ民訴39条）が生じる訴訟では，被告が手続に関与している場合には上級審裁判所は当事者の責問によってのみ国際裁判管轄を審査するにすぎないが，39条の適用範囲外の場合には上級審裁判所は職権により管轄調査をなすと説く[11]。

III 日本における議論
1 従来の議論

わが国の民訴法においてもドイツ法と同様に，管轄違背を理由とする上訴の制限に関する規定がおかれている（現行民訴299条・312条2項3号，旧民訴381条・395条1項3号）。しかし，これらの条文が国際裁判管轄についても妥当するのかという問題について，わが国では，ドイツにおけるようなダイナミックな議論の展開はない。その理由としては，わが国における国際裁判管轄をめぐる論争において，かねてから国際裁判管轄と国内土地管轄規定の機能的相違が意識されてきたことから[12]，本件のような問題についてもドイツにおけるような条文の形式的な適用から出発することなく，機能的考察を展開していたのではないかと考えられる。

この問題について，今日のわが国の学説は一致して，管轄違背を理由とする上訴制限の規定は国際裁判管轄には適用されないとし[13]，ドイツの通説・判例と一致する。その多くは理由を述べていないが，おそらくは「国際的裁判管轄における場所的隔たりの大きさ，さらに訴訟手続，裁判所の用語，適用実体法の決定が国際的裁判管轄に依存していること」[14]から，国際裁判管轄の存否が当事者に与える影響が大きいことを理由としているものと考えられる。

また，裁判例についてみると，すでに多くの上訴審裁判所は国際裁判管轄の有無についての判断を行ってきており，渉外民事事件において民事訴訟法299条・312条2項3号の適用がないことを当然視していると考えられる。そのなかで，東京高裁平成8年12月25日判決は[15]，次のように述べて学説と同様に同条の適用ないし類推適用を明確に否定している。それによると，「右

の規定〈旧民訴381条〉は，訴訟経済の見地から，すでに第１審裁判所の終局判決がなされたいじょう，控訴審においては，当事者はもはや第１審裁判所の管轄について争うことができないとする趣旨のものであって，直接には国内の裁判管轄の問題に関して規定したものであるのに対し，国際裁判管轄の問題は，論理的に国内における裁判管轄の問題に先行するばかりでなく，前示のように当事者間の公平，裁判の適正・迅速を期するという理念により条理にしたがって決すべき事項であって，それは，単なる訴訟経済の観点を超え，他国との関係も含めたわが国における民事裁判制度の運営に関わる公益上の要請を重視して，専属管轄については右の主張制限から除外していることを考慮すれば，同条本文の規定は，国際裁判管轄違背の主張については適用ないし類推適用がないものと解するのが相当である」。

2　検　討
(1)　上訴裁判所による国際裁判管轄の審査

渉外民事事件においては，国内事件と異なり，国際裁判管轄違背を理由に上訴提起をなしうるとする，わが国およびドイツの通説・判例の扱いを支持すべきである。その根拠は，すでに紹介したものと大きく異なるところはない。すなわち，紛争解決に占める国内管轄と国際裁判管轄の位置づけが基本的に相違する点にある。国内事件においては適用される実体法・訴訟法はどの裁判所に訴えを提起しても同じである。ここでは，管轄の問題は，一国の裁判制度における等質的紛争解決を前提にしたうえで，どの裁判所に訴訟を提起することが適切かということに帰着する。これに対して，渉外事件における国際裁判管轄の問題は状況が異なる。つまり，準拠実体法が法廷地国際私法により定まり，また国際私法が国ごとに異なるので紛争解決基準たる準拠実体法が法廷地により違う可能性があること，また法廷用語は通常は法廷地での使用言語に限られると考えられ（裁74条参照），さらに訴訟手続も各国で相違することから，法廷地の設定は本案の結論をも左右する重大な問題である。くわえて，日本は，ドイツにおけるような二重機能論による明確な基準があるわけではなく，国際裁判管轄の決定について解釈に委ねられている比重が多いことから，最高裁による解釈指針の統一性への期待も大きくならざるを得ないといえる。このような点に鑑みると，国際裁判管轄の問題は国内管轄と同じ次元での純粋な手続問題として割り切ることは困難であり，管

轄違背を理由とする上訴提起を認めない民事訴訟法の規定の適用は，国内事件に限られると解すべきである。このような結論については，わが国でもおそらく異論はないと思われる。今日的課題は，むしろ，上訴審による国際裁判管轄の審査が肯定されることを前提に生ずる問題であるといえる。以下では，それらの諸問題について考えてみたい。

(2) 時効中断と緊急管轄

まず，上訴審で国際裁判管轄の審査が認められると解すると，控訴審や上告審で初めて国際裁判管轄が否定されることにより，外国で訴えを提起する期間（消滅時効，出訴期限）を徒過してしまうおそれが生ずる。ドイツでは，この場合には緊急管轄［Notzuständigkeit］を認めることで不都合を回避することが提案されているが[16]，わが国でもこの考えは尊重に値しよう[17]。また，時効中断を認めるためのこのような管轄（手続法）レヴェルでの救済のほかに，準拠法レヴェルでの救済も考慮されるべきである。たとえば，日本法が債権の準拠法となる紛争について，時効完成間際に外国（A国）で訴えが提起されたところ，B国にいる被告へ訴訟関係書類が送達される前に却下されたが（送達には2，3年を要するケースもあるとされる）[18]，もし中断が認められないとすると消滅時効は送達前に完成したとする。この場合に中断が認められるであろうか。わが国の国内事件での扱いでは，訴え提起（民147条）による時効中断の時期は裁判所への訴状提出時であるが（民訴147条），訴えが却下された場合や取り下げられた場合には中断効を生じず（民149条），催告（同153条）として扱われることになる。その場合には手続終了後6ヶ月以内に訴えを提起し直すことで中断が認められるものの，催告による中断時期は到達時と考えられている[19]。したがって，国内事件での扱いをそのまま渉外事件に妥当させると，前述の例では送達前に却下されているので，A国での訴え提起は，裁判上の請求（民147条）に該当せず（同149条），また時効完成後に送達がなされていることから催告（同153条）にも該当しない。この場合に，時効完成を阻止するために原告が，A国と並行してC国で訴えを提起したところ，C国裁判所が国際訴訟競合を理由に訴えを却下したとすると，原告としては打つ手がないことになる。したがって，外国の裁判所が国際裁判管轄を否定することで消滅時効などを徒過するおそれがあるのに，当該裁判所が緊急管轄ないしそれに類似する処理をしないときには，当事者としては時効を

35

中断するのに必要な行為をこれ以上なすことはできない事態が生じうる。そのような場合には，もはや中断効が生じないとする不利益を債権者に帰することはできないと考えられ，日本法が準拠法であるときには，民法161条を類推してＡ国での訴え提起からＢ国での被告への送達までは時効が停止するとし，送達時から催告の効果を認めるべきである[20]。また，日本法が準拠法となるケースで，外国裁判所の上訴審で国際裁判管轄を否定された場合には，催告の効果が生ずるが（民153条），却下されるまで催告が継続していると解されているので[21]，手続終了後から6ヶ月以内に訴えを提起しなおすことで中断効が生ずることになる。

(3) 上訴裁判所による審査の開始

また，いかなる場合に，上訴審裁判所が国際裁判管轄の審査をすることができるのかについて問題がある。ドイツや日本の通説では国際裁判管轄の審査は，職権調査事項として位置づけられているので，当事者が他の理由で上訴提起をしても，上訴審裁判所は管轄審査を独自に開始することができることになる。これに対して，ガイマーは上訴審裁判所の審査の範囲を制限し，応訴管轄（ドイツ民訴39条参照）が生ずる財産関係事件では，当事者の申立てによってのみ上訴裁判所は国際裁判管轄を審査するのに対して，その適用範囲外では通説と同様の扱いを主張する[22]。したがって，たとえば，財産関係事件で一方の当事者が相手方の当事者能力がないことを理由に控訴していたが，実は国際裁判管轄がないような場合に，ガイマー説では控訴審裁判所は当事者が無管轄の抗弁を主張して初めて管轄審査をなすが，通説では当事者の主張の有無に関係なく管轄を調査することになる。このガイマーの考えは，一方では，当事者の任意処分性が強い領域においては，国際裁判管轄の審査の問題も当事者の意思に委ねる形になるし，他方で通説に比べて手続の安定に資する解釈であるといえる。

今日のドイツや日本の通説的見解は，国内民事訴訟法の価値判断を渉外事件にも持ち込み，管轄の有無が公益的事項であるとの判断から職権調査事項による処理に直結させているが，ガイマーの見解は，この従来の考えに再考を促している点で評価すべきであると考える。なぜならば渉外事件においては，国内法的価値基準は相対化して捉えるべきだからである。このことは，準拠法適用の場面では，法例により外国法の適用が予定されているいじょう，

外国法の適用の排除は，わが国の公益を著しく害する結果となる極めて例外的な場合に限られているという形で現れ（法例33条），手続法の局面でも手続的抵触規定を認める立場に立てば，一定の領域とはいえ外国訴訟法規の適用をわが国の手続で認めることになる。このように，渉外事件では，法適用の局面では国内事件におけるような公益性という価値ないし基準は相対的に緩和されている[23]。また手続運営面でも，外国法の証明などにおいては実際上当事者のイニシアチブは大きな役割を果たす。このような理解を前提にすると，財産関係事件について，上訴審裁判所は当事者の責問によって初めて管轄審査を開始するというガイマーの見解に説得力があるように思われる。たしかに法廷地をどこに設定するのかという問題は，たんに訴訟手続のみならず準拠実体法をも決定することから本案の帰趨を決する重要な問題であるといえる。しかし，ここで重大な影響を受けるのは，当事者であり，控訴審で当事者が無管轄の抗弁を提出していないときには，当事者としては国際裁判管轄の有無に関する原審の判断に不服はないと考えられる。したがって，当事者の任意処分が許される領域については，このような場合には無管轄の抗弁を放棄していると捉えて，一種の国際応訴管轄が生じると考える。

(4) 不服申立て

裁判所が国際裁判管轄を否定したときには上訴提起が可能であるが，国際裁判管轄を肯定する場合には，裁判所は，中間判決（民訴245条）を下すか，本案の終局判決で示すことができる。そこで，中間判決で国際裁判管轄が肯定されたときには，これに対して独立して不服申立てをすることができるのか否か問題が生じる。国内法ではこの点は否定的に解されているが（民訴283条），渉外事件においては，原審で管轄を肯定して審理をした後で上訴審で管轄が否定された場合の訴訟経済上の不利益は国内事件と比較にならないとして，上訴を許容することも検討に値するという見解が有力に主張されている[24]。この見解に対しては，条文上の根拠に欠けること，また3審の審理が2回なされることから訴訟遅延を招来しかねないとして消極的な見解も主張されている[25]。前述のように国際裁判管轄は，国内土地管轄と異なり本案の帰結を左右する重要性を有する（つまり，渉外事件では国際裁判管轄の有無の判断は法廷地国際私法の適用という形で準拠法も決定する）という観点からは，立法論としては，独立した上訴方法を認める途を探るべきではないだろうか。

第 1 部　管轄／I　一般原則

(1)　これらの条文は，訴訟促進と上訴裁判所の負担軽減を目的とすると説かれる。Musielak/Ball, ZPO, 1999, §512a Rdnr. 1 und §549 Rdnr. 1.
(2)　この間の判例については，次の文献を参照。vgl. Neuhaus, JZ 1966, 239 f.
(3)　Kropholler, Internationales Privatrecht, 3.Aufl. 1997, S.536. 後述のパゲンステッヒャー論文以降，本件判決が下されるまでに彼の見解を支持した文献として，たとえば次のものがある。Kallmann, Anerkennung und Vollstreckung ausländischer Zivilurteile und gerichtlicher Vergleiche, 1946, S.23 Amn. 6; Matthies, Die deutsche internationale Zuständigkeit, 1955, S.83; Riezler, Internationales Zivilprozeßrecht, 1949, S.318.
(4)　Pagenstecher, Gerichtsbarkeit und internationale Zuständigkeit als selbständige Prozeßvoraussetzungen, RabelsZ 11 (1937), 337, 444 f.
(5)　Ders., a.a.O. (Fn.4), S.445f.
(6)　Ders., a.a.O. (Fn.4), S.447.
(7)　Baumbach/Lauterbach/Albers, ZPO, 58.Aufl. 2000, §512a Rdnr. 5 und §549 Rdnr. 23; Linke, Internationales Zivilprozeßrecht, 2.Aufl. 1995, Rdnr. 212; Münchener Kommentar/Rimmelspacher, ZPO, Bd. 2, 1992, §512a Rdnr. 9; Münchener Kommentar/Walchshöfer, ZPO, Bd. 2, 1992, §549 Rdnr. 19; Musielak/Ball, a.a.O. (Fn.1), §512a Rdnr. 3 und §549 Rdnr. 13; Rauscher, Internationales und Europäisches Zivilverfahrensrecht, 1999, S.89; Rosenberg/Schwab/Gottwald, Zivilprozeßrecht, 15. Aufl. 1993, S.97; Schack, Internationales Zivilverfahrensrecht, 2.Aufl. 1996, Rdnr. 385; Schütze, Deutsches Internationales Zivilprozeßrecht, 1985, S.34f.; Stein/Jonas/Grunsky, ZPO, 21.Aufl. 1993, §512a Rdnr. 6 und §549 Rdnr. 56; Thomas/Putzo/Reichhold, ZPO, 22.Aufl. 1999, §512a Rdnr. 4 und §549 Rdnr. 15; Zöller/Geimer, ZPO, 21.Aufl. 1999, Rdnr. 94 IZPR; Zöller/Gummer, ZPO, 21.Aufl. 1999, §512a Rdnr. 5 und §549 Rdnr. 16. 近時の判例については，Geimer, Internationales Zivilprozeßrecht, 3.Aufl. 1997, Rdnr. 1855 (Fn.950).
(8)　v.Hoffman, Internationales Privatrecht, 6.Aufl. 2000, S.89; Schack, a.a. O. (Fn.7), Rdnr. 385; Stein/Jonas/Grunsky, a.a.O. (Fn.7), §512a Rdnr. 6.
(9)　Geimer, a.a.O. (Fn.7), Rdnr. 1856a.
(10)　BGH BGHZ 115, 90. しかし，管轄に関する両当事者の主張が一致したときには，裁判所はこれに拘束される。Schack, a.a.O. (Fn.7), Rdnr. 385.
(11)　Geimer, a.a.O. (Fn.7), Rdnr. 1857f.

⑿　国内土地管轄規定と国際裁判管轄の関係については，たとえば，注釈民訴（1）88頁〔道垣内正人〕などを参照。

⒀　石川＝小島・国際民訴41頁〔小島武司＝猪俣孝史〕，片野三郎「訴訟要件の審理順序（2）」愛大108号45頁（1980年），兼子ほか・条解1181頁〔松浦馨〕，小室直人＝賀集唱編・基本法コンメンタール民事訴訟法（2）195頁〔吉川義春〕（第4版，1992年），小室直人ほか編・基本法コンメンタール新民事訴訟法（3）34頁〔宇野聡〕（1998年），注解民訴（5）449頁〔山本和彦〕，注釈民訴（1）143頁〔道垣内正人〕，谷口安平＝井上治典編・新判例コンメンタール民事訴訟法（6）137頁〔中島弘雅〕（1995年）。

⒁　片野・前掲注（13）45頁。

⒂　東京高判平成8年12月25日高裁民集49巻3号103頁。

⒃　Kropholler, a.a.O. (Fn.3), S.537.

⒄　緊急管轄に関しては，たとえば，石黒・現代271頁，竹下守夫「権利保護の拒絶の回避と国際裁判管轄」駿河台10巻2号63頁（1997年）参照。

⒅　わが国が送達嘱託国ないし受託国になる場合に要する時間については，最高裁判所事務総局民事局監修・民事事件に関する国際司法共助手続マニュアル31頁以下（1999年）参照。

⒆　幾代通・民法総則573頁〔第2版〕573頁（1984年）。

⒇　芳賀雅顯「外国での訴え提起と消滅時効の中断」法論70巻4号94頁（1998年）参照。

(21)　我妻栄・民法総則466頁（1965年）。

(22)　Geimer, a.a.O. (Fn.7), Rdnr. 1857f.

(23)　このような観点から，たとえば承認要件としての送達（118条2号）は手続的公序の一部をなすが，この要件は被告の防御権の保障を確保するという当事者保護を主眼においているといえ，その審査は職権調査事項ではなく抗弁事項と解する。芳賀雅顯「外国判決承認要件としての送達」法論70巻2＝3号145頁（1997年）。

(24)　高橋宏志「国際裁判管轄」澤木＝青山・理論56頁。

(25)　注解民訴（5）449頁〔山本和彦〕。なおドイツでは，中間判決についても独立した不服申立が認められている（ドイツ民訴280条・304条）。

第1部 管轄／I 一般原則

追 補

1 はじめに

本文脱稿（2000年10月18日）後，ドイツ民事訴訟法512条aおよび549条2項は，2002年1月1日施行の新民事訴訟法により，それぞれ513条2項，545条2項となった。管轄違反は上訴理由にはならないとする条文の基本的趣旨は，旧法下におけるのと同じである。これらの条文と国際裁判管轄の関係について，現在の多数説および後述の2002年連邦通常裁判所の判決は，旧法下における立場と同様に国際裁判管轄に関しては適用されないとする解釈を支持している。しかし，新法によって状況が変わったとする反対説も登場し，現在この点について再び争いが生じている。

2 通説の立場

まず，現在の通説的見解は，新法施行後も従前の立場を支持し，上訴審裁判所は国際裁判管轄の審査は可能であるとしている（Baumbach/Albers, ZPO, 61.Aufl. 2003, §513 Rdnr. 5 und §545 Rdnrn. 17 und 20; Geimer, Internationales Zivilprozeßrecht, 4.Aufl. 2001, Rdnr. 1009; Jauernig, Zivilprozessrecht, 28.Aufl. 2003, S.23; Leible, Bingo! — Gewinnbestätigung jetzt auch aus Karlsruhe, NJW 2003, 407, 408f.; Nagel/Gottwald, Internationales Zivilprozessrecht, 5.Aufl. 2002, §3 Rdnr. 206; Rauscher, Internationales Privatrecht, 2.Aufl. 2002, S.428; Schack, Internationales Zivilverfahrensrecht, 3.Aufl. 2002, Rdnr. 385; Thomas/Putzo/Reichold, ZPO, 25.Aufl. 2003, §513 Rdnr. 3 und §545 Rdnr. 13（ちなみに，同書24版では条文の文言とおりに解し，上訴審は国際裁判管轄の審査をなしえないとしていたが，後述の2002年連邦通常裁判所判決が出た後の25版では改説している））。なお，脱稿後に改訂された旧民訴法下での文献のうち，従来からの通説を支持するものとして次の教科書がある（Kegel/Schurig, Internationales Privatrecht, 8.Aufl. 2000, §22 II (S.900); Kropholler, Internationales Privatrecht, 4.Aufl. 2001, §58 VIII (S.599); Linke, Internationales Zivilprozeßrecht, 3.Aufl. 2001, Rdnr. 212)。

3 反対説の登場

だが，従来の解釈は新法の下ではもはや自明のものとはいえなくなった。

1 国際裁判管轄の基準など

有力説は，新法下では従前のルールは妥当せず，国際裁判管轄の審査を上訴審裁判所はなしえないと説く（v. Hoffmann, Internationales Privatrecht, 7. Aufl. 2002, S.92; Münchener Kommentar/Rimmelspacher, ZPO, 2.Aufl. 2002, Aktualisierungsband, §513 Rdnr. 16; Münchener Kommentar/Wenzel, ZPO, 2. Aufl. 2002, Akutualisierungsband, §545 Rdnr.16; Musielak/Ball, ZPO, 3.Aufl. 2002, §513 Rdnr. 7 und §545 Rdnr. 13; Zöller/Gummer, ZPO, 23.Aufl. 2002, §513 Rdnr. 8（ただし，§545 Rdnr. 16)。しかし旧法下では，これらの見解はいずれも通説を支持していた点に注意。前掲注（7）を参照。 vgl. auch, Münchener Kommentar/Rimmelspacher, ZPO, 2.Aufl. 2000, §512a Rdnr. 9; Münchener Kommentar/Wenzel, ZPO, 2.Aufl. 2000, §549 Rdnr. 17)。たとえば，フォン・ホフマンは，新民事訴訟法の下では国際裁判管轄を有しないことは上訴理由たり得ないとする見解の根拠として，立法理由書に，訴訟経済および訴訟促進の観点から，第1審裁判所の管轄審査はすべて排除されるとなってることをあげる。また，権利保護が切り捨てられるという批判に対しては，外国での訴訟追行に伴う煩雑さや危険を考慮すると，法政策的に疑問が残ると述べる。

他方，反対説に対して，新法施行後も従前の解釈を支持すべきであると力説する論稿につぎのものがある。Staudinger, Wider den Federstrich des ZPO-Reformgesetzgebers, IPRax 2001, 298, 299.

4 評 価

これらの議論の対立は，訴訟経済と訴訟の促進のために上訴審裁判所は管轄審査から解放されるとした立法理由の表現に曖昧さが残っており，どこまで一般化して考えることができるのか必ずしも明瞭でない点に原因があるといえる。すなわち，理由書によると，控訴審に関しては，新法は旧法を引き継いでいるが，さらに第1審裁判所が管轄を不当に認めたことを理由とする上訴は認めないことを規定し（BT-Drucks. 14/4722 S.94)，また上告審については，新法は旧法を引き継いでいるが，さらに第1審裁判所が管轄を不当に認めた，もしくは認めなかったことを理由とする上告は認めないことを規定し，これによって裁判所の管轄問題だけに依拠した上告審での紛争は将来的に回避されるとしている（a.a.O., S.106)。上訴審裁判所の管轄審査の負担を無くそうとする趣旨であるが，しかし，理由書では，国際裁判管轄の問題につ

41

いてはとくに明示はされていない。このような状況の下にあって、連邦通常裁判所2002年11月28日判決（BGH NJW 2003, 426）は、1965年判決を引用しながら、新法下においても従来の解釈を変更する必要がない旨を明言している。

　評者は、現在も日本法の解釈に関しては、本文で述べたことを変更する必要はないと考えているが、とくに先に紹介したフォン・ホフマンが述べた見解の第2の理由については、次のように考える（第1の理由は本文で述べたことで十分であろう）。この立場は、第1審裁判所がドイツの国際裁判管轄を広く認めたとしても当事者には不都合は生じないこと、また外国裁判所で訴訟追行することは当事者に不便であること、が解釈の背景にあるといえる。しかし、なぜそのような発想（「疑わしきときはドイツの管轄を肯定」）が正当化されるのか、明らかにされていない。繰り返し述べてきたように、管轄を争う当事者にとっては、法廷地が認められると準拠法が定まり本案の帰趨を決することになるので、管轄の有無の問題は重大な問題である。渉外民事事件で多くのエネルギーが管轄をめぐる争いに費やされることが、このことを物語る。この（管轄を否定する側の）当事者の利益は、とるに足らないのであろうか。また、外国裁判所での訴訟追行が煩雑さと危険を伴うとの点は、偏った評価であろう。外国裁判所での訴訟追行を望む当事者にとっては、ドイツでの訴訟はやはり同じように映る場合もあり得、この者にとってはドイツでの訴訟追行は理想的ではないことになる。むしろ、ドイツでの訴訟を望むのは多くの場合、ドイツ（法）人であると考えられ、自国民保護の発想を上訴審による管轄審査の拒否という形でもたらしかねない解釈である（2003年8月26日追補脱稿）。

〈参照条文〉
ドイツ民事訴訟法（2002年1月1日施行）
　第513条　控訴理由
　第1項　〈略〉
　第2項　第1審裁判所が不当に管轄を認めたことを理由に、控訴を提起することはできない。
　第545条
　第1項　〈略〉

1　国際裁判管轄の基準など

第 2 項　第 1 審裁判所が不当に管轄を認めた，または認めなかったことを理由に上告を提起することはできない。

2 ブリュッセル条約5条1号に基づく義務履行地管轄

EuGH, Urteil vom 6. 10. 1976-12/76 Tessili/Dunlop

長田真里

Slg. 1976, 1473＝NJW 1977, 491 Anm. Geimer＝RIW 1977, 40 Anm. Linke＝Rev. crit. 1977, 751 Anm. Gothot/Holleaux＝Bericht Huet, Clunet 1977, 714＝D.S. 1977, Jur. 616 Anm. Droz＝Riv. dir. int. priv. proc. 1977, 171＝Riv. dir. int. 1977, 608＝N.J. 1977 Nr. 169 Anm. Schultsz＝C.M.L.R. 1977, 1, 26.

〈判決要旨〉

履行地は法廷地国際私法に従い適用されるべき実体法により決定される。

〈事案の概要〉

ハナウ（ドイツ）に営業所を有するX社（ドイツ法人，原告，被控訴人）は，書面によりY社（イタリ法人，被告，控訴人）に婦人用スキースーツを注文した。Xの書面には，ハナウ地方裁判所が裁判管轄を有するとする条項を含む売買契約約款が印刷されていた。Yは，注文を受けたスキースーツを送り状とともにXに送付したが，この送り状の裏面には，コモ（イタリア）裁判所が裁判管轄を有するとする条項を含む一般契約約款が印刷されていた。その後Xは，Yの送付したスキースーツに製造上の瑕疵があるとして，契約の取消しを求めて，ハナウ地方裁判所に訴えを提起した。

Yは地方裁判所において，ドイツの裁判所の国際裁判管轄権を争い，なかでもとくにハナウ地方裁判所には土地管轄権がないと争った。これに対し，Xはハナウ地方裁判所こそが裁判管轄権を有する裁判所であると主張した。1974年5月10日付の中間判決でハナウ地方裁判所は管轄権がないとする抗弁を退け，同年6月22日にYはフランクフルトアムマイン上級地方裁判所に控訴した。

上級地方裁判所は，本件においてはブリュッセル条約17条にいう合意管轄

は認められず，5条1号の義務履行地管轄の解釈に絡む問題であるとした。その結果，1976年1月14日に，上級地方裁判所は，5条1号における「問題となる義務の履行地」概念の解釈につき先行判決が下されるまで手続を中止し，ヨーロッパ裁判所に解釈を委ねた。

この付託を受けヨーロッパ裁判所が判断を下したのが本件判決である。

〈判　旨〉

「条約5条は以下のように規定する。……この条文は，条約第2章の下における管轄制度の枠内で解釈されなければならない。2条によると，この制度の基本は被告住所地裁判所に一般的な管轄を付与することにある。5条はしかしながら，原告の選択による特別管轄権を複数規定している。」

「この選択の自由は，一定の場合には，事実を審理するために最も便宜な裁判所と紛争との間に密接な関連が存在しているという観点から導入されたものである。したがって，契約債務に関連する訴訟の場合には，5条1号は，原告に，問題とされている義務の『履行』地裁判所に訴えを提起することを認めている。条約の下で，自らの領域内に履行地が存在しているか否かを決定するのは，訴訟が提起された裁判所である。このために，当該裁判所は自らの抵触法規則にしたがって，問題とされている法律関係に適用される法は何であるのかを決定し，問題とされている契約上の義務履行地をその法律にしたがって決定しなければならないのである。」「様々な国の契約法における差異や，適用される実体法における統一が全くなされていない現在の状況を考慮すると，5条1号に言う契約債務の『履行地』という文言の解釈に対する実体的な指針が与えられる可能性はないのである。義務履行地の決定は当該義務が属している契約の条項に依存していることからも，このことが正しいといえよう。」

「このような事情から，条約中の契約上の義務履行地という文言は，訴訟が提起された裁判所における抵触法規則の下で適用されるべき実体法を参照することによってのみ理解されうるのである。」

〈参照条文〉

ブリュッセル条約

第5条　構成国の領域内に住所を有する被告は，以下の場合には他の構成国で訴えられ得る。

第1号　契約に関しては，請求の基礎をなす義務が履行されたか，履行されるべき裁判所(1)。

第2号以下　〈略〉

〈研　究〉

I　問題の所在

本判決は，ヨーロッパ裁判所がブリュッセル条約に関して下した最初の判決である。本判決は条約5条1号の解釈について下されたものであるが，同年同日に同条について De Bloos 判決(2)が別に下されており，両判決がリーディングケースとして重要な役割を果たしてきている。

ブリュッセル条約5条1号は，契約に関する事件については「当該訴訟の基礎をなす義務の履行地裁判所」に国際裁判管轄があると規定し，いわゆる義務履行地管轄を認めている。義務履行地管轄についてはわが国においても民事訴訟法5条1号に規定があり，その射程範囲をめぐってはかなり議論のあるところである。またヨーロッパ諸国においても，条約以前から一般的に広く認められている管轄原因であるという点から議論が積み重ねられてきている。その議論は多岐にわたっているが，根本的にはいかなる義務につき管轄を認めるのかという問題と，履行地をいかにして決定するかという問題の2つに集約することができよう。ヨーロッパ裁判所は，前者の問題については De Bloos 判決をもって，後者の問題には本判決をもってその立場を明確にしたのである。

当該訴訟の基礎をなしている義務の履行地につき当事者間に合意がある場合，その合意に基づき履行地を決定することについては，おそらくほとんど議論がないところであろう(3)。問題となるのはそのような合意が見いだされない場合である。この場合に決定基準としては2つ考えられる。1つは当該契約に適用される準拠実体法にしたがい履行地を決定することである。もう1つは準拠実体法によるバイアスをかけることなく，条約上自律的な観念としての履行地を探求することである。

本判決はこの点につき，準拠実体法により決定すべしと判示した。しかし

この結論については当初からその評価が分かれており、とくにフランス学説および判例においては否定的な見解が根強い。そのため、本判決以後も、幾度か履行地決定基準をめぐってヨーロッパ裁判所に判断が求められたが、ヨーロッパ裁判所はその判断を変更することなく今日まで本判決を維持してきている。

以下では、Ⅱでブリュッセル条約上の「履行地」の決定基準に関する学説を概観する。次いでⅢで本判決以後のヨーロッパ裁判所判例を概観し、最後にわが国におけるこの問題についての議論と比較し、若干の検討を加えたい。

Ⅱ 「履行地」の決定基準をめぐる学説

ドイツの通説的見解は、本判決と同様、「履行地」を当該契約に適用されるべき実体法によって決定することを主張する[4]。訴訟上の「履行地」と実体法上の「履行地」とは乖離すべきではないというのがその理由とされる[5]。したがってドイツにおいては、本判決に対して、概して好意的な評価が与えられている[6]。

一方、他国に目を転じると、同じくブリュッセル条約の締約国であるフランスにおいては、ブリュッセル条約5条1号における「履行地」は条約上自律した解釈をすべきとの立場から、本判決に対して否定的な見解が多い[7]。それらの見解が指摘するのは、第1に条約上の概念には自律的な解釈が施されるべきであるということである[8]。とくに本判決と同時期に、ヨーロッパ裁判所が「民事および商事」の解釈と不法行為における「侵害行為地」の解釈をめぐって下した判決[9]が、いずれも条約上自律した解釈を要求していることから、「履行地」についても自律的な解釈が必要であるとする。第2に、管轄を決定するよりも先に、問題とされている義務に適用されるべき準拠法を探求しなければならないというのは不合理であると指摘する[10]。第3に、金銭債務履行地についての各国実質法が相違しているがゆえの問題点を指摘する。ブリュッセル条約構成国間においても国内実質法レベルでは法の統一化は進んでおらず、金銭債務について持参債務とする法制と取立債務とする法制とが存在している。取立債務の場合には問題とはならないが、持参債務の場合には、履行地は債権者の住所地となり結果として義務履行地管轄が原告裁判籍と化してしまう。この好ましくない結果を避けるためには、条約上

自律した解釈をなすしかないというのである。しかし自律的な解釈の具体的な内容については，若干の提言はあるものの[11]これからの議論を待たねばならない状況にあるといえよう。

　このように，学説においては，フランスを中心として，本判決に対して様々な批判が繰り広げられてきた。これらの批判に対するヨーロッパ裁判所の答えが，次に見る2つの判決ということになろう。

Ⅲ　ヨーロッパ裁判所判例の動き

　本判決以後，ヨーロッパ裁判所は，義務履行地の決定基準をめぐって1993年に Custom Made 判決[12]，および1999年に GIE Group Concorde 判決[13]を下している。Custom Made 判決では，法廷地抵触法規則によった結果，条約法が適用される場合にも，本判決のいうように「履行地」を契約準拠法により決定しなければならないかが問題とされた。条約によると金銭債務を持参債務としており，訴訟では金銭債務が問題となっていたために原告裁判籍を導くおそれがあった。このドイツ裁判所からの問いかけに対して，レンツ [Lenz] 法務官は，条約上の概念についてはできるだけ自律した解釈がなされねばならないとして，契約準拠法による決定を否定するよう見解を述べた[14]。しかしながらヨーロッパ裁判所は，原告裁判籍を導く結果となったとしても本判決のいうように契約準拠法により定まる実体法にしたがって履行地を決定しなければならないと判示したのである。

　また，GIE Group Concorde 判決においては，改めて，ブリュッセル条約5条1号にいう「履行地」は契約準拠法により決定されるべきか，あるいは自律した解釈がなされるべきかについて，ヨーロッパ裁判所の判断が問われた。ここでもコロマー [Colomer] 法務官が準拠法による履行地決定の困難さや実体法の内容如何により原告裁判籍を創設してしまうおそれなどを根拠に，本判決の問題点を指摘した後，条約上自律した解釈をすべきであると述べている[15]。これに対しヨーロッパ裁判所は，条約上の概念に自律的な解釈をすることが必要であることを認めつつも，それが難しい場合には契約準拠法による決定をなすべきであるとして，本判決を支持する判示をなしたのである。

　このように，批判を受けながらも現在でもなお本判決は維持され続けている。しかし注目すべきなのは，Custom Made 判決においても GIE Group

Concorde 判決においても，意見を求められた法務官が自律的な解釈をするよう述べていることである。それにもかかわらずヨーロッパ裁判所が判例を変更しないのは，おそらく自律的な解釈の困難さゆえであろう。「履行地」概念について条約上自律した統一的な解釈が望ましいことは確かである。しかしそのような統一的な解釈は契約を類型化し，その各々について詳細な検討を加えてこそなし得るものであり，今はまだ時期尚早であるとヨーロッパ裁判所は判断したのではなかろうか。実際，ブリュッセル条約の改正作業では，売買契約と役務提供契約について管轄の基礎となる履行地を規定する方向で議論がなされた。自律的解釈への歩み寄りが見られると言え，今後の判例の動向を注意深く見守る必要があろう。

Ⅳ 日本における学説判例

一方民事訴訟法5条1号で義務一般につき義務履行地管轄を認めているわが国では，この問題についていかなる議論がなされているのであろうか(16)。

民事訴訟法の規定にかかわらず，国際裁判管轄の局面では，義務履行地管轄は契約上の義務に限定して認められており，この点については学説上も判例上もほぼ異論がないであろう(17)。では，何が管轄原因となる契約上の義務履行地の決定基準となるのか。この問題についてのわが国の学説判例の視点は，ヨーロッパにおける議論の視点とは若干異なっている。わが国においては議論の焦点が決定基準にはなく，いかなる性質の履行地に管轄基準としての適格性が認められるのかという視点から議論されているのである。したがって，ここでは決定基準の問題は議論の前提に過ぎないと言っても過言ではなかろう。

わが国学説判例においても，履行地が，当事者により特約されている場合，または，契約の内容から一義的に明らかな場合，その地に管轄を認めるべき点では一致が見られる。それ以外の場合については見解は分かれている。まず，本判決あるいはドイツの通説と同じく，準拠法により決定された実体法上の履行地一般に，管轄原因としての適格性を認める見解があり(18)，判例の多くはこの立場に立つ(19)。これに対し，通説は，履行地を国際民事訴訟法が独自に決定し得る管轄法上の概念と解する立場に立つ。そのうえでわが国の通説は，履行地管轄が認められる場合を，当事者の合意がある場合および契

約上一義的に確定可能な場合に限定しているのである(20)。このように制限的に解すべき理由として以下の点が指摘されている。まず、準拠法により定まる履行地は、事前に当事者や裁判所に明らかでない場合もあり、準拠法国の国内的な消費者保護政策等を管轄権決定に取り込むことになるが、管轄法上の公平や適正・迅速等の理念からは適当でない場合もある。また実体法上の理念と訴訟法上の理念は異なりうるため、準拠実体法上の履行地に管轄を認めるのは適当でないこと、さらに事実上本案審理に立ち入り論理的にも実体法が先行するのは矛盾し、準拠法を決めて履行地を決定した結果、管轄権が不存在であると訴訟経済に反すること等である(21)。通説と同じく国際民事訴訟法独自に決定すべきとしながら、準拠法が当事者により合意されている場合や、それ以外にも準拠法により決定される履行地に何らかの補強的関連がある場合にその地の適格性を認める見解もある(22)。

　通説がその根拠としてあげている要素の多くは、フランスの学説が条約上自律的な解釈の根拠として挙げていたものと一致する。つまり、準拠法による履行地決定を否定する根拠とはなっているが、なぜ当事者の合意ある場合および契約上一義的に明らかな場合に限定せざるを得ないかの根拠としては不十分であるように思われる。たしかにわが通説やフランス学説の言うように、契約準拠法により決定された履行地に管轄を認めることには問題があろう。しかし、契約準拠法による決定を否定することが、必ずしも通説の挙げるほど限定された場合にしか義務履行地管轄を認めないという結論につながるとは考えられない。わが民事訴訟法5条1号が比較法的に見ても非常に広い義務履行地管轄を規定しているため、わが国の学説は、概して、その妥当する範囲を狭めようとすることにのみ終始している感が否めない。それがとくに顕著に現れているのが履行地の適格性をめぐる議論であるといえよう。したがって、今一度国際民事訴訟法上独自の概念としての「履行地」の内容を考え直す必要があるのではなかろうか。

　自律的な解釈、あるいは国際民事訴訟法上独自の解釈として考慮に値すると思われるのが、ブリュッセル条約の改正規則案とハーグ国際私法会議が作成しつつある国際裁判管轄に関する条約案(23)である。これらでは二、三の契約類型について、管轄の基礎となる履行地をあらかじめ規定する方針がとられている。このように契約の類型化を図り、管轄の基礎をなす「履行地」に

ついても類型化を図ることにより，契約準拠法に頼らない履行地の決定が可能となろう。

V 終わりに

　以上，ヨーロッパ裁判所による判決をもとに，管轄原因としての義務履行地の決定をめぐる議論を概観した。たしかに本判決は，現在でもなおリーディングケースとして，ヨーロッパ裁判所により支持されてきてはいるが，それは必ずしも積極的な理由からではないように思われる。ヨーロッパ裁判所自身も，その後の判例の中で自律的な解釈の方が望ましいとしつつも，現在ではそれは不可能なので準拠実体法による解釈をすべきであると説いているからである。今後，ブリュッセル条約の規則化による影響やハーグ国際私法会議作成の新条約案のいかんによって判例も変更される可能性が非常に大きいであろう。今後の動向に注目したい。

(1) 本判決が下された時点での規定はこのとおりであるが，その後幾たびかの改正を経て，2000年7月時点でのブリュッセル条約の規定では，以下のとおりである。

　　構成国の領域内に住所を有する被告は，以下の場合には，他の構成国で訴えられ得る。

　　1 契約に関しては，請求の基礎をなす義務が履行されたか，履行されるべき地の裁判所。労働契約に関しては，労働者が常時労務を提供する場所がこの地となる。労働者が単一国内で常時労務を提供していない場合には，雇用者は，労働者を雇用した営業所が現に存在しているか，もしくは，過去に存在していた場所の裁判所でも訴えられ得る。

(2) Ets. A. de Bloos, S.P.L. v Société encommandite par actions Bouyer [1976] ECR 1497.

(3) ヨーロッパ裁判所も Siegfried Zelger v Sebastiano Salitri [1980] ECR 89 で当事者の合意した履行地に管轄を認めている。

(4) Kropholler, Europäisches Zivilprozeßrecht, 5. Auf. 1996, S.102. Stein/Jonas, kommentar zur ZPO 21. Aufl. Bd. 1, 1993, S.496 など。ただし自律的に履行地を決定すべきとする見解として，Schack, Der Erfüllungsort im deutschen, ausländischen, und internationalen Privat-und Zivil-

prozeßrecht, 1985, S.227ff., および Bülow/Böckstiegel/Geimer/Schütz, Der internationale Rechtßverkehr in Zivil- und Handelssachen, 1978, S. 61.

(5) Geimer, NJW 1977, S. 492.

(6) Ibid.

(7) Gothot/Holleaux, Rev.crt. 1977, p.751; Huet, Clunet 1977, p. 714; Droz, S.1977, Jur., p. 616; Droz, D. 1997, Ch., p. 351.

(8) Gothot/Holleaux, Rev. crt. 1977, p. 762.

(9) LYU Lufttranspotuntenehmen GmbH & Co. KG/Eurocontrol [1976] ECR 1541, Handelskwekerij G.J.Bier B.V.v Mines de Potasse D'Alsace S.A. [1976] ECR 1735.

(10) Gaudemet-Tallon, Les Conventions de Bruxelles et de Lugano, 2ed. (1996) p. 127.

(11) Ibid., p. 128.

(12) Custom Made Commercial Ltd. v Stawa Metallbau GmbH [1994] ECR I-2913.

(13) GIE Groupe Concorde Others v The Master of the vessel "Suhadiwarno Panjan" and Others. [1999] ECR I-6307. (本書3事件)

(14) [1994] ECR, I-2913 Opinion of Advocate General Herr Carl Otto Lenz.

(15) [1999] ECR, I-6307 Opinion of Mr Advocate General Ruiz-Jarabo Colomer.

(16) わが国における義務履行地に基づく国際裁判管轄についての議論全般については拙稿「国際契約の法的規律における履行地の意義（2・完）」阪法学49巻6号923頁以下（2000年）参照。

(17) 池原季雄「国際的裁判管轄権」新実務講座（7）(1982) 26頁、高橋宏志「国際裁判管轄─財産関係事件を中心にして」澤木＝青山・理論60頁など。判例では東京地判昭和62年6月1日金商790号32頁など。

(18) 山田恒久「義務履行地の国際裁判管轄」法研67巻1号66頁（1994年）、中野俊一郎「判批」ジュリ980号264頁（1991年）など。

(19) 東京地判昭和34年6月11日下民10巻5号1204頁、前掲東京地判昭和46年5月2日など。最近の判例では東京地判平成5年4月23日判タ840号197頁、神戸地判平成5年9月22日判タ826号206頁。

(20) 池原・前掲26頁、高橋・前掲60頁、石川＝小島編・国際民訴（1994）45頁

等。判例でこの立場に立つものは大阪地判平成3年3月25日判時1498号100頁および東京地判平成6年1月31日判タ837号300頁。
(21) 櫻田嘉章「判批」判評357号194頁（1988年），高桑昭「判批」ジュリ1055号162頁（1994年）。
(22) 渡邉惺之「国際裁判管轄」国際私法の争点〔新版〕151頁。
(23) ハーグ条約案については道垣内正人「『民事および商事に関する裁判管轄権および外国判決に関する条約準備草案』を採択した1999年10月のヘーグ国際私法会議特別委員会の概要」際商28巻3号307頁以下（2000年）参照。

追　補

本稿脱稿は2000年7月であり，その後の文献や法改正について本稿では触れることができなかった。なお，本文で幾度か触れているブリュッセル条約の改正規則案は，2000年12月22日に，デンマークを除くEU加盟国において，ブリュッセル規則（Ｉ）として成立，施行されている。同規則の義務履行地に関する条文は以下のように規定されている。

ブリュッセル規則（Ｉ）
第5条　構成国の領域内に住所を有する者は，以下の場合には，他の構成国で訴えられ得る。
第1号　(a)　契約に関しては，請求の基礎をなす義務の履行地の裁判所
　　　(b)　本条のために，特に特段の合意がない場合には，請求の基礎をなす義務の履行地とは以下の地をいうこととする。
　　　　　物の売買の場合には，契約に従い，目的物が引き渡されたか引き渡されるべき構成国
　　　　　役務の供給の場合には，契約に従い，役務が供給されたかされるべき構成国
　　　(c)(d)が適用されない場合には(a)が適用される。
第2号以下　〈略〉

この規則では，物の売買契約および役務供給契約については，「履行地」の推定規定を設けている。その結果，ドイツの通説的見解であり，かつ，本Tessili判決の示した準拠法による履行地の決定の場面は，従来のブリュッセル条約下におけるより狭められている。

また，本文で触れたハーグ条約案は，その後合意管轄のみを対象とする限定的な条約の形で2005年成立した。

3 義務履行地管轄

EuGH, Urteil vom 28. 9. 1999-440/97 GIE Groupe Concorde u.a./Kapitän des Schiffes „Suhadiwarno Panjan"

芳 賀 雅 顯

Slg. 1999 Ⅰ-6307＝NJW 2000, 719＝RIW 1999, 951＝WM 2000, 43

〈判決要旨〉
ブリュッセル条約5条1号にいう義務が履行された地または履行されるべき地は，法廷地国際私法が指定する債務の準拠法により判断する。

〈事案の概要〉
フランスの港からブラジルのサントス[Santos]港に向けて船便でワインが運ばれたが，目的地に到着すると，積荷に損害が生じていることが分かった。保険会社は荷受人に保険金を支払ったうえで，1991年9月22日に船長と船会社を相手にフランスの商事裁判所に訴訟を提起したが，裁判所は1995年1月3日に管轄を否定した。そこで保険会社は控訴した。しかし，控訴裁判所は1995年5月24日の判決で，フランスは運送契約の履行地ではないことを理由に管轄を有しないことを確認した。

保険会社はさらに破棄院に上訴を提起した。すでにヨーロッパ裁判所は，1976年のTessili/Dunlop事件（C12/76）において（本書2事件参照），ブリュッセル条約5条1号における義務履行地は受訴裁判所の抵触法にしたがい当該契約の準拠法が判断するとし，これにはウィーン売買条約のような統一私法を規定する国際条約が含まれるが（C-288/92 Custom Made Commercial v. Stawa Metallbau, 1994），両当事者が合意により履行地を特定し，それが契約準拠法上は有効であるときにはこの限りでないとしていた（Zelger v. Salinitri, 1980）。しかし，破棄院は，従来の解釈と異なり条約独自の履行地の確定をなしうるのかを問うため，ヨーロッパ裁判所に事件を付託した。

第1部　管轄／II　義務履行地

〈判　旨〉

　裁判所は，まず，国際裁判管轄原因としての義務履行地の確定は契約準拠法により定まるとしたTessiliルールを維持することを明らかにした。その根拠として，各構成国の国内法上の履行地概念の相違が著しく，統一的解釈が困難であることを指摘する。また，労働事件についてヨーロッパ裁判所は，労務提供地を義務履行であると条約独自の立場から統一的解釈をし，この統一解釈がその後の法改正で明文化されたことを指摘した。他方で，5条1号についての準拠法説の問題性や同号の改正作業が行われていることにも言及しているが，従来の解釈を変更することは認めなかった。「『義務が履行された，または履行されるべき場所』という表現に関しては，当裁判所は，受訴裁判所の抵触法ルールにしたがい係争債務の準拠法を参照して解釈すべきであると繰り返し判断してきた。しかし，雇用契約事件について当裁判所は，義務履行地は，受訴裁判所の抵触法ルールによる準拠実体法ではなく，ブリュッセル条約の体系および目的をもとに裁判所が設定しなければならない統一基準により確定すべきであるとし，この基準により，被用者が雇用者との契約で合意し現実に労務を提供した地であるとしてきた（Mulox IBC）。ドイツ政府，イギリス政府および委員会は，Mulox事件でのアプローチが全ての契約類型に拡張されると主張した。それによると，ブリュッセル条約の目的，つまり，管轄裁判所の予見可能性，法的安定性および市民の平等な扱いが，統一基準を導入することへの根拠になるとし，この統一基準によりすべてのタイプの契約上の義務，または少なくとも各契約類型について，5条1号の義務履行地を独自に確定することができるとする。これに対して，フランス政府とイタリア政府は，従来の判例は変更すべきでないと主張した。両政府は，義務履行地を確定するために抵触法規範に依存することは法適用上困難な問題を生じさせ，満足のいかない結果をもたらしうることを認めている。しかし，履行地概念を独自に解釈することが機能するのは特定の簡単な契約事件に限られ，またこの解決は国際取引での法律行為に関する実務の継続的発展とは相容れないと指摘した。提出された代替的提案の多様性にかんがみ，必要に応じてブリュッセル条約改正の範囲内で判断することは，構成国の問題である。Tessili事件の判決文番号14番において当裁判所は，契約債務の履行地決定を契約準拠法を参照して判断するに際して，履行地の決定は当該義

務が生じた契約関係の内容に左右されることを確認し，また契約を規律する各構成国の国内法規定が履行地概念について立場が大きく異なることを根拠に挙げている。これに対して，雇用契約での履行地の決定には，契約準拠法を参照せずに，基準となる義務の履行が実際になされた場所を指示したのは，この契約類型の特性により正当化される。これにより当裁判所は，ブリュッセル条約5条1号の適用範囲内における，この種の契約についての基準となる義務は，この種の契約を特徴づける義務，つまり合意された労務を提供する被用者の義務であることを確認することとなった。そのような特徴がないときには，当裁判所の判例によると，契約に特徴的な給付を確定することや，あらゆる契約債務から生ずる法的紛争について，その履行地に履行地管轄を集中させることは，必要でないし適切でもない。すべての契約に適用する一般原則を維持することだけではなく，雇用契約に関する特則についても，構成国は1989年5月26日のスペイン王国とポルトガル連邦共和国の加入条約の締結においてこの解釈にしたがっており，5条1号の現行規定に取り入れられている。さらに，ブリュッセル条約の検討が現在なされている。そこでは，当裁判所による現行5条1号の適用および解釈にともなう諸問題について，すでに議論されている。そのさい，この規定を改正するための多くの提案が表明され，検討された。また本件に関する当裁判所における議論では，従来の判例を維持することを表明する2つの政府と，新しいアプローチを主張する他の2つの政府および委員会が対立するだけでなく，代替的提案が相互に重要な点で相違している。」

また，裁判所は，準拠法説は当事者の予見可能性の点で優れていること，および債務の内容は準拠法を考慮せずには判断できないので，管轄の判断には準拠法の決定は不可避であることを根拠として挙げる。「このような状況にかんがみると，法的安定性の原則がブリュッセル条約の1つの目的であることが強調されなければならない。〈判決文番号24番〉法的安定性の原則がとりわけ要求することは，5条1号のようなブリュッセル条約の基本原則から乖離する管轄ルールは，被告の住所地国以外のいずれの裁判所で訴えられるかを，十分な情報を有する被告が合理的に予測できるように解釈されることである。〈判決文番号25番〉先行判決を求めた構成国裁判所が提案したような，債務関係の性質と事件の個別的状況を考慮して履行地を確定することでは，

現行のブリュッセル条約5条1号に関しては，同条項を適用することに伴う諸問題を解決することはできない。〈判決文番号26番〉これとの関係で生じうるいくつかの問題，たとえば訴訟を提起する原因となった契約上の義務の認定や，複数の債務がある場合の基本となる債務は，準拠法を参照しないと解決できないであろう。したがって，前記構成国裁判所が提案した基準では，受訴裁判所はブリュッセル条約5条1号による管轄判断に際し，どの法が債務の準拠法であるのかという問題の検討から完全には解放されない。」

さらに，1980年の契約債務の準拠法に関する条約の締結により，構成国間で契約準拠法決定，すなわち義務履行地の決定が統一的になされること，また履行地の決定は国内管轄事項であることを，準拠法説の根拠として指摘する。「〈判決文番号30番〉契約準拠法を決定するための抵触法規範は契約債務の準拠法に関する1980年6月19日の条約により……構成国間において統一されているので，義務履行地を決定する準拠法が受訴裁判所により異なるという危険はない。〈判決文番号31番〉適切な司法運営の利益と個人の十分な保護の利益の双方を適切に考慮して履行地を定義するのは，この領域で権限を有する各国の立法者だけである。各国の国内法が認める限りで，付託している裁判所が提案している基準，つまり債務の性質と事件の個別的事情を参照して，給付が実際にされた場所または給付されるべきであった場所を確定する方法により，裁判所は履行地を決定することができる。上記の考察から，ブリュッセル条約5条1号の適切な解釈について，同条にいう義務が履行された，またはされるべき地は，受訴裁判所の抵触法規範により当該債務の準拠法により判断される。」

〈参照条文〉
ブリュッセル条約
　第5条　構成国に住所を有する者に対しては，以下の場合には，他の構成国で訴えることができる。
　第1号　契約または契約より生ずる請求権が訴訟の対象をなすときは，義務が履行された地または履行されるべき地の裁判所，個別的労働契約またはそれより生ずる請求権が訴訟の対象をなすときには被用者が通常の労務を提供する地の裁判所；被用者が通常の労務を同一国で提供してい

ないときには，雇用者の営業所がある，またはあった地の裁判所で雇用者を訴えることができる。

第 2 号以下 〈略〉

ウィーン売買条約

第57条

第 1 項 買主は，他の特定の場所で支払義務を負わないときには，次のいずれかの場所で売主に支払わなければならない。

(a) 売主の営業所，または，

(b) 物品または書類の引渡しと引換えに支払うべき場合には，その引渡しがなされる場所。

第 2 項 〈略〉

契約債務の準拠法に関する条約

第 4 条

第 1 項 契約準拠法が 3 条により合意されていないときには，契約は，その契約が最も密接な関係を有する国の法に服する。契約の一部が他の部分と分離することができ，この一部分が他の国とより密接な関係を有するときには，その部分については例外的にこの他の国の法を適用することができる。

第 2 項以下 〈略〉

ドイツ民事訴訟法

第29条

第 1 項 契約関係に基づく紛争及び契約関係の成立に関する紛争は，係争義務を履行すべき地の裁判所の管轄に属する。

第 2 項 履行地に関する合意は，契約当事者が商法第 4 条に列挙された営業者に属さない商人，公法上の法人，または公法上の特別財産であるときに限り，管轄権を発生させる。

第1部 管轄／II 義務履行地

〈研 究〉
I 本判決の意義

本判決は，国際裁判管轄原因としての義務履行地の決定を契約準拠法に委ねることとし，条約独自の管轄概念の設定を否定したものである。このような扱いは，1976年ヨーロッパ裁判所判決以来採られており，いわゆる，Tessiliルールと呼ばれている[1]。しかし，他の多くの管轄原因については，ヨーロッパ裁判所は条約独自に管轄概念を解釈することを認めている。また労働契約については，Tessili 原則に対する例外をヨーロッパ裁判所自身が認め[2]，1989年に5条1号の文言が改められている。さらに，本判決が下された当時，ブリュッセル条約の改正作業が進行中であり，裁判所がどのような考えを示すのか，その判断が注目された。そのような状況下で，裁判所は，同号の解釈として Tessili ルールの問題性に言及しつつも，この原則を堅持することを明確に述べた。

II ドイツにおける議論
1 通説の立場──準拠法説

まず，ブリュッセル条約が適用されない場合，国際裁判管轄の決定基準について二重機能説を採用するドイツの通説・判例のもとでは，ドイツ民事訴訟法29条で定められている義務履行地管轄は渉外事件においても認められることになるが，義務履行地の決定については争いがある[3]。大別して，契約準拠法 [lex causae] によるとする見解と，法廷地法によるとする見解とがあり，後者はさらに法廷地実体法によるものと法廷地実体法から乖離した独自の訴訟法的概念を構築する見解に分かれる。この点について，従来からのドイツの判例・通説によると[4]，契約準拠法により国際裁判管轄としての義務履行地は確定される。その理由は，実体法上の履行地と裁判籍は同一であると解されていること，また，準拠法説によれば国際的な判決調和が図られる点にある。たとえば，ハウスマン [Hausmann] は[5]，ドイツ民事訴訟法29条は裁判籍を実体法上の履行地に結びつけていることから，契約準拠法から履行地を導き出すことによってのみ，履行すべき場所で訴訟が現実に提起されることが確保されるし，また契約債務の準拠法に関する条約により構成国間では準拠法決定の統一がなされたことから，準拠法説によると履行地の決定

3　義務履行地管轄

が国際的に統一されることになると述べる（ただし，他国も準拠法説によることが，判決の国際的調和を達成するには必要である）。

　つぎに，ブリュッセル条約が適用される場合についてであるが，同条約5条1号にいう契約概念は，同3号の不法行為地管轄と区別するために，構成国の国内法上の概念から離れて条約独自に解釈されると一般的に説かれる(6)。そうすることにより，契約締結上の過失，製造物責任や医療過誤をめぐる各国国内法上の法概念の相違を調整することが可能になるとされる(7)。このように管轄原因としての契約概念を条約独自に構成しつつも，ヨーロッパ裁判所は，義務履行地の決定は準拠法により定まると繰り返し示してきており(8)，本判決もこれにしたがうとしている。その根拠としては，構成国各国の義務履行地概念が著しく相違しているので条約上の統一的な義務履行地概念を導き出せないこと，また契約債務の準拠法に関する条約により，準拠法の決定が構成国内で統一されるので義務履行地が存在しない，あるいは同時に複数の国が義務履行地になるという事態が回避される点などをあげている。ドイツの学説においても，ヨーロッパ裁判所の説くように，国際裁判管轄原因としての義務履行地は準拠法により定まるとする見解が多くの支持を得ている(9)。たとえば，ガイマー［Geimer］らは(10)，このような解釈の根拠として構成国間における判決調和の要求をあげている。つまり，準拠法上債務者が給付すべき場所でこの者は訴訟をなす義務を負うことから履行地と裁判籍の関係は明白であるので，訴訟法独自に義務履行地概念を設定することによって履行地と裁判籍の関係を分断することは許されないとする。そして，法理論的には，訴訟法的な義務履行地概念を抵触法的処理による実体法上の履行地概念から解放させることも考え得るが，このような試みはことごとく失敗に終わっているという。また，クロフォラー［Kropholler］も(11)，準拠実体法による履行地の決定に賛成して次のように説く。すなわち，各国法の比較に基いて条約独自に義務履行地を定めるのは現在の状況では無理であるとのヨーロッパ裁判所の見解を支持する根拠として，義務履行地という裁判籍は実体法に奉仕する機能を有すること，そしてブリュッセル条約5条1号の統一的解釈は契約債務の準拠法に関する条約により達成できること，をあげている。そして，法廷地実質法［materielle lex fori］により義務履行地を決定する見解に対しては，ブリュッセル条約5条1号に関して構成国間の統一

的適用に至らないこと，義務履行地管轄が複数生じたり反対に全く根拠づけられない場合(無管轄)が起こりうることから，否定すべきであるとしている。また，各国の国内訴訟法[nationales Prozeßrecht]により義務履行地概念を定める見解に対しては，オランダのようにこれに相当する裁判籍を有しない訴訟法があるとして，やはり否定する。

2 反対説——法廷地法独自説

他方で準拠法説に反対する見解も少数ながら主張されている[12]。たとえば，ジェイム[Jayme]は[13]，ウィーン売買条約が適用されるときでも Tessili ルールが妥当するとした1994年ヨーロッパ裁判所判決の評釈において，準拠法説では，ブリュッセル条約5条1号に関する解釈が国ごとに相違することになるし，それによりヨーロッパにおける統一的管轄体系を創設するという条約の目的を損なうことになると述べる。そして契約債務の準拠法に関する条約により構成国間での契約準拠法の統一的適用が図られるという点については，この条約の締結は同一事件での履行地が統一的に定まるに過ぎず各国実質法の相違は解消していないことから，たとえば金銭支払い請求訴訟では，ある国の法では債務者の住所地国で履行されるが別の国の法では債権者の住所地国で履行されるので[14]，準拠法いかんで売主の裁判籍[Verkäufergerichtsstände]を有する国とそうでない国が出てくることになるし，また契約債務の準拠法に関する条約4条は契約準拠法の合意をしていない場合の準拠法決定について規定しているが，同条により同一事件であっても法廷地ごとに異なる結論が生じてしまうと述べる(つまり，同条は準拠法の指定がないときには最密接関連法への連結を定めるが，この判断は裁判所により異なることが考えられるので準拠法決定の統一性は確保されていないという趣旨であろう)。またウィーン売買条約57条では，売買代金支払いの履行地を売主の住所地としているので，ブリュッセル条約5条1号と組み合わせると原告の住所地管轄を認めることになるが，これでは被告住所地管轄を原則として用いて被告保護を出発点とし，例外的に特別の裁判籍を定めたブリュッセル条約の目的に反することになってしまうと批判する。また，シャック[Schack]は準拠法説に反対してつぎのように主張する[15]。それによると準拠法説は，義務履行地の裁判籍と実体法上の履行地が同一であることを必要としているが，立法者はドイツ民事訴訟法29条2項で履行地に関する合意を認めていることから同一

性ドグマを無視しているし,また,準拠法説は管轄判断を先決問題［Vorfrage］にかからしめることになるが（つまり,契約準拠法により義務履行地が定まるが,準拠法は法廷地国際私法が指定することになる。したがって,準拠法を定めるためには法廷地を確定させる必要が生ずることになり,循環論法にならないのか問題になる）(16),これは不必要に混乱をもたらすと述べ,他の管轄原因と同様に法廷地法により定まると解すべきであるが,法廷地実体法ではなく手続法的に構成すべきであるとする(17)。

3 本判決に対する学説の反応

比較的最近に下された判決ということもあり,執筆時点では評釈を見いだすことはできなかったが（追補参照),ライポルド［Leipold］は最近の論文で,準拠法説に立つ本判決を批判的に考察している(18)。まず,判決では法的安定性［Rechtssicherheit］と予見可能性［Vorhersehbarkeit］を準拠法説の根拠に挙げているが,これに対しては,履行地概念を各国の実質法［Sachrecht］によるとしても義務履行地決定の判断は多くのケースでは容易ではなかったことを,これまでのドイツの判例が示してきたと批判する。また,判決では,訴訟で問題になっている契約上の義務の内容を確定するにさいしては準拠法との関係を無視できないとしているが,義務履行地概念を法廷地法独自に解釈をする場合,準拠法によらずとも契約内容を考察することで解決可能であるとする。さらに,構成国で抵触法が統一されることにより,受訴裁判所ごとに義務履行地の決定が異なる危険が回避されるとの論拠に対しては,純粋な実体法上の履行地に管轄を連結させるのは,各国国内法の立法者に管轄ルールをも委ねることを意味するが,それは管轄の統一を意図としたブリュッセル条約の目的に反すると述べる。そして,履行地の決定は管轄利益の評価,つまり訴訟法の領域での評価であるとの認識が,条約独自に義務履行地概念を解釈する決定的論拠であるとする(19)。

III ブリュッセル条約改正の動き

本判決でもヨーロッパ裁判所は,ブリュッセル条約5条1号に関する伝統的解釈の問題性を認識し,また同条の改正作業が進められていることを指摘している。ヨーロッパ共同体委員会［die Komission der Europäischen Gemeinschaften］は,1999年9月7日に,ブリュッセル条約改正案を提出して

いる。それによると、改正案5条1号(b)では、物品の売買［Verkauf von Waren］およびサーヴィスの提供［Erbringung von Dienstleistungen］について義務履行地を条約独自に定めており、従来から認められていた労働事件（なお、改正案では労働事件の管轄は18条から21条にかけて規定がおかれている）以外にも、条約独自に義務履行地概念を解釈することが認められた。

改正提案理由によると[20]、1号(a)では従来のTessili原則が堅持されたが、このルールの欠点を回避するために1号(b)で、先の2つの契約類型については準拠法的処理をせずに「純粋な事実的判断基準［rein faktisches Kriterium］」に基づき義務履行地を定めたとされる。そして、係争債務の種類と関係なく、契約で合意した金銭支払いの反対給付の義務がある場合でも、1号(b)は適用される。ただし、履行地に関する明示的な合意により、1号(b)のルールと異なる方法をとることができるとされる。

以下に、ヨーロッパ共同体委員会による改正案の試訳を提示する[21]。

第5条

　　以下の場合には、構成国に住所を有する者を他の構成国で訴えることができる。

第1号

　　a)　契約または契約から生ずる請求権が訴訟の対象をなすときには、義務が履行された、または義務が履行されるべき地の裁判所。
　　b)　特段の定めがないときには、義務履行地は次の場所である。
　　　　――物の売買については、物が契約にしたがい引き渡された、または引き渡されることになっていた構成国の場所。
　　　　――サービスの提供については、サービスが契約にしたがい提供された、または提供されることになっていた構成国の場所。
　　c)　(b)が適用されないときには(a)が適用される。

第2号以下　〈略〉

Ⅳ　日本法への示唆
1　わが国での従来の議論
(1)　義務履行地管轄の適格性

義務履行地の国際裁判管轄に関しては裁判例も比較的多く[22]、いわゆる

「特段の事情論」を採用した平成9年の最高裁判決[23]もわが国が義務履行地であるのかが争点の1つであった。

わが国では、かつて、義務履行地管轄は国際裁判管轄の管轄原因とはならないとの見解が裁判例において見られた。たとえば、横浜地判明治40年12月16日[24]は、日本が義務履行地であっても、債務者の住所も目的物所在地も日本にないときには、わが国は管轄を有しないとしている。学説でも義務履行地がわが国にあるだけでは不十分であり、訴訟経済や公平の観点から決すべきと主張する見解があるが[25]、現在では国際裁判管轄の決定基準に関する議論との関係で理論構成に違いはあるものの、義務履行地管轄が渉外事件においても妥当することについては承認されているといえる。しかし、内国牽連性などの要件を加重したり[26]、または後述のように適用対象に限定を施すなど訴訟法の観点から修正するのが一般的である。

義務履行地に国際裁判管轄が認められる根拠としては、債務者が履行地で債務に関して応訴を求められても債務者の予測の範囲内であること、履行地での判決による給付の実現は債務の本旨に合致すること、また証拠収集の観点から、履行地は債務不履行の存否や損害の程度の審理に適切な場所であること、があげられている[27]。

(2) 義務履行地管轄の適用範囲

ブリュッセル条約5条1号やドイツ民事訴訟法29条が契約債権をめぐる問題について適用されるのに対し、わが国の民事訴訟法5条1号は「財産権上の訴え」を対象としており、一見わが国の方が対象を広くしている。しかし、渉外事件において同号を無制限に参照することはせずに、限定を施すのが学説・判例の傾向である。たとえば、不法行為に基づく損害賠償請求権についても義務履行地管轄が適用されるとすると、債権者の住所地管轄を認めることになるが、不法行為地以外に義務履行地にも管轄を認めると被告の予測が不可能になり当事者の公平を害するとして、学説・判例ともにこの点は否定的に解している[28]。

(3) 義務履行地の決定

義務履行地の決定については、わが国の学説はドイツと異なり法廷地法独自説が通説的見解を占める[29]。すなわち、国際裁判管轄原因としての義務履行地は、わが国の国際民事訴訟法の立場に基づき適正・公平で能率的な訴訟

運営という視点から判断すべきであるとし，契約上，本来の債務の履行地が明示的に指定されているときや，契約内容から明らかであるときに義務履行地管轄を認める。また準拠法説に対しては，日本民法484条のように持参債務を原則とする国の法が準拠法になると，原告の住所地や営業所所在地に管轄を認めることになり不合理であること，また本案審理に先立つ管轄の有無の判断を本案の準拠法により決するのは論理矛盾であるとの批判を加える。これに対して，準拠法説は[30]，義務履行地の決定が一義的になされ，また履行地に居住しない被告にとくに不利益にはならないと主張する。

　他方，裁判例では，むしろ準拠法説が古くから多数を占める[31]。比較的最近に下された裁判例で準拠法説に立つものとして，東京地判平成10年3月19日[32]をあげることができる。このケースは，米国からのクラシックカーの輸入をめぐり日本法人の原告が米国在住の日本人に対して債務不履行による損害賠償を求めた事案であるが，裁判所は，契約準拠法によれば義務履行地は日本にないなどとして，わが国の国際裁判管轄を否定している。他方，独自説に立つケースとして東京地判平成10年11月2日[33]がある。この事件は，音響機器の輸入をめぐり日本法人の原告が英国法人を被告として目的物引渡不履行による損害賠償を求めたケースであるが，裁判所は日本の義務履行地管轄を否定するに際して，義務履行地が一義的に定まる場合はともかく，法廷地国際私法を通じた準拠法の適用によって初めて義務履行地が定まるときは被告の予測可能性を害するなどとした。

2　検討——義務履行地の決定について

　履行地の決定について，ドイツの通説・判例およびヨーロッパ裁判所の判決と日本の通説が対極にあるのは興味深い点である。とくにドイツとの関係でこのような相違が生じた背景事情として，国際裁判管轄の決定基準に関する両国の相違の他に次の点を指摘することができよう。まず，わが国では民事訴訟法5条1号(国際裁判管轄決定基準に関していずれの見解によるにしても，同号は解釈上重要な役割を占める)が「財産権上の訴え」につき義務履行地管轄を認めることから，同号について訴訟法的見地からの合理的修正が強く認識されていたと考えられる（これに対して，ドイツ民事訴訟法29条，ブリュッセル条約5条1号の対象は文言上契約事件に限定されている）。また，義務履行地の決定に関しても，わが国の民法484条は持参債務［Bringschuld］を原則として

3　義務履行地管轄

いる（ドイツでは民法269条により取立債務［Holschuld］を原則としている）ので[34]、債権者の住所地管轄の承認という形で準拠法説の不合理さがより鮮明に現れたからである[35]。

　前述の点を考慮すると，わが国では義務履行地管轄をめぐる諸問題を訴訟法的考察に基づいて解決していかないと，被告住所地の一般原則と特別管轄による例外という管轄の基本フレームを没却しかねないことになる。したがって，国際裁判管轄としての義務履行地の決定をいかにして判断すべきかという問題は，わが国の通説およびドイツの少数説が説くように法廷地独自の立場から決定すべきであり，具体的には，当事者間で履行地について明示的に合意しているときにかぎり履行地管轄を認めることができると考える。また，準拠法について合意がなされているときもこれと同視する。ブリュッセル条約改正案5条1号が，従来からの判例法原則を部分的とはいえ修正する意図のもとで改正案を公表している点は，法廷地法独自説の立場からは歓迎すべき方向である。なお国際条約の解釈とわが国の国際民訴法の解釈とでは，必ずしも同じレヴェルで論ずることはできないが，ヨーロッパ裁判所が示した準拠法説の根拠についてコメントしておきたい。まず，裁判所は当事者の予測可能性をあげている（判決文番号24番）。たしかに契約債務に関しては当事者の予測可能性は大きな役割を果たし，この領域で準拠法決定につき当事者自治が認められる根拠の1つとして挙げられる[36]。契約事件の管轄原因としての義務履行地についても，当事者の予測可能性は最大限尊重されるべきであろう。しかし，準拠法による履行地の予測可能性が確保されるのは，準拠法の指定が明示的になされる場合に限られる。裁判所は，契約債務の準拠法に関する条約の締結により準拠法決定は構成国間で統一されると説くが（判決文番号30番），同条約4条1項では準拠法の合意がないときには最密接関連法を適用するとしており，この判断は法廷地によって異なる可能性があるからである[37]。この点で，準拠法説は判決の国際的調和が図られるとの論拠[38]も説得力を失う。わが法例7条の解釈としても明示の準拠法指定がない場合に，黙示の準拠法指定を探るので[39]，同様のことが当てはまる。したがって，当事者の予測可能性は，準拠法説一般に妥当するものではなく，履行地または準拠法につき当事者が合意しているときに限られよう。この様に解することが許されるならば，準拠法説と法廷地法独自説の守備範囲の差はそ

れ程大きくないと言える。つぎに，裁判所は，義務履行地概念を定めるのは構成国国内法であるとし(判決文番号31番)，実体法上の概念を訴訟法上も当然適用されることを前提としている。しかし，これでは，前述のように持参債務を原則とする法が準拠法となった場合に，実質的に原告の住所地管轄を認めることにほかならず，訴訟法の原則と例外が逆転してしまう。むしろ，管轄原因は法廷地国の司法権行使の基準となるものであるから，法廷地訴訟法独自の価値基準に基づき管轄概念を決定することが許されると解すべきである。第3に，裁判所は，履行地管轄の有無の判断は契約上の義務内容と不可分の関係にあるので準拠法決定は避けられないと説く(判決文番号25番，26番)。これは，準拠法決定は法廷地の管轄が肯定されて初めて判断可能であるのに，準拠法説は管轄判断に先行させて準拠法を決定することになり論理矛盾ではないか[40]，という批判に対するものと考えられる。しかし，管轄の問題と本案の問題を分離して考え，履行地または準拠法の明示の指定があるときには，義務履行地管轄として十分であるとの立場からは，管轄判断に際して準拠法を決定する必要はない(独自説を採った場合の問題点については追補参照)。

　この様に義務履行地の決定に関する議論の対立は，一見すると激しいものであるが，両説の相違は説明の仕方に帰着するとも言える。まず，準拠法説により義務履行地を肯定するケースであっても，特段の事情を考慮することにより最終的に管轄を否定することが可能であり，管轄を制限する局面では準拠法説と法廷地法独自説の相違はそれ程ないと言える。他方，準拠法説では義務履行地が否定されるが，法廷地国際民事訴訟法の立場からは義務履行地を肯定すべきと考えられる場合については，準拠法説によりつつも緊急管轄を用いることで管轄肯定の結論を導き出すことが考えられる。このように見てみると，わが国における両説の差は，管轄概念を法廷地国際民事訴訟法の立場から操作するのか，それとも一般条項による処理をするのかという点に見いだすこともできよう。しかし，このような観点からも，一般条項的処理はできるだけ避けるべきであると考えられるので，法廷地法独自説が支持されるべきである。

　　(1)　EuGH NJW 1977, 491（本書2事件）; EuGH NJW 1995, 183. 1977年判決については，岡本善八「わが国際私法事件におけるEEC裁判管轄条約

3 義務履行地管轄

(2)」同法29巻5号15頁（1978年）を参照。また，1976年の Tessili 判決と同日に下された De Bloos 判決（EuGH, Urt.v.6.10.1976 NJW 1977, 490）では，履行地を確定させる契約上の義務は訴訟物を指すとし，同一契約であって問題となる義務によって法廷地が異なるので，契約全体について統一的な裁判籍は生じないとされた。

(2) EuGH IPRax 1983, 173.

(3) 固有法における義務履行地の国際裁判管轄審査については，3つの段階に分かれるとされる（vgl.v.Hoffmann, Internationales Privatrecht, 6.Aufl. 2000, S.77）。すなわち，まず，契約上の請求であること，つぎに，具体的に争いのある義務であること，そして最後に，義務履行地の確定問題である。

(4) BGH NJW 1993, 1073, 1075; Geimer, Internationales Zivilprozeßrecht, 3.Aufl. 1997, Rdnr.1482 ff.; Münchener Kommentar/Patzina, ZPO, 1992, §29 Rdnr. 67; Nagel/Gottawald, Internationales Zivilprozeßrecht, 4. Aufl.1997, S.69; Rosenberg/Schwab/Gottwald, Zivilprozeßrecht, 15. Aufl.1993, §36 II; Schütze, Deutsches Internationales Zivilprozeßrecht, 1985, S.61; Wieczorek/Schütze/Hausmann, ZPO, 3.Aufl.1994, §29 Rdnr. 122; Zöller/Vollkommer, ZPO, 21.Aufl.1999, §29 Rdnr. 3.

(5) Wieczorek/Schütze/Hausmann, a.a.O. (Fn.4), §29 Rdnr. 122.

(6) Schlosser, EuGVÜ, 1996, Art.5 EuGVÜ Rdnr. 3; v.Hoffmann, a.a.O. (Fn.3), S.127; EuGH NJW 1989, 1424; EuGH EuZW 1999, 59.

(7) Linke, Internationales Zivilprozeßrecht, 2.Aufl. 1995, Rdnr. 155.

(8) EuGH NJW 1977, 491; EuGH NJW 1995, 183.

(9) Geimer, a.a.O. (Fn.4), Rdnr. 1482 ff; Geimer/Schütze, Europäisches Zivilverfahrensrecht, 1997, Art.5 Rdnr. 64 f.; Kropholler, Europäisches Zivilprozeßrecht, 6.Aufl. 1998, Art.5 Rdnr. 18 ff.; Linke, a.a.O. (Fn.7), Rdnr. 155; Münchener Kommentar/Gottwald, ZPO, 1992, Art.5 IZPR EuGVÜ Rdnr. 13; Münchener Kommentar/Patzina, a.a.O. (Fn.4), §29 Rdnr. 69; Schütze, a.a.O. (Fn.4), S.62; Stein/Jonas/Schumann, ZPO, 21. Aufl. 1993, §29 VII Rdnr. 53; Thomas/Putzo/Hüßtege, ZPO, 22.Aufl. 1999, Art.5 EuGVÜ Rdnr. 3; Wieczorek/Schütze/Hausmann, a.a.O. (Fn. 4), §29 Rdnr. 116; Zöller/Geimer, ZPO, 21.Aufl. 1999, Anh I Art.5 GVÜ Rdnr. 1.

(10) Geimer/Schütze, a.a.O. (Fn.9), Art.5 Rdnr. 65.

(11) Kropholler, a.a.O. (Fn.9), Art.5 Rdnr. 19 f.

⑿　Jayme, Ein Klägergerichtsstand für den Verkäufer - Der EuGVÜ verfehlt den Sinn des EuGVÜ, IPRax 1995, 13; Lüderitz, Fremdbestimmte internationale Zuständigkeit?, in: FS. für Zweigert, 1981, S.233, 249ff.; Rüßmann, Der Gerichtsstand des Erfüllungsortses nach Art.5 Nr. 1 EuGVÜ bei enier tonnage-to-be-nominated-charter, IPRax 1993,38; Schack, Der Erfüllungsort im deutschen, aüslandischen und internationalen Privat- und Zivilprozeßrecht, 1985, S.244; ders., Internationales Zivilverfahrensrecht, 2.Aufl. 1996, Rdnr. 270 ff.; ders., Entscheidungszuständigkeiten in einem weltweiten Gerichtsstands- und Vollstreckungsübereinkommen, ZEuP 1998, 931, 937 ff.

⒀　Jayme, a.a.O. (Fn.12), S.13f.

⒁　Spellenberg, Der Gerichtsstand des Erfüllungsortes im europäischen Gerichtsstands- und Vollstreckungsübereinkommen, ZZP 91(1978), 38, 59では，金銭支払義務の履行地を債務者の住所地とする国としては，フランス，ドイツ，ベルギーそしてルクセンブルクが，また債権者の住所地とする国としては，イタリア，オランダそしてイングランドがあげられている。

⒂　Schack, a.a.O. (Fn.12), Rdnr. 270ff.

⒃　先決問題については，たとえば道垣内正人・ポイント国際私法総論115頁（1999年）などを参照。

⒄　しかし，この提案は一部分の契約類型に限定しており，成功していないとも評されている。vgl. Geimer/Schütze, a.a.O. (Fn.9), Art.5 Rdnr. 65.

⒅　Leipold, Internationale Zuständigkeit am Erfüllungsort - das Neueste aus Luxemburg und Brüssel, in: GS. für Lüderitz, 2000, S. 431, 436 ff.

⒆　Ders., a.a.O. (Fn.18), S.438.

⒇　BR-Drucks.534/99 vom 23.09.1999, S.14.

(21)　テキストは，BR-Drucks. 534/99, S.33ff. およびIPRax 2000,41.

(22)　義務履行地の国際裁判管轄をめぐる議論に関しては，奥田安弘「判批」判評402号48頁（1992年），長田真里「義務履行地と国際裁判管轄」阪法46巻2号123頁（1996年），山田恒久「義務履行地の国際裁判管轄」法研67巻1号54頁（1994年）などを参照。

(23)　最判平成9年11月11日民集51巻10号4055頁。

(24)　横浜地判明治40年12月16日新聞472号4頁。また，間接管轄についてであるが，東京地判昭和47年5月2日判時667号47頁も義務履行地管轄の国際裁判管轄としての適格を否定する。

3 義務履行地管轄

(25) 澤木敬郎・国際私法入門〔第3版〕224頁（1990年）。

(26) 兼子ほか・条解42頁〔新堂幸司〕，宮武敏夫＝若井隆「裁判管轄（1）」元木伸・細川清編・裁判実務大系（10）8頁（1989年），山田鐐一＝澤木敬郎編・国際私法講義233頁〔三浦正人〕（1970年）。

(27) 木棚ほか・概論〔第3版〕253頁〔渡辺惺之〕（1998年），高橋宏志「国際裁判管轄」澤木＝青山編・理論66頁，三浦正人編・国際私法252頁〔松岡博〕（2訂1990年）。

(28) 裁判例として，東京地判昭和59年2月15日判時1135号70頁，東京地判昭和62年6月1日金商790号32頁，東京地判平成7年4月25日判時1561号84頁など。学説では，池原季雄「国際的裁判管轄権」新実務講座（7）26頁，木棚ほか・前掲注（27）254頁〔渡辺〕。

(29) 石川＝小島編・国際民訴45頁〔小島武司＝猪俣孝史〕，石黒・現代329頁，池原・前掲注（28）27頁，長田・前掲注（22）134頁，注解民訴（5）443頁〔山本和彦〕，注釈民訴（1）127頁〔垣内正人〕，高桑昭「判批」ジュリ919号103頁（1988年），高桑昭「判批」ジュリ1078号124頁（1995年），高桑昭「判批」ジュリ1173号146頁（2000年），松岡博「国際的裁判管轄」現代契約法体系（9）282頁（1985年），三浦編・前掲注（27）253頁〔松岡〕，宮武＝若井・前掲注（26）8頁，山本和彦「判批」民商119巻2号290頁（1998年）。

(30) 林脇トシ子「判批」ジュリ471号155頁（1971年），中野俊一郎「判批」ジュリ980号262頁（1991年），山田・前掲注（22）66頁。

(31) 最近下された下級審裁判例で法廷地法独自説に立つのは，東京地判平成10年11月2日判タ1003号292頁，他方で準拠法説に立つ裁判例として，東京地判平成5年4月23日判時1489号134頁，神戸地判平成5年9月22日判タ826号206頁（間接管轄のケース），東京地判平成10年3月19日判タ997号286頁がある。

(32) 東京地判平成10年3月19日判タ997号286頁。

(33) 東京地判平成10年11月2日判タ1003号292頁。

(34) わが民法が持参債務を原則としたのは，道義的観点と実際的便宜性が挙げられている。磯村哲編・注釈民法（12）171頁〔北川善太郎〕（1970年）。

(35) 民法が持参債務を原則とすることから生ずる義務履行地管轄の問題性は，国内土地管轄についても依然として指摘されている。兼子・体系83頁〔増補〕（1965年），上田徹一郎・民事訴訟法〔第2版〕57頁（1997年）。旧民訴法下でも，この問題は改正当初から認識されていたが，司法省サイドは，履行地の決定は民法の問題であり，民訴法が決めるものではないと考えていた。司法

省・民事訴訟法改正調査委員会速記録11頁（1929年）における松岡義正委員の発言を参照。なお、ドイツ民法269条の取立債務（Holschuld）の原則は，最近の債務法改正によっても維持されている。vgl. Jauernig/Vollkommer, BGB, 10.Aufl. 2003, §269 Rdnr. 9.
(36)　木棚ほか・前掲注（27）118頁〔松岡博〕など。
(37)　Jayme, a.a.O. (Fn.12), S.13.
(38)　Geimer/Schütze, a.a.O. (Fn.9), Art.5 Rdnr. 65.
(39)　溜池良夫・国際私法講義〔第2版〕346頁（1999年），山田鐐一・国際私法293頁（1992年）。
(40)　Schack, a.a.O. (Fn.12), Rdnr. 271.

追　補

1　はじめに

　本文脱稿（2001年3月24日）後，契約事件の義務履行地管轄に関するルールは，2002年3月1日にブリュッセル規則（Ⅰ）が発効したことで変更を受けた。規則における条文は，若干の字句の変更を除いて基本的には本文で紹介した改正案と同じである。すなわち，ブリュッセル規則（Ⅰ）5条1号(a)は従来の準拠法説による履行地決定を維持し，他方で，(b)において動産売買および役務提供に関する履行地を条約独自に定めた（前者については引渡地，後者については提供地）。ただし，当事者が履行地に関する合意を締結している場合には，合意が優先するとしている（ただし，この合意が(b)の場合に限られるのか，それとも(a)の場合も含むのかは争いがある）。また，労働契約の国際裁判管轄についてはブリュッセル条約では5条1号後段で定められていたが，ヨーロッパ裁判所が展開した判例理論を承けて，ブリュッセル規則（Ⅰ）では18条から21条にかけて規定されている。

2　新ルールにおける履行地の決定・総論──準拠法説と独自説の関係

　しかし，5条1号の改正は履行地決定に関する準拠法説と独自説を併存させた，いわば妥協の産物であることから（この点を批判するのは，Kropholler/v.Hinden, Die Reform des europäischen Gerichtsstands am Erfüllungsort (Art.5 Nr.1 EuGVÜ), in: GS. für Lüderitz, 2000, S.401, 409; Schack, Internationales Zivilverfahrensrecht, 3. Aufl. 2002, Rdnr. 273），従来の問題

3 義務履行地管轄

をクリアに解消したとはいえない。このような規定の仕方は，個々の解釈にも影響を与えている。たとえば，基本的立場について，ガイマーは依然として準拠法説を支持するのに対して (Geimer, Internationales Zivilprozeßrecht, 4.Aufl. 2001, Rdnr. 1482; Zöller/Geimer, ZPO, 23.Aufl. 2002, Art.5 EuGVVO Rdnr. 1. vgl. Münchener Kommentar/Patzina, ZPO, 2.Aufl. 2000, §29 Rdnrn. 104 und 106)，クロフォラーは，履行地を独自に確定する試みは他の契約類型にも及ぼすのが望ましいとしている (Kropholler, Internationales Privatrecht, 4.Aufl. 2001, S.576)。

3 新ルールにおける履行地の決定・各論
(1) 独自説の部分的採用

このように総論的問題は依然として残っているにせよ，ブリュッセル規則（Ⅰ）5条1号(b)により，(フランス法の影響のもと) 動産売買契約と役務提供契約に関しては，契約から生ずるすべての請求権について，統一的な具体的履行地が定められ管轄の集中が図られた (特徴的給付理論。この理論については, たとえば, 長田真里「義務履行地と国際裁判管轄」阪法46巻2号133頁 (1996年) 参照)。また，従来，主たる義務・従たる義務が何であるのかが管轄決定に際して問題にされたが (De Bloos 判決ルール。EuGH NJW 1977, 490)，今回の改正によって(b)が適用される範囲では，この問題はなくなった。したがって，たとえば，物の売買契約で，金銭支払義務と物の引渡義務というように問題となっている義務 (訴訟物) に応じて管轄が異なることがなくなった (Schack, a.a.O., Rdnr. 273 a. つまり, De Bloos 判決 (注1参照) が改められた)。これによって，買主の住所地で商品が引き渡された時には，この契約から生ずる全ての紛争について，買主にとっては原告の住所地が認められることになる (Nagel/Gottwald, Internationales Zivilprozessrecht, 5.Aufl. 2002, §3 Rdnr. 48. この様な結果に対して批判的であるのは Kubis, Anmerkung, ZEuP 2001, 742, 749f.)。ところで，1号(b)は動産売買契約と役務提供契約については履行地を規則独自に確定し，同契約から生ずるすべての訴訟について管轄を固定させたが，それ以外の契約については従来の Tessili ルールおよび De Bloos ルールを堅持し (同号(a))，履行地は契約準拠法により定まり，同じ契約でも訴訟物によって義務履行地が異なることを認めた。したがって，当該契約が動産

売買または役務提供か，もしくはそれ以外かで義務履行地の決定方法が違ってくるので，性質決定が問題になる。たとえば，製作物供給契約（Werklieferungsvertrag），ファイナンスリース（Finanzierungsleasing），使用賃貸借売買（Mietkauf），ソフトウェア契約（Softwareverträge）や（Kubis, a.a.O., S.750），信用契約（Kreditvertäge）が問題視されている（vgl. Kropholler, Europäisches Zivilprozeßrecht, 7.Aufl. 2002, Art.5 Rdnr. 37; Thomas/Putzo/Hüßtege, ZPO, 25.Aufl. 2003, Art 5 EuGVO Rdnr. 2f.）。

(2) 合意による履行地の確定

ブリュッセル規則（Ⅰ）の5条1号(b)では，先の2つの契約について当事者の合意により別の場所を履行地として定めることができるとしている（ただし，同号(a)の場合にも履行地の合意を認める見解もある。Kropholler, a.a.O., Art. 5 Rdnr. 28. しかし，この立場は少数説と思われる。vgl. Thomas/Putzo/Hüßtege, a.a.O., Art.5 EuGVO Rdnr. 5）。ただし，構成国以外の第3国を義務履行地に定めているときには，1号(b)の適用の適用はなく(a)の適用をみる（Vorschlag einer Verordnung (EG) des Rates über die gerichtliche Zuständigkeit und die Anerkennung und Vollstreckung von Entscheidungen in Zivil- und Handelssachen, KOM (99) 348 endg., BR-Drs. 543/99 S. 14）。なお，ある見解は，この1号(a)の規定によって，(b)が適用されない場合であっても，ただちに2条以下の普通裁判籍の規定が適用されることにはならない点に意義を認める。すなわち，構成国における統一的な契約事件の裁判籍を設けるという目的を達成できない契約でも，普通裁判籍を用いるのではなく義務履行地管轄を利用することが可能なので，請求された義務と関係が深く証拠収集もしやすい（sach- und beweisnah）裁判所で訴訟することが出来るメリットがあるという（Rauscher, Internationales Privatrecht, 2.Aufl. 2002, S. 355）。しかし，これでは第3国を義務履行地に選択した場合，原告に契約で認めた義務履行地の他にさらなる裁判籍を構成国内にも認めることになり，第3国との関係で調和の取れた管轄配分が害されるという見解もある（Schack, a.a.O., Rdnr. 273; Hau, Der Vertragsgerichtsstand zwischen judizieller Konsolidierung und legislativer Neukonzeption, IPRax 2000,354,360; Nagel/Gottwald, a.a.O., §3 Rdnr. 48）。なお，履行地は個々の契約上の義務ごとに合意することはできず，全体として合意することができるだけであるとする見解がある（Micklitz/

Rott, Vergemeinschaffung des EuGVÜ in der Verordnung (EG) Nr.44/2001, EuZW 2001, 325, 328; Musielak/Weth, ZPO, 3.Aufl. 2002, Art. 5 EG-Verordnungen Rdnr. 8 aber vgl. Kropholler, a.a.O., Art.5 Rdnr. 43)。

(3) 合意の有効性，当事者保護など

ブリュッセル規則（Ⅰ）5条1号(b)における履行地に関する合意の有効性の判断基準については，議論がある。すなわち，契約準拠法を参照することなく当事者の合意の解釈を通じて確定されるとする見解と（v. Hoffmann, Internationales Privatrecht, 7.Aufl. 2002, §3 Rdnr. 223a; Jayme/Kohler, Europäisches Kollisionsrecht, IPRax 1999, 401, 405. ジェイムらは，条約独自に解釈し契約準拠法または補助準拠法も用いずに判断するという），条文の文言が契約によるとしていることから，契約準拠法によるとする見解（Eltzschig, Art.5 Nr.1 b EuGVO : Ende oder Fortführung von forum actoris und Erfüllungsortbestimmung lege causae?, IPRax 2002, 491, 494; Geimer, a.a.O., Rdnr. 1491a; Kropholler, a.a.O., S.577; Nagel/Gottwald, a.a.O., §3 Rdnr. 52）が対立する。また，履行地の合意は訴訟上のものであるとして，または当事者の処分権能を広範囲に認めると合意管轄に関する規定が意図する当事者保護の目的を履行地の合意によって無意味になってしまうなどとして，ブリュッセル規則（Ⅰ）23条を妥当させる見解（vgl. Baumbach/Hartmann, ZPO, 61.Aufl. 2003, §29 Rdnr. 4），さらには23条1項の合意管轄に関する形式的要件と契約準拠法の要件を満たす必要があるとする見解がある（Kropholler, a.a.O., Art.5 Rdnr. 43. ただし，クロフォラーは(a)に関する合意については，23条の要件は不要とする。ders., a.a.O., Art.5 Rdnr. 28）。しかし，管轄の合意と履行地の合意は条文の位置づけからしても機能的に異なるとして，同条の適用はないとする批判が有力である（Jayme/Kohler, a.a.O., S.405; Rauscher, a.a.O., S.355; Schlosser, EU-Zivilprozessrecht, 2.Aufl. 2003, Art.5 EuGVVO Rdnr. 11; Zöller/Geimer, a.a.O., Art.5 EuGVVO Rdnr. 17; Zöller/Vollkommer, a.a.O., §29 Rdnr. 3）。この点についてヨーロッパ裁判所は，ブリュッセル条約当時の判例であるがZelger事件1980年判決において，合意管轄に関する規定を適用するのではなく契約準拠法適用説を支持している（EuGH Urt. v. 17. 1. 1980 NJW 1980, 1218）。しかし，現実に給付されることがなく単に管轄創設の意図で履行地の合意をしていると認められるケース，すなわち抽象的履行地の合意

[abstrakte Erfüllungsortsvereinbarung] については，ヨーロッパ裁判所および連邦通常裁判所の判例は，いずれも合意管轄の規定を用いて判断している (EuGH Urt. v. 20.2.1997 JZ 1997,839; BGH Beschl. v. 6.3.1995, IPRax 1996, 264)。この抽象的履行地の合意理論は，学説においても，比較的支持を受けているといってよいであろう (Kropholler, a.a.O., Art.5 Rdnr. 29; ders., a.a.O., S.577; Micklitz/Rott, a.a.O., S.328; Münchener Kommentar/Gottwald, ZPO-Reform, 2.Aufl. 2002, Aktualisierungsband, Art.5 EuGVO Rdnr. 14; Nagel/Gottwald, a. a.O., §3 Rdnr. 52)。他方，シャックは，ブリュッセル規則（Ⅰ）5条が履行地の合意に，管轄創設機能を認めたこと自体について批判的であり，立法論的には全面的に削除すべきであると述べる (Schack, a.a.O., Rdnrn. 273a und 276f.; ders., Abstrakte Erfüllungsortsvereinbarungen: form- oder sinnlos?, IPRax 1996, 247, 249)。その理由としては，履行地の合意をもって管轄創設機能をも認めるに際しては当事者を保護する必要性があるにもかかわらず，ブリュッセル規則（Ⅰ）5条にはドイツ民事訴訟法29条2項のように商人間という限定をしていないこと，またヨーロッパ裁判所が認めてきた抽象的履行地の合意についても，いかなる場合にこのような合意に相当するのか必ずしも判断が容易ではないことを挙げている。この立場には，コッホ（Koch, Anmerkung, JZ 1997, 841, 843) およびライポルド (Leipold, Internationale Zuständigkeit am Erfüllungsort, GS. für Lüderitz, 2000, S.431, 449) がしたがい，近時の有力説といってよい。

　なお，ドイツ民事訴訟法29条2項は義務履行地の合意を同法38条1項と同様に商人間に限定しているが，ブリュッセル規則（Ⅰ）5条1号はこのような制限をしていない。しかし，保険事件，消費者事件および労働事件には5条1号の適用はない (Kropholler, a.a.O., S.576)。

　4　日本法への示唆
　このように，ブリュッセル条約からブリュッセル規則（Ⅰ）への改定によっても義務履行地管轄をめぐる議論はなお，問題を多く含み，わが国においても解釈論・立法論ともに参考にすべき点は少なくない。私見の詳細は別稿に譲らざるを得ないが，わが国でまだ十分議論されていない点も含めて，さしあたり次の点を指摘しておきたい。

3 義務履行地管轄

(1) 準拠法説と独自説の関係

本文で述べたように,評者自身は履行地の確定について法廷地法独自決定説に与し,当事者が履行地について明示的に指定しているときにはその地に履行地管轄を認めるべきであると考える。しかし,この場合に限らず当事者が準拠法について明示的に合意しているときには,準拠法上定まる履行地もまた義務履行地管轄として認めても良いと考える(本文でも述べたが,わが国の通説が後者を全く排除するのかは,必ずしも明確ではない)。なぜならば,契約債務について最も重要な点である,当事者の予測可能性という観点からは当事者間で明示的に準拠法の指定がなされているときには,とくに当事者を害することはないと考えられるからである(当事者保護の問題は後述)。このような私見によった場合,従来わが国で論じられている準拠法説と独自説の相違は,明示の準拠法指定がない場合に法廷地国際私法を通じて準拠実体法が定める履行地に義務履行地管轄を認めることができるか,ということになる。なお,この場合の準拠法指定行為の意味は,管轄創設的効果をもたらす問題として理解し,国際私法において従来から論じられている準拠法指定行為の有効性に関する判断基準の問題(この点については,たとえば,溜池良夫・国際私法講義〔第2版〕334頁(1999年)を参照)とは別問題であると考える。この点も後述する。

(2) 特徴的給付理論をめぐる問題

ブリュッセル規則5条1号(b)は特徴的給付理論により,動産売買契約と役務提供契約について,当該契約から生ずるすべての紛争に関する統一的裁判籍を設けた。このアプローチによって履行地をめぐる問題に一定の解決が与えられたが,特徴的給付理論によって解決が図られなかった契約類型もある。それらの契約類型に対しては,どのような解決方法を採るべきであろうか。そして,両者の関係をどのように評価すべきであろうか。

私見では,訴訟法独自の立場からの義務履行地管轄の構成そのものに大きな異論はない。しかし,特徴的給付理論もしくはそれに類する考えは立法論的にはともかく,わが国での解釈論としては現段階では未だ検討すべきことが残されていると思われる。たとえば,ブリュッセル規則(Ⅰ)では,動産売買契約においては引渡地に当該契約をめぐるすべての紛争について管轄が認められているが,買主の住所地で物品が引き渡されたときには,買主が原

告となって訴訟を提起した場合，原告の住所地管轄が認められることになる。しかし，わが国において，解釈論として直ちにこの見解を認めることは被告住所地原則との関係で問題があり (vgl. Kubis, a.a.O., S.749 f.)，また当事者の予測に反しかねない場合もあり得よう。かりにこの考えが認められるとしても動産売買契約全般に妥当させるべきか検討の余地がある。契約類型ごとに訴訟法独自の立場から義務履行地を構成しようとする試みに対しては，ドイツでもその困難さが指摘されている (Geimer/Schütze, Europäisches Zivilverfahrensrecht, 1997, Art.5 Rdnr. 65)。また，すべての契約類型を取り上げてそれに応じた履行地を設定することは，かえって実用的でない。このような状況からすると，現時点ではむしろ，立法によって解決するさいのアプローチの1つとして捉えるべきである。なお，ブリュッセル規則（I）のように，準拠法説と独自説を併存させるという方法は，一貫性を欠くと言うべきである（しかし，明示の準拠法指定があった場合に排除すべきでないことは前述のとおりである。従来のいわゆる準拠法説の問題性は，たとえば黙示の準拠法指定などの場合に持参債務を規定する実質法が指定されて，当事者が予測できない形で原告の住所地管轄が肯定されることへの批判が中心である）。

(3) 履行地の合意

当事者間で履行地の合意があった場合にそれを尊重するという扱いは，ブリュッセル規則（I）および日本の通説ともに認める立場である。しかし，この点に関しては，ブリュッセル規則（I）における議論は従来のわが国における議論と比べて詳細であり，日本法に対して幾つかの参考になる点を有している。問題となりうる点は，大別して，①合意の判断基準，②弱者保護の問題がある。

まず，履行地の合意の判断基準としては，ドイツでは，契約準拠法によるとする見解，訴訟法独自の立場によるとする見解，合意管轄の規定によるとする見解がある。契約準拠法によるとする立場はブリュッセル規則（I）5条1号における文言を根拠にする。訴訟法独自に解する説は，同規則（I）5条1号(b)が従来の準拠法説 (Tessili ルール) を排除する趣旨の規定であることを根拠にしていると考えられる。合意管轄規定説は，②の問題とも関係するが履行地の合意によって管轄の合意に関する規制 (保護) を逃れる隠れ蓑となるのを防止する必要性を根拠にする。ヨーロッパ裁判所の判例は，ブリュ

3 義務履行地管轄

ッセル条約の解釈として，合意の有効性について準拠法によるとしつつも，事案との関係が希薄で管轄創設目的のためだけに履行地の合意をしていると認められる抽象的履行地の合意については，合意管轄規定による規制を認める。

　上述の議論を参考に，日本法の解釈を考えてみたい。準拠法説による場合，確かに判断基準として明確である。循環論法 (準拠法決定にさいしてはまず最初に管轄が肯定される必要があるが，管轄の有無は準拠法を参照しないと分からない) に陥るとの批判に対しても，法廷地訴訟法の独自の立場から，当事者が指定した準拠法に履行地の指定行為の有効性に関する判断をも委ねていると解することで，批判を回避する考え方はありうると思われる (だが，この立場はもはや純粋な準拠法説とはいえない)。しかし，この立場では本案の準拠法上履行地の指定とは認められない場合には義務履行地管轄が生じないことになるが，そうすると紛争を解決するために履行地管轄を認めた法廷地法の意義を失うことになる (本案を解決するために，法廷地の設定を一定の場所に認めた趣旨が没却されてしまう)。他方，合意管轄規定によらせるとすると，確かに抽象的履行地の合意に該当する場合の規制が容易である。しかし，合意管轄規定説による場合，根本的問題が生じうる。つまり，履行地の合意と合意管轄が同じレベルで議論されることになり，履行地の合意に管轄創設的効果をも認める独自の意義がなくなる点である。合意管轄規定説では履行地の合意を別個に認める意味はなく，合意管轄に関するルールだけで十分なはずである。このように考えると，履行地の合意に義務履行地管轄を認める判断基準は，法廷地訴訟法の独自の立場から判断せざるを得ない (したがって，たとえば，口頭による履行地の合意を認めるのかという問題は，受訴裁判所の法廷地法の立場から判断する)。では，この立場では，当事者の保護をどのような形で確保すべきであろうか。1 つの考え方は，ヨーロッパ裁判所が展開してきたように，例外的にこのようなケースについては合意管轄に関するルールによる枠をはめるという方法である (抽象的履行地の合意理論)。この考え方は 1 つの解決方法として魅力的であるが，次の点を指摘しておきたい。すなわち，シャックが説くように，いかなる場合に合意管轄規定に服させるべきか，その実質判断は必ずしも容易ではない (しかし，そうだからといって，履行地の合意による管轄創設そのものを否定するのは行き過ぎのように思われる)。はたして当事者が

79

第3国を履行地にしていることをもって，直ちに合意管轄による規制をすべき事態と評価すべきなのか，なお検討の余地があると思われる。つぎに，純粋な国内事件での規制ルールとの関係が問題として生ずる。ドイツにおいては，民事訴訟法29条2項による履行地の合意をなし得るのが商人間など [wenn die Vertragsparteien Kaufleute, ... sind] に限定されているのに対して，ブリュッセル規則（Ⅰ）ではそのような限定がないことから，当事者保護の必要性が強く意識されていたのではないかと推測される。この点をわが国の国際民訴法の立場からどのように評価すべきか，今後，議論の余地があると思われる。

立法論的には，ブリュッセル規則（Ⅰ）を参考に，消費者事件，保険事件，労働事件など非対等当事者間契約について個別的に特則を設ける方法がより実践的であろう。

(4) 履行地の合意がカバーする範囲

履行地の合意があった場合，当該契約から生ずるすべての紛争について，この合意が管轄原因としてカバーするのであろうか。前述のようにブリュッセル規則（Ⅰ）では，1976年ヨーロッパ裁判所判決（De Bloosルール）を排除する目的で5条1号(b)の規定が整備された。したがって，物の引渡地は，たとえば買主が提起する債務不履行による損害賠償請求訴訟の場合のみならず，売主が提起する代金支払請求訴訟についても義務履行地となり，訴訟物のいかんを問わず統一的管轄原因を構成する。しかし，立法論的にはともかく，解釈論として直ちにこのような考えを採用することには疑問が残る。たとえば，動産売買契約においてたんに履行地の合意が結ばれていた場合，合理的な当事者の意思解釈としてはむしろ，物の引渡債務の履行地として認識していることの方が多いのではないだろうか。日本法の解釈論としては，代金支払債務についてまで，この履行地がカバーするというのは明示的になされている場合を除いて困難なように思われる。

(5) 準拠法指定による履行地の確定といわゆる準拠法説の関係

前述のように私見は，義務履行地管轄として，①履行地について当事者間で合意がある場合のほかに，②当事者間で準拠法について明示の合意がある場合，にも管轄を認める。その根拠は，準拠法について明示の合意がある場合は，履行地の合意がある場合と同様に捉えることができ，当事者の予測可

3　義務履行地管轄

能性を損なうことが少ないと考えられるからである。しかし，準拠法について当事者に合意がある場合に準拠実体法が定める履行地に管轄を認めることは，あくまでも当該実体法上の履行地指定に対して，法廷地訴訟法の立場から管轄創設的効果を認めるというにすぎない。この準拠法指定行為の有効性の判断基準は，履行地の合意の有効性の判断と同じであり，私見では法廷地訴訟法独自の立場から判断する。したがって，従来から説かれているいわゆる準拠法説とは内容的に異なるものである（2003年7月14日追補脱稿）。

　本文脱稿後の邦語文献としては，渡辺惺之=長田真里「義務履行地の管轄権」新実務大系（3）74頁がある。また，脱稿後の評釈として，Hau, Anmerkung, ZZPInt 5 (2000), 284; Kubis, Anmerkung, ZEuP 2001, 742 に接した。いずれの評釈も，準拠法説を採用した本判決に対して批判的である（Hau, a.a.O., S.291; Kubis, a.a.O., S.751）。本件の事案を，ブリュッセル規則（Ⅰ）のルールで処理した場合，履行地が構成国外であることから，結局は従前と同じ枠組みで処理されることになると説かれる（Kubis, a.a.O., S.751）。
　私見の詳細は，芳賀雅顯「国際裁判管轄原因としての義務履行地の決定」石川明編・国際経済法と地域協力61頁（2004年），同「労働事件の国際裁判管轄」法律論叢77巻6号145頁（2005年）で述べた。

〈参照条文〉
ブリュッセル規則（Ⅰ）
　　＊原文で表示している部分は改正案と異なる箇所
　第5条　以下の場合には，構成国に住所を有する者を他の構成国で訴えることができる。
　第1号
　　a）　契約または契約から生ずる請求権が訴訟の対象をなすときには，義務が履行された，または義務が履行されるべき地の裁判所。
　　b）　本条においては[im Sinne dieser Vorschrift]，特段の定めがないときには，義務履行地は次の場所である。
　　　　——動産の売買[Verkauf beweglicher Sachen]については，物が契約にしたがい[nach dem Vertrag]引き渡された，または引き渡される

ことになっていた構成国の場所。
　——サービスの提供については，サービスが契約にしたがい（nach dem Vertrag）提供された，または提供されることになっていた構成国の場所。
 c)　(b)が適用されないときには(a)が適用される。
第 2 号以下　〈略〉

4 ブリュッセル条約5条3号による不法行為地の国際裁判管轄

EuGH, Urteil vom 30.11.1976-21/76 Bier/Mines de Potasse d'alsace

木川裕一郎

Slg. 1976, 1735＝NJW 1977, 493＝RIW 1977, 356 Anm. Linke＝Rev. crit. 1977, 563 Anm. Bourel＝Bericht Heut, Clunet 1977, 728＝D. S. 1977, Jur. 613 Anm. Droz＝Riv. dir. int. priv. proc. 1977, 187＝Riv. dir. int. 1977, 620＝N.J. 1977 Nr. 494 Anm. Schultsz＝C. M. L. R. 1977, 1, 284.

〈判決要旨〉

ブリュッセル条約5条3号の定める「損害を与える事実が生じた場所」には，損害の事実の発生地のみならず，「損害の原因となる事実の生じた場所」も含まれる。

〈事案の概要〉

本件は，ロッテルダムの裁判所を第1審として係属した不法行為に基づく損害賠償請求訴訟につき，控訴審裁判所であるハーグ裁判所がヨーロッパ裁判所に対して不法行為管轄に関して規定するブリュッセル条約5条3号の解釈を付託した事件である。

第1審管轄区域内にある造園企業の原告は，フランスのミュルハウゼンにある企業（M.de P.A.S.A.）に対して，被告企業によりライン川に排出された塩分廃棄物によるライン川の汚染のために植栽に被害を受けたとして，ロッテルダムの裁判所に不法行為に基づく損害賠償を求めて訴えを提起した。これに対して，第1審のロッテルダム裁判所は，1975年5月12日の判決において，ブリュッセル条約5条3号によると，排水がおこなわれたフランスの裁判所に管轄権が認められるとして，管轄不存在の判断を下した。そこで，控訴審であるハーグ裁判所は，同条項の規定する「損害を与える事実が発生した場所」という文言が「損害の事実が発生した場所」を意味するのか，それとも，

「損害の原因となる事実が生じた場所」を意味するのかという点について，ヨーロッパ裁判所に対して判断を求めた。本件判決においては，この点についての回答が示されている。

〈判　旨〉

　ブリュッセル条約5条によると，条約構成国の領域内に住所を有する者は，他の構成国で訴えを提起することができる。すなわち，その第3号によると，不法行為あるいはこれと同視することができる行為またはそのような行為に基づく請求権が手続の訴訟物となっているときは，損害を与える事実が生じた場所の裁判所に訴えを提起することができる。この規定の解釈は，管轄規定の制度的な連結関係のなかでおこなわなければならず，その連結関係は，条約第2章が規定している。この制度は，ブリュッセル条約2条により根拠づけられるところの，被告がその住所を有する国家の裁判所という普通裁判管轄の上に構築されている。これに対して，ブリュッセル条約5条は一連の特別な管轄を規定しており，その管轄は原告の選択にしたがって適用となるものである。この自由な選択権は，事実にそくして訴訟を形成するために導入されたものである。さらに，その選択権は，特定の事案構成においては紛争とその紛争に関する判断のために利用された裁判所との間にとくに密接な関係が存在するとの考慮を基礎にしている。そこで，ブリュッセル条約5条3号は，原告に対して「不法行為に基づく訴えを損害を与える事実が生じた場所」の裁判所に提起することを認めている。

　損害の基礎となる事実の存する場所が損害が生じた場所とは異なる国に存在する場合に，条約全体におけるこの概念の意味は不明確であり，このことは，とくに，国境を越えた空気汚染や水質汚染の場合にあてはまる。「損害を与える事実が生じた場所」との明文化は，条約のすべての文言上の捉え方を考慮した場合に，次の点を明確にしていない。すなわち，前述の場合における裁判管轄の規定について原因となる事実の場所と結び付けるべきか，あるいは損害が発生した場所に結び付けるか，または最終的に原告に対してこの両方の連結点の選択権をあたえるべきかの点についてである。この点に関連して，それぞれの事案にしたがって，原因となる事実のみならず損害発生の結果が生じた場所が裁判管轄につき標識となる連結点を根拠づける可能性が

あることを考慮しなければならない。実際上は，不法行為に基づく責任は，損害とこれを基礎づける事実との因果関係を確定することができる場合にのみ考慮される。それぞれの損害賠償義務の場合に，さまざまな構成要件事実との間に存在する連結関係が緊密なことを考慮するとすれば，上述の連結点の１つについてのみ判断し他の連結点を排斥することは，適切ではないように思われる。両連結点は，いずれも，事案によっては証拠申立ておよび訴訟の形成についてとくに事実にそくした方向付けをもたらしうる可能性がある。他を排斥して１つを選択することは，非常に広範な文言である条約５条３号が実に様々な形態の損害賠償義務にまで及ぶことからすると，かえって望ましいとは思われない。したがって，ブリュッセル条約５条３号の「損害を与える事実が生じた場所」という概念の意義は，損害の結果が生じた場所または原因となる事実が存在した場所のいずれかに訴えを提起する権限を原告に認める趣旨であると確認すべきである。

　この結論は，つぎのような考慮により支持される。すなわち，一方で，仮に原因となる事実の場所のみを選択するならば，かなり多くの事件において，条約の２条と５条３号に規定された裁判管轄は重なり合うことになってしまう可能性がある。そうなれば，後者の規定は，そのかぎりで実務上の有効性を失うことになる。他方で，損害の結果が生じた場所のみを採用するならば，原因となる事実の場所と加害者の住所とが別々の場所にある場合に，損害の原因事実の１つへの事実にそくした連結がとくに密接な裁判管轄の排斥を生じさせることになってしまう。さらに，裁判管轄の配分に関する構成国の立法や判例の解決を（複数の裁判管轄区域間における内国的関係の領域のみならず国際管轄の場合に）比較すると，つぎのことが明らかとなる。すなわち，異なった法的形態を採用している場合，両方の連結点の基準が考慮されている場合，そしてさらにさまざまな国家でばらばらである場合であっても，それらには幅があるということである。このような事情のもとにおいて，ここで述べた解釈には，さまざまな国家の法制度内にみられる解決方法を覆さないという利点がある。また，この解釈は，ほとんどの構成国ですでに原則として承認された解決方法を秩序立てて統括することにより，条約５条３号と一致する方向に統合することを達成しようとするものである。

　したがって，回答は，つぎのとおりとなる。すなわち，不法行為に基づく

損害賠償義務を基礎づけるのに考慮される事実が存在した場所が当然にはこの事実から損害が生じた場所とはならないときは，条約5条3号の「損害を与える事実が生じた場所」の概念は，損害が生じた場所のみならず原因となる事実が生じた場所を意味するものと理解されなければならない。したがって，原告の選択により，損害が生じた場所の裁判所または損害を基礎づける原因事実の場所の裁判所において被告を訴えることができる。

〈参照条文〉

ブリュッセル条約

第5条　その住所をある構成国の領域内に有する者に対しては，以下の場合に，所定の裁判所に対して，その他の構成国において訴えを提起することができる。

第1号・第2号　〈略〉

第3号　不法行為あるいは不法行為と同視される行為が手続の対象を構成するとき，またはそのような行為から生じる請求権が手続の対象を構成するときは，損害を与える事実が発生した場所の裁判所*に対して，

第4号以下　〈略〉

第2条

第1項　この条約の規定を留保して，その住所をある締約国の領域内に有する者に対しては，国籍を考慮することなくこの締約国の裁判所に訴えを提起することができる。

第2項　その住所を有する国家に帰属しない者に対しては，内国の者について基準となる管轄規定を適用しなければならない。

　　＊ブリュッセル規則Ⅰ（芳賀雅顯「ヨーロッパ民事訴訟法の最近の変遷」本書1頁以下参照）では，「または損害が生じる虞れのある場所の裁判所」との文言を追加して，差止訴訟またはいわゆる予防的不作為訴訟を念頭に置いた規律を用意している。vgl. Beilage zu EuZW Heft 5/2002.

4 ブリュッセル条約5条3号による不法行為地の国際裁判管轄

〈研 究〉
I 判決の意義

ブリュッセル条約2条は，構成国内に住所地を有する被告に対して訴えを提起するときには，被告の住所地が存在する構成国の裁判所に国際裁判管轄があると定めて，普通裁判管轄の所在を明らかにしている。他方で，ブリュッセル条約5条3号は，特別管轄として，不法行為あるいはこれと同視できる行為またはそのような行為から生じる請求権が手続の対象を構成しているときには，「損害を与える事実」が生じた場所が存在する他の構成国内の裁判所において，訴えを提起することができると規定する。ところが，「損害を与える事実」という概念が何を意味するかは条約上不明確であるために，とくに，本件でも問題となった環境破壊のような事案において，この事実に損害の結果が生じた場所が含まれるか否かが，同条約2条に定めた普通裁判管轄に加えて5条3号に特別な管轄原因が規定されている趣旨との関係で重要な問題となる。仮に，損害を生じさせた事実が原因となる事実のみを含むものと解すれば，この種の訴訟に関連して，加害行為地はほとんど加害者の住所地と一致するために，5条3号の存在意義は大幅に制約されることになるからである。そのような状況のもと，ヨーロッパ裁判所は，5条3号が規定する「損害を与える事実が生じた場所」という概念について，原因となる事実が存在した場所のみならず，損害の結果が生じた場所をも意味すると明確に判示した。この判決には，つぎの2つの論点との関係で意義を有している。

1 条約上の概念の解釈方法

まず，条約上の法律概念の意味が不明確な場合に概念の意味内容の決定をどのような法を基準としておこなうべきかという点については，ドイツにおいて，激しい見解の対立がある。この点につき，本判決は，訴訟が係属した法廷地法または訴訟物たる請求権に関する実体準拠法を考慮することなく，条約独自の立場から解釈すべきであるとする立場を前提にしている。この立場はすでに本書で紹介したヨーロッパ裁判所の先例によって確認されており，かつドイツの多数説の立場と一致する[1]。すなわち，この先例は，条約の適用範囲外において説かれてきた既存の不法行為地管轄に関する議論に基づいて条約上の概念を確定することができないと指摘している[2]。

2 「損害を与える事実が生じた場所」（条約5条3号）という概念

つぎに,「損害を与える事実が生じた場所」という概念の意義については,本判決までに,条約上の概念を確定する基準となる法は何かという前述の論争とも関連して,原因事実の発生地(または行為地)とする見解,結果発生地とする見解,およびその両地の選択を許す見解に分かれていた(3)。本判決は,同概念が原因事実の発生地のみならず損害発生地をも含むとし,かつ原告がその選択によりいずれかの場所において被告に対して訴えを提起できることを明らかにした。この結論の基礎にある考え方は,原因事実の発生地(行為地)および結果発生地のいずれも不法行為地としたうえで,原告に有利な法律によるべきとする見解であり,1888年のドイツのライヒ裁判所判決以後,ドイツ連邦通常裁判所が採用してきた立場である。すなわち,不法行為管轄を規定するドイツ民事訴訟法32条には「行為地［Handlungsort］」としか定められていないが,古くより,判例および学説は,これに代わる現象地［Begehungsort］という別の概念を鼎立するとともに,これに行為地および結果発生地を含めて理解している(4)。このような考え方は,ドイツにおいて偏在原則［Ubiquitätsprizip］または優遇原則［Günstigkeitsprinzip］と呼ばれている(5)。

本判決が主要な根拠として指摘しているのは,裁判管轄を認めるメルクマールは事実と裁判所の連結性であるとしたうえで,そのような連結性を原因事実発生地にのみならず,損害結果発生地にも認められるという点である。本判決によれば,この連結性の存在は,事実にそくした証拠の申立ておよび訴訟の形成を可能にすべき事情と理解されており,ドイツの学説が一般にブリュッセル条約5条3号の連結性の根拠を証拠への距離および法への近接［Rechtsnähe］に求めていること(6)と一致している。そこで,ドイツの学説は本判決の見解に対して,一様に賛成している(7)。

II　日本における議論

わが国(日本)は,ブリュッセル条約に相当するような国際民事訴訟に関する国際協定の締約国とはなっていない。したがって,わが国が渉外的な要素を有する事件につき裁判管轄を有するかどうかは,わが国の内国法の規定およびその解釈にしたがって導き出すほかない。

この点について,わが国の最高裁判所は,最近の学説および下級審判例が採用するところにしたがって,つぎのような立場より国際裁判管轄の有無を

決定している。すなわち,「被告がわが国に住所を有しない場合であっても,わが国と法的関連性を有する事件についてわが国の国際裁判管轄を肯定すべき場合のあることは,否定し得ないところであるが,どのような場合にわが国の国際裁判管轄を肯定すべきかについては,国際的に承認された一般的な準則が存在せず,国際的慣習法の成熟も十分ではないため,当事者間の公平や裁判の適正・迅速の理念により条理に従って決定するのが相当である(最判昭和56年10月16日民集50巻7号1451頁参照)。そして,わが国の民事訴訟法の規定する裁判籍のいずれかがわが国内にあるときは,原則として,わが国の裁判所に提起された訴訟事件につき,被告をわが国の裁判権に服させるのが相当であるが,わが国で裁判をおこなうことが当事者間の公平,裁判の適正・迅速を期するという理念に反する特段の事情があると認められる場合には,わが国の国際裁判管轄を否定すべきである」とする[8]。

この最高裁判決が下される以前は,わが国においても,ドイツの学説および判例[9]と同様に,わが国民事訴訟法が規定する普通裁判籍または特別裁判籍がわが国に認められれば,わが国の国際裁判管轄が推知されるべきとする見解[10]が有力であった。しかし,この見解は,国際裁判管轄の問題が内国の裁判籍の問題に先行すべき性格を有していることを正当に評価していないことや,国際的な事情を考慮した国際裁判管轄の構築を困難とすることなどから批判がなされ,国際管轄配分の問題として,条理によって判断すべきとする見解[11]も主張されていた。

1　不法行為に関する国際裁判管轄

主として被告の住所地を基準として認められる普通裁判籍(日本民訴4条)に加えて,わが国民事訴訟法5条9号は,不法行為に関する訴えについて,特別裁判籍を規定している。これによると,「不法行為があった地」を管轄する裁判所に裁判籍が認められる。わが国の下級審裁判実務および学説は,国際裁判管轄の決定に際しても,条理による国際裁判管轄の判断に際して,この不法行為地を管轄の基礎としている[12]。

しかし,不法行為地管轄を国際裁判管轄の基礎とすべき合理性,あるいは連結性を肯定するさいの考慮事由に関しては,学説上,その理解にニュアンスの違いがみられる。一般に,連結性を基礎づける事情として,証拠との距離,加害者の予見可能性の存在,被害者の起訴の便宜,および不法行為地の

公的秩序との関連性などが指摘されている。しかし，証拠との距離以外の要素ついては，これを重視することについて少なからず疑問がある。たとえば，予見可能性については，一方で，フォーラム・ショッピングをすることを被告が知っている場合に個別事案におけるその被告の主観を基礎にして判断するのであれば，管轄の基礎としては薄弱であるし，他方で，客観的事情を基礎にして判断するのであれば，予見可能性の判断は要するに被告にとって不利な地に管轄を認めても不当でない事情の考察と一致するから，独立した考慮事由としては，むしろ管轄を肯定しても不当とならない個別的な事情の抽出こそが有意義であるとの指摘がある(13)。また，被害者の起訴の便宜も，実体準拠法の決定が被害者原告に有利におこなわれることや不法行為地が被害者原告の住所地と一致する保障はないから，これらを根拠にする合理性は必ずしも認められない。便宜性の観点は，主として証拠との距離の観点からのものに過ぎず，独立した要素として掲げる意味はないといえよう。さらに，不法行為地の公序との関連性は，不法行為地の公益と裁判所の関係を基礎づけることはできるが，被害者原告と裁判所とを結び付ける事情とはなり得ない旨が指摘されている(14)。

このようなわが国における判例および学説の立場は，渉外的な要素を考慮すると内国法の管轄規定の解釈をそのまま国際裁判管轄の判断に敷衍できないとする理解を出発点にしており，その点では，条約独自の解釈を要求する本件ヨーロッパ裁判所判例の理解と共通するといえる。

2　不法行為地の意義

わが国においても，ドイツにおけるのと同様（前述Ⅰ2）に，一般に不法行為地には，結果発生地が含まれると解されている(15)。しかし，条理を適用するわが国の支配的な考え方によれば，さらに「特段の事情」を斟酌し，国際裁判管轄を結果的に否定する余地がある点に注意を要する。

Ⅲ　残された問題

本判決は，結果発生地が国際裁判管轄を肯定する根拠となることを明らかにしたが，結果発生地が何を意味するかを明らかにしていない。事実上損害が発生した場所は，保護されるべき法的利益が侵害された場所（法的侵害の場所）と一致しないばかりか，さらに，後発的損害が生じた場所が同じくこれら

4 ブリュッセル条約5条3号による不法行為地の国際裁判管轄

の場所と異なる可能性がある。この点に関連して，ドイツの判例および通説(16)は，法的侵害がなされた後の損害発生地(後発的損害の発生地を含む)は，管轄原因として十分ではないとしている。このように解さなければ，ブリュッセル条約2条1項に根拠を有する被告住所地の原則を基礎とした不法行為管轄が非常に拡張され，いわゆる原告裁判管轄に近接してしまうとの根拠による(17)。この点に関連して，ヨーロッパ裁判所も，後の判決において，単なる後発的損害（最初の保護される法的利益に対する不法な侵害の結果として生じる他の財産侵害を含む）がブリュッセル条約5条3号の不法行為管轄を根拠づけるものではないとの立場を表明している(18)。

同様に，わが国においても，派生的・結果的に生ずる経済的な損害発生地までをも含ませると，結局は被害者住所地の管轄を認めることに等しいとして，損害を直接的なものに限定する見解が有力である(19)。しかし，一般的に何が一次的・直接的な損害であるかは容易に確定できないことを考えると，この観点から限定を加えることは，国際法的にも承認されるべき不法行為責任に内在する行為制御機能および被害者保護機能にそぐわない(20)。したがって，後発的損害発生地をも含むと解すべきである。被告住所地管轄が国際法的に承認されている点に対する配慮は，もっぱら，当該不法行為類型の特殊性を十分に考慮しながら，不法行為の機能を維持する必要がないことを基礎づける事実を「特段の事情」のなかで斟酌することにより達成されるべきである(21)。

(1) EuGH, Urteil vom 6. 10. 1976. 同ヨーロッパ裁判所判決の内容および学説の状況については，本書2事件（44頁以下）を参照。
(2) Linke, Anm. von EuGH Urteil v. 30. 11. 1976, RIW/AWD 1977, 358.
(3) Vgl. Linke, (Fn.2), RIW/AWD 1977, 358.
(4) Vgl. Musielag, ZPO, München 1999, § 32 Rz. 14ff.; Baumbach/Lauterbach/Albers/Hartmann, ZPO 58.Aufl., 2000, § 32 Rz. 17ff.
(5) Fasching(Hrg.), Kommentar zu den Zivilprozeßgesetzen, 2000, Bd. 1 § 92a JN Rz. 31. ただし，近時，これらの原則は，EU域内の流通の自由という意識的に設定された目的を達成するための理念として捉えられている。Vgl. Staudinger (Hoffmann), Kommentar zum BGB, 2001, EGBGB Art. 38 nF., Vorbem. zu Art. 38 Rz. 8. したがって，EU法においては，域内の

91

流通自由の枠内で理解すべき不法行為類型かという観点が不法行為の機能（行為制御機能および被害者保護機能）との関係で国際裁判管轄の判断に大きな影響を与える可能性がある点に注意する必要がある。vgl. z. B. Staudinger (Hoffmann), Kommentar zum BGB, 2001, EGBGB Art. 38 nF., Art. 40 EGBGB Rz. 3ff, 6f, 84f.

(6)　Lüke/Wax (Gottwald), Münchener Kommentar zur ZPO Ⅲ, 2001, Art. 5 EuGVÜ Rz. 34; Fasching (Hrg.), (Fn.5), §92a JN Rz.19. ただし、これらに加えて被害者の保護を指摘するのは、Bülow/Böckstigel/Geimer/Schütze, Der Internationale Rechtsverkeher in Zivil und Handelssachen Bd. I, Stand 1997, S. 606. 66; Kiethe, NJW 1994, 222ff, 226. これに対して、法への近接という視点は、条約5条3号が管轄と準拠法の一致を予定していないことから、重視できないとの指摘をするのは、Geimer/Schütze, Europäisches Zivilverfahrensrecht, 1997, Art. 5 EuGVÜ Rz. 144.

(7)　Vgl. Fasching a.a.O. (Fn.5), §92a JN Rdn. 31; Nagel/Gottwald, Internationales Zivilprozessrecht, 2002, §3 Rz. 64

(8)　最判平成9年11月11日民集51巻10号4055頁。

(9)　Geimer, Internationales Zivilprozeßrecht, 2001, Rz. 943ff.

(10)　兼子・体系96頁、注解民訴(1)265頁〔小室直人＝松山恒昭〕、菊井維大＝松村俊夫・全訂民事訴訟Ⅰ（追補版、1984）42頁。

(11)　池原季雄「国際的裁判管轄」新実務講座(7)16頁以下、青山善充「国際裁判管轄権」国際民事訴訟法の争点〔初版〕(1979年) 51頁、高桑昭「判批」渉外判例百選〔第2版〕196頁。

(12)　池原・前掲注(11)31頁、高橋宏志「国際裁判管轄」澤木＝青山編・理論62頁。

(13)　高橋・前掲注(12)69頁注（19）および36頁参照。これに対して、私見における予見可能性の考慮については、後述する。なお、1999年10月にハーグ国際私法会議特別委員会がとりまとめた「民事及び商事に関する裁判管轄及び外国判決に関する条約準備草案」は、不法行為事件につき損害発生地管轄を定める際に、被告の予見可能性を要求している（草案10条1項b）。Vgl. Gotwald, Gerechtigkeit und Effizienz internationaler Gerichts-stände, Ritumeikann Law Review No.17, 2000, S.68.

(14)　高橋・前掲注(12)69頁注（19）参照。

(15)　高橋・前掲注(12)62頁、池原・前掲注(1)31頁。この解釈は、内国裁判管轄

4 ブリュッセル条約5条3号による不法行為地の国際裁判管轄

に関する通説の結論と一致する。注解民訴(1)287頁〔小室直人＝松山恒昭〕
ほか。

(16) Kropholler, Europäisches Zivilprozeßrecht, 1993, Art.5 Rz.47; Staudinger (Hoffmann), Kommentar zum BGB, 1992, EGBGB Art.38 nF. Rz. 257; BGH Urt. v. 24.9.1986, BGHZ 98,263 (für §32 ZPO); Schack, ZZP 100 (1987), 422ff., 451; Zöller, ZPO, 1999, §32 Rz. 23; Musielak, Kommentar zur ZPO, München 1999, §32 Rz. 23; Geimer/Schutze, a.a.O. (Fn.6), S.663; Geimer a.a.O. (Fn.9), Rz. 1501ff.; Stein/Jonas, Kommentar zur ZPO, Band I, 1993, §32 Rz.7a; Lüke/Wax (Gottwald) a.a.O. (Fn.6), Art 5 EuGVÜ Rz.43; Geimer, JZ 1995, 1107ff., 1108; Schack, Internationares Zivilverfarensrecht, München 1991, Rz. 304f.

(17) Kropholler a.a.O. (Fn.16), Art.5 Rz. 47. その論拠として，結果発生地の概念を無制約とすることにより条約2条1項の裁判管轄によって達成されるべき被告の保護が害される可能性がある点を指摘するのは，Schack, ZZP 100 (1987), 422ff., 451. また，ブリュッセル条約5条3号およびルガノ条約を作成する際に，被害者原告の保護を根拠に特別の不法行為管轄を事実関係とは無関係に多重化させるべきとする立場を意識的に採用しなかった点を指摘するのは，Hohloch, IPRax 1997, 312ff. さらに，不法行為地管轄を規定するドイツ民事訴訟法32条がそもそも原告裁判管轄の帰結を予定していないと指摘するのは，Geimer a.a.O. (Fn.9), Rz. 1502f.

(18) EuGH, Urt. v. 11.1.1990, NJW 1991,631. これに対して，後発的損害の発生地を含むと解する少数説については，vgl. Bülow/Böckstiegel/Geimer/Schütze a.a.O. (Fn.6), S.606.71; Mankowski, EWiR 1998,1085f.; Stadler, JZ 1994, 642ff., 650ff. しかし，反対説においても単なる損害発生地では不十分であると解されており，別の観点から限定を加えるのが一般である。たとえば，前掲Stadlerは，メディアによる人的利益の侵害に対する反論権の補償請求に関連して，損害発生地を人的な侵害の最も大きかった場所に限定し，他方で加害者が予期できない場所での原告管轄を否定するために，公表がおこなわれた範囲という別の観点からの制限を加える。両要素は，それぞれ後掲注(21)の考慮から理解できる。

(19) 池原・前掲注(11)31頁，貝瀬幸雄「判批」ジュリ852号217頁（1986年），渡辺惺之「判批」ジュリ838号291頁（1985年），東京地判昭和59年2月15日下民35巻1－4号69頁。

(20) 不法行為地を根拠とする国際裁判管轄の決定には，国際私法的な考慮が前提とされざるをえない。vgl. Geimer a.a.O. (Fn.9), Rz. 1512. 本件判決が実際上は因果関係が認められるべき場合にのみ責任が肯定されると指摘したうえで連結点に言及するのは，同様の問題意識に基づくものと解される。

(21) 「特段の事情」として考慮すべき要素として加害者の予測可能性や弱者保護の要請が指摘（石黒・国際民訴151頁）されているが，前者は不法行為の行為制御機能，後者は被害者保護機能との関係で考慮すべき主要な要素となろう。

(2000年9月脱稿)

5 名誉毀損の国際裁判管轄

EuGH, Urteil vom 7.3.1995-68/93 Shevill/Presse Alliance

芳 賀 雅 顯

Slg. 1995 I 415＝NJW 1995, 1881＝IPRax 1997, 111, 90 Anm. Kreuzer/Klötgen＝EuZW 1995, 248＝EWS 1995, 165＝ZEuP 1996, 295 Anm. Lagarde＝Bericht Huet, Clunet 1996, 543＝Riv. dir. int. priv. proc. 1995, 763＝1997, 657 Aufsatz Gardella＝Riv. dir. int. 1995, 784＝N.J. 1996 Nr. 269 Anm. de Boer＝[1995] All E.R. (EC) 289.

〈判決要旨〉

新聞記事による名誉毀損事件におけるブリュッセル条約5条3号にいう不法行為地の意義について，結果発生地はすべての雑誌頒布地であるが，一国の裁判所ではそこでの結果発生，つまりその国で発生した損害についてのみ請求することができる。それに対して加害行為地は発行者の業務地であり，そこでは全損害を請求することができる。

〈事案の概要〉

フランス・ソワール［France-Soir］紙を発行するY社（フランス法を設立準拠法とし，パリに事業所を登録していた）は，パリ警察麻薬捜査班の捜査に関する記事を1989年9月23日に掲載した。X（イギリス国籍，北ヨークシャー在住）らは，この記事の中でマネー・ロンダリングをするための麻薬組織の一員であるかのように扱われ，名誉毀損にあたると考えた。そこでXらは1989年10月17日に，英国高等法院に訴えを提起し，フランスならびにイングランドおよびウェールズを含むその他のヨーロッパ各国でフランス・ソワール紙が販売されたことによる，名誉毀損［libel］に基づく損害賠償をYに請求した。同紙は237,000部以上がフランスで販売され，他のヨーロッパ諸国では約15,500部が，そのうちの230部がイングランドおよびウェールズ（ヨークシャーでは5

部）での販売部数であった。

　1989年11月23日に，Yは謝罪文を掲載し，Xらが麻薬取引やマネー・ロンダリングに関与していたと主張する意図はなかったと述べた。他方，YはXの提起した訴訟に対して，ブリュッセル条約2条のもと本件ではフランス裁判所が管轄を有し，5条3項にいう「損害事件の発生地」はフランスにあり，イギリスでは発生していないからイギリスの裁判所は管轄を有しないと主張した。貴族院は1993年3月1日に手続を中止し，ヨーロッパ裁判所に先行判決を付託した。

〈判　旨〉

　まず，裁判所は，ブリュッセル条約5条3号の不法行為地管轄には結果発生地と加害行為地の双方が含まれるとした従来の判例を踏襲したうえで，このことは名誉毀損事件についても妥当するとした。「確立した判例法によると，原告が選択する特別裁判籍に関するルールの根拠は，紛争と被告の住所地国の裁判所以外の裁判所との間にとくに密接な関係があることであり，それによって適切な司法運営と効率的な手続形成という理由からこれらの裁判所の管轄が基礎づけられる。さらに，Mines de Potasse d'Alsace 事件で当裁判所は，不法行為に基づく損害賠償義務を基礎づけると思われる事件が起きた場所が，この事件から生じた結果が発生した場所と同じでないときには，条約5条3項にいう『損害事件が発生した地 [Ort, an dem das schädigende Ereignis eingetreten ist]』という文言は，結果発生地と加害行為地の双方を含むことを意図していると解釈されなければならないとした。したがって，原告の選択により，結果発生地の裁判所または加害行為地の裁判所のいずれにおいても，被告を訴えることができる。この判決で当裁判所は，加害行為地も結果発生地も裁判管轄にとっては重要な根拠となるとし，その理由として，いずれも，事件の状況に照らして，証拠および手続運営との関係でとくに適切であることをあげていた。さらに当裁判所は，加害行為地だけを選択すると，かなり多くの事件では条約2条と5条3項に規定されている管轄原因が符合することから，その結果5条3項はそのかぎりで実効性を失うであろうと述べた。物理的損害 [materielle Schaden] に関するこれらの判断は，同じ理由により，非財産的損害のケース，とくに名誉を毀損する出版物により人

の名声について生じた損害にも妥当しなければならない。」

　そのうえで裁判所は，加害行為地と結果発生地の内容について検討する。まず，加害行為地は出版社の業務地であり，そこでは全損害について受訴裁判所は審理が可能であるが，通常は加害行為地国は被告の住所地国と同じになると説く。「複数の構成国で頒布された新聞記事による名誉毀損事件では，先の判決にいう加害行為地は，本件で争われている出版物の発行者が業務をなす地 [Ort der Niederlassung des Herausgebers] だけがあり得る。なぜなら，そこが，損害事件が発生し，そこから名誉毀損が生じ，市場に広まった場所だからである。したがって，名誉を毀損する出版物の発行者が業務をなす地の裁判所は，不法行為により生じた全損害の賠償請求訴訟を審理する管轄を有しなければならない。しかし，この管轄原因は条約2条1項で規定された普通裁判籍と通常は一致する。」

　他方で裁判所は，結果発生地国では，その国で生じた損害についてしか審理することはできず，全損害について審理を求めるときには，原告は加害行為地国または被告の住所地国で訴えを提起すべきであるとする。「したがって，Mines de Postasse d'Alsace 事件で当裁判所が判断したように，原告には，結果発生地でも訴訟を提起する選択権が認められなければならない。なぜなら，そうしないと条約5条3項は無意味になるからである。損害結果は，不法行為責任を生じさせる事件が被害者に有害な結果をもたらした地で現実化する。出版物による国際的名誉毀損事件では，名誉を毀損する出版物による人の名誉および名声に対する侵害は，出版物が頒布された地で被害者が知られているときには，その地でなされたことになる。それゆえ，名誉を毀損する出版物が頒布され，被害者の名声が侵害されたと主張された各構成国の裁判所は，その国で被害者の名声に生じた損害について裁判管轄を有する。5条3項という特別の管轄規則が根拠とする健全な司法運営に対する要求からは，名誉を毀損する出版物が頒布され被害者の名声が侵害されたと主張された各構成国の裁判所は，その国で生じた名誉毀損を判断し，当該損害の範囲を確定するのに最良の場所である。同一紛争の様々な点を異なる裁判所に判断させることにデメリットがあるのは明白であるが，常に原告は，被告の住所地または名誉を毀損する出版物の発行者が業務をなす地の裁判所で全請求を求めることができる。」

したがって,「前述のことから,英国貴族院による……質問に対する回答としては次のようになる。複数の構成国で頒布された新聞記事による名誉毀損では,条約5条3項の『損害事件が発生した地』という文言の解釈としては,被害者は,名誉を毀損する出版物の発行者が業務をなしている構成国の裁判所で発行者を相手に損害賠償請求訴訟を提起することができるし,また出版物が頒布され,被害者の主張によるとその名声に損害が生じた各構成国の裁判所で損害賠償請求訴訟を提起することができると解されなければならない。その際,前者の裁判所は名誉毀損により生じた損害の全ての賠償の審理について管轄を有し,また後者の裁判所は受訴裁判所が属する国で生じた損害賠償の審理についてだけ管轄を有する。」

〈参照条文〉
ブリュッセル条約
  第2条
  第1項 本条約の規定の留保のもと,構成国の高権領域内に住所を有する者に対しては,国籍に関係なく,当該構成国の裁判所で訴えることができる。
  第2項 〈略〉

  第5条 構成国に住所を有する者に対しては,以下の場合には他の構成国で訴えることができる。
  第1号・第2号 〈略〉
  第3号 不法行為,またはそれと同視することができる行為,もしくはそのような行為に基づく請求権が訴訟の対象となるときには,損害事件が発生した地の裁判所。
  第4号以下 〈略〉

ドイツ民事訴訟法
  第32条 不法行為に基づく訴えは,その行為がなされた地の裁判所の管轄に属する。

〈研　究〉
I　本判決の意義

本件は(1)，ブリュッセル条約5条3号の解釈をめぐり，名誉毀損のような非物理的損害に基づく損害賠償請求事件についても，加害行為地［Tatort］と結果発生地［Erfolgsort］の双方に国際裁判管轄を肯定した上で，前者は損害全体につき管轄を有するが，後者ではその国で発生した損害についてのみ管轄を有すると判断した。

この判決に関しては，とくに，①新聞による名誉毀損の国際裁判管轄を根拠づける不法行為地とは何か，②加害行為地管轄と結果発生地管轄とで審理の対象となる損害賠償の場所的範囲が異なるのは妥当か，が問題となる。

II　ドイツにおける議論
1　管轄原因としての加害行為地と結果発生地

国際的不法行為の管轄に関するブリュッセル条約5条3号の不法行為地概念について，ヨーロッパ裁判所は，1976年の判決で「物理的損害」が発生した場合には，加害行為地と結果発生地の双方に管轄を認めていた(2)。ドイツ固有法に基づく国際裁判管轄についても，二重機能説の前提となるドイツ民事訴訟法32条に関して，このような解釈は一般的に支持されている(3)。

本判決は，先の1976年判決を基本的に踏襲したうえで，「非物理的損害」が発生した場合の不法行為地管轄についても，加害行為地国と結果発生地国とに管轄が認められる旨を明らかにした。では，新聞による名誉毀損に関しては，具体的にいかなる国に管轄が認められるのであろうか。この点，本判決によると，加害行為地とは出版社の業務地［Niederlassungsort］を指し，また結果発生地は頒布地［Orten, an denen die Veröffentlichung verbreitet wird］をいうとした。これに対して，ドイツの学説では，加害行為地を業務地以外の場所に求める方がむしろ有力であるといえるが，その具体的内容については必ずしも一致を見ていない。たとえば，シャック［Schack］は(4)，メディアによる人格権侵害の際の加害行為地は雑誌が予定どおり頒布された地であり，この場合には加害行為地から乖離した結果発生地はないと主張する。また，ガイマー［Geimer］は(5)，発行地［Erscheinungsort］と頒布地［Verbreitungsort］を加害行為地としている。ケスター＝ヴァルチェン［Coeter-Waltjen］

は(6)，マスコミ企業の所在地それ自体は不法行為地ではなく，「発行地など[Erscheinungsort etc]」が加害行為地であるとする。また，発行地を加害行為地，頒布地を結果発生地とする見解もある(7)。クロイツァーら[Kreuzer]は(8)，加害行為地を出版社の業務地に限定することは自明ではなく，裁判所は事案に応じて例外を認める余地を残しておくべきであり，また本件では業務地，発行地[Erscheiningsort]および頒布地[Vertriebsort]が全体としてフランスにあるといえ，これらのいずれがブリュッセル条約5条3号にいう加害行為地であるのかを決めずにおくことができたと述べる。

　偶然，名誉を毀損する新聞を入手した場合に，その地に管轄が肯定されるのであろうか。ドイツの通説(9)・判例(10)は，予定どおり[bestimmungsgemäß]に配布されたことを要求し，たんに偶然的に入手した場所を加害行為地から除いている。

　なお，被害者の住所地を結果発生地として認められるか否かについてはドイツでは争いがある(11)。また，当事者の請求がブリュッセル条約5条3号に該当するのか否かを判断する基準については争いがあり，ドイツでは，法廷地法による見解や，判決調和が確保されることを根拠に準拠法[lex causae]により判断する見解(12)もあるが，条約独自に判断する見解が有力に主張され，最近のヨーロッパ裁判所の判例も後者によっている(13)。

  2　結果発生地における審理範囲の限定

　渉外的不法行為に際して原因行為地と結果発生地の双方に国際裁判管轄を認めたときに，フランスで有力に主張されている見解によれば，加害行為地では全損害に審理が及ぶが，結果発生地ではその地で発生した損害についてのみ審理が可能であるとされていた。その根拠として，原因行為は各国で生じた損害と因果関係があるが，発生した複数の結果発生地は相互に因果関係を有しない点があげられていた(14)。

　本判決は，結論的に，このフランスの有力説にしたがう旨を明確にした。このように結果発生地国裁判所の審理範囲を限定する理由として裁判所は，ブリュッセル条約5条3号の根拠である適切な司法運営の観点からすると，結果発生地国の裁判所はその国で生じたとされる名誉毀損を判断し損害賠償の範囲を決めるのに最も適していると述べ，また，同一事件が複数の国の裁判所で審理されることから生ずる不利益については，被害者は被告の住所地

または出版社の業務地で全請求を求めることができるとする。なお，判決文には直接反映されていないが，法務官［Advocate General］の意見では，フォーラム・ショッピング防止の観点が結果発生地国裁判所の審理範囲を制限する根拠として挙げられている(15)。つまり，各結果発生地国が全請求について審理をなすことが可能であるとすると，原告は自己に有利な実定法・訴訟法が適用される法廷地を探ることを可能にするので，これを回避するために結果発生地国の裁判所は自国で生じた損害についてのみ審理をなすことができるというのである。

　これに対して，ドイツでは，このように結果発生地国での審理対象を限定する解釈には批判的な見解が有力である(16)。たとえば，リンケ［Linke］は(17)，管轄原因により権利追求が制限されるのは，競合する裁判籍を平等に扱うとする原則に反するし，不法行為地管轄の分割は被害者保護にも矛盾すると主張する。また，ラウシャー［Rauscher］は(18)，この解釈は裁判籍の細分化［Gerichtsstandzersplitterung］をもたらし，それにより複数の国で新聞が頒布されたことで名誉を害された者には不法行為地管轄は役に立たなくなるので，この者には加害者の普通裁判籍で訴える他ないが，これでは加害者を不当に保護することになるという。ケスター＝ヴァルチェンも同様に(19)，全損害の審理を出版社の所在地裁判所に制限することは，被害者の訴えからマスコミが保護される「マスコミ・オアシス［Presseoassen］」にメディアを撤退させることになりかねず，そうすると被害者には結果発生地国でそれぞれの部分的損害の賠償を求めざるを得ないことになるが，そのように解する合理的根拠はないとする。シャックは(20)，本判決のように管轄を分割して，結果発生地ごとにその地で生じた損害分について賠償請求訴訟を提起することは当事者に期待できないし，裁判所に対しても，国ごとに損害額を割り出すという不必要に困難な問題を負わせることになるとする。クロイツァーらは，本判決の評釈で次のように述べている(21)。まず，本判決は，結果発生地の裁判所がその地で発生した損害についてのみ審理することができる理由として，ブリュッセル条約5条3号の根拠である適切な司法運営の要求に照らして，結果発生地国の裁判所がその国で生じた名誉毀損を判断し損害の範囲を決めるのにもっとも適切であるとしているが，この理由を重視すると，加害行為地にも管轄を認める原則［Ubiquitätsregel］の根拠は失われると指摘する。つまり，

加害行為地に管轄を認めるには別の根拠が必要となるが，裁判所はこの点について何も述べておらず，かりに裁判所がフランスの有力説のような侵害行為と損害全体との因果関係［Gesamtkausalität］を考えていたとすると，権利侵害と結果発生に関する事案との距離［Sachnähe］という前提を充たさなくなると述べる。つぎに，本判決による加害行為地概念の解釈では，被告の住所地管轄と出版社の業務地管轄は符合することになり，結果として，原告は普通裁判籍と結果発生地の裁判籍を有するに過ぎないことになるが，これでは全損害の賠償を1つの訴訟で請求しようとするときにはブリュッセル条約2条1項の普通裁判籍によらざるを得ず，同5条3号を無意味にしてしまうと批判する。さらに，この解釈は，統一的国際裁判管轄の創設を目指したブリュッセル条約が，結果的に管轄を構成国の領土に分割することになると指摘する。そして，比較法的に見てフランス以外の構成国では採用されていないこの解釈が採用されたのは，フォーラム・ショッピングの回避が考えられるが，Mines de Postasse d'Alsace 事件に関する1976年ヨーロッパ裁判所判決で，被害者が加害行為地と結果発生地の管轄を選択できると認めたことから，フォーラム・ショッピングの可能性はすでに拡張されているのであり，本件判決によってはこれを防止できないと述べる。

　これに対して，本判決に好意的な見解もある[22]。たとえば，ワーグナー［Wagner］は，管轄の細分化をもたらすとの批判に対しては，理論的にそうであるが，実際には被害者はその本国でのみ名声を失うから，その国の裁判所が全損害について審理できるとすれば十分であり，また，複数の国で損害賠償請求訴訟を提起することは稀であるし，さらにこの解釈はフォーラム・ショッピングに対する誘惑を減少させると述べる。

Ⅲ　日本法への示唆
1　不法行為地管轄
　わが国では，国際裁判管轄の決定基準について争いがあるが[23]，いずれの見解によっても不法行為地の管轄は肯定されている。また，加害行為地と結果発生地または損害発生地とが異なる国の場合に，双方に管轄が認められる点についても学説・判例ともに認めるところであるが[24]，製造物責任などの類型に応じて特別のルールを目指す見解もある。不法行為地に管轄を認める

根拠としては，一般的に，証拠収集の便宜，加害者の予測可能性を損なわないこと，被害者の便宜などが挙げられている(25)。しかし，不法行為地概念が広がりすぎると，加害者が予測できない地で応訴しなければならなくなることから，学説は損害を直接的なものに限定し，二次的・副次的損害は除外されるとして一定の枠を設定している(26)。裁判例も，たとえば，東京地裁昭和59年2月15日判決は(27)，アメリカの港に停泊中の原告所有の船舶に対して被告が仮差押えたことにより傭船料の喪失したことや，仮差押解放金を工面するために当該船舶を東京で売却した点について，いずれも二次的・派生的であり不法行為の直接の結果ではないとして，損害発生地としての不法行為地管轄を否定している。

このように，わが国の従来からの見解は渉外的不法行為の国際裁判管轄については，加害行為地と結果ないし損害発生地の双方に管轄を認めている。雑誌による渉外的名誉毀損の国際裁判管轄に関する不法行為地概念をめぐるドイツの混迷した議論状況からは，従来型の処理では対処が困難な類型ともいえるが，ここでは双方に管轄を認めることを前提に検討していくことにする。ただし，ドイツでは結果発生地と損害発生地を厳密に区別し，後者の管轄を原則として否定する。この点は従来の日本での考え方と異なるが，私見は後述の追補で論じる様にドイツにおける区分の方が合理的であると考える。以下では，結果発生地を用語として用いて議論を進める。

まず，渉外的名誉毀損の国際裁判管轄としての加害行為地，結果発生地はどのような概念であるのか。この点についての従来の議論であるが，まず，加害行為地について，日本で出版した雑誌記事がカリフォルニア在住の日本人の名誉を毀損したとして同地の裁判所に損害賠償を求めた訴訟に対抗して，出版社が日本で債務不存在確認訴訟を提起した事件（文藝春秋事件）で，東京地裁平成元年8月28日判決は(28)，不法行為地は加害行為地・結果（損害）発生地の双方を含むとしながら，日本で雑誌の編集・出版がなされたことについて主張していないので本件では日本の不法行為を構成しないとして，加害行為地を理由とする日本の国際裁判管轄を否定した。この点について，雑誌による名誉毀損を生じさせた原因行為はまさしく，その雑誌の編集が行われた地にあるといえるのであり，日本は加害行為地に該当すると考える。したがって，業務地が加害行為地であるとしたヨーロッパ裁判所判決の結論は支

持できる。しかし，メディアによる名誉毀損の多様性にかんがみて，業務地（編集地）だけを加害行為地とすべきか（これでは結果として，加害行為地と被告の住所地は一致することになり，加害行為地を不法行為地に含ませる意味はないことになる(29)）は，なお検討の余地があろう。なお，この事件は，国際的訴訟競合の一場合であり，先行する外国訴訟に対抗する形で，加害者側が原告となり日本で消極的確認訴訟を提起したものであり，学説では，加害者側が加害行為地を根拠に消極的確認訴訟を提起する場合には，被害者保護を理由に管轄を否定する見解が有力に主張されている(30)。

つぎに，結果発生地についてであるが，わが国でもヨーロッパ裁判所判決と同様に頒布地と捉える見解が表明されている(31)。名誉が傷つけられたことによる損害の発生は，その雑誌が公衆の目に触れたことにより生ずるのであるから，当該雑誌の頒布地はこれに該当すると言えよう。しかし，被害者の住所地を結果発生地とみなすべきではない(32)。これでは原告の住所地管轄を認めるのと異ならないからである。また，たとえば被害者が，日本では販売されていない外国の雑誌が自己の名誉を傷つける記事を掲載していることを偶然知り，その雑誌を取り寄せた場合には，日本は頒布地に該当しないと考える(33)。このような場合に不法行為地が日本にあるとするのは，加害者の予測可能性をこえるものであり，前述の不法行為地管轄の根拠に照らしてもなお被告に著しい不利益を与えかねないといえる(34)。

2 結果発生地における審理の範囲

本判決では，名誉毀損により複数の国で損害が発生したときに，加害行為地国の裁判所は損害の全範囲を審理することができるが，結果発生地国ではその地で発生した損害額についてのみ審理することができるとしている。このように解する根拠としては，事案との近接性から結果発生地裁判所が同地での名誉毀損の審理に適していること，フォーラム・ショッピングの回避が挙げられている(35)。

わが国ではどのように解すべきであろうか。この点について，結果発生地としての日本の裁判所の審理の範囲を日本で生じた損害に限定しても，わが国では渉外事件においても訴えの客観的併合が認められていることから，他国（法域）で生じた損害に関する請求が併合される可能性があるので，限定解釈はとれないとする見解が主張されている(36)。

5 名誉毀損の国際裁判管轄

　思うに，わが国の解釈としては，やはり結果発生地国の審理範囲を限定する見解には賛成しがたい。前述の見解の根拠に加えて，限定する見解に内在する問題点をドイツでの議論を参考に指摘したい。まず，本判決は，ブリュッセル条約5条3号の不法行為地管轄（日本法では民事訴訟法5条9号）の根拠に関連して，結果発生地国の裁判所は同地での名誉毀損を判断し損害賠償の範囲を決定するのに最適であるとして，事案との距離 [Sachnähe] を理由に審理の範囲を限定する。しかし，ドイツの学説が正当にも批判するように[37]，その理由では，なぜ加害行為地国の裁判所が全損害について審理が可能であるのかを説明できない。むしろ，この理由からは，加害行為地国の裁判所も他国で生じた損害の審理はできないという結論が自然であろう。たとえば，加害行為地国としてA国，結果発生地国としてB国とC国があるとすると，A国もC国も，B国で生じた損害の有無・賠償額について審理する適格としては訴訟法的には同じはずだからである。つまり，A国裁判所もC国裁判所と同様に同様に，B国で生じた損害の有無・範囲を審理するのに要する当事者・裁判所の労力は同じであり，それは加害行為地国であるか結果発生地国であるかに左右されない。したがって，事案との距離から結果発生地の審理範囲を制限する合理的理由はなく，加害行為地に全損害の審理を認めるのであるならば結果発生地も同様にすべきであると考える。また，フランスの有力説は，原因行為と損害との因果関係を根拠に加害行為地国は全損害の審理をなし得ると主張するが[38]，管轄の問題は訴訟的評価からなすべきであろう。つぎに，結果発生地国での審理の対象をその国で生じた損害に限定する（管轄の細分化を認める）と，全損害の賠償を得るためには，当事者は複数の結果発生地国で訴訟を提起しなければならなくなる。これは，両当事者にとって負担の大きいものとなり，また被害者にとっては権利追求を（部分的に）断念させかねない要素であるが，これは不法行為地管轄の根拠が当事者の保護をも有することに反しかねない[39]。このような結果は，地域的に近接するEU域内での民事紛争はもちろん，わが国においては一層顕著な問題となりうるであろう。さらに，比較法的に見てもこのような解釈は，少数にとどまっているとの指摘がある[40]。他方，結果発生地国裁判所が全損害について審理することができるとすると，当事者は自己に有利な実体法・訴訟法の適用を求めてフォーラム・ショッピングを助長することになるとの批判がある

(41)。たしかに，この問題は好ましいものではないが，現在の各国の法秩序のもとでは不可避的に存在するのであり，結果発生地国における管理対象の制限をなす実質的理由が説得的でないとの見解のもとではやむを得ないと考える。また，各国実質法の相違によるフォーラム・ショッピングへの危惧に対しては，本来，準拠法選択の理論(42)に解決を委ねるべきであろう。

(1) 中西康「出版物による名誉毀損事件の国際裁判管轄に関する欧州司法裁判所1995年3月7日判決について」論叢142巻5＝6号181頁（1998年）にフランス，ドイツの理論状況とともに本判決の詳細な紹介があり有益である。
(2) Bier/Mines de Postasse d'Alsace, EuGH Urt. v. 30.11 1976, NJW 1977, 493.（本書4事件を参照）
(3) Kropholler, Internationales Privatrecht, 3.Aufl. 1997, S.523; Nagel/Gottwald, Internationales Zivilprozeßrecht, 4.Aufl. 1997, S.73; Stein/Jonas/Schumann, ZPO, 21.Aufl. 1993, §32 Rdnr. 29; Schütze, Deutsches Internationales Zivilprozeßrecht, 1985, S.64.
(4) Schack, Internationales Zivilverfahrensrecht, 2.Aufl. 1996, Rdnr. 303. シャックによると，人格権は一般的に場所が定まらないので（überall und nirgends），人格権侵害では単一の結果発生地はないことから，加害行為地だけを前提とすべきであると主張する。ders., Die grenzüberschreitende Verletzung allgemeiner und Urheberpersönlichkeitsrechte, UFITA 108 (1988), 51, 64, 70.
(5) Geimer, Internationales Zivilprozeßrecht, 3.Aufl. 1997, Rdnr. 1514f.
(6) Coester-Waltjen, Internatinale Zuständigkeit bei Persönlichkeitsrechtsverletzungen, in: FS. Schütze, 1999, S.175, 183.
(7) Looschelders, Persönlichkeitsschutz in Fällen mit Auslandberührung, ZVglRWiss 95(1996), 48, 89.
(8) Kreuzer/Klötgen, Die Shevill-Entscheidung des EuGH: Abschaffung des Deliktsortsgerichtsstands des Art.5 Nr.3 EuGVÜ für ehrverletzende Streudelikte, IPRax 1997, 90, 93f.
(9) Geimer, a.a.O. (Fn.5), Rdnr. 1515; Münchener Kommentar/Patzina, ZPO, Bd.1, 1992, §32 Rdnr. 19; Rosenberg/Schwab/Gottwald, Zivilprozeßrecht, 15. Aufl.1993, S.177; Schack, a.a.O. (Fn.4), Rdnr. 303; Staudinger/v.Hoffmann, EGBGB, 12.Aufl. 1992, Art.38 nF Rdnr. 259b;

Stein/Jonas/Schumann, a.a.O. (Fn.3), §32 Rdnr.29; Wieczorek/Schütze/ Hausmann, ZPO, 3.Aufl. 1994, Anh. I §40 EuGvÜ 1989 Art.5 Rdnr. 62.

(10) BGH, NJW 1977, 1590.

(11) 肯定説として，Staudinger/v.Hoffmann, a.a.O. (Fn.9), Art.38 nF Rdnr. 259 b; Wieczorek/Schütze/Hausmann, a.a.O. (Fn.9), Art.5 Rdnr.62. 否定説として，Geimer, a.a.O. (Fn.5), Rdnr. 1514; Kreuzer/Klötgen, a.a.O. (Fn.8), S. 92; Münchener Kommentar/Patzina, a.a.O. (Fn.9), §32 Rdnr. 19; Musielak/Smid, ZPO, 1999, §32 Rdnr. 22; Schack, a.a.O. (Fn.4), Rdnr. 491.

(12) Münchener Kommentar/Patzina, a.a.O. (Fn.9), §32 Rdnr. 29; Schütze, a.a.O. (Fn.3), S. 65.

(13) EuGH, EuZW 1999, 59; Bülow/Böckstiegel/Linke, Internationaler Rechtsverkehr, 1997, S.606-67; Linke, Internationales Zivilprozeßrecht, 2. Aufl. 1995, Rdnr. 161; Schack, a.a.O. (Fn.4), Rdnr. 299; Staudinger/v. Hoffmann, a.a.O. (Fn.9), Art.38 nF Rdnr. 255; Wieczorek/Schütze/ Hausmann, a.a.O. (Fn.9), Art.5 Rdnr. 50.

(14) 中西・前掲注（1）188頁参照。

(15) 中西・前掲注（1）203頁参照。

(16) Bülow/Böckstiegel/Linke, a.a.O. (Fn.13), S.606-70; Coester-Waltjen, a. a.O. (Fn.6), S. 182f.; Geimer, a.a.O. (Fn.5), Rdnr. 1524; Geimer/Schütze, Europäisches Zivilverfahrensrecht, 1997, Art.5 Rdnr. 183.; Linke, a.a.O. (Fn.13), Rdnr. 160; Looschelders, a.a.O. (Fn.7), S.89; Mansel, RabelsZ 61 (1997), 756, 757; Münchener Kommentar/Gottwald, ZPO, Bd. 3, 1992, IZPR Art.5 Rdnr. 32; Rauscher, Internationales und Europäisches Zivilver-fahrensrecht, 1999, S. 35; Reinmüller, Gesamtschaden und internationale Deliktszuständigkeit nach dem EuGVÜ, IPRax 1985, 233, 235; Schack, a.a.O. (Fn.4), Rdnr. 306; Staudinger/v.Hoffmann, a.a.O. (Fn. 9), Art.38 nF Rdnr. 254; Wieczorek/Schütze/Hausmann, a.a.O. (Fn.9), Art.5 Rdnr. 62; Zöller/Geimer, ZPO, 21.Aufl. 1999, Art.5 GVÜ Rdnr. 16.

なお、シュロッサーは、本件のシェヴィル原則は、論理的には不作為訴訟や仮の権利保護に拡張されることになると述べる。Schlosser, EuGVÜ, 1996, Art.5 EuGVÜ Rdnr. 20.

(17) Linke, a.a.O. (Fn.16), Rdnr. 160.

(18) Rauscher, a.a.O. (Fn.16), S.35. vgl. auch. ders., ZZP Int 1 (1996), S.158

ff.
⒆　Coester-Waltjen, a.a.O. (Fn.6), S. 182f.
⒇　Schack, a.a.O. (Fn.4), Rdnr. 306. vgl. auch. ders., a.a.O. (Fn.4), S.69 f.
(21)　Kreuzer/Klötgen, a.a.O. (Fn.8), S.94 ff.
(22)　Huber, Persönlichkeitsschutz gegenüber Massenmedien im Rahmen des Europäischen Zivilprozeßrechts, ZEuP 1996, 295, 308; Kropholler, Europäisches Zivilprozeßrecht, 6.Aufl. 1998, Art.5 Rdnr. 65 Fn.148; Wagner, Ehrenschutz und Pressefreiheit im europäischen Zivilverfahrens- und Internationalen Privatrecht, RabelsZ 62(1998), 243, 279 ff., 285.
(23)　国際裁判管轄の決定基準については，たとえば，渡辺惺之「国際財産事件の裁判管轄基準」国際私法の争点〔新版〕222頁などを参照。
(24)　高橋宏志「国際裁判管轄」澤木＝青山編・理論62頁，東京地(中)判昭和59年3月27日判時1113号26頁（渉外百選〔第3版〕200頁）など。
(25)　池原季雄「国際的裁判管轄権」新実務講座（7）31頁，木棚ほか概論〔第3版〕256頁〔渡辺惺之〕（1998年）。
(26)　池原・前掲注（25）31頁，石川＝小島編・国際民訴47頁〔小島武司＝猪俣孝史〕，注解民訴（5）444頁〔山本和彦〕，長瀬弘毅「裁判管轄（2）」元木伸＝細川清編・裁判実務大系（10）26頁（1989年）。
(27)　東京地判昭和59年2月15日判時1135号70頁。評釈として，神前禎「判批」ジュリ885号92頁(1987年)，道垣内正人「判批」ジュリ843号134頁(1985年)，平塚真「判批」ジュリ838号288頁（1985年）。
(28)　東京地判平成元年8月28日判時1338号121頁。評釈として，小野寺規夫「判批」判タ735号342頁(1990年)，徳岡卓樹「判批」ジュリ970号114頁(1990年)，松岡博「判批」判評381号41頁（1990年）。
(29)　とくに，シャックのように結果発生地を加害行為地に一致させる見解では，不法行為地管轄は殆ど機能しないことになる。vgl. Schack, a.a.O. (Fn.4), Rdnr.303.
(30)　池原・前掲注（25）32頁，注釈民訴（1）123頁〔道垣内正人〕，松岡博「国際的裁判管轄」遠藤浩ほか編・現代契約法大系（9）291頁（1985年），三浦正人編・国際私法255頁〔松岡博〕（2訂，1990年）。
(31)　中西・前掲注（1）207頁。
(32)　BGH, NJW 1977,1590.
(33)　ドイツにおける通説・判例の採る見解である。前掲注（9）(10）を参照。
(34)　とくに製造物責任の国際裁判管轄について，加害者の予測可能性の観点か

ら不法行為地概念の際限なき拡大に対する歯止めが意識されてきたが（池原・前掲注（25）31頁，長瀬・前掲注（26）27頁などを参照），このような問題意識はここでもあてはまるであろう。
(35) なお，複数の国で損害が発生した場合に，不法行為が各国ごとに生じたと見るのか，全体として1個の不法行為がなされたと見るのかという国際私法上の問題について，フランスでは前者の見解が支持されているが，この問題がフランスで結果発生地国裁判所の審理範囲を限定する解釈の背景として指摘されている。参照，中西・前掲注（1）208頁。
(36) 道垣内正人・ポイント国際私法各論250頁（2000年）。
(37) Kreuzer/Klötgen, a.a.O. (Fn.8), S.94.
(38) 参照，中西・前掲注（1）188頁。
(39) Linke, a.a.O. (Fn.16), Rdnr. 160.
(40) Kreuzer/Klötgen, a.a.O. (Fn.8), S.96. vgl. auch Rauscher, a.a.O. (Fn.18), S.156ff.
(41) Wagner, a.a.O. (Fn.22), S.285.
(42) 準拠法決定をめぐる問題については，出口耕自「国際私法における名誉毀損」上法38巻3号125頁（1995年）などを参照。

追 補

1 はじめに

本文脱稿（2001年4月16日）後，2002年3月1日にブリュッセル規則（Ⅰ）が発効した。同規則における不法行為地管轄に関するルールは若干の文言の追加がなされたが，本判決で問題となった論点については，変更は生じていない。

変更を受けた点は，不作為請求を不法行為地管轄で提起することの可否に関する。すなわち，ブリュッセル条約下では，不法行為事件が現実に発生していない場合に，不法行為地管轄において予防的不作為の訴え〔vorbeugende Unterlassungsklage〕を提起することができるか否か争いがあった。そこで，ブリュッセル規則（Ⅰ）5条3号では，「発生するおそれ〔einzutreten droht〕」という文言を新たに加え，この問題を肯定する方向で決着を見た（消極的確認訴訟を不法行為地管轄で提起することができるか否かについても問題があるが，この点は解釈に委ねられたままである。vgl. Kropholler, Europäisches Zivilprozeßrecht, 7.Aufl. 2002, Art.5 Rdnr. 68f.; Münchener Kommentar/Gottwald, ZPO, 2. Aufl. 2002, Aktualisierungsband, EuGVO Art.5 Rdnr.19f.）。

2 損害発生地と結果発生地の関係について

不法行為事件の国際裁判管轄決定に関する損害発生地と結果発生地の関係については，芳賀雅顯「名誉毀損の国際裁判管轄権」櫻井雅夫編・EU法・ヨーロッパ法の諸問題（石川明教授古稀記念論文集）433頁，456頁から462頁（2002年）において比較的詳細に論じた。参考文献はそこでの引用に譲るとして，ここではその骨子を略述するにとどめたい（なお，加害行為地に管轄が認められることについては，問題がないのでここでは論じない）。

ドイツにおいては，結果発生地と損害発生地とを区別して，後者は不法行為地管轄を基礎づけないという点では，学説・判例においてほぼ一致した立場にあるといってよい。その理由としては，不法「行為」が問題になるのであるから，「行為」がどこで完結したかが問われるべきであり，損害はそもそも概念的にはずれること，損害は被害者の住所地に連結することが多いので原告の住所地管轄を一般的に認める結果となり，普通裁判籍の他に例外的に認められた不法行為地管轄の意義に反すること，が挙げられる。

これに対して，わが国における従来の学説・裁判例では，損害発生地と結果発生地とを峻別するという考えに比較的乏しかったと言える。たとえば，渉外事件で損害発生地に管轄を認めた裁判例として，東京地判昭和40年5月27日判タ179号147頁（東宝「海の勝利事件」），東京地中間判昭和59年3月27日判時1113号26頁（自衛隊ヘリコプター事件），静岡地沼津支中間判平成5年4月30日判タ824号241頁などがある。また，結果発生地と損害発生地の双方を列挙している裁判例として，東京地判平成元年8月28日判時1338号121頁がある。学説においても，損害発生地と結果発生地の概念的区別の問題に踏み込むことなく，両者またはいずれか一方を挙げて不法行為地管轄を論じているのが比較的多いといえる（芳賀・前掲460頁注（73）の諸文献を参照）。わが国の学説・判例でこのような扱いがなされている原因としては，まず第1に，これまで両者を区別する現実的必要性が生じなかったこと（両者が同一となる場合が多かったこと），そして第2に，損害発生地管轄は被害者の住所地と符合することが多いことから，わが国に在住する被害者を保護するという観点から

すれば，——この点を従来の学説・裁判例が意識していたかは分からないが——わが国の国際裁判管轄を肯定する結論を導き出すのに都合が良かったこと，が考えられる。

　しかし，損害発生地と結果発生地が分離した場合に，損害発生地に国際裁判管轄を認めることには，被告の予測可能性，証拠収集の便宜の点から疑問がある。たとえば，A国を観光旅行していたところ事故に巻き込まれ負傷したXは，その後B国（日本）で入院・加療していたが，B国で加害者Yを相手に損害賠償を求めて訴訟を提起したとする。この場合，A国は加害行為地であり結果発生地でもある（治療を受けていれば損害発生地でもある）。B国は損害発生地となる。B国に管轄は認められるだろうか。このケースで損害発生地に管轄を認めるのは，まず，被告の予測可能性を損なうと考えられる。通常，被告側としては，事故発生地の管轄については予測がつくと考えられるが，事故発生地から区別され被害者の加療がなされた場所についてまで予測することは困難である。また，証拠収集の観点からすれば，たしかに，被害者の現実の損害を算定するには損害発生地に管轄を認める意義はあるが，しかし損害発生地には事故そのものに関する証拠はない。さらに，たしかに，損害発生地に管轄が認められれば，被害者の住所地に管轄が認められることが多くなることから，訴訟提起の容易さからすれば被害者の保護になる。しかし，被害者の保護に厚ければそれでよいというものではない。加害者側に応訴の負担を求めることとのバランスを考慮しなければならず，損害発生地に一律に管轄を肯定する立場は，被害者保護に傾きすぎている。このような観点からすると，不法行為地管轄を基礎づけるのは，加害行為地と結果発生地が適切であると考える。しかし，損害発生地管轄をまったく排除するというわけではない。事情によっては，加害行為地国ないし結果発生地国で訴訟を遂行することが，被害者にとって対して著しく困難な場合もあり得る（東京地中間判昭和54年3月20日判時925号78頁参照）。そのような場合には，損害発生地国である日本に緊急管轄を認める可能性を排除すべきではない。

　したがって従来の見解では，加害行為地，損害発生地または結果発生地の概念区別を行い，具体的事案で管轄否定は「特段の事情」により調整を行うことになるが（二分法），私見では不法行為地管轄としては，加害行為地と結果発生地のみを認め，損害発生地は緊急管轄を肯定する際の考慮事由になる

第1部　管轄／III　不法行為地

（三分法）。

3　結果発生地の審理の範囲

本判決の中心的問題点，すなわち加害行為地と結果発生地とで損害賠償の審理の範囲に区別を設けるのかという問題は，ブリュッセル規則（I）においても条文に変更がないことから，解釈に委ねられることになる。この点については，現在の教科書などにおいても記述に大きな変化はない。

本文で述べたように，1995年ヨーロッパ裁判所判決は，加害行為地では全損害について審理することができるが，結果発生地ではその国で生じた損害についてのみ審理可能であるとした。

この立場に対しては，現在でも教科書類においては，加害行為地と結果発生地による審理対象に区別を設けない見解が通説である（Geimer, Internationales Zivilprozeßrecht, 4.Aufl. 2001, Rdnrn. 867 und 1524; Linke, Internationales Zivilprozeßrecht, 3.Aufl. 2001, Rdnr. 160 ; Rauscher, Internationales Privatrecht, 2.Aufl. 2002, S.359; Schack, Internationales Zivilverfahrensrecht, 3.Aufl. 2002, Rdnr. 306. vgl. Schlosser, EU-Zivilprozessrecht, 2.Aufl. 2003, Art.5 EuGVVO Rdnr. 20）。しかし，ヨーロッパ裁判所判決に賛成する見解も少数ながら有力である（Kropholler, a.a.O., Art.5 Rdnr.75; Münchener Kommentar/Gottwald, ZPO, Bd.2, 2.Aufl. 2001, EuGVU Art.5 Rdnr.42; Nagel/Gottwald, Internationales Zivilprozessrecht, 5. Aufl. 2002, §3 Rdnr.65）。

日本法の解釈として，この点に関する私見は，本文で述べたことに尽きる。すなわち，法廷地国が加害行為地国であろうとも結果発生地国であろうとも，法廷地国からすれば第三国で生じた損害の評価を手続的になすという点では変わりはない。また，法廷地国での損害賠償の算定をなすのに実体法的因果関係論をここで持ち出す必要性はない。しかも被害者保護の観点からは，ヨーロッパ裁判所の立場では結果発生地国ごとに訴訟を提起しなければならなくなり，権利追求を断念せざるを得なくなる事態を招く。さらに，ヨーロッパ裁判所の見解は，比較法的見地からは少数に止まるという指摘がある（2003年4月4日追補脱稿）。

本文脱稿後の文献としては，佐野寛「不法行為地の管轄権」新実務大系（3）

91頁以下，中西康「マスメディアによる名誉毀損・サイバースペースでの著作権侵害等の管轄権」同書99頁以下がある。渉外的人格権侵害については，五十嵐清・人格権法概説289頁（2003年），また，インターネットによる名誉毀損については，高橋和之＝松井茂記編・インターネットと法〔第3版〕322頁（渡辺惺之）（2004年）がある。

〈参考条文〉

ブリュッセル規則（I）

第5条　構成国の高権領域内に住所を有するの者に対しては，他の構成国において訴えを提起することができる。

第1号・第2号　〈略〉

第3号　不法行為，それに相当する行為またはそれらの行為から生ずる請求権が，訴訟の対象をなすときには，損害事件が発生したか発生するおそれのある地の裁判所

第4号以下　〈略〉

6 財産所在地の国際裁判管轄

BGH, Urteil vom 2. 7. 1991

中野俊一郎

BGHZ 115, 90＝NJW 1991, 3092 Anm. Geimer (3072)＝IPRax 1992, 160 Anm. Schlosser (140)＝JZ 1992, 51 Anm. Schack＝ZZP 1992, 314 Anm.W.Lüke＝RIW 1991, 856 Anm. Fischer, RIW 1992, 57＝DWiR 1991, 245 Anm. Schütze 239[(1)]

〈判決要旨〉

ドイツ民事訴訟法23条1文前段に基づく財産所在地の国際裁判管轄は，事件が財産所在以上の内国牽連性を有する場合にのみ認められる。

〈事案の概要〉

ニコシアに本拠をもつキプロス法人である建設会社M社は，リビア政府機関との契約により，2億2100万米ドルでリビアの港湾施設建設を請け負い，3700万ドルの先払金を受領した。W銀行（リビア法人）は，M社の委託に基づき先払金の返還保証をなし，この返還保証にはさらに被告Y銀行（アンカラに本拠，ドイツに営業所を有するトルコ法人）の再保証が付され，それを担保するため，M社はY銀行に2000万ドルを差し入れた。1979年，リビア側は契約を解除し，先払金の返還を求めたため，W銀行は保証契約に基づいてこれを支払い，さらにY銀行は，M社が差し入れた保証金から，W銀行に対し再保証に基づく支払いを行った。

これに対してM社は，Y銀行の支払いは再保証契約の条項に違反した不当なものであるとして，保証金の返還を求める訴えを英国で提起した。M社側は，同社の取締役や株主らは主として英国に居住すること，トルコでは公平な審理が期待できないことなどをあげ，英国での裁判を求めたが，1985年9月26日，高等法院は，トルコが紛争解決につき適切な裁判地であるとするY銀行の主張を容れ，フォーラム・ノン・コンビニエンス法理を援用して訴訟

を中止した。1986年7月3日，控訴院はこの判断を是認し(2)，貴族院への不服申立ても1986年11月5日に棄却されている。そこで，M社の実質的経営者の1人である英国人Xは，M社から保証金返還請求権の譲渡を受け，今度はY銀行の資産が所在するドイツにおいて，同銀行を被告とする本件保証金返還訴訟を提起した。

国際裁判管轄を肯定した第1審判決に対して，控訴審は(3)，内国牽連性の欠如を理由に管轄を否定したため，原告側から上告がなされた。

〈判　旨〉
　ドイツ裁判所の国際裁判管轄は上告審での再審査に服しうる。第1審裁判所の事物管轄および土地管轄につき，上告審の再審査を否定するドイツ民事訴訟法549条2項は，国際裁判管轄には適用・準用されない。

「連邦通常裁判所の確立した判例によれば，ドイツ民事訴訟法はその12条以下において，国際裁判管轄を間接的にのみ規整している。それにより，ドイツ裁判所が土地管轄をもつかぎりにおいて，原則として——財産所在地裁判籍についても——国際裁判管轄が推認［indizieren］される」。

ドイツ裁判所の国際裁判管轄を否定した原審判決は妥当である。

ドイツ民事訴訟法23条は，内国に住所をもたない者に対する財産法上の請求権に関する訴えについて，その者の財産所在地を管轄する裁判所が土地管轄，ひいては国際裁判管轄をもつと規定する。その文言上，財産価格についても内国牽連性についても制限が加えられていないために，判例はこれを広く解釈・適用してきた。そのため，学説上，この裁判籍に対しては，望ましからざるものであるとか，過剰であるとか，戦闘的裁判籍であるといった批判が加えられてきた。

たしかに，ドイツ民事訴訟法23条を文言に忠実に解釈することは，憲法や国際法に違反するものではないが，その妥当性については争いがある。連邦憲法裁判所も，この規定は『国際法に整合的な』解釈を要するという（BVerfGE 64, 1, 20）。そのため，学説上，様々な角度から制限解釈が主張されてきた。

ライヒ裁判所および連邦通常裁判所の従前の判例によれば，財産価格と訴額の均衡は要求されず，それについては批判があるけれども，いずれにせよ本件では，被告財産に十分な価値が認められるので，この批判の当否に立ち

入る必要はない。

「他方において，従前の解釈に対する制限は，法的紛争が十分な内国牽連性をもつ場合にのみ財産所在地管轄が認められうる，というかぎりにおいては，妥当である。本件においては，これ〈内国牽連性〉がない。そのかぎりにおいて，当裁判所は，ドイツ民事訴訟法23条1文前段によるドイツ裁判所の国際裁判管轄は，法的紛争が，財産所在以上の内国牽連性を示す場合にのみ認められる，との有力説に従う」。

このような解釈だけが，その成立史から引き出されるドイツ民事訴訟法23条の趣旨・目的に適う。財産所在地裁判籍は，プロイセン一般訴訟法付則34条に由来する。これによると，プロイセン所在財産をもつすべての外国人は，『プロイセン臣民』により，財産所在地裁判所において，財産による満足のために，訴えられうる。これによると，財産所在地管轄は，内国民によってのみ行使され得たのである。たしかに，このような制限は，1877年のドイツ帝国民事訴訟法（CPO）24条においては採用されなかった。しかし，1877年のドイツ帝国民事訴訟法の立法理由書に述べられている財産所在地裁判籍の立法理由によれば，『債権者を，外国に住む，または内国に住所をもたずに滞在する債務者から保護する』ために，内国における権利追求を容易化すべきものとされている。「したがって，この規定は，さもなくば内国に財産をもつ外国人を訴えることができないという配慮から，——その国籍を問わずに——原告たる内国の者のために，捕捉的裁判籍［Auffanggerichtsstand］を創り出そうとしたものである。しかしながら，この規定は，何ら内国牽連性のない外国人間の法的紛争の，ドイツ裁判所における裁決を，可能にするためのものではなかったのだ」。財産所在地管轄が，内国民によってのみ行使されうるかどうかは，ここでは判断の必要がない。

このような制限解釈は，国際条約においても必要とされており，そこでは，財産所在地管轄の制限ないし排除という傾向が認められる。ブリュッセル条約3条2項によれば，ドイツ民事訴訟法23条は，構成国に住所をもつ者に対しては適用できない。そこに掲げられた過剰管轄は，同条約4条2項によっても，構成国内に住所をもたない被告に対して，全く無制限に適用されうると宣言されたのではない。4条2項は，4条1項により適用される国内管轄規定であって，内外人を区別するものについて，構成国在住者を内国民と平

等扱いすべきことを定めたにすぎない。この平等扱いが，原告が法廷地に住所をもつことを前提としないと理解するとしても，この規定は，単なる財産所在を越えた条約領域への牽連性なしに，非構成国居住者に対するかような裁判籍の行使を，一般的に許したものと見ることはできないであろう。

ドイツ＝ノルウェー判決承認執行条約20条1項は，財産所在地管轄の直接的排除を定めている。そして，財産所在地管轄の援用は，原則として，訴額が法廷地国所在財産の価格を超えない場合に制限される（同条2項3号）。その他の2国間条約は，財産所在地管轄に基づく外国判決の承認・執行を制限ないし排除するという形で，間接的に法廷地国の管轄を否定する。

このような条約上の傾向にかんがみれば，国際裁判管轄に関する限り，ドイツ民事訴訟法23条を，その本来の趣旨・目的に照らして解釈することが肝要である。

「上に述べた，内国民保護規定としての本条の成立史からすると，本条は，外国人に，もっぱら外国で発生し，外国法に準拠するような紛争の裁決のための裁判籍を創り出すものではない。ドイツ民事訴訟法23条を文言どおりに解釈し，被告の内国財産があれば，ドイツに住所をもたない当事者間でのあらゆる紛争につき，ドイツ裁判所の国際裁判管轄を認めることができるとして，それにより広範囲にフォーラム・ショッピング，すなわち裁判籍の打算的な選択を助長することは，このような立法者の意思に反するであろう」。これによって，当該紛争は，外国裁判所の管轄を剥奪される結果となり，ドイツ裁判所の管轄拡大は，対外経済的にも対外政策的にも問題をもたらしうる。これらは，単に立法者の関心事たるにとどまらず，解釈論的にも考慮されるべき問題である。

財産所在地管轄によって，外国の被告は，一般原則によれば認められる本国の管轄裁判所を奪われ，異国の——恐らくはそこで適用される準拠法にも取引慣行にも不慣れな——裁判所において，外国語で，面識のない弁護士に補佐されながら防御することを強いられる。このような外国被告に対する防御権の侵害は，十分な内国牽連性を通したドイツ民事訴訟法23条の解釈によってのみ，適切かつ国際法に適合する形で，制限される。内国における財産の取得ないし所在という事実だけで，ドイツ裁判所での財産所有者の応訴義務を正当化するような『ドイツ国への接着性』が認められる，とのガイマー

[Geimer] の所説は，当裁判所のとるところではない。彼の考え方は，外国の商人ないし企業，とりわけ銀行が，国際競争という理由から，多くの国に財産をおかざるをえないという事情を十分に考慮しておらず，国際緊急管轄によって対処しうるような例外的場合を援用することによって，問題性を隠蔽している。

　以上のようなドイツ民事訴訟法23条1文前段の解釈は，連邦通常裁判所の他の民事部や，他の最上級連邦裁判所の判例と抵触するものではない。これまで公表されてきたドイツ民事訴訟法23条に関する従前の先例は，すべて，ここで要求されている内国牽連性において問題のない事例であった。

　「いかなる個別的事情が内国牽連性を根拠づけるかについて，ここで最終的な判断をなす必要はない。ここでは，そのかぎりでは，原告の内国住所ないし常居所だけが問題となる。控訴審裁判所は，両者の存在を正しく否定しており，したがって，常にそれだけで必要な内国牽連性を創り出すものかは，未決定のままでよい」。

　本件原告がフランクフルト市に転入届を出した事実は認められるが，それ以外の全ての資料は，原告が英国およびキプロスにその住所をもつことを示しており，原告が内国に住所をもたないことは明らかである。

　「ドイツの国際裁判管轄は，ドイツ民事訴訟法23条とは別に，緊急管轄という見地からも認められない。緊急管轄は，法的紛争の裁決について他国の管轄が全く存在せず，ドイツ裁判所の管轄否定が，原告にとって国際的な裁判拒絶を招くおそれがある場合にのみ認められる。しかし，それを根拠づける事実は何ら認定されていない」。

〈参照条文〉

ドイツ民事訴訟法

　第23条　内国に住所を有しない者に対する財産法上の請求権に関する訴えについては，その者の財産または訴訟上の請求の対象が所在する地を管轄する裁判所が管轄権をもつ。

〈研　究〉

I　問題の所在

　ドイツ民事訴訟法23条は、「内国に住所を有しない者に対する財産法上の請求権に関する訴えについては、その者の財産……が所在する地を管轄する裁判所が管轄権をもつ」と規定する。これは、沿革的には、外国在住債務者の内国所在財産を仮差押えした内国債権者に、仮差押財産の限度で満足を得させるような、特殊な満足的仮差押手続を前提とした、仮差押えの裁判籍 [forum arresti] に由来するが、プロイセン一般訴訟法付則34条からドイツ帝国民事訴訟法24条に継受されてゆく過程において、被告の国籍要件および満足目的要件が失われ、内外人を問わず、被告の財産所在を理由として無制限に裁判籍を認める、「財産所在地の裁判籍」へと変容したものである(4)。これを認める根拠として、初期の学説中には、国家主権的な発想から、内国所在財産が内国主権に服することを強調するものもあったが、最近では一般に、財産所在が被告と内国との牽連関係を示すこと、外国での訴訟追行や執行が困難な場合に、内国で管轄を認めて原告を救済する必要性が認められること、被告財産に執行することにより原告は簡易・迅速に債権を満足しうること、明確性に優れ、法的安定性に適うこと、などがあげられる(5)。わが国の民事訴訟法5条4号もこれにならったものであるが、「差し押さえることができる」被告財産であることを要求する点で、ドイツ民事訴訟法23条と若干相違している。

　このような財産所在地管轄は、オーストリア管轄法 (JN) 99条1項(6)、スウェーデン訴訟手続法 (RB) 3条1項(7)など、ドイツ法系諸国において広く見られるものであるが(8)、原告の請求とは何ら関係のない、些少な被告財産が法廷地国に所在するというだけで、請求全体について国際裁判管轄を肯定しうることから、少なからぬ立法論的・解釈論的問題が指摘されてきた(9)。判旨にいうように、ブリュッセル条約3条をはじめとして、多くの条約が財産所在地管轄を排除ないし制限する傾向を示すのも、まさにこのような考慮に基づく。そのためオーストリアでは、1983年に管轄法99条が改正され、請求額に比べ財産価値が著しく低額であってはならないこととされ、同様の解釈はわが国においても有力に主張されている。これに対して本件連邦通常裁判所判決は、「内国牽連性」という一般的要件を解釈上ドイツ民事訴訟法23条

119

に付加することにより，過剰管轄批判をかわそうとしたものといえよう。

Ⅱ 国際裁判管轄の決定方法

ドイツの通説・判例は，民訴法の土地管轄規定に二重の機能［Doppelfunktion］を認め，それは国内土地管轄を定めると同時に，ドイツ裁判所の国際裁判管轄の存在をも推認させるものと理解してきた［いわゆる二重機能論］(10)。本件判旨は，ドイツ民事訴訟法23条について，このような従来の解釈を確認したものである。

わが国学説においては，国際裁判管轄の決定方法について，逆推知説，利益衡量説，管轄配分説，新類型説など，様々な考え方が提唱されてきた(11)。他方，判例上は，平成9年のファミリー事件最高裁判決により，「我が国で裁判を行うことが当事者間の公平，裁判の適正・迅速を期するという理念に反する特段の事情があると認められる場合」を除き，「我が国の民訴法の規定する裁判籍のいずれかが我が国内にあるときは，原則として……被告を我が国の裁判権に服させるのが相当である」との考え方（いわゆる「特段の事情」論）が確立しており(12)，学説上も，この考え方を支持するものが増えつつある。判例は，マレーシア航空事件判決(13)以来，国際裁判管轄の決定は条理による，との姿勢を崩していないが，その実質は，民訴法の国内土地管轄規定を，適宜修正を施しつつ国際裁判管轄の決定に類推するものに他ならず，「特段の事情」判断という例外的処理枠組みを加えるかどうかという点を除けば，上に見たドイツの二重機能説と大きく異なるものではない，ということができよう。

Ⅲ 財産所在地管轄の制限解釈

1 ドイツ民事訴訟法23条に関する制限解釈の要否

本判決は，事件が十分な内国牽連性をもたないときには，ドイツ民事訴訟法23条に基づく財産所在地の国際裁判管轄を認めることはできないという。このような制限解釈の必要性を根拠づける事実として，判決は，財産所在地管轄は過剰管轄として国際的に非難されており，ブリュッセル条約3条1項，ドイツ＝ノルウェー判決承認執行条約20条1項など，多くの条約がそれを排除ないし制限する規定をおくことをあげている。これは，後述するシューマ

ン［Schumann］の議論にならうものであるが，このように財産所在地管轄の過剰管轄性を強調し，条約上の否定的扱いを重視する立場にあっては，ドイツ民事訴訟法23条について，かなり大幅な制限が主張されることになる。たとえばシュレーダー［Schröder］は，解釈論的には「財産」概念の制限（後述）によるが，立法論的としては財産所在地管轄の廃止を主張し，ありうべき例外事案の救済は緊急管轄によれば足りるという(14)。シュロッサーもまた，財産所在地管轄の制限は憲法や国際人権法の観点からも要請されることであるとして，連邦通常裁判所の姿勢を好意的に評価している(15)。

これに対して，学説の多数は財産所在地管轄を肯定的に評価する。たとえばシャック［Schack］は，①判旨も認めるとおり，財産所在地管轄は，いかなる意味でも国際法に違反するものではないから，その「国際法整合的解釈」なるものも問題になりえないこと，②承認・執行条約においてそれが制限されるのは，条約上，判決の相互的執行が担保されるからであって，それが保障されない以上は，司法拒絶防止のため，財産所在地管轄が利用できなければならないこと，③緊急管轄によってこれに対処するとしても，その適用要件について不明確性が残ること，④原告の利益を考慮した「捕捉的」裁判籍は，多かれ少なかれほとんどの国に見られること，などを指摘する(16)。被告の財産所在は，内国での裁判を正当視させるような，被告と法廷地との「接着性」［Affinität］を示す，とのガイマー［Geimer］の議論も同様である(17)。このような立場に立つものは，本判決やシューマンのように一般的な形で財産所在地管轄を制限する必要性はなく，せいぜい，つぎに見るような「財産」概念の目的論的縮小解釈を認めれば足りるという。

2　「財産」概念および適用対象の限定

ドイツ民事訴訟法23条は，その文言上，請求と被告財産との関連性や，訴額と財産価格との均衡を要求しないため，判例上，使いかけの帳簿1冊，ゴム靴1足など，財産が名目的な価値しかないような場合でも，国際裁判管轄が認められるという問題が生じていた。そこで，多くの学説は，同条にいう「財産」概念を目的論的に縮小解釈することにより，不当な結果を回避しようとする。すなわち，判例・通説によれば，ドイツ民事訴訟法23条にいう財産は，物権，債権，その他の財産権を問わず，現実に発生しているあらゆる財貨を含むものとされるが，執行による債権の満足可能性を財産所在地管轄の

根拠として重視する見地から，差押禁止財産や反対債権による相殺が可能な債権，被告財産がごく些少なものにすぎない場合などを，同条の適用範囲から除く見解が少なくないほか，さらに一歩を進めて，財産価格と訴額の均衡を要求する見解や，判決の執行力を内国所在資産の価格に限定しようとする見解も存在する。

また，通説・判例によれば，ドイツ民事訴訟法23条は，給付訴訟のみならず確認・形成訴訟についても適用されうるほか，いわゆる鏡面理論により，外国判決承認・執行に際して判決国裁判所の間接管轄を判断する基準ともなる。しかしこれに対しては，間接管轄基準としての妥当性を否定する見解や，ドイツ民事訴訟法23条を補充的なものと理解し，内国に債務履行地や不法行為地など他の管轄原因が存在する場合に財産所在地を管轄原因とすることはできない，との見解も一部に主張されている[18]。

わが国における解釈論上も，訴額と財産価格との均衡や，それに加えて仮差押えによる財産の固定化を要求する見解，内国所在財産に判決効を限定する見解，給付訴訟に適用対象を限る見解などが有力に主張されており，このように「財産」概念や適用対象たる紛争類型を制限することは，解釈論的には，極めて穏当なやり方であるといえよう[19]。ところが，本件連邦通常裁判所判決はこれによらず，「十分な内国牽連性」という不文の一般的要件を解釈論的に導入するという立場を示す。いうまでもなく，これが本判決の最大のポイントであり，学説上厳しい批判が加えられる点でもある。

3 「内国牽連性」要件による財産所在地管轄の制限

(1) シューマンの見解と連邦通常裁判所判決の異同

従前のドイツ通説・判例は，ドイツ民事訴訟法23条の適用につき，内国牽連性を何ら要求していなかった[20]。これに対してシューマンは，過剰管轄として国際的に非難を浴びる財産所在地管轄の問題性にかんがみ，事件と内国との牽連性が何ら存在しない場合には，これを肯定すべきでないという。すなわち，同条は純然たる国外事件を内国で審理するために設けられた規定ではなく，とくに内国在住者の財産法上の権利追求を容易化することに主眼をおく。したがって，原告が内国に住所をもつ場合にその適用を制限することが立法者の意思にも合致し，妥当である。もっとも，それ以外の場合であっても，たとえばドイツでなされた法律行為やドイツ法に準拠する契約に基因

する紛争，あるいは事案がドイツに密接な関係をもつためドイツでの裁判が合目的的であるような場合には，準拠法ないしは証拠への近さという観点から，ドイツの国際裁判管轄が肯定されるほか，さらに，原告が外国で裁判を受けることが不可能な場合や，外国で下される判決が内国で承認・執行されない場合には，ドイツで緊急管轄が認められるべきである，と[21]。

　本件連邦通常裁判所判決は，このシューマンの見解を基本的に採用した。しかしながら，両者は完全に一致するものではない。すなわち，シューマンの見解は，財産所在地管轄の援用を，原則として，原告が内国に住所をもつ場合に限定したうえで，準拠法がドイツ法になる場合など，それに対する例外を認めるべき場合を例示している。これに対して本判決は，一般的要件としての「内国牽連性」を強調しながら，結論的には，原告が内国に住所・常居所をもたないことをあげて，国際裁判管轄を否定するが，同時に，「いかなる個別的事情が内国牽連性を根拠づけるかについて，ここで最終的な判断をなす必要はな」く，原告が内国に住所・常居所を有するという事実が，「常にそれだけで必要な内国牽連性を創り出すものかは，未決定のままでよい」という。すなわち，シューマンの見解においては，内国牽連性という不特定概念の曖昧さがある程度相対化されていたのに対して，連邦通常裁判所判決においては，その不特定性がより強調された形になっている，ということができよう[22]。

(2) 「十分な内国牽連性」要件の是非

(a) フォーラム・ノン・コンビニエンス［forum non conveniens］理論との関係　シャックが，「政策的にも法律的にも賢明でない，誤った判決」[23]と評したように，これまでのところ，本判決に対するドイツ学説の評価は，概して厳しいものとなっている。とりわけ批判が集中するのは，本判決が，財産所在地管轄の制限基準として，「内国牽連性」という極めて包括的な概念を採用したことである。周知のように，英米法上のフォーラム・ノン・コンビニエンス理論は，受訴裁判所が具体的事件において，当事者の便宜や正義実現のため，他の裁判所による審理がより適切だと判断するときに，訴えを却下ないし中止することを許す。本件連邦通常裁判所判決のように，内国牽連性の強弱を基準に国際裁判管轄の存否を決するというやり方は，必然的に個別事案ごとの利益衡量による管轄否定に導くため，フォーラム・ノン・コ

ンビニエンス理論との関連性が問題になる。

　ドイツ法は、国際裁判管轄の決定にさいして個別事件ごとの利益衡量判断を認める明文規定をもたないが、判例は1950年代から、養子縁組許可や子の監護権規整が内国で申し立てられた後、当事者が外国に住所を移したような場合に、管轄恒定［perpetuatio fori］原則の硬直性を緩和するため、フォーラム・ノン・コンビニエンス理論によって国際裁判管轄を否定してきた。一部の学説はこれを一般化し、国際裁判管轄規則定立のさいに行われた利益評価が、個別事件の利益状況に適合しないこともありうるとして、フォーラム・ノン・コンビニエンス理論の解釈論的導入を提唱する。その根拠としては、競合管轄をもつ外国裁判所で後見事件が係属する場合に、被後見人の利益にかんがみ、内国裁判所に後見開始命令の発令を差し控える裁量権を認めるドイツ非訟事件手続法47条があげられるほか、一部の学説は、「権利保護の必要性」判断の中で、実質的にフォーラム・ノン・コンビニエンスと同様の審査を行いうるという。

　しかしながら、このような議論は、通説の容れるところとはなっていない。その理由は次の諸点にある。すなわち、①ドイツ法は米国法上の一時滞在ルールのような過剰管轄規則をもたず、弁護士の成功報酬制や証拠開示手続などの点で、米国ほど原告に有利な法廷地になっていないので、例外構成によって管轄を制限する必要性に乏しいこと、②国際的な判決承認が完全には保障されない現状では、競合する法廷地間での選択権を原告に認めることは不当視できないこと、③判例がフォーラム・ノン・コンビニエンスを用いたケースには、管轄恒定原則の例外を認めれば対処可能であること、④管轄判断においては明確性・客観性・予見可能性が最重要視されるところ、米国判例の経験に照らしても、フォーラム・ノン・コンビニエンス理論の客観的適用基準を示すことはできず、それは訴訟遅延や費用増加、裁判官による恣意的な訴え却下、消極的管轄抵触といった問題を招きうること、⑤裁判官による裁量的審理拒絶は、司法（許与）請求権の保障、法定裁判官の保障（ドイツ基本法101条1項2文）に反しうること、などである[24]。

　シューマン自身、自説が一定の場合に同法理の導入に等しい結果に導くことを認める点からも知れるように[25]、フォーラム・ノン・コンビニエンスの考え方は、連邦通常裁判所判決にいう「内国牽連性」判断と親和性をもつ。

これに対して，フォーラム・ノン・コンビニエンス理論の解釈論的導入を否定する通説的見地からすれば，本判決による「内国牽連性」要件の採用は，ドイツ法が認めないフォーラム・ノン・コンビニエンス理論の導入にほかならないとして，非難されることになる[26]。

(b) 管轄規則の明確性ならびに基本法との関係　とりわけ法政策的問題として強く批判されるのは，「内国牽連性」要件の導入が，管轄規則の明確性・画一性を損なうことである。たしかに，本判決の後，その基本方針を支持しつつ，「内国牽連性」判断の精緻化を志向する見解もあり[27]，原告の住所，常居所，営業所所在地が主たる判断要素になることもほぼ確実視されるが[28]，それで必要かつ十分かについてはなお多分に疑問も残る。そのため，管轄規則において最重要視されるべき明確性・画一性，ひいては当事者の予見可能性が著しく害され，その結果，管轄争いに多大の時間・労力を費やしたあげく，債権の時効消滅，消極的管轄抵触といった問題を招きうる，というのである[29]。裁判所が，面倒な渉外事件の審理を回避するために，この要件を利用するおそれを指摘する論者もある[30]。さらに，フォーラム・ノン・コンビニエンス理論と同じく，事案ごとの利益衡量による管轄否定は，内国裁判所による権利保護の可否を不明確化するため，基本法上の司法（許与）請求権，法定裁判官による裁判の保障に抵触する可能性も指摘されている[31]。

(c) 内国在住者たる原告に適用を限定することの是非　シューマンのみならず結果的には本判決も，財産所在地管轄が沿革的には内国人原告の保護を目的とするのであったことを指摘しつつ，原告が内国に住所・常居所をもつ場合にドイツ民事訴訟法23条の適用を限定する。これに対して多数説は，同条は被告が外国に住所をもつことだけを要求し，原告の国籍や居住地を問題としない，適用範囲において極めて内外国人平等な規定であったところ，連邦通常裁判所の解釈によれば，内国居住者と外国居住者が不当に差別扱いされ，同条は実際上，「外国人を捕捉するための」裁判籍に堕しかねない，と批判する[32]。

(d) 外国判決の承認・執行可能性　学説の多数は，内国牽連性欠如を理由に内国訴訟を却下してしまうと，将来，外国訴訟で下された判決が内国で承認・執行されない場合，原告たる債権者は，結局において権利保護を受けられないことになるとして，判決を批判する[33]。条約において財産所在地管

轄を制限できるのは，判決の相互的承認・執行が保障されるからにほかならない，と見るわけである。これに対して，連邦通常裁判所やシューマンの立場においては，このような場合，例外的処理として内国管轄を認めるべきことになる(34)。

　他方においてこの議論は，部分的なフォーラム・ノン・コンビニエンス的審査による，財産所在地管轄の制限論にもつながりうる。たとえばリュケ[Lüke]は，「内国牽連性」要件の導入には反対するが，本件のような場合，一定範囲で「権利保護の必要性」審査を行うのが適当であると説く。すなわち，ドイツ民事訴訟法23条の趣旨が，将来における内国財産への執行確保にあるとすれば，代替的法廷地で下される判決が内国で確実に承認・執行されうる場合，内国訴訟を認める必要性は乏しい。それゆえ裁判所は，被告側の申立てにより，代替的法廷地であるトルコ，リビア，キプロスでの裁判が可能であり，かつ，そこで下される判決がドイツで承認・執行されうるかどうかについて審理すべきだったのであり，リビア，キプロスとの関係では，そもそも相互保証の点で承認可能性がないため，ドイツの管轄を肯定すべきであった，と(35)。もっとも，この見解においては，トルコでの裁判の可能性をどう評価するのか，また，いかなる場合に権利保護の必要性審査を要求するのか，といった点について，なお不明確なものが残るように思われる。いずれにせよ，この考え方に対しては，フォーラム・ノン・コンビニエンス肯定説に対する批判が，ほぼそのまま妥当することになろう(36)。

Ⅳ　お わ り に

　学説からの厳しい批判にもかかわらず，その後の判例は本判決に従い，内国牽連性を基準として財産所在地管轄の有無を決している。ただ，そこでは，原被告ともに内国に住所がないとして内国牽連性を否定するもの(37)，被告の内国国籍(38)ないし原告の内国住所・内国国籍(39)をあげてこれを肯定するものなど，具体的判断基準はなお安定しておらず(40)，その点で，学説の懸念は徐々に顕在化しているようにも思われる。

　いわゆる鏡像理論の考え方によると，本判決の考え方は，外国判決承認・執行の局面にも投影されうることになり(41)，ひいては，外国判決承認範囲の縮減や承認管轄の不明確化といった弊害が懸念されることになる(42)。おそ

らくはこのような配慮から，その後連邦通常裁判所は，1996年10月28日の決定において，承認管轄について内国牽連性を要求しない考え方を示している(43)。

ドイツ民事訴訟法23条を文言に忠実に解釈してきた従来の判例理論からすると，本判決は実質的な先例変更に他ならない。判旨は，23条を適用して国際裁判管轄を肯定する従前の連邦通常裁判所判決は，すべて十分な内国牽連性をもつ事案であったというが，その説示は疑わしく(44)，大法廷での審理を不要ならしめるための理屈というべきであろう。

管轄規整にさいして，個別事例の特殊性を考慮した例外的処理の余地を認めるかどうかは，法的安定性と具体的妥当性との間で，いかに線引きを行うかという問題である。米国法が後者に大きく傾斜した姿勢を示すのに対して，ドイツ法は，これまで前者を最大限に重視する姿勢を示してきた。その中にあって，一定の利益衡量判断による例外的処理の余地を認めた本判決は，フォーラム・ノン・コンビニエンス理論の導入に好意的な一部学説とともに，ドイツ管轄法における緩やかな変化の兆しを感じさせるものといえようか。わが国の「特段の事情」論は，ドイツ型管轄規則に限定的利益衡量の余地を認めるという点で，中間的形態をとったものといえるが，最近では，平成9年のファミリー事件最高裁判決に見られるように，「特段の事情」判断の肥大化，管轄判断の不安定化といった問題も生じている。例外的処理の要否やそのあり方について，さらに突っ込んだ比較法的研究が要請されるゆえんである。

(1) このほか本件に関する評釈として，Mark/Ziegenhain, NJW 1992, 3062; Fricke, NJW 1992, 3066; Dannemann, Jurisdiction based on the presence of assets in Germany, 41 ICLQ (1992), 632 がある。
(2) Muduroglu Ltd.v.TC Ziraat Bankast [1986] 3 AllE. R. 682 (CA).
(3) OLG Stuttgart, U.vom. 6. 8.1990, RIW 1990, 829.
(4) 渡辺惺之「財産所在地の国際裁判管轄権と民訴法8条(1)」国際84巻3号54頁以下(1985年)。財産所在地管轄の沿革については，さらに Schröder, Internationale Zuständigkeit, 1971, S. 388 ff. を参照。
(5) 中野俊一郎「財産所在地の国際裁判管轄権」神戸43巻2号414頁(1993年)。
(6) これにつき，中野・前掲注(5)426頁を参照。

(7) これにつき，中野俊一郎「スウェーデン国際民事訴訟法の現状」神戸法学年報13号9頁（1997年）参照。
(8) 比較法的概観については Schack, Vermögensbelegenheit als Zuständigkeitsgrund - Exorbitant oder sinnvoll?, ZZP 1984, 46 (50ff.).
(9) 中野・前掲注（5）415頁。
(10) Stein/Jonas/Schumann, ZPO, 21.Aufl., 1993, §23 Rz.31 m.w.N.
(11) この点につき，池原季雄「国際裁判管轄権」新実務講座（7）3頁，高橋宏志「国際裁判管轄」澤木＝青山・理論47頁，注釈民訴（1）100頁〔道垣内正人〕，石川＝小島・国際民訴34頁〔小島武司＝猪股孝史〕，道垣内正人「国際裁判管轄」新実務大系（3）40頁などを参照。
(12) 最判平成9年11月11日民集51巻10号4055頁。評釈として野村美明・リマークス1999〈上〉160頁（1999年），山本和彦・民商119巻2号116頁（1998年），竹下守夫＝村上正子・判タ979号19頁（1998年），海老沢美広・ジュリ1135号288頁（1998年），安達栄司・NBL662号67頁（1999年），中野俊一郎・法教213号124頁（1998年），高田裕成・国際私法百選164頁，横溝大・法協117巻9号1356号（2000年）。
(13) 最判昭和56年10月16日民集35巻7号1224頁。
(14) Schröder, a.a.O. (Fn.4), S.405.
(15) Schlosser, IPRax 1992, 140 ff.
(16) Schack, JZ 1992, 54ff. S. auch Grothe, Exorbitante Gerichtszuständigkeiten im Rechtsverkehr zwischen Deutschland und den USA, RabelsZ 1994, 687, 711 ff.; W. Lüke, ZZP 1992, 323.
(17) Geimer, IZPR, 5.Aufl., 2005, Rz. 1347. S. auch Fischer, RIW 1992, 58; Schütze, DWiR 1991, 239 ff.
(18) これらのZPO23条の制限的解釈，及びそれに対する批判については，中野・前掲注（5）416頁以下，Grothe, a.a.O. (Fn.16), S. 714 を参照。
(19) わが国における解釈論については中野・前掲注（5）433頁以下，木棚照一「財産所在地の管轄権」新実務大系（3）82頁。また，スウェーデン法上の財産所在地管轄についても同様の傾向が認められることにつき，中野・前掲注（7）10頁以下。
(20) たとえば，RG, U.vom.14..11.1929, RGZ 126, 196 (199) は，外国で発行された建設公債の償還を，外国において外国通貨で行うよう求める外国人原告の訴えにつき，ドイツの国際裁判管轄を肯定する。原被告が国外に共通国籍・共通常居所をもつ場合も同様である。KG, U. vom. 7.3.1914, LZ 1916, Sp.

(21) Stein/Jonas/Schumann, a.a.O. (Fn. 10), §23 Rz. 31e ff.; Schumann, Der internationale Gerichtsstand des Vermögens und seine Einschrankungen, in: Studi in onore di E.T. Liebman, Bd.1, 1979, S.864 ff.; ders., Aktuelle Fragen und Probleme des Gerichtsstands des Vermögens, ZZP 1980, 408, 432.
(22) W.Lüke, a.a.O. (Fn.16), S. 326.
(23) Schack, JZ 1992, 54.
(24) 詳しくは安達・展開118頁，中野俊一郎「国際裁判管轄の決定における例外的処理の判断枠組」民訴45号135頁（1999年）参照。
(25) Stein/Jonas/Schumann, a.a.O. (Fn.10), §23 Rz. 31e.
(26) Schütze, a.a.O. (Fn.17), S. 240; Geimer, NJW 1991, 3074; Fischer, a.a.O. (Fn.17), S.57.
(27) Fricke, a.a.O. (Fn.1), S. 3068; Mark/Ziegenhain, a.a.O. (Fn.1), S.3062 ff. 後者の見解は，条約上の制限的傾向のみならず，国際法上の国内問題不干渉原則や「真正の関連」原則からも本判決のとった方向性を肯定的に評価し，原告の内国住所・常居所，被告の内国での取引活動，準拠法ないし証拠の所在，外国判決の執行不能性，被告の本国が財産所在地管轄をもつ場合の6類型に分けて，「内国牽連性」要件の具体化を試みている。
(28) Dannemann, a.a.O. (Fn.1), p.635; Schlosser, a.a.O. (Fn.15), S.142.
(29) Schütze, a.a.O. (Fn.17), S. 242; Geimer, NJW 1991, 3074; Schack, JZ 1992, 55; ders., Internationale Zuständigkeit und Inlandsbeziehung, FS Nakamura, 1996, S, 508, 513; W.Lüke, a.a.O. (Fn.16), S.327; Fischer, a.a.O. (Fn.17), S.59; Grothe, a.a.O. (Fn.16), S.715.
(30) Schack, FS Nakamura, S.496.
(31) Schütze, a.a.O. (Fn.17), S.242; Geimer, NJW 1991, 3072; W.Lüke, a.a.O. (Fn.16), S.325 f.
(32) Schütze, a.a.O. (Fn.17), S.242; Geimer, NJW 1991, 3072; Schack, JZ 1992, 55; W. Lüke, a.a.O. (Fn.16), S.324; Fischer, a.a.O. (Fn.17), S.58.
(33) Schütze, a.a.O. (Fn.17), S.240; Geimer, NJW 1991, 3072; Schack, JZ 1992, 54.
(34) Stein/Jonas/Schumann, a.a.O. (Fn.10), §23 Rz. 31g, h.
(35) W.Lüke, a.a.O. (Fn.16), S.328 f.
(36) Grothe, a.a.O. (Fn.16), S.714; Schack, FS Nakamura, S.495 Fn.10.

(37) OLG München, U. vom. 7.10.1992, IPRspr. 1992 Nr.198.
(38) BGH, U. vom. 29.4.1992, IPRspr. 1992 Nr.201.
(39) OLG Frankfurt, U. vom. 4.6.1992, IPRspr. 1992 Nr.182b.; BGH, U. vom. 22.10.1996, NJW 1997, 324; BGH, U. vom. 18.3.1997, NJW 1997, 2885.
(40) さらに，「ドイツ人債務者が」「ドイツ法に準拠して」不動産担保権を譲渡したことを理由に内国牽連性を肯定するものとして，BGH, U. vom. 17.12.1998, NJW 1999, 1395.
(41) Fricke, a.a.O. (Fn.1), S.3068. また，管轄合意への波及を懸念するもとのして，Geimer, NJW 1991, 3074.
(42) Schack, FS Nakamura, S.513.
(43) BGH, Besch. vom. 28.10.1996, NJW 1997, 325＝JZ 1997, 362 m. Anm. Schlosser＝JR 1997, 462 m. Anm. Mankowski.
(44) たとえば，Schack, JZ 1992, 55 を参照。

（2005年9月現在）

7 商人間での契約内容確認書に基づくブリュッセル条約17条1項2文にいう管轄の合意の成否について

EuGH, Urteil vom 20.2.1997 C-106/95 MSG, Mainschiffahrts-Genossenschaft/Les Gravières Rhénanes SARL

越 山 和 広

Slg. I-1997, 911＝NJW 1997, 1431＝JZ 1997, 1839 Anm. Koch (841); ZIP 1997, 475＝RIW 1997, 415 Anm. Holl (418)＝IPRax 1999, 31 Anm. Kubis, (10)＝ZZPInt 2 (1997) 161 Anm. Huber (168)＝EWiR 1997, 359 Anm. Schlosser.

〈判決要旨〉

1　国際商取引において特定地を裁判籍所在地とする旨の記載がある確認書が相手方に送付された場合にも，ブリュッセル条約17条1項2文cにいう管轄の合意があったものと扱うことができる。

2　債務者がその債務を実際に履行すべき場所を確定する合意ではなく，本来の義務履行地とは無関係な場所を義務履行地の裁判籍所在地として口頭により合意しても，ブリュッセル条約5条1号の義務履行地の裁判籍を創設することはできない。

〈事案の概要〉

ドイツ・ヴュルツブルグ市の船会社Xは，フランスの会社Yに自社所有の運送船を傭船し，Yはこれをもっぱらフランス国内においてライン川を利用した砂利運搬に使用していた。Xは，Yの荷揚げ作業中に荷揚げ用機械によって右船舶が損傷したと主張し，197284ドイツマルクの損害賠償を求める訴えをヴュルツブルグの裁判所に提起した。

ところで本件では，XはYに対して契約締結交渉終了後に，「義務履行地および裁判籍所在地はヴュルツブルグ市である」との文言記載済みの商人間での確認書[Kaufmännisches Bestätigungsschreiben]を送付し，また同地が管轄所在地であることが読みとれる複数の請求書や船荷証券も発行されていた。

131

これらに対してYは何ら異議を述べず，無条件に傭船料の支払いをしていた。そこでXは，国際商取引上，当事者双方が知っているかまたは知っていたとみなさざるを得ない国際商慣習に合致した方式による管轄の合意（ブリュッセル条約17条1項2文c）があったとして，本件でドイツに国際裁判管轄があることを主張した。第1審はこの主張を認めたが，控訴審は，この訴えを管轄なしとの理由で却下したので，Xが上告した。

ドイツ連邦通常裁判所は，次の2点についてヨーロッパ裁判所に先行判決を求めた。

(1) 義務履行地（ブリュッセル条約5条1号）についての口頭による合意は，そのような合意が債務者が負担する義務を履行すべき場所の明確化を目的とするのでなく，単にある特定の裁判籍所在地を無方式により確定することのみを目的とするものであっても許されるか。

(2) (1)が許されないとした場合に，契約当事者の一方が他方に送った確認書において，その一方当事者の住所地に専属的管轄があるとのあらかじめ印刷済みの文言があり，それに対して相手方が異議を述べなかった場合でも，17条1項2文cにいう管轄の合意があったとしてよいか。

契約当事者の一方が他方に送付した請求書に，その者の住所地が専属的管轄地である旨の記載があり，また同様の記載がある船荷証券が利用され，相手方はそれに対して何ら異議を述べず，支払いを行った場合にも，17条1項2文cにいう管轄の合意を肯定できるか。

〈判　旨〉

ヨーロッパ裁判所は，第2の問題は専属管轄にかかわる問題であるとの理由で，求められたのとは順序をかえて第2の問題から先行判決を行っている。

I　第2の問題についての先行判決

1　ブリュッセル条約17条は，管轄の合意が書面でなされるべきことを要するとしているが，これは当事者間において実際に合意がなされたことを確実にするためである。1978年の改正によりこの書面の方式性は国際商取引について緩和されることになったが，契約当事者が一方的に合意管轄条項を押しつけることから，より弱い立場にある当事者を保護する必要があることにはかわりがなく，この場合にも実際に合意があることを要する。

2　この改正条項は，国際商取引を行う当該営業部門において，当事者双方が知っているか，知っていなければならなかった〈知っていたとみなさるを得ない〉ような商慣習があれば，そのような商慣習上，裁判籍について契約当事者間で合意があったと推定しようとするものである。

3　契約当事者の一方が，裁判籍についてあらかじめ印刷済みの他方当事者による確認書に応答せず，または沈黙した場合，あるいは当事者の一方がそのような記載がある請求書に対し繰り返し異議を唱えずに支払いをしていた場合には，もしこのような行動が当事者双方のなしている国際商取引の領域における商慣習と合致し，かつこのような慣習を当事者が知り，または知っていたと見なさざるを得ないときは，右の行動は当該管轄条項へ同意したものと扱うことができる。

4　ある一定の商慣習の存否，それを知っていたかどうかの判断基準は次のとおりである。

(1)　ある特定種類の契約締結時において，ある一定の行動が当該営業部門で活動している商人によって通常一般に遵守されていれば，その国際取引部門においては，ある一定の商慣習が存在している。

(2)　その当事者が従前互いに取引関係にあり，または同じ営業をしている別の当事者と取引関係にあった場合には，当事者は，その商慣習を知っていたものと認められ，または推定される。その営業部門では，ある特定種類の契約を締結する際に，ある一定の行動をすることが通常一般的であり，かつそれが確立した慣習であるとみなしうる程度に十分に知られていた時も同じである。

II　第1の問題に対する先行判決

右のような商慣習が認められないために管轄合意の成立が認められない場合に第1の点が問題となる。

5　債務者がその債務を実際に履行すべき場所を確定する合意ではなく，本来の義務履行地とは無関係な場所を義務履行地の裁判籍所在地（条約5条1号）として合意することはできない。右のような合意は，当該事件と提訴された裁判所との直接の関連性を欠くだけではなく，17条の脱法行為である。つまり17条は，事件と裁判地との間に客観的な結びつきがなくても専属管轄を創設できるというものだが，そのための交換条件として方式性の遵守が求

められるのである。このような合意は，17条の要件を満たすときにかぎり，17条の合意管轄として有効であるにとどまる。

〈参照条文〉

ブリュッセル条約

第17条

第1項　当事者の少なくとも1人が構成国の領域内に住所を有する場合，特定の法律関係につき既に生じた紛争または将来生じる紛争の解決のため，構成国の裁判所の管轄を当事者が合意したときには，この裁判所は専属管轄を有する。この管轄合意は，次のいずれかの方式で締結しなければならない。

a）・b）　〈略〉

c）　国際取引においては，両当事者が知りまたは知っていたと見なさざるを得ない慣習で，当該・取引分野で同じ種類の契約をする者に広くしられ，かつ，通常一般に尊守されている慣習に従った方式

d）以下　〈略〉

第5条第1号（本書2事件を参照）

〈研　究〉

I　ブリュッセル条約17条の沿革と本判決

　管轄の合意は，国際民事訴訟実務においては極めて重要な問題である。ブリュッセル条約17条1項は，管轄の合意について一定の方式を履践することを要求している。同条1項2文は当初，①合意は書面によりなされること（1項2文a），②口頭による合意後にその合意についての確認書が発行されること（1項2文b）という形で管轄の合意のために相当厳格に書面性を要求していたが，1978年の改正において，③国際商取引に関しては，当事者が知りまたは知っていなければならなかったような当該取引上の商慣習に合致した方式がとられていれば足りるとする条項が追加された（1項2文c）。そしてこれは1989年の改正で改めてその趣旨が明確化されることになり，現在に至っている（ブリュッセル規則（I）23条）。

　本判決に先立つヨーロッパ裁判所の先例としては，口頭による売買契約締

結後に、裁判籍の定めの記載がある一般取引約款が含まれた注文確認書が相手方に送付され、相手方が何ら異議を述べなかった場合でも、改めて裁判籍についての書面による確認がなされるべきことを原則とするとされたものがある(1)。これは上述した78年改正前のものであったが、このような厳格な姿勢は国際商慣習に合わないなどの批判もあって、上記③の条件が追加されるに至ったようである(2)。

　本件は、契約交渉時に管轄の合意も含めて契約に関する合意が成立していたわけではなく、その後に一方当事者が相手方に対して送付した確認書の中に裁判籍についての記載があり、これを受領した相手方がとくに異議を述べなかったという場合を扱うものである。したがって、上記①②いずれの場合にも該当せず、上記③の条件の下に管轄の合意が認められるかどうかが争われることになる。なお、ここでいう商人間での確認書とは必ずしもその意味が明らかではないが、口頭により交渉した契約内容を再確認した文書のことを指すものと思われる。

Ⅱ　ブリュッセル条約17条は管轄合意の方式のみに関する規定か

　17条に関する本判決の論点は2つ存在する。最初の問題は、ブリュッセル条約17条は管轄合意の方式のみに関する規定なのかということである。

　従来は、同条1項2文cを管轄合意の方式性を緩和することだけを目的とした規定と理解し、実際の合意の成否は実体準拠法に委ねるという考え方が有力であった(3)。しかし本件のように、一方当事者による確認書の送付に対して相手方が異議なく応じたようなケースが商慣習上管轄合意の方式として認められうるとした場合に、これと別の基準を用いて合意の成否を判定するという立場は、合意の方式と実体的な意思の合致の問題とが密接に関連していることを考えると、やや理論倒れではないかという批判も有力である(4)。本判決は、両者の問題を分離せず、方式性を満たしていれば合意の成立は推定されるというのがブリュッセル条約17条1項2文cの趣旨であるとの理解を示しており、後者の立場に近いものと見ることができるだろう。ただし、本判決は合意の実体的な成立を安易に認めるものではないことには注意を要する。

　また、本件で問題とされた管轄の定めの記載がある確認書については、商

慣習上それに対して別段応答しなかったことが管轄の合意を基礎づける場合があり得ることは、つとに肯定されていたところである[5]。その意味では、本判決は従来の理解に沿うものということができる。問題は、そのような商慣習の存在と、当事者がそれを知っていたことをどのようにして認定するのかということである。本判決は、これらの問題は各国裁判所が認定すべきことがらであるとして、そのための客観的な基準のみを提示している。本判決は、当該営業部門においてある一定の行動がなされることが通例であるかどうかということを重視しており、この点についてはあまり異論は見られないようである。

なお、当事者間の契約がブリュッセル条約17条にいう国際商取引に関するものであるかどうかについても、各国裁判所が性質決定するべきであるが、本判決はこの点について何ら基準を提示するには至っていない。

Ⅲ 義務履行地の裁判籍のみを定める合意の可否

つぎに、本判決は、義務履行地の裁判籍のみを定める合意の可否という問題を扱う。

ヨーロッパ裁判所は、1976年の Tessili 判決（本書2事件参照）で、義務履行地は契約準拠法により定めるのを原則とするとの解釈を示し、1984年の Zelger 判決において[6]、準拠法上有効な義務履行地の合意によってブリュッセル条約5条1号の義務履行地の裁判籍を創設することができ、そのさいには同条約17条1項の条件を満たす必要はないものとしていた。その結果として、17条1項が要求する方式性を遵守せずに義務履行地の管轄の合意を行うことができることになり、仮に本件で問題となったような合意までも同条約5条1号の中に入るということになると、原告にとって一方的に好都合な裁判籍を17条の規制を受けることなく作り出せるという問題があるために、つとに議論の対象となっていた[7]。

本判決で問題とされた合意は、準拠法上の義務履行地以外の地を債務の実際の履行地として合意するのではなく、その地の裁判所に管轄を創設することのみを目的とする合意である。本判決は、そのような合意は5条1号の中には含まれず、17条の合意としてのみ効力をもちうるとの解釈を示した。その理由として、5条1号の管轄は契約上の債務と義務履行地との密接関連性

によって正当化されうるのだという観点が強調されている。

本判決は、5条1号の義務履行地概念は準拠法により定まるというヨーロッパ裁判所自身が定立した原則に対して、準拠法から離れた条約の立場上自主的な制限を加えたものと見ることも不可能ではない。そうなると、ブリュッセル条約における多くの国際裁判管轄の連結点に関する解釈と同様に、ヨーロッパ裁判所は、義務履行地概念を準拠法から離れて条約独自の立場から決定する方向へと向かうことになるのかもしれないが、この点はなお慎重な検討を要する(8)。

(1) Segoura/Bonakdarian, 14.12.1976 C-25/76. この判決については、岡本善八「わが国際私法事件における EEC 裁判管轄条約（2）」同法29巻5号15頁、30頁以下（1978年）、貝瀬幸雄「国際的合意管轄の基礎理論（2・完）」法協102巻7号145頁、160頁（1980年）に紹介がある。

(2) Schlosser Report, para. 179 OJ C59/124-125. この点につき、岡本善八「1978年拡大 ECC 判決執行条約（1）」同法31巻2号（1979年）81頁、97頁注（17）参照。また、いわゆるルガーノ条約17条につき、西賢「ルガーノ条約と欧州共同体」国際92巻3号1頁、21頁（1993年）を参照。

(3) Huber, ZZPInt 2 (1997), 170.

(4) Huber, ZZPInt 2 (1997), 170-172; Kropholler, Europäishes Zivilprozeßrecht, 6.Aufl. 1998, Art. 17 Rdnr. 25.

(5) Kropholler, a.a.O. (Fn.4), Art. 17 Rdnr. 53.

(6) これは本書 10 事件であるが、ここで問題とする点については、貝瀬・前掲注（1）161頁から162頁の紹介を参照。

(7) Huber, ZZPInt 2 (1997), 176.

(8) Huber, ZZPInt 2 (1997), 180f.; Koch, JZ 1999, 843; Kubis, IPRax 1999,13,14. なお、義務履行地概念をどのような基準で決定するかという問題については、本書 2 事件と 3 事件の研究のほか、芳賀雅顯「国際裁判管轄原因としての義務履行地の決定」櫻井雅夫先生古稀記念論集・国際経済法と地域協力73頁以下（2004年）を参照されたい。

(2000年8月脱稿)

8 ① 訴訟上の相殺と国際裁判管轄
② ブリュッセル条約による反訴の管轄と
訴訟上の相殺
① BGH, Urteil vom 12.5.1993
② EuGH, Urteil vom 13.7.1995-341/93 Danvaern Production/
A/S/Schuhfabriken Otterbeck GmbH & Co.

石 渡　　哲

①事件＝NJW 1993, 2753＝IPRax 1994, 115, 82 Anm. Geimer＝ZZP 107 (1994), 211 Anm. Leipold＝RIW 1993, 846＝EWiR Art. 6 EuGVÜ 1/93, 877 Anm. Otte＝LM EGÜbK Nr. 39 Anm. Wolf＝WuB VII B 1. Art. 6 EuGVÜ 1. 94 Anm. Thode
②事件＝Slg. 1995 I 2053＝NJW 1996, 42＝IPRax 1997, 114, 97 Anm. Philip＝EuZW 1995, 639 Anm. Geimer＝EWS 1995, 310＝ZZP 109 (1996), 373 Anm. Mankowski＝Rev. crit. 1996, 143 Anm. Gaudemet -Tallon＝Bericht Huet, Clunet 1996, 559＝Riv. dir. int. Priv. proc. 1996, 153＝N.J. 1996 Nr. 157

①事件〈判決要旨〉

　訴訟上の相殺の方法によって主張された被告の反対債権につき判断するためには，訴訟係属中の裁判所［Prozeßgericht］が反対債権につき国際裁判管轄を有することを，要件とする。

　訴訟上の相殺の方法によって主張され，争われ，かつ，訴求債権と牽連性のない［inkonnex］被告の反対債権に関する判断については，その独立した主張につき原告の本国における裁判所が管轄を有し，かつ，原告が訴訟係属中の裁判所の国際裁判管轄の欠缺につき異議を提起している場合，受訴裁判所には国際裁判管轄がない。

①事件〈事案の概要〉

　X（原告）は，イタリアに本拠地を有する同国の会社であり，Y（被告）は，ドイツの小売業者である。XはYに対して，供給した衣類の代金，33925マル

クを訴求した。債権の成立および額につき，当事者間に争いはない。この額と利息につき，Xはミュンヘン第1地方裁判所の欠席判決を得た。欠席判決に対してYが異議を提起し，複数の債権による相殺を主張した。その債権は，Xのドイツにおけるかつての代理商AのXに対する債権を，AがYに譲渡したものである。Yの主張によると，Aには，第1に，代理商清算請求権［Handelsvertreter-Ausgleichsansprüche］が帰属しており，それがYに訴求債権と同額につき譲渡された，というのである。予備的にYは，同じく被告に譲渡されたAの手数料請求権［Provisionsansprüche］により，さらに予備的に，やはりYに譲渡された手数料立替金債権［Provisionsvorschuß］により，27144,08マルクの額で相殺した。Xは，相殺の方法で主張された反対債権についてのドイツの裁判所の国際裁判管轄の欠缺につき異議を提起し，予備的に反対債権の存在を争うなどした。

地方裁判所は，欠席判決を維持した。地方裁判所は，相殺に供された反対債権の審理についての同裁判所の国際裁判管轄を否定して，相殺の主張を不適法として取り上げなかった。XとAの間の代理商関係から生じるこれらの債権は，イタリアの裁判所においてのみ主張されうるというのである。控訴裁判所も同様に，反対債権に関する判断のための国際裁判管轄を否定し，Yの控訴を棄却した。許可上告によりYは，請求棄却の目的を追求し続けた。連邦通常裁判所も，相殺の主張を不適法であるとした。

①事件〈判旨〉

「……はたして，訴求された債権が相殺によって消滅した（ドイツ民法387条・389条）か否かは，相殺に供された債権の存在および額に関する判断，ならびに，それが被告に帰属するか否かに，かかっている。相殺債権［Aufrechnungsforderung］に関するこの判断には，ドイツ民事訴訟法322条2項により既判力が生じるので，ドイツの裁判所は，反対債権［Gegenforderung］について，国際裁判管轄を有するときに限って，判断することができる（BGHZ 60, 85, 87 f.; Geimer, NJW 1973, 951 und IPrax 1986, 208, 211f.; Eickhoff, Inländische Gerichtsbarkeit und internationale Zuständigkeit für Aufrechnung und Widerklage, 1985, S.164, 168, 179, 180f.; für den Bereich des EuGVÜ vgl. auch EuGH - Urteile vom 9.11.1978-Rs 23/78 Meeth/Glacetal)＝EuGHE 1978, 2133,

2142 Rdnr. 8＝NJW 1979, 1100 und vom 7.3.1985-Rs. 48/84 (Spitzley/Sommer)
＝EuGHE 1985, 787, 798f. Rdnr. 20 und 27＝NJW 1985, 2893, 2894＝IPRax 1986,
27, 28 f. m. Anm. Gottwald, a.a.O. S. 10ff.）。」

　連邦通常裁判所は，反対債権について国際裁判管轄を有するのはイタリアの裁判所であって，ドイツの裁判所ではないとしたうえで，つぎのように判示した。

　「控訴裁判所はさらに，主張されている被告の反対債権についてブリュッセル条約6条3号（反訴の裁判籍）からドイツの裁判所の国際裁判管轄が生じるか否かについても，言及している。被告が反対債権を，反訴によることなく，相殺によって主張しているのであるから，ブリュッセル条約6条3号の〔本来の適用ではなく〕準用が検討されるのみである。控訴裁判所は，当該規定の事実上の要件を否定したが，正しかった。それによると，訴えと反訴は，『同一の契約又は事実に基づく』ものでなければならない。控訴裁判所はその点について，訴求されている債権と被告に譲渡され，存在すると主張された譲渡人Ａの原告に対する債権とは，異なる契約および異なる事実に基づいており，それらは共通性を全然有していない，と判示しているが，正当である。」

　連邦通常裁判所は，本件のように訴訟で相殺により主張された反対債権につき国際裁判管轄をもたない裁判所が，相殺について判断することができるか否かにつき，ヨーロッパ裁判所は特殊な事例については判断しているが，本件とは事案が異なるとする。その特殊な事例とは，以下の3件である。

　「1978年11月9日の判決－Rs. 23/78 (Meeth/Glacetal)＝EuGHE 1978, 2133, 2142－2144＝NJW 1979, 1100 においては，異なる構成国に住む当事者のいずれもが自国の裁判所に訴えられることができるという合意に基づいてさえ，事件を扱っている裁判所は，債権が係争中の法的関係と関連がある場合には，この債権による相殺を取り上げることができる，との判断がなされている。この点〔「債権が係争中の法的関係と関連がある」という点〕は，示されているように，本件ではそうなっていない。債権間の牽連性は，ドイツの実体法によれば（ドイツ民法387条），相殺の適法性のための要件ではない。

　1985年3月7日の判決－Rs. 48/84 (Spitzley/Sommer)＝EuGHE 1985, 787, 798－800＝NJW 1985, 2893f. ＝IPRax 1986, 27 m. Anm. Gottwald, S. 10ff. によれば，構成国の裁判所は同一の契約または事実に基づかない相殺債権で，

〔しかも〕それにつき別の構成国の裁判所の専属的管轄が合意されている債権についても，原告が異議なくそれに応じたならば，管轄を有する（その点につき，また，vgl. BGH, Urteil vom 4.2.1993 – VII ZR 179/91 = NJW 1993, 1399）。しかし本件はこの場合でもない。被告〔原告のはず，本件評釈である Leiplod, ZZP 107, 211, 215 においてもそのような指摘がなされている——筆者〕はむしろ第1審および控訴審で，相殺債権に関する判断には国際裁判管轄が欠けていると主張した。

これに対して，1985年7月4日の判決 – Rs. 220/84（AS Autoteile Service/Malhé）= EuGHE 1985, 2273 = NJW 1985, 2892 = IPRax 1986, 232 m. Anm. Geimer, S. 208ff. によれば，その独自の主張につき構成国の裁判所に国際裁判管轄がないことが，既判力をもって確定している債権は，行われた相殺の後に，請求異議の訴えの方法によって再度同じ締約国の裁判所で主張されることはできない。法廷はそのときの〔請求異議の訴えの〕原告の態度のうちに手続の濫用を看取した。これに対して，本件では，相殺債権に関する判断についてのドイツの裁判所の国際裁判管轄が既判力をもって否定されているわけではない。」

以上のように，本件の事案については先例がないとしたうえで，連邦通常裁判所はさらにつぎのように判示する。「〔訴えにつき〕国際裁判管轄を有するドイツの裁判所が，訴訟上の相殺の方法によって主張され，争われており，かつ牽連性のない反対債権についても，原告の本国の裁判所がその独立した主張につき国際裁判管轄を有し，かつ，原告が異議を提起せずに反対債権に対応したわけではない場合に，はたして判断する権限があるのかという点は，ブリュッセル条約の文言に表現されている基本的コンセプトにしたがえば，否定されるべきである。たしかに，条約には相殺についての明文規定がない。しかし，訴訟上の相殺は，反対債権を反訴の方法によって係属中の訴訟に持ち込むという，被告の権利防御に類似している。この場合については，既に述べたように，ブリュッセル条約6条3号が，反対債権につき国際裁判管轄を有しない裁判所における牽連性なき反対債権の主張を禁じている。かような債権を反訴の方法によって主張することさえ許容されていない［nicht einmal zulässig ist］とすれば，訴訟上の相殺の方法によって主張することを禁じるのは，まさに正当である（Geimer, IPRax 1986, 208, 212; Schack, Internationales Zivilprozeßrecht, 1991, Rdnrn. 352-355)。」

　さらに判旨は，この結論は合理的な疑いの余地がないほど明確であるから，ルクセンブルク議定書によるヨーロッパ裁判所への付託は不要であるとしている。

　最後に判旨は，相殺が取り上げられない結果，本件被告は敗訴するとしたうえで，反対債権のその後の存続について，以下のように判示している。「これ〔訴訟上の相殺を取り上げることなく下された判決における判断〕には相殺債権の存否に関する判断が結びつけられていないので，被告は，その主張する債権を国際裁判管轄を有する原告の住所地の裁判所［Wohnsitzgerichten］において訴求することを，禁じられるわけではない。」

①事件〈参照条文〉

ドイツ民事訴訟法

　第145条

　　第3項　被告が，訴訟によって主張されている債権とは法的関連のない反対債権による相殺を主張するとき，裁判所は，訴えに及び相殺について別個に審理するよう，命じることができ，第302条の規定はこれに準用される。

　第302条

　　第1項　被告が訴えをもって主張された債権と法的関連性のない反対債権による相殺を主張し，訴求債権に関する弁論のみが裁判に熟するときは，相殺に関する判断を留保して，その裁判をすることができる。

　　第2項　判決が留保を含まないときは，第321条の規定により，判決の補充［Ergänzung］を申し立てることができる。

　　第3項　相殺に関する裁判を留保してなされた判決は，上訴及び強制執行に関してはこれを終局判決とみなす。

　　第4項　裁判の留保された相殺に関して訴訟はなお係属する。事後の手続において原告の請求に理由がないことが明らかになったときに限り，前判決を取り消し，原告の請求を棄却し，かつ訴訟費用につき別に裁判することを要する。原告は判決の執行によって，またはその執行を免れる

ためになした給付によって被告に生じた損害を賠償する義務を負う。被告は，係属する訴訟において，損害賠償を請求することができ，請求がなされた場合，この請求は，支払又は給付の時において訴訟係属があったものとみなす。

第322条
第2項 被告が反対債権による相殺を主張したときは，反対債権が存在しない旨の裁判は，相殺を主張した数額までに限り [bis zur Höhe des Betrages]，確定力を有する。

②事件〈判決要旨〉
ブリュッセル条約6条3項は，別個の判決を求める被告の訴え〔反訴〕にのみ適用される。それは，被告が原告に対する債権を単なる防御方法として主張する場合〔訴訟上の相殺の場合〕には，適用されない。主張されることが可能な防御方法，およびそれがなされ得るための要件は〔法廷地の〕国家法 [das nationale Recht] によって決まる。

②事件〈事案の概要〉
X（先行訴訟の原告）は，ドイツに本拠地を有する靴製造業の有限会社である。Y（先行訴訟の被告）は，デンマークに本拠地がある法人である。XY間で締結された代理商契約に基づき，Yは，Xの製品である靴のデンマークにおける独占販売に関する代理商になった。その後Xは，Yに重大な背信行為があったとの理由で，代理商契約を解約した。Xは，解約前に引き渡された製品の代金として223173,39デンマーク・クローネおよび利息を請求する訴えをデンマークの区裁判所に提起した。区裁判所の手続においてYは，請求されている額の債務を負っていることを認めたが，請求棄却を申し立てるとともに，原告に737018,34デンマーク・クローネの支払いを命じる別個の判決を申し立てた。その理由として，YはXに対して代理商契約の濫用的解約に基づく損害賠償請求権を有している，と主張した。すなわち被告は，自己が原告に対して有すると主張する債権のうち，訴求額に相当する部分をもって相殺を主張し，それを超える部分を反訴で請求したのである。

区裁判所は，被告の債権の主張を，反訴で請求されている分についても，相殺の意思表示がされた分についても，退けたが，その理由は，原告の債権と被告の債権の間にブリュッセル条約6条3号において要求されている関連性がないということであった。Yは，この判決に対して，地方裁判所への上訴を提起した。同裁判所の手続においてYは，反訴を取り下げ，原告の訴えの請求額である223173,39デンマーク・クローネについての相殺のみを主張した。地方裁判所は，この訴訟がブリュッセル条約の解釈に関する問題を提起している，と考えた。そこで，同裁判所は，手続を中止し，以下の2つの問題を先行判決のため，ヨーロッパ裁判所に付託した。すなわち，「(1)6条3号は，相殺に供された反対債権をも包含するものであるか。(2)6条3号における『本訴と同一の契約又は事実に基づく』という表現は，同22条3項における『本条に定める関連』という表現よりも狭く解されるべきか。」という問題である。

ヨーロッパ裁判所は，(1)については否定的に解し，その結果(2)については，答える必要性はないとした。以下では，(1)についての判旨のみを引用する。

②事件〈判旨〉

「〔ブリュッセル条約の〕構成国の国内法規範は，〔訴訟における反対債権の主張に関して〕，概して，2つの場合を分けている。第1の場合とは，被告が，原告の債権を全面的にまたは部分的に消滅させるであろう原告に対する債権を，防御方法として援用する場合〔訴訟上の相殺〕である。第2の場合とは，被告が，同一の手続における別個の訴えをもって，自己に対する債務の支払を原告に命じる判決を求める場合〔反訴〕である。後者においては，別個の訴えをもって，原告により請求されている額を超える額を要求することができ，原告の訴えが却下されるときでも，なお要求することができる。

訴訟上の観点において防御は，原告によって開始させられた手続の構成要素であり，それゆえ，ブリュッセル条約6条3号の意味における訴訟が係属している裁判所に『訴え』られる［"verklagt" wird］ことを必要としない。主張されうる防御方法，および，それがなされ得る要件は，〔法廷地の〕国家法［das nationale Recht］の規定によって定まる。

ブリュッセル条約6条3号は，この場合を規定するために，定められたも

のではない。

　それに対して，被告の原告に対する別個の訴え〔反訴〕は，原告が訴えを提起した裁判所がかような訴えに関する裁判について管轄を有することを，要件とする。

　ブリュッセル条約6条3号の目的は，まさに，別個の訴えに関する裁判について裁判所が管轄を有するための要件を，詳細に規定することにある。

　たしかに，ブリュッセル条約6条3号のデンマーク語の条文においては，"modfordringer"という言葉が使われており，それは，先に……述べられた2つの場合を包含することのあり得る一般的な表現である。しかしながら，他の構成国の法律用語は，明確に2つの場合の違いを認識している。たとえば，フランス法は"demande reconventionnelle"と"moyens de défense au fond"を，イギリス法は"counter-claim"と"set-off as a defence"を，ドイツ法は"Widerklage"と"Prozeßaufrechnung"を，そしてイタリア法は"domanda riconvenzionale"と"eccezione di compensazione"を区別している。ブリュッセル条約6条3号の当該文言は，明白に"demande reconventionnelle"，"counter-claim"，"Widerklage"および"domanda riconvenzionale"を現している。

　したがって，付託をした裁判所の第1の問に対しては，ブリュッセル条約6条3号は，別個の判決を求める被告の訴え〔反訴〕にのみ適用されると答えなければならない。この規定は，被告が原告に対する債権を単なる防御方法として主張する場合には，適用されない。主張され得る防御方法，および，それがなされ得る要件は〔法廷地の〕国家法によって決まる。」

②事件〈参照条文〉

ブリュッセル条約
　第6条　構成国の領域内に住所を有する者は次に定める場合においても，他の構成国裁判所に訴えられる。
　第1号・第2号　〈略〉
　第3号　本訴の基礎と同一の契約又は事実に基づく反訴については，本訴の係属する裁判所
　第4項　〈略〉

〈研 究〉
 I 問題の所在
　国際民事訴訟においてなされた相殺の主張について訴訟係属中の裁判所が判断するためには，その裁判所が反対債権につき国際裁判管轄を有することが必要か否か，それが本稿で取り上げるドイツ連邦通常裁判所およびヨーロッパ裁判所の判決（以下，両判決という）における争点である。この点は，連邦通常裁判所の判決の理由中に多数の学説，判例が引用されいることからも判明するように，ヨーロッパ，とくにドイツでは両判決以前から問題になっていたのに対して，わが国ではあまり問題とされることがなかった[1]。
　ドイツ民事訴訟法にしろブリュッセル条約にしろ，この問題についての明文規定を有しているわけではない。しかし，後者の6条3号が，本訴の基礎と同一の契約または事実に基づく反訴については，本訴係属中の構成国裁判所にも国際裁判管轄がある，と規定していることから，訴訟上の相殺にもこれを類推適用して，反対債権につき国際裁判管轄を欠く場合には，訴訟上の相殺は不適法であると解すべきか，あるいは，相殺と反訴は別であるから，この場合には前記規定の適用はなく，相殺の主張は適法であると解すべきかが，争われるのである。
　ただし，渉外的取引から生じる債権については，実際には，仲裁契約ないし専属的国際裁判管轄の合意がなされるのが常態であるといわれているが[2]，両判決の事案においてはこれらがなされていない。また，反対債権について訴訟係属中の裁判所に国際裁判管轄がない場合，あるいは，別の裁判所に専属的国際裁判管轄の合意がなされている場合であっても，①訴求債権と反対債権の間に法的関連性があるとき（連邦通常裁判所の判決に引用されている Meeth/Glacetal 事件がその例である），②原告が異議なく相殺の主張に対応したとき（同判決に引用されている Spitzley/Sommer 事件がその例である），③反対債権の存在が既判力をもって確定されていたり，その存在につき争いがないときには[3]，受訴裁判所が相殺の主張についても判断できるという点については，あまり異論がないが[4]，両判決の事案はこれらのいずれにも該当しない。すなわち，受訴裁判所が国際裁判管轄をもたず，訴求債権と法的牽連がない反対債権による相殺が主張され，反対債権の存否につき争いがあり，かつ，原告が相殺の主張を取り上げることに異議を唱えている。これらの意

味で，両判決において取り上げられた相殺は，国際民事訴訟における訴訟上の相殺の理論的には最も原初的なものであるといえよう。

II 各種の見解と両判例
1 各種の見解
　上記の問題につきドイツでは，つぎの3つの見解がみられる。第1は，反対債権についても受訴裁判所に国際裁判管轄が必要であり，これを欠く訴訟上の相殺は不適法であり，受訴裁判所はこれを取り上げることができないという見解である(5)（以下では，管轄必要説という）。第2は，反対債権についての国際裁判管轄の必要性を否定し，これを欠く訴訟上の相殺も適法であるという見解である(6)（以下では，管轄不要説という）。第3は，両者の中間的な見解である(7)（以下では，中間説という。内容は4で示す）。

2 連邦通常裁判所の判決（管轄必要説）
　本稿で取り上げる両判決のうち連邦通常裁判所の判決は，管轄必要説を採用した。その理由は，訴訟上の相殺に関する裁判所の判断に既判力が生じることに求められている。同説の根拠としては，このこととならんで，原告と被告の公平が挙げられることがある。すなわち，受訴裁判所が国際裁判管轄を有しない反対債権による相殺が取り上げるとすると，原告の裁判を受けるべき義務［Gerichtspflichtigkeit］の範囲が被告のそれよりも拡張され，不公平であるということである(8)。

　さらに，連邦通常裁判所が，①事件の判決理由中で管轄必要説をとるべきことは，疑いの余地がないほどに明白であるから，ヨーロッパ裁判所への付託は不要であるとしている点，および，訴訟上の相殺は取り上げられないが，反対債権を国際裁判管轄のある裁判所で主張する可能性は残されているとしている点にも，注目すべきであろう。

　前者の点については，ほぼ同じ時期にデンマークの裁判所が同じ問題をヨーロッパ裁判所に付託しており，同裁判所が1995年にこれに答える判決を出している。それが，②事件であり，3で述べるように，ヨーロッパ裁判所は，必ずしも管轄不要説を採用したとは断言できないが，少なくとも連邦通常裁判所とは異なる見解をとっている。したがって，連邦通常裁判所が判示しているように，管轄不要説が疑いの余地がないほど明白であるというわけでは

ないといえよう。

　後者の反対債権主張の可能性の存続は，不適法な訴訟上の相殺からは相殺の実体法上の効果が生じないという，テーゼが適用された結果である。周知のように，このテーゼ自体は現在ほとんど異論のないところであるが，その理論構成について諸説が錯綜している(9)。連邦通常裁判所はなんらの理論構成も示していない。

3　ヨーロッパ裁判所の判決（管轄不要説？）

　ヨーロッパ裁判所の判決は，訴訟上の相殺と反訴の違いを強調する。すなわち，後者においては，請求額を超える額の要求が可能であり，かつ，訴え却下の場合でもなお要求が可能であるという点が，たんなる防御方法である前者と異なるという。この相違の故に，反訴の国際裁判管轄に関するブリュッセル条約6条3号は訴訟上の相殺には適用されないというのである。この点で連邦通常裁判所の判決と対照的である。

　ただし，この判決が管轄不要説を採用しているかというと，そう断言することもできない。なぜなら，この判決は，防御方法の許否および許容の要件は法廷地の国家法（法廷地法）により決まると判示しているが，法廷地法が，訴訟係属中の裁判所に国際裁判管轄のない反対債権をもって防御方法として行われる訴訟上の相殺を許容しない可能性も，完全には排除できないからである。しかし，それでも，この判決からは，国際民事訴訟における訴訟上の相殺の許容性をできるだけ広く認めようとする姿勢を読み取ることができる。

　上記の訴訟上の相殺と反訴の違いは，管轄不要説の学説が自説の根拠として挙げるところでもある。そのほか，同説の根拠としては，相殺の許容が訴訟経済に適うこと，原告はいずれにしても訴訟を行っているのであるから，相殺に応じることが期待できるということが，挙げられている(10)。

4　中間説

　この説が提案する処理の仕方を示す前に，この説が原告と被告の利益衡量を基礎として成り立っていることを明らかにしたい。この説の主張者であるライポルト［Leipold］教授は，つぎのように述べている(11)（ただし，ライポルト教授の所説には変遷がある）(12)。すなわち，原告は，反対債権につき本来国際裁判管轄のある裁判所に訴えられることに利益を有している。国際的民事紛争においては準拠法がいずれの法であるかが，重要であるが，準拠法は

法廷地法によって決まる。そのことを考えると、原告はどうせ訴訟を追行しているのであるから、その裁判所で相殺についての審理が行われてもいいではないかと、単純にいうことはできない。他方、被告の利益も守られなければならない。仮に、当該訴訟において相殺が取り上げられない場合、連邦通常裁判所の判決が指摘するように、相殺からは実体法上の効果が生じず、別訴で反対債権を主張することができるとしても、以下のことを考えると、それだけでは被告の利益は守られない。第1に、訴求債権の利率が反対債権の利率よりも高い場合、訴訟上の相殺が取り上げられれば、被告は、後に別訴で反対債権を訴求するよりも、利息の差額分を節約できる。言い換えれば、訴訟上の相殺が取り上げられないならば、被告は不利益を受ける。この不利益は前の訴訟の判決に基づく執行が終了したり、被告が任意に弁済をしてしまうと、取り返すことができない。第2に、相殺適状発生の時点では反対債権につき消滅時効が成立していなかったが、その後に消滅時効が成立した場合、実体法上相殺は可能であったが（ドイツ民法390条2文〈日本民法508条に相当〉）、別訴でこれを請求しても、消滅時効の抗弁が提出されれば、請求棄却になる。第3に、これがとくに重要であるが、原告側が破産した場合、訴訟上の相殺が取り上げられず、被告が別訴を提起しなければならないとすれば、彼は事実上反対債権の満足を得られない。これは、別訴によらなければならないとすれば、相殺の担保的機能が損なわれるという趣旨であると解される。これらの不利益は、訴訟上の相殺が時機に後れた防御方法として却下された場合に、被告がこうむる不利益と同じである。しかし、この場合は被告が不利益を甘受しなければならない理由があるが、反対債権の国際裁判管轄が訴求債権のそれと違う場合には、被告が不利益を甘受すべき理由がない。

　以上のような利益衡量に基づいて、中間説はつぎのような処理を提案する。すなわち、訴訟係属中の裁判所において国際裁判管轄のない反対債権による相殺が主張された場合、当該裁判所はこれを不適法として却下せず、さりとて、相殺につき判断してしまうのでもない。そして、裁判所は訴求債権についての審理をそのまま行う。審理が原告に有利に判決に熟せば、原告はドイツ民事訴訟法302条1項・2項による留保判決［Vorbehaltsurteil］の形で債務名義を取得できる。留保判決後は事後手続［Nachverfahren］（ドイツ民訴302条4項）が行われるが、それは、被告に反対債権を本来正当な権利救済方法［der richtige Rechtsweg］で主張する機会を与えるために，中止する。ここでいう「正当な権利救済方法」とは，反対債権につき国際裁判管轄を有する裁判所での訴訟である。この第2の訴訟では，反対債権の支払ではなく，その存在の確認が請求される。第2の訴訟で原告（第1の訴訟の被告）の勝訴が確定すれば，そのことは第1の訴訟で斟酌され，留保判決が取り消され，請求が棄却される（ドイツ民訴302条4項2文）。それまでに第1の訴訟の原告が留保判決に基づき執行をしてしまったり，第1の訴訟の被告が執行を免れるために履行をしてしまったときには，被告は原告に対して損害賠償請求権を持ち，かつこれを係属中の第1の訴訟で主張できる（ドイツ民訴302条4項3文・4文）。なお，この損害賠償請求権は，第1の訴訟の原告が破産した場合，財団債権になるので，被告の満足が保証される[13]。第1の訴訟の原告が，事後手続による紛争解決の遅延を嫌うならば，彼は，相殺の主張に異議なく対応すればよい。そうすれば，訴訟係属中の裁判所が反対債権について国際裁判管轄を有していなくても，相殺は適法とされる。

III 私見――日本法とも関連して
1 ドイツ法の解釈論

中間説が行った原告と被告の利益の衡量は，妥当であり，同説が提案する具体的な処理方法も適切であると思われる。

ただし，中間説に対しては，管轄不要説から，「最終的な満足手続の分散や遅延を来す」という批判が提起されている[14]。さらに，抗弁の相手方である原告の利益を考慮することに対して，防御のための抗弁は相殺の主張に限らず，たとえば，売買代金支払請求訴訟における目的物の瑕疵の主張，ならびに，同時履行の抗弁および留置権の抗弁などもある。それらは訴訟物についての審理の中で判断されるのであるから，相殺の抗弁だけを特別に論じる理由はない，との批判もある[15]。しかし，相殺の主張は，目的物の瑕疵などここに挙げられた抗弁と異なり，訴訟物である権利関係に直接関連するものではない。したがって，目的物の瑕疵などの主張が訴訟係属中の裁判所で審理されるのはもとより当然であるが，そのことから必然的に，相殺の主張についても同様であるということはできない。そして，同じ理由から，手続が分散してしまうことにもやむを得ない面がある。

以上のように，私は，ドイツ法の解釈論としては，中間説を支持できると考える。

2　日本における運用論と立法論

しかし，中間説は，留保判決の制度を持つドイツ法のもとで成り立つものである。この制度を持たないわが国では，中間説の提案するような処理をすることはできない。

ただし，私は，中間説からヒントを得て，留保判決の制度がないわが国においても，つぎのような解決策が可能であろうと考える。すなわち，日本の裁判所において国際裁判管轄のない反対債権による相殺が主張されたなら，裁判所としては，これを却下せずに，一応受け入れておいて，被告に，国際裁判管轄のある裁判所に反対債権の存在確認請求の訴えを提起することを示唆する。しかし，裁判所は，被告がこれに応じてかような訴えを提起するか否かにかかわりなく，訴求債権自体についての審理を実施する。その結果，訴求債権の不存在が明らかになれば，請求棄却の判決を下す。逆に，訴求債権の存在が明らかになっても，反対債権の存否についての国際裁判管轄ある裁判所による既判力ある判決が得られるまでは，請求認容判決を下さない。ただし，相殺の主張をした被告が前述の示唆された確認請求の訴えを適切な期間内に提起しないならば，相殺の主張を維持することが訴訟上の信義則（民訴2条）に違反すると考えられるので，裁判所はこれを却下したうえで，請求認容判決を下すことができる。この場合には，理論構成をどうするかは別にして(16)，反対債権は消滅しない。被告が示唆された訴えを適切な時期に提起したが，その審理が長引き，日本の裁判所で行われている訴求債権の審理だけが原告に有利に判決に熟するという事態もあり得る。そのような場合には，留保判決の制度を持たないわが国の裁判所としては，訴訟を事実上中止して，第2の訴訟の確定判決が出るのを待つのが適切であろう。そうすると，原告が請求認容判決，すなわち債務名義を獲得するのが遅れる。しかし，原告がこれを嫌うならば，ドイツの中間説が述べているように，訴訟上の相殺に対応して，わが国で係属中の訴訟で反対債権の存在を否定する判断を得るべく，訴訟を追行すればよい。

立法論としては，わが国においても留保判決の制度を設けることが望ましいのではないだろうか。この制度は，本稿が取り上げている，国際民事訴訟

において訴訟上の相殺が主張された場合に，望ましい機能を果たすものと思われる。しかし，一般の民事訴訟においても，たとえば，被告が訴訟の引き延ばしを図って相殺を主張する場合などにおいて，この制度があれば，原告は訴求債権について迅速に債務名義を獲得できるなど，この制度のメリットは大きい。

(1) わが国でこの問題を論じるのは，酒井一「相殺の抗弁と国際裁判管轄」判タ936号65頁以下（1997年）。ドイツの文献の翻訳として，ダグマー・ケスター・ヴァルチェン（渡辺惺之訳）「国際民事訴訟における相殺」阪法46巻2号167頁以下（1996年）。なお，大阪地中間判昭和61年3月26日判タ601号65頁の理由中には，相殺の主張につきわが国の裁判所の国際裁判管轄が必要でない，という趣旨に解される記述があるが，その部分は傍論である。

(2) 酒井・前掲注（1）68頁。

(3) Kropholler, Eurpäisches Zivilprozeßrecht, 6.Aufl., 1998, Art. 6 Rdnr. 39; Schack, Internationales Zvilverfahrensrecht, 1996, Rdnr. 355; Dageförde, RIW 1990, 873, 876; Leipold, ZZP 107 (1994), 211, 212, vgl. auch Geimer, Internationales Zivilprozeßrecht 3.Aufl., 1997, Rdnr. 868 d, e; Geimer/Schütze, Eurpäisches Zvilverfahrensrecht, 1997, Art. 6 Rdnr. 73, 74.

(4) ただし，酒井・前掲注（1）66頁は，管轄の必要性を肯定する立場に立つならば，争いのないことや既判力をもって確定されていることを理由として，相殺を許容することは，不可解であるとする。

(5) Geimer, NJW 1973, 951; ders., IPRax 1986, 208, 212; ders., IPRax 1994, 82, 83; ders., EuZW 1995, 640f.; ders., a.a.O. (Fn. 3), Rdnr. 868f.; Geimer/Schütze, a.a.O. (Fn. 3), Art. 6 Rdnrn. 69ff.; MünchKomm/Peters ZPO 2.Aufl., §145 Rdnr. 37.

(6) Stein/Jonas/Leipold, ZPO 20.Aufl., 1983, §145 Rdnr. 39 (ただし，ライポルト教授の見解については，注（12）を参照されたい); Gottwald, IPRax 1986, 10ff.; Kropholler, a.a.O. (Fn. 3), Art. 6 Rdnr. 40f. 日本で公刊された文献として，ケスター・ヴァルチェン・前掲注（1）167頁以下，酒井・前掲注（1）65頁以下。

(7) J. Schröder, Internatinale Zuständigkeit, Entwurf eines Systems von Zuständigkeitsinteressen im zwischenstaatlichen Privatverfahrensrecht

aufgrund rechtshistorischer, rechtsvergleichender und rechtspolitischer Betrachtung, 1971, S. 599ff.; Eickhoff, Inländische Gerichtsbarkeit und internationale Zuständigkeit für Aufrechnung und Widerklage unter besonderer Berücksichtigung des Eurpäischen Gerichtsstands- und Vollstreckungsübereinkommens, 1985, S. 172ff., 185f. (Eickhoffの学説は, 管轄必要説を採用する連邦通常裁判所の判決の理由において, 同旨の見解として引用されている); Leipold, a.a.O. (Fn. 3), 211, 225ff. (ただし, ライポルト教授の見解については, 注(12)を参照されたい)。なお, Dageförde, a.a.O. (Fn. 3), 876f., 879 は, ブリュッセル条約が適用されない国際民事訴訟については中間説を主張し, 同条約が適用される訴訟については, 管轄不要説を主張する。

(8) この点をとくに明確に述べるのは, Geimer, IPRax 1994, 82; ders., EuZW 1995, 641; Geimer/Schütze, a.a.O. (Fn. 3), Art. 6 Rdnr. 70. である。

(9) この点についてわが国の文献としては, たとえば, 石川明「訴訟上の相殺の法的性質」・訴訟行為の研究67頁以下, とくに87頁以下(1971年。初出, 判タ214号・215号, 1968年), 同「不適法な訴訟上の相殺」同書113頁以下(初出, 中田淳一教授還暦記念・民事訴訟の理論(上), 1969年), 中野貞一郎「相殺の抗弁—最近の論点状況—」・民事訴訟法の論点Ⅱ136頁以下, とくに147頁以下(2001年, 初出, 判タ891号・893号, 1996年)参照。

(10) Gottwald, IPRax 1986, 10; Kropholler, a.a.O. (Fn. 3), Art. 6 Rdnr. 40f.

(11) Leipold, a.a.O. (Fn. 3), 218ff.

(12) この問題についてライポルト教授は, まず1983年に公刊されたシュタイン=ヨーナス=ライポルトの民訴法注釈書の第20版において, 管轄不要説の立場に立つことを明言された(Stein/Jonas/Leipold, ZPO 20.Aufl., §145 Rdnr. 39)。しかし, 1994年に公刊された同書の第21版においては, 明確な態度表明をしていない(Stein/Jonas/Leipold, ZPO 21. Aufl., §145 Rdnr. 39)。そして, 同じ年に発表された判例批評(本稿の①事件に対する批評)においては, 中間説を主張されている(Leipold, a.a.O. (Fn. 3), 211ff.)。ただし, 酒井・前掲注(1)70頁注(10)は, シュタイン=ヨーナス=ライポルトの第21版について, 管轄必要説をとるものと, 解釈している。

(13) 第1の訴訟の被告の損害賠償請求権が財団債権になることについては, Leipold, a.a.O. (Fn. 3), 225 Fußn. 19. そこでは, ドイツ破産法(KO)59条1項1号が援用されている。ドイツの現行法であれば, 倒産法(InsO)55条1項1号になるであろう。

(14) ケスター・ヴァルチェン・前掲注（1）179頁。
(15) 目的物の瑕疵の主張は，ケスター・ヴァルチェン・前掲注（1）178頁が，同時履行の抗弁および留置権の抗弁は，酒井・前掲注（1）67頁が指摘する。
(16) 注（9）と同じ。

(2001年6月脱稿)

追　記

本稿で取り上げた問題について筆者は，「渉外民事訴訟における訴訟上の相殺と反対債権に関する国際的裁判管轄」石川明教授古稀祝賀・現代社会における民事手続法の展開（上）275頁以下（2002年）でより詳細に論じた。

追　補

ブリュッセル規則（Ⅰ）6条3号は，ブリュッセル条約6条3号をそのまま受け継いだ。

本稿脱稿後に公刊された，国際民事訴訟における相殺に関する重要な文献として，堤龍弥「仲裁における相殺の抗弁の取扱い」神院32巻2号271頁以下（2002年）がある。

9 ブリュッセル条約24条における保全処分について

EuGH, Urteil vom 17.11.1998 C-391/95 Van Uden Maritime BV/Kommanditgesellschaft in Firma Deco-Line u.a.

越山和広

Slg. I -1998,7091＝ZZPInt 2 (1999), 205 Anm. Spellenberg/Leible (221)＝JZ 1999,1103 Anm. Stadler (1089)＝RIW 1999,776 Anm. Pörnbacher (780)＝IPRax 1999,240 Anm. Hess /Vollkommer (220)＝EWS 1999,270 (Wolf, EWS 2000,11; Dedek, EWS 2000,246)

〈判決要旨〉

1　仲裁合意があり，本案につき仲裁手続が開始していても，ブリュッセル条約24条に基づいて構成国裁判所は保全処分を発令することができる。

2　24条の適用にあたっては，保全処分を申し立てられた裁判所の属する国の領域と関連した管轄と申し立てられた保全処分の対象との間に現実の関連関係があることを要する。

3　契約上の債務の履行を命ずる仮処分は，債権者が本案で敗訴した場合に給付したものを返還できることが保証されており，かつその保全処分は当該裁判所の管轄地に存在しまたは存在しなければならないであろう一定の財産のみを対象とするときにかぎり，24条にいう保全処分に当たる。

〈事案の概要〉

　Xはオランダ・ロッテルダムの船会社であり，Yはドイツ・ハンブルグの船会社である。両者は1993年3月に slot/space charter agreement という名称の契約を締結し，それによれば，Xがヨーロッパと西アフリカとの間で運航している船舶の貨物庫をYが積荷置場として利用することができるということになっていた。

　YはXに対して使用料の支払いを怠ったので，右契約の仲裁条項に基づいてオランダで仲裁の申立てが行われた。ところがYがいっこうに仲裁人を指

名しないことに業を煮やしたXは，これとは別にロッテルダム地方裁判所所長に対して，約83万ドイツマルクの支払いを命ずるコルト・ヘディング［kort geding］と呼ばれる仮処分に相当する暫定的審理手続の申立てを行った。

Xの右申立てに対して，Yはドイツに本拠を有するのでオランダに国際裁判管轄はないと反論したが，裁判所は，本件暫定的審理手続に基づく処分はブリュッセル条約24条にいう保全処分に当たるとして，結局約37万7千ドイツマルクの支払いを命じた。ところが控訴審は，右処分を取り消した。オランダ最高裁は，手続を中止して，ヨーロッパ裁判所に対して，義務履行地の管轄（ブリュッセル条約5条1号）か，または同条約24条により本件について国際裁判管轄が肯定できるかどうかにつき先行判決を求めた。

本件の論点をまとめると，以下のとおりである。第1に，仲裁合意によって本案の管轄を持たないことになるオランダの裁判所が保全処分を発令できるのか。第2に，第1審は，オランダに住所がある原告は同国に住所がない被告に対して訴えを提起することができるというオランダ民事訴訟法126条3項によりオランダに国際裁判管轄があるとしたが，これはブリュッセル条約の枠内で正当化できるか。第3に，控訴審は，Yが将来オランダに執行可能な財産を有する見込みがあり得るというだけでは事件と裁判地との密接関連性を欠くとしたが，この点は正当か。第4に，暫定的審理手続のようなものはブリュッセル条約24条にいう保全処分と位置付けることができるのか。

〈判　旨〉

Y側は，本案が仲裁に服し，仲裁は条約の適用外となっていることから（1条2項4号参照），保全処分についても条約の適用がないと主張する。たしかに条約は，仲裁合意の効力に関する判断や，仲裁判断の取消し，修正，承認，執行を規制対象とせず，仲裁人の選任または解任，仲裁地の決定，仲裁判断をなす期限の伸長といった仲裁手続に直接奉仕する手続も規制対象としていない。しかし，保全処分は原則として，仲裁手続の遂行に向けられたものではなく，様々な種類の請求権を保全するものであり，仲裁と並行して命ぜられ，仲裁手続を支えようとするものである。したがって，本案について仲裁手続が行われている事件であっても24条に基づく国際裁判管轄を肯定することは許される。

申立てを受けた構成国に保全の対象となる資産が存在するのであれば，そのような国こそが保全処分発令のための事情を最もよく判断することができる。それゆえ，24条にいう保全処分発令のためには，申し立てられた保全処分の対象 [Gegenstand der Massnahme] と，保全処分を申し立てられた裁判所の属する構成国の領域に関連した管轄 [die gebietsbezogene Zuständigkeit des Vertragsstaates des angerufenen Gerichts] との間に現実の関連関係 [reale Verknüpfung] があることが必要である。

本件ではいわゆる過剰管轄として主張することが禁止されている管轄規則（3条2項参照）に基づいて国際裁判管轄が肯定されているが，24条は一般的な管轄規則に対する特則であり，過剰管轄主張禁止規定は保全処分については適用されない。

本案判決の実効性を確保するために契約上の主債務の仮履行を命ずることが必要で，かつ場合によっては当事者の利益上それが正当化できることがあり得るということは，はじめから抽象的かつ一般的に否定することはできない。

しかし，仮の給付を命ずる処分は，本案判決の先取りという実質を持つ。また，本案の管轄を持たない裁判所も仮処分を命じうるし，債務者の所在国で承認，執行されうることから，この種の仮処分を広く許すと，条約2条から18条の管轄規則を空洞化するおそれがある。したがって，契約上の債務の履行を命ずる仮処分は，債権者が本案で敗訴した場合に給付したものを返還できることが保証されており，かつその保全処分は当該裁判所管轄地に存在しまたは存在しなければならないであろう [befinden oder befinden müssten] 一定の財産のみを対象とするときにかぎり，24条にいう保全処分と認めることができる。

〈参照条文〉
ブリュッセル条約
　第24条
　構成国の法律により認められる保全を目的とするものを含む仮の処分は，本条約の規定により本案について他の構成国の裁判所が管轄権を有する場合であっても，その国の裁判所に対してその申立てをすることができる。

〈研　究〉
I　本件の問題点

　多くの欧州諸国が訴訟遅延に悩まされている中で，簡易迅速な権利救済手段としての民事保全の実際上の意義が高まっている。しかしブリュッセル条約は，民事保全については条約独自の規制を行うことを断念している。すなわち同条約24条は，「構成国の法律により認められる保全を目的とするものをも含む仮の処分は，本条約の規定により本案について他の構成国の裁判所が管轄権を有する場合であっても，その国の裁判所に対してその申立てをすることができる。」とだけ規定しているにすぎない（ブリュッセル規則（I）31条も同じ）。本判決は，主にこの24条に基づく国際保全管轄を肯定するための条件と，24条がいう仮の処分の意義について論じた重要な判決である[1]。

II　仲裁の合意がある場合の保全処分

　ブリュッセル条約2条および5条から18条によって本案訴訟について管轄を有する国の裁判所が，本案管轄に付随した国際保全管轄を有することは，24条も否定していない。この規定は，これと選択的に各構成国独自の管轄規則に基づいて保全処分の申立てをすることができるという趣旨であると解されている[2]。

　本判決は，ブリュッセル条約2条および5条から18条までの規定により国際保全管轄を肯定するためには，構成国のいずれかの裁判所が本案訴訟について右の管轄規則によって国際裁判管轄を有することを前提条件としている。しかし，本件では仲裁の合意があるために，本案訴訟について管轄を有する裁判所が存在しないという状態になっている。本判決は，このような場合には，ブリュッセル条約24条に基づいて，本案管轄を持たない国の裁判所が自国独自の管轄規則を適用して保全処分を行うことを認めている。このような本判決の理論構成は難解であり批判も少なくないが，議論が煩雑になるので，この点は後注で問題点を指摘するにとどめることにしたい[3]。

　ここで問題となるオランダ法のコルト・ヘディングとはフランス法のレフェレに範を求めた仮処分類似の暫定的審理手続のことであり，地裁の所長が手続を主宰する[4]。この手続に関する特別な管轄規則は存在せず，たとえ被告がオランダに住所を有していなくても，オランダ人である原告の住所地（要

するにオランダ）で訴えを提起することができるとするオランダ民事訴訟法126条3項の管轄規則がそのまま適用されるようである。しかし，本案訴訟についてはこのような自国民保護に偏した管轄規則（いわゆる過剰管轄）は，ブリュッセル条約の枠内では直接管轄として援用することはできない（同条約3条2項）。ところが本件のようないわば満足的仮処分は本案の先取りという現象を呈するので，本案訴訟については利用できない管轄を利用した保全処分が広く許され，かつ各構成国で承認，執行されうるとすると（同条約25条参照），ブリュッセル条約が定める直接管轄規則を空洞化し，好ましくないフォーラム・ショッピングを容認する危険性が高まる。

本判決は，過剰管轄主張禁止規定はブリュッセル条約24条には適用されないとする従来の通説的見解を確認する一方で，保全処分を申し立てられた裁判所の属する国の領域と関連した管轄と保全の対象との間に現実の関連関係があることを要するという条件を設定した。しかし，この条件の意味ははっきりしない。これは，一見すると保全処分の対象となる財産が管轄地にあれば足りるとの趣旨のように読めるが，そのような場合には通例土地との関連性は肯定できるし，本件のような金銭仮払い仮処分ではいったい保全処分の対象というのは何であろうかという疑問がわく。そうなるとこの条件は，仮処分の執行を念頭に置いたものと見るべきであり[5]，とりわけその保全処分が保全を命じた国で執行できる程度の水準の高い内国関連性が存在することを意味することになるのではないかといわれている[6]。

III　ブリュッセル条約24条の「仮の処分」とコルト・ヘディング

つぎに，本判決は24条にいう「仮の処分」の意義について論じる。本件では，債権者への直接給付を命ずる満足的仮処分をここでいう「仮の処分」と性質決定することができるかどうかが問題となっている。

本件のオランダにおけるコルト・ヘディングでは，緊急性の要件が必ずしも厳格に解釈されておらず，実際にはもはや暫定的な救済ではなく，最終的な満足を与えるものとなっている[7]。本件訴訟に参加したドイツ連邦政府は，契約上の主債務の履行を命じかつ緊急性要件を要しないものはブリュッセル条約24条にいう「仮の処分」には当たらないとの意見書を提出したが，本判決では緊急性要件については論点とはならなかった[8]。むしろ本判決

は，給付を命ずる仮処分をカテゴリカルに24条の適用範囲から排除せず，第1に，本案で債権者が敗訴したときに既払金額の返還義務が担保されていること，第2に，その仮処分は当該裁判所管轄地に存在しまたは存在しなければならないであろう一定の財産のみを対象とすることの2つの条件の下に「仮の処分」と位置付けることができるとしたことに，その意義が見いだせる。

このうち第1の条件については，法律上不当利得ないし損害賠償責任があるというだけでは不十分であり，今後は保全処分の申立てに当たり，必ず担保を提供しなければならなくなるとの見方が示されている[9]。

問題なのは第2の条件である。本判決は国際保全管轄を肯定するために裁判地と対象物との結びつきを要求しており（本件研究II参照），「仮の処分」の性質決定においても重ねて同じ条件を設定する意図ははっきりしない。一説では，これは特定物給付請求権の保全を念頭に置く場合のことであり，金銭債権の場合は問題とならないとされるが[10]，それでは金銭仮払い仮処分である本件で裁判所があえてこのような条件を設定した理由を説明したことにはならないであろう。そこで，別な見解によれば，これは，債務者の責任財産一般を引き当てにする支払い義務についての保全処分は発令できず，満足的仮処分は，発令国でのみ執行でき，かつそこに存在する特定財産のみを執行対象とすべき場合に限られる趣旨であるという[11]。このような理解が仮に正しいとするならば，この種の仮処分が他国で執行される可能性は強く制限されることになり，本判決は，渉外保全処分の対外的効力を発令国内に制限するものだということになろう。

IV　まとめ

全体としてみるとドイツでの判例批評が指摘するように，本判決は，保全処分が現在または将来相当確実に執行されるべき国の裁判所が国際保全管轄を持つべきだという趣旨ではないかと解される。しかし，本判決の表現は難解であり，また，事案に対応した判示がなされているとはいいがたい点も少なくなく，判示事項の相当部分についてその具体化を行うことは困難であるといわざるをえない。

なお，本判決直後になされた，Mietz/Intership Yachting Sneek BV, 27.4. 1999, C-99/96, Slg I-1999, 2277 も併せて参照されたい[12]。

9 ブリュッセル条約24条における保全処分について

(1) 本件訴訟手続はオランダ語で行われたが，ここではドイツ語の判決訳文を主に参照しつつ，英語，フランス語の判決訳文も適宜参照した。なお，各構成国の言語に訳された最近の判決はヨーロッパ裁判所ホームページで参照することができる。
(2) Spellenberg/Leible, ZZPInt 4 (1999), 226; Kropholler, Europäisches Zivilprozeßrecht, 6.Aufl. 1998, Art. 24 Rdnr. 6.
(3) 本判決は，仲裁合意によって本案の管轄権を失った裁判所には民事保全を申し立てることはできないという前提に立つ（Wolf, EWS 2000, 14 はこれに賛成）。しかしドイツの多数説は，仲裁合意によって保全管轄までも制約されるかどうかは，法廷地国法が決することがらであるという理解を前提とする。たとえばドイツ法では，仲裁の合意があっても民事保全の可能性は当然には否定されておらず（ドイツ民訴1033条，1041条），ブリュッセル条約2条および5条から18条までのいずれかの規定によって，本案管轄を仮定的にドイツに肯定できるのであれば，保全処分もなしうることになる。議論の詳細は，Hess/Vollkommer, IPRax 1999, 222; Spellenberg/Leible, ZZPInt 4 (1999), 227f.
(4) これについては，河邉義典「オランダの民事司法」曹時48巻3号1頁，7頁以下（1996年）参照。
(5) Spellenberg/Leible, ZZPInt 4 (1999), 229.
(6) Stadler, JZ 1999,1093f. しかし，Wolf, EWS 2000,16 は，この条件が管轄規則適用の不確実さを招き，迅速な審理の必要性に反し，具体化は不可能であると批判する。
(7) Stadler, JZ 1999,1095. 河邉・前掲注（4）8頁から9頁，11頁。
(8) しかし，およそ緊急性要件がないものは保全処分とはいえないであろう。Stadler, JZ 1999,1096.
(9) Stadler, JZ 1999, 1097; Hess/Vollkommer, IPRax 1999, 221; Spellenberg/Leible, ZZPInt 4 (1999), 224f. は，この判示に対して批判的。
(10) Hess/Vollkommer, IPRax 1999, 224f.
(11) Stadler, JZ 1999,1097. この点につき，さらに，Spellenberg/Leible, ZZPInt 4 (1999) 230f.; Dedek, EWS 2000, 251f. の議論も参照。
(12) 本判決については，野村秀敏・際商29巻3号332頁（2001年）と越山和広「ヨーロッパ民事訴訟法における国際保全処分の新動向」石川古稀・EU法・ヨーロッパ法の諸問題471頁（2002年）参照。

（2000年8月脱稿）

第2部

訴訟競合

第2卷

介孔氧化物

10 ブリュッセル条約による訴訟係属の概念
EuGH, Urteil vom 7.6. 1984-Rs 129/83　Zelger/Salinitri

三上威彦

Slg. 1984, 2397＝NJW 1984, 2759＝RIW 1984, 737 Anm. Linke＝IPRax 1985, 336, 317 Anm. Rauscher＝Rev. crit. 1985, 374 Anm. Holleaux＝Bericht Huet, Clunet 1985, 165＝Riv. dir. int.priv.proc. 1985, 393＝N.J. 1985 Nr. 331＝C.M.L. R.1985, 3, 366.

〈判決要旨〉

ブリュッセル条約21条は以下のように解釈されるべきである。すなわち，「最初に訴えが提起された［zuerstangerufenes］」裁判所とみなされるべきは，最終的な訴訟係属［endgültige Rechtshängigkeit］を認めるための要件が最初に提示されている裁判所であり，この要件は，関係を有する各裁判所につきそれぞれの国内規定によって判断されるべきである。

〈事実の概要〉

最初の手続の両当事者は，ドイツ連邦共和国のミュンヘンに本店を有する者と，シチリアのマスカリに本店を置く完全商人であった。最初の手続の原告は被告に対して1975年と1976年の貸金の未払額の支払いを求めて訴えを提起した。訴えは1976年8月5日にミュンヘン第1地方裁判所［Landgericht München I］に提起され，〈訴状は〉最初の手続の被告には，1977年1月13日に送達された。そのほか，最初の手続の原告はさらに，同じ訴訟物をともなう訴えを，イタリアのカタニア民事裁判所［Tribunale civile in Catania/Italien］に提起したが，それは1976年9月の22日か23日に受理され，同年9月23日に被告に送達された。ミュンヘン第1地方裁判所は，同一の訴えが複数の構成国の裁判所に係属した場合には，後訴が提起された裁判所は管轄権がない旨を宣言しなければならないと規定するブリュッセル条約21条により，

その訴えを不適法却下した。そこで原告が控訴したが，それに対し，ミュンヘン上級地方裁判所はその手続を中止し，ブリュッセル条約21条の解釈という前提的裁判の問題に対する判決を求めて，ヨーロッパ裁判所に事件を付託した。

〈判　旨〉
「1　ミュンヘン上級地方裁判所は……1971年6月3日の議定書により，ヨーロッパ裁判所による1968年9月27日の民事および商事事件における裁判管轄と裁判の執行に関する条約（以下では単に条約という）の解釈に関連して，この条約の21条の解釈についての問題を先行判決のために付託した。

2　最初の手続の両当事者は，ドイツ連邦共和国のミュンヘンに本店を有する者と，シチリアのマスカリに本店を置く完全商人である。最初の手続の原告は被告に対して1975年と1976年の貸金の未払額の支払いを求めて訴えを提起した。訴えは1976年8月5日にミュンヘン第1地方裁判所に提起され，〈訴状は〉最初の手続の被告には，1977年1月13日に送達された。そのほか，最初の手続の原告はさらに，同じ訴訟物をともなう訴えを，イタリアのカタニア民事裁判所に提起したが，それは1976年9月の22日か23日に受理され，同年9月23日に被告に送達された。

3　〈ミュンヘン第1〉地方裁判所は，訴えを国際裁判管轄の欠如を理由に不適法却下した。地方裁判所への訴訟係属は，1977年1月13日の訴状の送達をもって初めて生じたものであるが（ドイツ民訴261条1項および254条1項），他方，カタニアの裁判所においては，すでにそれに対応する書面の1976年9月23日の送達をもって訴訟係属は生じていたのである。地方裁判所の見解によれば，条約21条により〈イタリアのカタニア〉民事裁判所が管轄権を有する。

4　原告は，〈ミュンヘン〉上級地方裁判所に控訴し，〈訴えが係属する時とは〉訴状の送達の時ではなく訴えの提起の時点であると主張した。

5　ミュンヘン上級地方裁判所の見解によれば，訴訟においては，条約の解釈が問題となるとし，したがって，手続を中止し，ヨーロッパ裁判所に対し……以下のような事前判断を求めた。すなわち，

『構成国のどの裁判所が最初に訴えを提起されたといえるのか（条約21

条)という問題の判断は，裁判所による訴状の受理［Befassung］(つまり「事件係属［Anhängigkeit］」）の時点によるのか，あるいは，手続が——被告への訴状［Klage］の送達によって——完全に開始した（つまり「訴訟係属［Rechtshängigkeit］」の）時点によって判断すべきであるのか。』ということである。

6　条約21条は以下のように規定している。すなわち，

『第1項：同一当事者間の同一請求に基づく訴えが異なった条約構成国の裁判所に係属する［anhängig gemacht werden］場合には，後訴が提起された裁判所は，職権で，前訴が提起された裁判所のために，管轄権がない旨を宣言しなければならない。

第2項：管轄権がない旨を宣言しなければならない裁判所は，他の裁判所の管轄権の欠如が主張されたときには，裁判を中止することができる』(1)と。

7　最初の手続の原告は，条約21条は，裁判所によって訴状が受理された瞬間を訴えの係属［Anhängigmachung der Klage］の時点とみなしていると主張した。条約のドイツ語版は，フランス語版における「formées」という概念と同義の「anhängig」という概念を用いている。訴訟は，ドイツ法によれば，訴状を裁判所に提出することによって事件が係属する［anhängig］のである。それに対して，条約の22条においては，フランス語版の「formées」という概念は，ドイツ語版では「提起する［erhoben］」と訳されているのである。そこから，条約は，単なる訴状の提出で足りる21条の意味における訴えの事件係属という概念［Begriff der Anhängigmachung einer Klage］と，当該構成国の国内法によって訴訟が最終的に係属していなければならない22条の意味における訴えの提起という概念［Begriff der Erhebung einer Klage］との区別をしようとしたのである。

8　ドイツ法によれば，被告への訴状の送達は裁判所のマターであり，よって，当事者の影響領域にはないのである。しかし訴えを提起された裁判所の管轄〈の有無が〉が，裁判所自身によって行われる送達の遅延にかからしめられるようなことがあってはならない。

9　最初の手続の被告は，フランスの「formées」に対する対応物として条約の21条と22条で用いられた［anhängigとerhobenという］2つのドイツ語の概念の間の相違は条約の解釈において影響してはならないという見解をとっ

167

ている。条約21条の意味における事件係属した訴えという概念［der Begriff der anhängig gemachten Klage］は，それが最終的な訴え提起［endgültige Klageerhebung］を示すものと解釈されるべきであるが，それは，訴えが提起された裁判所の法廷地法［lex fori］によって定まるのである。

　10　多様な構成国の手続規定は，いかなる時点から裁判所はある訴訟を扱えるかという問題においては一致をみていない。

　11　当裁判所に求められた比較法的指摘からすれば，フランス，イタリア，ルクセンブルク，オランダにおいては，訴訟は訴状の被告への送達の時点から裁判所に係属した［anhängig］ものとみなされる。ベルギーにおいては，裁判所の事件担当は事件を記録簿［Register］に登録することによって生じるのであるが，その登録のためには，原則として，被告への呼び出しを伴った訴状があらかじめ送達されていることが要件となる。

　12　ドイツ連邦共和国においては，ドイツ民事訴訟法253条1項による訴えの提起〈による訴訟係属〉は被告への訴状の送達によって生じる。送達は訴状が提出された裁判所によって職権でなされる。訴状が裁判所に提出されたときから送達までの間の手続段階は「事件係属［Anhängigkeit］」と呼ばれる。訴状の提出は，消滅時効の中断や訴訟上の期間の遵守にとって意味を有するものであるが，決して訴訟係属［Rechtshängigkeit］の時点を決定するものではない。ドイツ民事訴訟法261条1項と連携する上記253条からは，訴訟係属は，訴状の被告への送達によって根拠づけられることが明らかとなる。

　13　この規定の比較は，訴訟係属の共通概念は，様々な〈国の〉国内規定の調整によっては得られないということを示している。それゆえ，ドイツ法に独特であり，かつ，その特殊性のゆえに他の関連する法秩序に移転できないような観念を，最初の手続の原告が主張するように，全条約構成国へと拡張することは，なおさらできないのである。

　14　〈条約〉21条からは，全体として，同一当事者間の同一の請求に基づく訴えが他の国の裁判所に最終的に提起されたことが確定された場合にはじめて，〔後訴が提起された〕裁判所には，他の〈前訴が提起された〉裁判所のために，〈自己には〉管轄権がない旨を宣言する義務が生じる，ということが見て取られるべきである。そのほかには，21条は，効力を生じるためにはそれによらなければならないというような手続の形式の種類については何らの指

示も含んではいない。とくにその規定は，訴訟係属は訴状の提出によって生じるのかあるいはその相手方への送達によって生じるのかということについては，何らの指示もしていないのである。

　15　条約は，個々の国における裁判手続の経過と密接に結合したこれらの形式の統一を対象としてはいないので，いかなる時点において条約21条の意味における最終的な訴え提起[endgültige Anrufung]の要件が存在するのかという問題は，すべての裁判所にとって，それぞれの国内法によって判断されかつ裁判されるべきなのである。このことは，すべての裁判所に対し，当該裁判所が関係してくる限り，その独自の国内法規定を考慮し，そして，その他の訴えを提起された裁判所が関係してくる限り，その裁判所の国内法規定を考慮して，条約において確定された要件の下に提起された複数の訴えの時間的順序を，十分な確実性をもって確定することを許しているのである。

　16　ミュンヘン上級地方裁判所により呈示された問題については，したがって，次のように答えられるべきである。すなわち，条約21条は，最終的な訴訟係属の承認のための要件が最初に生じた裁判所が「最初に訴えが提起された」裁判所とみなされるべきであるというように解釈されるべきであり，この要件は，関係するすべての裁判所によって，その国内規定によって判断されるべきものである。」

〈参照条文〉

ブリュッセル条約

　第21条

　　1．1968年9月27日（BGBI.1972 II, S. 774）の文言

　第1項　同一当事者間の同一請求に基づく訴えが異なった条約構成国の裁判所に係属する[anhängig gemacht werden]場合には，後訴が提起された裁判所は，職権で，前訴が提起された裁判所のために，管轄権がない旨を宣言しなければならない。

　第2項　管轄権がない旨を宣言しなければならないであろう裁判所は，他の裁判所の管轄権の欠缺が主張された場合には，裁判[Entscheidung]を中止することができる。

2. 1982年10月25日の第2加入条約においては，1968年の条約の文言に変更はない。

3. 1989年5月26日の第3加入条約［Übereinkommen über den Beitritt des Königreichs Spanien und der Portugiesischen Republik zum Übereinkommen über die gerichtrliche Zuständigkeit und die Vollstreckung gerichtlicher Entscheidungen in Zivil- und Handelssachen sowie zum Protokoll betreffend die Auslegung dieses Übereinkommens durch den Gerichtshof in der Fassung des Übereinkommens über den Beitritt des Königreichs Dänemark, Irlands und des Vereinigten Königreichs Großbritanien und Nordirland und des Übereinkommens über den Beitritt der Republik Griechenland］ (BGBl. 1994 II S.519) による変更
第1項 同一当事者間の同一請求に基づく訴えが異なった条約構成国の裁判所に係属する［anhängig gemacht werden］場合には，後訴が提起された裁判所の管轄権が確定するまで，職権で手続を中止する。
第2項 前訴が提起された裁判所の管轄権が確定する場合には直ちに，後訴が提起された裁判所は，前訴が提起された裁判所のために〈後訴の裁判所には〉管轄権がない旨を宣言する。

4. 1996年11月29日の第4加入条約においては，1989年の条約の文言に変更はない。

〈研　究〉
I　問題の所在
　ブリュッセル条約21条[2]は，この条約が競合管轄を認めていることを前提として，構成国の間に複数の訴訟手続が平行して進行するのを防ぐとともに，本案における矛盾した裁判がなされることを回避することによって，ヨーロッパ共同体における秩序ある司法を実現しようとするものである[3]。そのために同条はいわゆる優先主義を採用し，後訴が提起された裁判所に対し，前訴が提起された裁判所の管轄権が確定すると直ちに，自らに管轄権がない旨

を宣言する義務を負わせたのである。

　しかしこの条文は，いつの時点で訴えが提起されたとみなされるのかという点については何ら規定しておらず，解決は，もっぱら条文の解釈に委ねられることになっている。本件ではまさにこの点が問われている。すなわち，ドイツの裁判所にまず訴状が提出され，次いで同じ訴えがイタリアの裁判所に提起された。しかるに，後者の事件における訴状の送達の方が，前者の事件におけるそれよりも早かったのである。そこで，訴えの提起とは，訴状の提出・受理を基準とするのか，訴状の被告への送達を基準とするのか，ということが問題となったのである。

II　ヨーロッパ裁判所の判断とその評価

　この問題について，ヨーロッパ裁判所は，最初に訴えが提起されたとは，「最終的な訴訟係属を認めるための要件［Voraussetzungen für die Annahme einer endgültigen Rechtshängigkeit］が最初に生じた」という定義を述べた。しかし，手続が開始したといえるためには，単なる訴状の提出で十分であるか否かという問題については未解決のままにしており，その具体的な判断は，関係する各裁判所が自らの国内法規定によって判断しうるものであるとした(4)。すなわち，ヨーロッパ裁判所は，一般抽象的な基準は立てたものの，その基準の具体的内容を，統一的に条約の解釈から導くことは放棄してしまったといえよう。

　しかし，本件に限定していえば，このようなヨーロッパ裁判所の判断が必ずしも不当な結果を導くとはいえない。たしかに，訴えを提起してから8年にもわたる手続の遂行の結果，ドイツの裁判所に管轄権がないと判断されたことは本件の原告にとって非常に酷な結果となる。しかし，通常の場合においては，訴訟係属は訴状の送達によってはじめて生じることについては，学説をはじめ，多くの構成国の間では一致を見ており(5)，原告には，本件のような結論はおそらく予見可能であったともいえるのである。しかも，原告としては，おそらくは，国際送達に要する時間等を考慮した上で，イタリアで同一の訴えを提起したのであり，イタリアの裁判所で本格的に争う覚悟はできていたものといえよう。

　しかし，ヨーロッパ裁判所の，最初に訴えが提起されたとは「最終的な訴

訟係属を認めるための要件が最初に生じた」ことを意味し，その具体的内容は各構成国の国内法制度によって判断するという結論は，一般論からいえば，必ずしも妥当な結果を導くことはできないであろう。たしかに，構成国の国内法制が，この点につき大差ない規定をしている場合には，具体的な基準を各国の国内法の規定に委ねることは必ずしも不当ではない。しかし，現実には，この点についての構成国の法制は必ずしも一致したものではない。たとえば，ドイツ人がフィンランド人を被告としてドイツの裁判所に訴状を提出したような場合を考えれば，ドイツ法によれば，最終的な訴訟係属を認めるための要件が生じるのは訴状の訴状の送達であるから，ブリュッセル条約21条の意味においては，被告に対する送達があってはじめて訴えは提起されたことになる。そして，この場合，訴状の送達は，時間のかかる国際送達によることになる。他方，フィンランドの国内法によれば，裁判所に訴状を提出し，かつ裁判所の手続登記簿にその旨の記載がなされれば，最終的な訴訟係属を認めるための要件が生じたといえるから[6]，被告たるフィンランド人がドイツ人が手続を開始した旨を知った場合，直ちにフィンランドの裁判所に訴えを提起して，ドイツの裁判所における手続を容易にブロックすることができるのである[7]。しかも，デンマーク[8]，イングランド，アイルランド[9]といった，ヨーロッパ裁判所の示した基準よりも明らかに早期に訴訟係属が生じる法制度を有する国々がブリュッセル条約の構成国として参加してきた場合，この問題はより重大なものとなろう[10]。よって，このような，ブリュッセル条約21条の訴え提起の時点についての国内法制度の違いを，当事者が訴訟戦術的に利用するという余地をできるだけ少なくし，法的安定性を確保するためにも，ヨーロッパ裁判所は，ブリュッセル条約21条の解釈論として，「最初に訴えの提起があった」とは何を意味するかについて，具体的な基準を積極的に打ち出すべきであったといえるであろうし，かつ，それは許されることであろう。

　ただ，この点についていえば，本件でヨーロッパ裁判所自らが認めているように（判旨の10～13），構成国のこの点に関する国内法制は必ずしも一致しておらず，訴訟係属の共通概念を様々な国内規定の調整によって導くことができなかったということも事実であろう。また，その前提として，ブリュッセル条約は構成各国の民事訴訟法規の統一化を目的とはしていないと解されて

おり(11)，結局はこの問題は，各国の国内法規にしたがって解釈されなければならないと解されたのである。

最後に，ヨーロッパ裁判所は，ブリュッセル条約21条の解釈として，最初に訴えが提起されたとは，「最終的な訴訟係属を認めるための要件が最初に生じた」ことであるとしているが，その根拠としては，ブリュッセル条約21条からとしか述べてはおらず(判旨14)説得力を欠くものとなっている(12)。この点，より詳しい論証がなされるべきであったといえよう。

Ⅲ　わが国における国際的訴訟競合をめぐる議論とブリュッセル条約21条

国際的訴訟競合の規制については，わが国と諸外国の間には未だ条約等の成文規定はない。そして，周知のごとく，国際的訴訟競合の処理については，判例・学説において，様々な見解が唱えられている(13)。ブリュッセル条約は競合管轄を当然の前提にしつつ，国際訴訟競合が生じた場合，後訴が提起された裁判所は，前訴が提起された裁判所の管轄権が確定するまで，職権で手続を中止すると規定しているが，その実際の意味は，右条文の文言とは異なり，前訴が提起された裁判所に最初に訴えが提起されたことが確定した場合には，後訴が提起された裁判所は，前者の裁判所のために自ら事件を審理しない旨を宣言するだけであるから(14)，わが国で述べられている，他国で係属している訴訟の裁判内容の国内での承認可能性の有無を問題とする承認予測説や，外国とわが国のいずれが適切な法廷地であるかという観点から国際裁判管轄の有無を問題にする，いわゆる適切な法廷地説とは規律の視点が異なっているのである。

ただ，今後，ブリュッセル条約の規定から示唆を得るとすれば，わが国の国際訴訟競合の解決についての1つの考え方として，いわゆる規制消極説にたって，外国での訴訟係属とは無関係にわが国内での訴訟の審理は可能であると解しつつも，重複訴訟禁止の精神から，ブリュッセル条約の規定と同様，訴えの提起の前後を判断して，審理の可否を考えるという方法も1つの可能性として考える余地が出てくるのではあるまいか。

最後に，将来のこととして，わが国を含む多国間で国際管轄に関する条約が作られる場合，国際訴訟競合の処理の規定の作成に関しては，ブリュッセル条約のような規定もオプションとして大いに参考にすべきであろう。ただ，

その場合には，解釈上の混乱を防止するために，「最初に訴えが提起された」ことの判断基準は，条約で成文をもって定めるべきであろう。

(1) 2000年6月15日現在の条文は，若干異なっており，
「第1項：同一当事者間の同一請求に基づく訴えが異なった条約構成国の裁判所に係属する［anhängig gemacht werden］場合には，後訴が提起された裁判所は，前訴が提起された裁判所の管轄権が確定するまで，職権で手続を中止する。
第2項：前訴が提起された裁判所の管轄権が確定する場合に直ちに，後訴が提起された裁判所は，前訴が提起された裁判所のために〈後訴の裁判所には〉管轄権がない旨を宣言する。」
と規定されているが，実質的な内容に変更はない。
(2) この条文については，注（1）参照のこと。
(3) Vgl. Kropholler, Europäisches Zivilprozeßrecht, 6.Aufl., 1998, vor Art. 21 Rdn. 1 Geimer/Schütze, Europäisches Zivilverfahrensrecht, 1997, Art. 21 Rdn. 1.
(4) なお，この見解には，BGH NJW 1986, S. 662＝IPRax 1987, S. 314. Anm. Jayme,＝IPRax 1987, S. 295 も賛成している。
(5) Linke, RIW 1984, S. 739. なお，Kropholler, a.a.O. (Fn.3), S. 296 は，加盟各国の国内法が被告への送達の前には訴訟係属を生じさせないという点では共通性があるが，細かいところでは一致をみていないとする。その他，学説・判例として，Linke, IPRax 1982, S. 230; Luther, IPRax 1984, S. 142; BGH, NJW 1983, S.1269＝IPRax 1984, S. 152; OLG Köln, AWD 1973, S. 339 usw.
(6) Vgl. Kropholler, a.a.O. (Fn.3), Art. 21 Rdn. 14
(7) この例は，Droz, in: Gerichtshof der EG(Hrsg.), Internationale Zuständigkeit und Urteilsanerkennung in Europa (1993), S. 246 を引用する Kropholler, a.a.O. (Fn.3), Art. 21 Rdn. 14 によるものである。なお，同様な危惧は，すでに，Geimer/Schütze, a.a.O. (Fn.3), Art. 21 Rdn. 1 も述べている。
(8) Vgl. Palsson, Scand.Stud.Law 14 (1970), S. 99; Munch-Petersen, Der Zivilprozeß Dänemarks, 1932, Neudr.1970, S. 46.
(9) Vgl. Schlosser, Bericht zum Anpassungsübereinkommen v. 9.10.1978,

ABlEG 1979 C 59 Nr. 182.
(10) 同様の危惧を抱くものとして，Rauscher, IPRax 1985, S. 319.
(11) この理由から，ブリュッセル条約は，訴訟の係属時点に関しては明確な規定がおかれなかったようである。vgl. Janard, Bericht zum EuGVÜ vom 27.9.1968 und zum Ausl. Prot. vom 3.6.1971, ABl, 5.3. 1979 Nr. C 59, Art 21 =BT-Drucks. VI/1973, 52-104 und VI/3294; Schlosser, Bericht zum EuGVÜ vom 9.10.1978, ABl, 5.3.1979 Nr. C 59, Rdnr. 182. なおこの点は，ルガノ条約においても同様である。vgl. Kohler, Die zweite Revision des Europäis-chen Gerichsstands- und Vollstreckungsübereinkommen, EuZW 1991, S. 303 ff.
(12) この点，Linke, RIW 1984, S. 739 も，解釈の結果を繰り返しているだけであると批判している。
(13) さしあたり，石川＝小島編・国際民訴67頁以下〔山城崇夫〕，石黒・深層107頁以下，安達・展開135頁以下等を参照のこと。
(14) ブリュッセル条約21条2項は，「前訴が提起された裁判所の管轄権が確定する場合，後訴が提起された裁判所は直ちに前者の裁判所のために〈後訴の裁判所には〉管轄権がない旨を宣言する」と規定しているが，他の裁判所に時間的に早く訴訟係属が生じたとしても，ブリュッセル条約21条以下によって後訴が提起された裁判所に認められた国際裁判管轄権が失われるわけではないから，「管轄権がない旨を宣言する」という表現は不正確である。同旨，Geimer/Schütze, a.a.O. (Fn.3), Art. 21 Rdn. 42.

(2002年8月脱稿)

11 ブリュッセル条約21条の意味における請求権

EuGH, Urteil vom 8.12.1987-144/86 Gubisch/Palumbo

酒井　一

Slg. 1987, 4861＝NJW 1989, 665＝RIW 1988, 818 Anm. Linke＝IPRax 1989, 157, 139 Anm. Schack＝Rev. crit. 1988, 370 Anm. Gaudemet-Tallon＝Bericht Huet, Clunet 1988, 537＝Riv. dir. int. proc. 1988, 566＝N.J. 1989 Nr. 420 Anm. Schultsz＝E.C.C. 1989, 420.

〈判決要旨〉

ブリュッセル条約21条の意味における訴訟係属概念は，一方当事者の国際的売買契約上の義務の履行を求める訴えが他の構成国裁判所に係属しているのにもかかわらず，他方当事者がある構成国裁判所に当該契約の無効または取消しを求めた事案を包含する。

〈事案の概要〉

本件は，国際的動産（機械）売買契約の効力をめぐる紛争である。両当事者が，それぞれ自国の裁判所に訴えを提起したため，ブリュッセル条約21条の適用の有無に関する問題を生じた。

Pは，G社に対して，ローマ裁判所 [Tribunale Rom] において，申込みの撤回を理由として，売買契約無効確認の訴えを提起した。また，二次的に，合意の不備ゆえの無効を，さらに予備的にG社による引渡債務の履行遅滞による取消しを申し立てた。

ところが，これに先立ちG社は，フレンスブルグ地方裁判所 [LG Flensburg] に，売買代金請求の訴えを提起していた。

G社は，ブリュッセル条約21条に基づいてローマ裁判所の無管轄を主張したところ，ローマ裁判所がG社の訴訟係属の抗弁を退けたので，破棄院 [Corte Suprema di Cassazione] に控訴した。同院は，ブリュッセル条約21条の意味に

11 ブリュッセル条約21条の意味における請求権

おける訴訟係属の概念が，本件のような事案に適用されるのか否かにつき，ヨーロッパ裁判所に先行判決を求めた。

〈判　旨〉

「本条〈ブリュッセル条約21条〉は，共同体内の秩序だった司法のために，複数の構成国内の裁判所における並行訴訟とその結果生じる矛盾する裁判の可能性を回避することを目的とする。これら諸規定〈21条および22条〉により，できるだけ広汎に，あらかじめ，第27条に規定されている状況，すなわち，同一当事者間に，承認が主張されている国において下される裁判との矛盾による裁判の不承認が排除されるべきである。

　他方で，訴訟係属の概念はすべての構成国の法秩序において等しくはなく，……それぞれの内国諸規定の対比をつうじて共通の訴訟係属概念を得ることはできないことが，指摘されるべきである。

　以下のことを出発点とすべきである。すなわち，上述の条約の目的，および，第21条において，訴訟係属の概念について，それがどのように各構成国の内国法秩序において見いだされるべきかを指定せず，規定要素として複数の実質的要素を包含しているという状況にかんがみて，第21条で訴訟係属を言い換えるために用いられた概念は，条約独自に [autonom] 理解されなければならない。

　それゆえ，本件のような訴訟上の状況が21条の射程内にあるのかという問題は，上記の目的を考慮し，第21条と第27条3号の間にある関連性を保持するように，答えられるべきである。

　その点で最初に確認されるのは，両訴訟の当事者が同一で，かつ，両訴訟が同一の請求に関して係属している場合に，第21条が適用されることである。つまり，それ以上の要件を本条は立ててはいないのである。

　提示された問題に相当する訴訟状態の本質的特質は，同一の当事者が複数の構成国において同一の『基礎 [Grundlage]』，すなわち同一の契約関係に基づく訴訟を追行していることにある。そこで，前訴が履行に，後訴が同一の契約の無効確認または取消しに，それぞれ向けられている場合に，両紛争が同じ『対象 [Gegenstand]』を有しているのかという問題を生じる。

　とりわけ，本件におけるように，国際的動産売買が問題となる場合に，契

約の履行に向けられた訴えは，この契約を有効とする目的を追求するものであるが，無効確認および取消しの訴えは，まさにあらゆる効力を奪うものである。それゆえ，両紛争の核心［Kernpunkt］は，この契約の有効性である。無効確認または取消しの訴えが先に開始された訴えであり，他の構成国裁判所で独立した訴えの形で主張されてはいるものの，そこには前訴に対する単なる防御方法が認められるに過ぎない。

　それゆえ，ローマの裁判所に対して，つぎのように答えられるべきである。1968年9月27日条約21条の意味における訴訟係属の概念は，一方当事者の国際的売買契約（上の義務）の履行を求める訴えが他の構成国裁判所に係属しているのにもかかわらず，他方当事者がある構成国裁判所に当該契約の無効確認または取消しを求めた事案を包含する。」

〈参照条文〉

ブリュッセル条約
　第21条
　　第1項　同一当事者間の同一請求に基づく訴えが異なった条約構成国の裁判所に係属する場合には，後訴が提起された裁判所は，前訴が提起された裁判所の管轄権が確定するまで，職権で手続を中止する。
　　第2項　前訴が提起された裁判所の管轄権が確定する場合には直ちに，後訴が提起された裁判所は，前訴が提起された裁判所のために，〔後訴の裁判所には〕管轄権がない旨を，宣言する。

　第27条　裁判はつぎの場合には承認されない。
　　第1号・第2号　〈略〉
　　第3号　裁判が，承認が求められる国において，同じ当事者間になされた裁判と矛盾する場合
　　第4号・第5号　〈略〉

〈研　究〉

　本件判決は，いわゆる国際的二重起訴に関する先例的判決である。最初に，この問題に関するドイツと日本の学説状況を簡単に触れておこう。

まず，ドイツにおいては，条約等の適用がある場合は別として，国際的二重起訴の問題は訴訟係属の効果について規定する民事訴訟法の規定の類推適用により処理されるものとする見解が支配的である。一般に先に係属した外国裁判所での訴訟で下されるであろう判決が，ドイツにおいて承認されるであろうことが予想される場合に，後続ドイツ訴訟手続を規制するものとする。ドイツにおいて承認が予測される判決を下すであろう手続は，ドイツ裁判所での訴訟手続と等価性を有するものとして，これについても訴訟係属の抗弁を認めるのである。将来下されるであろう判決の承認可能性をして，手続の等価性を導く要件とするのである。判決承認から手続承認への展開をそこに見いだすことが可能である。すなわち，既判力承認制度から生成中の既判力の承認を導き，手続承認へといたるのである。

　わが国では，ドイツの通説にならった承認予測説だけでなく，英米法流のフォーラム・ノン・コンビニエンスに範を採るいわゆる管轄規制説も有力である。さらに近時，事案を類型化し，当事者利益を比較考量し，結論を導こうとする比較考量説や，さらに，二重起訴を訴えの利益の延長線上に位置づける理解から，訴えの利益により処理すべきとする見解（訴えの利益説）の展開もみられる

　ブリュッセル条約は，訴訟競合ないしは二重起訴（訴訟係属）に関して，第8章の21条から23条まで3箇条の規定を置く。第21条は対象を同じくする訴訟の二重係属を，第22条は相互に関連性［Zusammenhang］のある並行訴訟を，それぞれの規律対象としている。いずれも，後訴裁判所が係属する手続を中止し（1項），無管轄の宣告を行うこと（2項）を定める。しかし，両条の文言の対比から明らかなように，第22条が裁量規定であるのに対し，第21条では後訴裁判所の義務を定めるものとなっている。

　本件では，第21条の適用範囲が問題とされた。同条は，①複数の構成国裁判所に，②「同一対象［Gegenstand］」に関する訴えが，③同一当事者間に係属した場合に，後訴裁判所が手続を中止すべきものとする。本件で問題となったドイツとイタリアにおける両訴訟の当事者は等しく，両訴訟が同一対象に関するものか否かだけが問題とされた。同条約は，訴訟対象についての定義規定をもたず，この問題は解釈に委ねられることになる。理論的には，(i)訴訟の係属する裁判所ごとに各法廷地法にしたがい訴訟物の範囲を決める方

法，(ⅱ)訴訟係属の抗弁の提出された法廷地法にしたがい判断する方法および特定の国の法に準拠させない方法が考えられる。

　本件では，先行のドイツ裁判所での訴訟物は売買代金請求であり，イタリアの裁判所における後訴は売買契約の無効確認訴訟である。ドイツやわが国における訴訟物概念を前提とするならば，このドイツおよびイタリア両裁判所に係属する手続の訴訟物が相異なることは明らかである。訴訟係属ないし訴訟物概念について法廷地国の訴訟法を準拠法として判断し，二重起訴の成否を決するとしたならば，イタリアおよびドイツにおける両訴訟はその訴訟対象を異にし，ブリュッセル条約21条の適用がないとの結論が導かれそうである。しかしながら，ヨーロッパ裁判所は，構成国の特定の訴訟物（対象）概念には囚われない「条約独自の」解釈を強調し，両訴訟対象の同一性を導き出した。本判決によって，ブリュッセル条約における二重起訴禁止が，特定国の訴訟物概念と袂を分かつことは明らかとなった。その意義は少なくない。

　つぎに問題となるのが，訴訟対象の異同に関する具体的な判断基準である。そのさい，ヨーロッパ裁判所は，共同体内の秩序だった司法を確立し，複数の構成国内の裁判所における並行訴訟と矛盾する裁判の可能性を回避するというブリュッセル条約の目的を強調し，紛争が同一の基礎に基づき，同一の核心を有する場合，両訴訟の対象が同じであるとの結論を導く。ここに「核心理論」が確立されたということができる。しかし，その内容は，明確ではない。訴訟対象の異同という問題が，紛争の基礎ないし核心の同一性という新たな別の言葉に置き換えられたにすぎないものと評価することも可能である。

　注目すべきは，本件において，第21条と外国判決の承認（拒絶）に関する第27条との関連性が強調されていることである。ブリュッセル条約は，欧州共同体内における判決相互の自由な流通確保を目的とする。第1に，承認される判決の効力範囲について判決国法によるものとするならば，その範囲において，外国判決が内国判決と矛盾・抵触することになる。反対に，外国判決の有しない範囲での判決効は，承認により内国判決との抵触を生じないのである。訴訟物が判決効の範囲を画するものと理解するドイツおよびわが国の従来的見解を前提にすると，先行外国訴訟の訴訟物（既判力の客観的範囲）により二重起訴の範囲が決せられることになろう。訴訟対象について条約独自

に定め，条約の目的から結論を導くとしても，結果的に，特定の国の訴訟物概念に帰納される可能性がある。つぎに，ブリュッセル条約構成国相互においては，判決承認につき寛大な態度で臨まれており，比較的容易に承認の予測が可能である。

　本判決は，ブリュッセル条約独自の解釈という観点を鮮明に打ち出し，国際的二重起訴の規制範囲を拡大した。ブリュッセル条約は，たとえばわが国との関係においては適用がなく，わが国裁判所に係属する訴訟との競合が問題となった場合，原則にもどり，ドイツ国際民事訴訟法により解決が図られることになる。本判決が，ドイツ国際民事訴訟法および民事訴訟法に影響を及ぼすことになるのか否か，また，どのような影響があるのか，今後大きな検討課題となるであろう。

（2002年10月現在）

12 ブリュッセル条約21条の意味における「請求権」と「当事者」
ブリュッセル条約22条における「訴えの関連性」

EuGH, Urteil vom 6.12.1994-406/92 Tatry/Maciej Rataj

酒井　一

Slg. 1994 I 5439＝NJW 1995, 1883 (L)＝JZ 1995, 616, 603 Anm. P. Huber＝IPRax 1996, 108, 80 Anm. Schack＝EuZW 1995, 309, 365 Anm. Chr. Wolf＝EWS 1995, 90, 361 Aufsatz Lenenbach＝1996, 301 Aufsatz Mankowski＝Rev. crit. 1995, 588 Anm. Tichadou＝Bericht Huet, Clunet 1995, 469＝Riv. dir. int. priv. proc. 1995, 485＝N.J. 1995 Nr. 659 Anm. de Boer＝[1995] All E.R. (EC) 229.

〈判決要旨〉

　ブリュッセル条約22条3項は，秩序だった司法のために，裁判が別々に執行されうるものであり，その法律効果が相互に排斥しあわない場合であっても，相互に抵触する裁判の危険性がある全ての事案を包含しなければならない。

　ブリュッセル条約22条3項における「矛盾する」という概念は，27条3項における「抵触する」という概念とは異なる。

　両訴間の関連性が存在するというためには，別々に弁論を行った場合に，相互に抵触する裁判の危険があることで十分であり，相互に排斥しあう法律効果の危険性があることは必要でない。

〈事案の概要〉

　1988年9月，大豆油がポーランドの船会社の所有する船舶タトリー[Tatry]号に積載され，ブラジルからロッテルダムとハンブルグに輸送された。しかし，積荷の所有者らは，輸送途中に積荷がディーゼル油その他の有機性物質により汚染されたものと言い出した。

12 ブリュッセル条約21条の意味における「請求権」と「当事者」など

　所有者は3つのグループに分かれ［G1〜G3］，オランダと英国の裁判所で，それぞれに船会社を相手に訴訟することになった。

　最初に，船舶所有者が，1998年11月18日，G1とG3に対して，ロッテルダムの裁判所［Arrondissementsrechtbank Rotterdam］に，当該汚染についての責任がないか，または，すべての責任を負うものではないことの確認の訴えを提起した。

　1989年9月18日になり，船舶所有者は，G2に対しても，オランダで，G2にロッテルダムで引き渡した積荷の汚染に対して責任がないことの確認の訴えを提起した。

　また，船舶所有者は，1990年10月26日に，1957年10月10日の船舶所有者の責任制限に関する条約［International Transport Treaties, Suppl. 1-10〔Januar 1986〕, S.81］に基づき，責任制限の訴えを提起した。

　積荷所有者の側からも，以下のような訴えが提起された。

　①　G3が，英国高等法院女王座部の海事裁判所［High Court of Justice, Queen's Bench Division, Admiralty Court］に，タトリー号および姉妹船のマシェ・ラタ［Maciej Rataj］号に対する対物訴訟を提起した。訴状は，1989年9月15日，マシェ・ラタ号に対して，リバプールで送達され，仮差押えされた。

　②　G2は，同じ英国裁判所に，マシェ・ラタ号に対する対物訴訟を提起し，訴状は，1989年9月15日にリバプールで送達された。

　なお，マシェ・ラタ号に対する仮差押えは，後に，担保提供により解放された。

　③　G3および一部の者を除くG2は，英国裁判所が管轄を否定した場合に備え，念のため，1989年9月29日と10月3日に，オランダで訴えを提起した。

　④　G1は，英国裁判所には訴えを提起しなかったが，1989年9月29日，オランダで損害賠償請求訴訟を提起した。

　英国海事裁判所において，船舶所有者から，ブリュッセル条約21条および22条に基づく抗弁が提出された。英国海事裁判所は，対象の相違ないし当事者の相違を理由に，同条約21条の適用はなく，無管轄を宣言し，あるいは，手続を中止する義務はないものとした。また，オランダでの手続との関連性は認めつつ，無管轄を宣言することなく，また，手続を中止しない旨を決定した。これに対して，船舶所有者は，控訴院［Court of Appeal］に不服の申立

てをした。控訴院は，裁判がブリュッセル条約21条・22条および57条の解釈によるものとの見解に立ち，ヨーロッパ裁判所のこの点に関する先行判決を求めた。

〈判　旨〉

「最初の質問で付託裁判所が知りたがっているのは，ブリュッセル条約21条がつぎのような場合に適用されるものと解釈されるのか否かである。すなわち，2つの訴えが同一の請求を扱い，かつ，すべてではないが，少なくとも前訴原告のひとりおよび少なくとも前訴被告のひとりが後訴の原告および被告となるか，その反対に被告および原告となるかぎりにおいて，当事者の一部が同一である事案についてである。問題は，両訴が同一当事者に係属することを要件としている第21条の意味における『同一当事者』の概念に関係する。……第21条において訴訟係属を言い換えるために用いられた概念は，条約独自に［autonom］理解されなければならない。

〈ブリュッセル条約21・22条の属する〉第8章は，構成国内における秩序だった司法のため，構成国ごとの裁判所における並行訴訟およびその結果生じる矛盾する裁判の可能性を阻止しようとする。

第21条の文言および上記の目的にかんがみ，本条は，後訴裁判所が無管轄を宣言するための要件として，両手続における当事者が同一であることを要求するものと解釈されるべきである。

当事者が先に係属した手続の当事者と一部重なる場合には，第21条が後訴裁判所に無管轄を宣言するよう義務づけるのは，そこに係属する紛争の当事者が他の構成国裁判所に先に係属した手続の当事者でもある限りにおいてのみである。同条は，他の当事者との間の手続が続けられることを排除しない。

被告が損害に対して責任を負わないことの確認および損害賠償の支払に関する給付命令を目的とする訴えが，被告が先に提起した，同人が損害に対し責任を負わないことの確認を目的とする訴えと同じ請求を扱うものと解されるべきか。

ブリュッセル条約21条の意味において，請求の『基礎［Grundlage］』は，訴えが依拠する事実関係および法規定を包含する。

第21条の意味における対象［Gegenstand］に関しては，それは訴えの目的の

中に存する。……責任の確認を求める部分に関しては，責任の存否の問題が両手続の中心［Mittelpunkt］にあるので，第2の訴えは第1の訴えと同一の対象を有する。

『同一請求』および『同一当事者』の概念は，条約独自に［autonom］理解されることが想起されるべきである。それらは，各国に通用する法の特殊性に左右されずに解釈される。したがって，ある構成国の法に存する対物・対人訴訟間の区別は，第21条の解釈とは無関係である。

第22条3項によると，『それぞれの手続で相互に抵触する裁判を下すことを回避するため，共通の弁論と裁判が命じられると見られる程度の密接な関連がある場合に，〈訴えは〉本条の意味における関連性を有する。』……それ以上に，『関連性』の語は，すべての構成国において，同じ意味を持っていないので，第22条3項は概念規定を包含する。したがって，この規定に含まれた概念定義は，条約独自に解釈されるべきである。秩序だった司法のために，裁判が別々に執行されうるものであり，その法律効果が相互に排斥し合わない場合であっても，この解釈は広く，かつ，相互に抵触する裁判の危険性があるすべての事案を包含しなければならない。

両規定〈22条と27条〉の目的は異なっている。ブリュッセル条約27条3項は，条約の諸原則および諸目的の例外として，裁判所に，外国裁判の承認を拒否する可能性を与えている。その結果，そこで用いられている『抵触する［unvereinbar］』『裁判［Entscheidung］』の概念は，この目的を考慮して解釈されるべきである。これに対して，ブリュッセル条約22条は，……共同体内におけるよりよい協調的司法活動を実現し，それらが別々に執行されうるものであるとしても，裁判の調和および裁判の矛盾を回避することを目的としている。したがって，ブリュッセル条約22条3項における「矛盾する」という概念は，第27条3項における「抵触する」という概念とは異なることが確認される。

両訴間の関連性が存在するというためには，別々に弁論および裁判を行った場合に，相互に抵触する裁判の危険性があることで十分であり，相互に排斥し合う法律効果の危険性があることは必要がないであろう。」

第2部　訴訟競合／II　事件の同一性

〈参照条文〉

ブリュッセル条約

第21条

第1項　同一当事者間の同一請求に基づく訴えが異なった条約構成国の裁判所に係属する場合には，後訴が提起された裁判所は，前訴が提起された裁判所の管轄権が確定するまで，職権で手続を中止する。

第2項　前訴が提起された裁判所の管轄権が確定する場合には直ちに，後訴が提起された裁判所は，前訴が提起された裁判所のために，〔後訴の裁判所には〕管轄権がない旨を，宣言する。

第22条

第3項　訴えは，それらの間に，別個の手続において抵触する裁判がなされる可能性を避けるために，共通する弁論と判決が要請されるほどに，密接な関係がある場合に，本条の意味における関連性を有している。

第27条　裁判はつぎの場合には承認されない。

第1号・第2号　〈略〉

第3号　裁判が，承認が求められる国において，同じ当事者間になされた裁判と矛盾する場合

第4号・第5号　〈略〉

〈研　究〉

本件判決は，ブリュッセル条約21条および22条に関するさまざまな論点に対して，回答を提示する。

ヨーロッパ裁判所は，本件において，先のグービッシュ事件（本書11事件）の基本線を踏襲し，条約の目的を重視した条約独自の解釈を繰り返し強調する。とりわけ，第21条における対象の同一性の判断基準について，グービッシュ事件において，いわゆる核心理論が採用されたことから，給付訴訟と債務不存在確認訴訟の間では対象の同一性が肯定されるものと受け止められていた。本件においては，「核心 [Kernpunkt]」という言葉を用いず，紛争の「中心 [Mittelpunkt]」と表現するが，両者は同じ内実を有するであろう。予想に

違わず，本件で，給付訴訟と債務不存在確認訴訟の間における対象の同一性が正面から認められた。

本件の判断で注目すべきは，第22条の「関連性［Zusammenhang］」に関する解釈部分である。本件では，この関連性概念の射程を決めるに際しても，第21条における訴訟対象概念と同じく，条約の目的にしたがった独自の解釈が強調された。条約の目的は判決相互の自由な流通の確保にあり，矛盾する裁判の存在により承認が拒絶されることから，矛盾裁判の出現を予防することを目的として第21条から23条の規定が置かれたのである。そうすると，第22条にいう裁判の「抵触」と承認拒絶事由としての裁判の「矛盾」とは，同一の意味を有することになりそうである。承認拒絶事由としての裁判の矛盾は，判決理由ではなく，判決の結果たる法律効果が相互に排斥しあうか否かを基準に判断される。それゆえ，厳密に考えたならば，既判力の作用場面として説かれるように，両手続で下される判決の結論部分が先決あるいは矛盾関係に立つ場合に，両訴訟間の関連性が肯定されることになりそうである。そう解したならば，関連する訴訟の範囲が非常に限定される結果となる。ところが，ヨーロッパ裁判所は，先のグービッシュ事件において，二重起訴に関する第21条と判決承認に関する第27条の連続性を前提にしながら，核心理論を採用して二重起訴の禁止の範囲を拡大した。これに対して，関連訴訟に関しては，本件で，判決承認制度とのつながりを断ち，関連訴訟の範囲を拡げた。すなわち，判決承認拒絶事由としての「裁判の矛盾」と訴訟手続を規制する要件としての「裁判の抵触」とを異なった意味に解し，手続調整の余地を拡大したのである。その結果，体系的観点からは，第21条，22条および27条相互の関係が問い直される必要が生じた。また，解釈論的にも，第22条の裁判抵触をどのように捉えるのかという新たな問題を生むことにもなった。一般に「関連する訴訟」という場合，訴訟物を異にする，実体的関連性を有する訴訟を思い浮かべるであろう。しかし，それに限られるか否かはひとつの問題である。そして，問題は，何を基準に関連性の有無をはかり，第22条が適用になるためには，どの程度の関連性が必要とされるのかにある。そのさい，グービッシュ事件において採用された核心理論により拡張された訴訟対象と関連訴訟との異同は，問い直されるべきことになるであろう。客観的範囲における，第21条と22条の棲み分けの問題である。　　（2002年10月現在）

第3部

送　　達

第三章

五 义

13 外国裁判所による訴訟差止判決(命令)の送達と内国公序

OLG Düsseldorf, Beschluß vom 10. 1. 1996

渡辺惺之

NJW 1996, 1760＝ZZP 109 (1996), 221 (Stürner)＝EuZW 1996,351 (Mansel,335)

〈判決要旨〉

内国裁判所に係属する訴訟の当事者に訴訟の続行および新たな訴の提起を禁止する外国裁判所の命令[antisuit injunction]の送達は、ドイツ連邦共和国の主権を侵害する行為に該当し、中央当局はハーグ送達条約13条1項によりこれを拒絶すべきである。

〈事実の概要〉

申立人Xがドイツ在住Zを被告としてロンドン高等法院に提起した訴訟において、英国の裁判官がZに対する呼出状、補正呼出状、英国裁判官の命令、宣誓供述書、証拠文書、翻訳文、謄本等の文書についてハーグ送達条約に基づきドイツにおける送達を嘱託した。これらの文書から判明したところによれば、この英国訴訟は、XがZと1994年7月28日に締結した契約から生じた紛争についてはロンドン国際商事仲裁裁判所のみに提起できることの確認を求めて、ロンドン高等法院にZを被告として提起されたものであった。送達を嘱託された文書中の英国裁判官の命令は、被告Zに対する次のような暫定的な禁止命令をを含む1995年9月6日の判決に関わるものであった。

「本件に関する1995年8月31日の暫定的命令に基づく呼出に関わる裁判若しくは新たな処分があるまで、被告Z(もしくはその使者、代理人、その他の者)は以下に定めることをしてはならず、その暫定的な禁止を命じる。すなわち、(a)ZがXを相手方としてドイツのD地方裁判所に提起した事件番号……訴訟を維持もしくは追行をすること、その訴訟に関して新たな措置を取ること、または、その訴訟において請求を維持するため訴えを提起しもしくはその他

の新たな措置を取ること，(b)1994年7月28日のXZ間の契約から生じもしくはそれと関連する損害賠償，履行請求，その他の争いに関連するあらゆる請求を，Xに対しいずれかの裁判所において続行しもしくは新たな訴訟を行うこと，(c)XがD地方裁判所の1995年7月18日の判決に対して提起した異議について，1996年1月19日までに審理されるような手続を執ること。」

被申立人Y（ハーグ送達条約に関して指定されたドイツの中央当局）は，本件文書の送達要請を1995年10月19日の決定により却下し，その理由を次のように説示した。1995年9月6日の判決が受達者に対する本件暫定的命令を含むかぎり，送達はドイツ連邦共和国の主権を侵害することになる。したがって，送達要請に従うことはハーグ送達条約13条により拒絶されねばならない。

これに対してXが本件文書のZへの送達を許可する裁判を申し立てたのが本件である。

〈判　旨〉
申立却下
「1995年9月6日の裁判の送達は，ドイツ連邦共和国の主権を害する場合に相当し，ハーグ送達条約13条1項により要請することは許されない。

1995年9月6日の裁判は訴訟を追行する権限に関わる。

この訴訟差止め［Antisuit Injunction］という形の命令の目的は，まず，ドイツにおいてD地裁で開始された訴訟の続行を暫定的に止めるとともにZが新たに1994年7月28日の契約に関連した訴訟を始めることを抑止して，Xの主張するロンドン国際商事仲裁裁判所の専属的管轄を確実にしようとすることにある。

しかし，そのような命令はドイツの司法権への侵害を意味する。なぜなら，ある特定の紛争に関してドイツ裁判所に管轄権があるか，あるいは，他の内国裁判所もしくは外国裁判所（仲裁裁判所をも含め）の管轄権を尊重すべきかについては，ドイツ裁判所が自らに妥当する手続法および国際法上の条約にしたがい専権的に判断する問題なのである。ドイツ裁判所が特定事件について（時間的，内容的に）どの範囲で裁判することが可能でかつ許容されるかについて，外国裁判所が何らかの指示をすることはできない。

問題の訴訟差止命令は，直接にはドイツ国家もしくはドイツ裁判所ではな

く，ドイツにおいて原告として訴訟を提起しまたは今後提起するかもしれないZに向けられていたとしても，以下に述べるように基本的に異なるものではない。

　第1に，裁判所はドイツ訴訟法によればすでに係属した訴訟の続行に関して訴訟当事者の協力に頼らざるを得ない。とくに，訴訟当事者の協力を欠くことはここでは詳論を省略する条件の下では訴訟を停止せざるを得ないのであり，同時に訴訟差止め命令の目的を達したことになる。したがって，訴訟当事者に向けられた訴訟差止めも，ドイツ裁判所の活動に間接的に影響を与えるものであり，一定の条件の下ではその効果は——英米法の理解でも不適法とされる——直接に裁判所に向けられた命令に等しいということができる。

　これとは別に，外国裁判所がドイツ裁判所での手続当事者にどのような行為もしくは応訴をなし，どのような申立をなすべきかを指示することも，一般的にドイツの司法主権を侵害することになる。法治国家の秩序正しい裁判手続は，改めて説明するまでもなく，当事者もしくはその代理人が何らの制約なく裁判所に対して自らの判断にしたがい裁判所の判決に必要と考える事実を提出し，訴訟の状況に応じて必要と考える申立をなすことができる場合にのみ保障されるのである。このような権利はドイツの訴訟法および基本法によりさまざまな形で保障されており，裁判所はこの権利を実現するように義務づけられている。外国裁判所が訴訟関係人に訴訟追行の方法や内容を指示することは，ドイツ裁判所がこの責務を果たすのを妨げることになる。それゆえ，司法主権を遵守して司法共助の要請の処理にあたるべき当局には，そのような指示を訴訟関係人に伝達（送達）し，係属中の裁判手続の展開と経過に外国裁判所が影響を及ぼし，さらには，当該の訴訟関係人にドイツ訴訟法が保障している権利を主張したというだけの理由で「法廷侮辱」により制裁される危険を課すことは許されていないのである。

　特定の訴訟をドイツ裁判所に係属させることを許さないという外国裁判所の命令も，すでに係属している訴訟に関する指示と同様に，ドイツ連邦共和国の主権に対する侵害となる。ドイツ裁判所への自由なアクセスの原則それ自体が国家主権の表れであり，裁判所に自分の要求を提起する全ての個人の権利も含め，あらゆる国家機関はそれを保障しなければならないのである。提起された訴訟の追行を許すべき否かの裁判はドイツ裁判所のみに課された

義務であり，外国の裁判所の指示により奪われるべきことではない。

　最後に，これらの考慮に際して，『訴訟差止め請求』は（どのような形をとりまた誰に向けられているかを問わず）主張されている外国の裁判管轄（本件の場合はロンドン国際商事仲裁裁判所の管轄）を確立することを唯一の目的にしているのであり，その目的からしてすでにドイツの裁判管轄は個別事件に関しても専属的に自らが判断することを要求しまた義務としているドイツの司法権への干渉に当たることに留意すべきである。」

〈参照条文〉
ハーグ送達条約
　第13条
　　第1項　この条約の規定に従って要請された送達または告知の実施は，受託国によりその主権または安全を害する性質のものであると判断される場合を除くほか，拒否することができない。

〈研　究〉
　Ⅰ　訴訟差止請求の問題点
　訴訟差止め請求 [antisuit injunction] は英国や米国，オーストラリア等のコモン・ロー上は二重訴訟を抑止する法的手段として知られている。わが国のようなドイツ型の訴訟法システムでは二重訴訟に対する規制は後発訴訟における訴訟係属規制を原則としている。訴訟差止めは，とくに先行訴訟と後訴とで jurisdiction が異なる二重訴訟の場合，先行訴訟手続において当事者に二重の別訴の提起または提起された別訴の続行を禁止することで後訴を規制する方法といえる。これは先訴裁判所が後訴を妨げる点で，後訴裁判所の自発的係属規制というタイプの二重係属の禁止法理と比べて，方法として積極的といえる。しかし，形式上は当事者に向けられてはいるが実質的には他国裁判所の訴訟への干渉に等しい。そこが国際法上の一般原則から疑問とされる点であり，実際にも先訴と後訴の裁判所が互いに自国の裁判管轄を主張し，相手国裁判所に係属する訴訟の差止めを命令し合うという積極的抵触が Laker 事件においては生じている。この点への反省からか，米国の一部の巡回区では国際礼譲という視点からより厳格な要件を課す判例の流れが有力と

なっている。
　わが国に関しては英国法との関係での事例は管見のかぎりでは見られないが，米国法との関係では実際に事件例を生じている。

　II　本判決について
　本判例は，英国の外国訴訟差止め命令の送達が，ハーグ送達条約13条1項の規定する受託国の「主権または安全を害する性質」の場合に相当するかという問題について，ドイツの中央当局による共助拒否の判断を正当とした事例である。判決は外国訴訟差止めを一般的に内国司法権への侵害と判示しており，送達共助の場面に限らず，外国判決の承認の場面でも公序違反とする原則的評価を示したものといえる。本判例についてシュテュルナー［Stürner］の反対評釈があるが(1)，ドイツの学説においては支持する見解の方が有力と思われる。
　シュテュルナーは，EUのメンバー国で高度の法治国家としての伝統を有する他国の法制度をドイツ公序違反とするには慎重であることを要するとし，ブリュッセル（条約）体制下では外国訴訟差止めを一概に公序違反とは断じきれないとしている。その主張は大略次のようにまとめられる。先ず，英国法において訴訟差止めは伝統的に二重起訴抑止の法的手段として用いられてきたのであり，ドイツ民事訴訟法280条の規定する訴えの適法性に関する中間判決に類した制度ともいえる。ブリュッセル条約の下では，条約21条により関連後訴の管轄が否定されるので，英国裁判所の訴訟差止め命令を承認するのと，21条により後訴裁判所が管轄否定するのと，ドイツ民事訴訟法280条により後訴裁判所が不適法の中間判決を下すのとは機能的には等しく，訴訟差止めを制度として一般的に公序に違反するものとはいえない。本件の場合も仲裁裁判所の専属的管轄を確実化する方法として直ちに公序違反とはいえないとしている。さらに，内国公序に反する外国訴訟制度に関して，個別判決の承認・執行の問題として判断するのではなく，その関連文書の送達を拒否するという対応を一般的に不適当であるとする。送達拒否は公示送達や直接の文書郵送を招くだけで，内国の当事者には実際には何の救済にもならないという。
　シュテュルナーは，コモン・ロー上の訴訟差止め制度一般に関して述べて

はいるが，ブリュッセル体制外の場合には異なる判断の可能性を残している。その判断にはEU体制についてのやや政治的なポジションが感じられ，米国やオーストラリアの裁判所がドイツ訴訟について差止めを命じた場合については何も述べていないのである。

シュテュルナーの論理は国際的二重訴訟の規制としての具体的結果が同じであれば公序違反を問わないというに等しい。しかし，外国訴訟差止めに関しては，基本的に重要なのは結果ではなく手段の国際法の原則上での適法性である。本判決も判示するように，外国訴訟の当事者に当該外国訴訟法が認めている権利行使を他国の裁判所が禁止することの当否の問題なのである。ドイツ民事訴訟法280条による訴えを不適法とするドイツ中間判決には，外国での当事者の訴訟上の権利行使を禁止する視点はないし，ましてや法廷侮辱の制裁はないのである。また，主権的観点から送達を拒否することが必ずしも当事者の実質的救済にはならないというシュテュルナーの指摘は，送達拒否によりコモン・ロー上の法廷侮辱の制裁が当事者に科されるのが妨げられる可能性を考慮すると，この場合には妥当しないであろう。外国訴訟差止めのような外国領域上での作為もしくは不作為を命じる裁判が名宛人に送達されていない場合にも法廷侮辱の制裁を科すことは正当とは思われないからである。何を禁止するかという禁止行為の内容を正式に告げないまま命令違反の制裁を科すのは，正当手続の保障を放棄したというほかないであろう。

以上の視点からハーグ送達条約13条により拒否すべき場合に当たるとした本判決は正当と評すべきである。ドイツ学説でも，ナーゲル／ゴットヴァルト［Nagel/Gottwald］[2]およびガイマー［Geimer］[3]はいずれも，米国の懲罰的賠償請求訴訟の呼出状および訴状の送達拒否には賛成していないが，外国訴訟差止めに関するこの判例については支持している。

III　日本法およびアメリカ法

わが国に関しては米国裁判所による訴訟差止め事例が生じている。米国判例は分かれており，一部は英国判例と同じく外国裁判所での二重の訴訟係属を抑止する手段と解する伝統的な立場に立つが，有力な巡回区はこれとは異なる解釈に立っている。すなわち，原則的には外国訴訟の差止めを命じることは国際礼譲に反するとし，自国の管轄権が積極的に侵害される等の特別な

危険がある場合に限る見解である。特徴的なのは，この見解は各国の国際裁判管轄が競合する現在の法状況の下で国際的訴訟競合は避けられないとして，これを容認することを前提としていることである。つぎにこの米国判例の傾向およびわが国の法状況を概観したい。

　(a)　わが国裁判所に係属中の訴訟の差止めを命じた事例として知られるのがアキレス事件である (Kaepa v.Achilles 76 F.3d 624 (5th Cir. 1996))[4]。事件は米国の運動靴メーカーXと日本のY社（アキレス）との間で締結されたXブランドの靴の日本市場での排他的販売提携契約をめぐる紛争である。その契約は準拠法をテキサス州法とし，契約解釈について英文契約書を正文とし，また，裁判管轄をテキサス州とする管轄合意条項を含むものであった。日本における販売実績に不満を抱いたXは，1994年7月，Yの契約締結に際しての詐欺および不実表示，契約不履行等を理由にテキサス州裁判所に損害賠償請求訴訟を提起した。事件はYの主張により連邦地裁に移送され，多量の文書の開示を伴った大規模なディスカヴァリーが行われた。その後，1995年2月にYが，日本の裁判所にXを被告として，Xによる詐欺および契約違反を理由とするほぼ同様の趣旨の訴訟を提起した。XはYに日本で訴訟追行の禁止を求める訴訟差止命令を米国連邦地裁に申立て，Yは逆に連邦地裁にフォーラム・ノン・コンヴィニエンスによる訴えの却下を求めた。連邦地裁はXの日本訴訟の差止請求を認容し，全ての反訴を連邦地裁に提起するよう命令した。Yの控訴に対して，控訴審は結論として控訴を棄却したが，有力な反対意見が付された。

　まず，多数意見も反対意見もいずれも，裁判所はその管轄権に服する者に対して，外国の裁判所に訴訟を提起することを禁止することも含め，その行動を規制する権限を持つという点については一致している。いかなる場合に外国での訴訟活動を禁止し得るかという判断基準に関して見解が分かれる。多数意見は，外国での訴訟の提起もしくは訴訟追行が vexatious and oppressive であるかを基準とし，とくに相手方当事者に対する嫌がらせもしくは困惑させることを目的としていると認めた場合にはこれを禁止することができるとする。その上で，現に係属しているのと同一の事件について外国裁判所に重複して訴訟を提起することは通常は相手方に対して vexatious and oppressive であると解している。アキレス事件を所轄した第5巡回区の

ほか，第7,9巡回区ではこの判断基準によっている。これに対して，アキレス事件判決におけるGraza判事の反対意見は，第2,6巡回区およびコロンビア特別区において採用される立場に立つ。それによると，基本的に各国の司法制度は相互に平等な司法主体として管轄権を分かち合っているのであり，訴訟差止めは外国裁判所からその管轄権を奪うに等しい措置として最も極端な事情のある場合に限定されなければならないとされる。その場合，訴訟差止め命令は外国裁判所ではなく当事者に向けられていることは，その管轄権行使を効果的に制約している以上，何らの違いを生じるものではない。国際的な管轄権競合が許容されているいじょう，同一の対人請求訴訟が同時に併行するという事態は一方が既判力を取得するまでは原則的に許されると解し得るとする。多数意見の vexatious and oppressive という基準は，当事者および争点が重複すれば外国訴訟の差止めを命じ得ることになる点で相当ではない。競合する他国管轄権の尊重および国際礼譲という観点からは，①外国訴訟が法廷地の管轄権を危うくするものであるか，②外国訴訟が法廷地の重要な公序を潜脱する意図でなされているかの2つを基準とすべきである。

　この国際礼譲説とも称すべき見解はデュッセルドルフ上級地方裁判所の高裁判例において問題となった英国判例と比べ明らかに抑制的といえる。両方の立場の基本的な違いは，国際的な管轄権の競合状態についての評価判断の違いに帰するように思われる。しかし，差止めを命じられる訴訟が係属している管轄国から見る場合，問題の核心はどのような場合に差止めを命じ得るかにあるのではない。

　米国判例が前提としているように裁判所はその裁判管轄権に服している当事者に対し訴訟追行上必要とされる行為を命じる権限を有している。これはGerichtspflichtigkeit というドイツ語表現にも表れているように米国法に独自の観点ではない。また，その命令の内容が当事者に当該法廷地とは国家主権を異にする外国領域上での行為を命じるものであっても，命令を下すことそれ自体は，外国の主権を侵害するものではない。命じた行為を法廷侮辱のような制裁の威嚇により強制することに対しては，英米法系の法システムと大陸法系のそれとでは判断を異にすることになると思われる。しかし，命じられた行為が外国領域上では不法と評価される行為であった場合，問題の局面に別の要素をが加わることになる。たとえば，米国では適法であっても外

国法に違反するディスカバリーを行わなかった場合に法廷侮辱制裁を科すことには米国法も躊躇しているようである(5)。当該の外国がその命令を違法を強いるものとしてそれへの法的な協力を拒むことは当然の措置といえるであろう。外国の民事訴訟において訴訟上の協力義務に反して訴訟の進行を止める行為自体は直ちに違法とはいい難いであろう。その当事者は敗訴の危険を強いられるだけで不法行為を強いられているわけではない。しかし、その外国においては公正な裁判を受ける権利の内容をなすものとして保障されている訴訟上の権利行使を、他国の裁判所が禁止することは決して許容されないことは明らかであろう。たとえそれが結果的に法廷地国の法によっても二重訴訟として規制されるべき場合に該当するとしても、それを判断すべきは当該訴訟の係属している裁判所であり、他国の裁判所が判断しこれを妨げるべき問題ではないと思われる。

(b) 以上の検討から、外国訴訟差止命令が、命令の対象となった訴訟の係属国においては公序違反として承認し難い裁判であることは明らかといえる(6)。訴訟差止めを命じる裁判が暫定的な差止[injunction]命令である場合は、そもそも承認要件としての「確定」性を欠くことになろう。その差止命令がpermanentである場合、まず形式的にわが国の司法主権に対する侵害となろうが、むしろわが国の裁判管轄に服する当事者の裁判を受ける権利に対する抑圧という実質面で公序違反と解すべきであろう。この公序違反の性質からは命令を当事者に送達すること自体がわが国の司法機関として許されないことと思われる。この点で本件のデュッセルドルフ上級地方裁判所の判断はわが国に関しても基本的に正当として支持されるべきである。しかし、わが国における法状況は残念なことにこのような不適法文書の送達の拒否の検討が実際には無意味となっている。

わが国がハーグ送達条約10条aについて拒否を宣言していない結果、実際には米国裁判に関係する文書の送達が司法共助を介してなされる例は多くはない。これら文書の直接郵送は米国法上は有効な送達であり、10条aについて拒否宣言をしていないわが国との関係では国際法違反ともいえない。したがって、当事者は命令の内容を正式に通知されているのであり、米国法により法廷侮辱制裁を科すための条件に欠けるところはないことになる。ハーグ送達10条aについては、今からでも拒否宣言をすべきであるという見解が多

いにも拘わらず，法務省はこれに対して何らの見解を示すことなく無視し続けている。結果として現状ではハーグ送達条約13条はわが国にとっては実際には死文に等しいものとして放置されている。

Ⅳ　日本における扱い

日本の裁判所に外国裁判所に係属している訴訟について，当事者に不作為を命じる仮処分を求めることは必ずしも否定すべきではないという見解もある[7]。

先にも述べたように，一般的には，わが国訴訟の当事者に対して裁判所が訴訟に協力するように一定の処分をし，特定の行為を行うように求めることは適法である。それが，外国在住の当事者で，求める協力行為が外国領域上でなされるべき場合であって，域外的な命令を出すこと自体は，国際法違反ではない。また，それに不服従の当事者に対して，訴訟内制裁（訴訟における不利益取扱い）を科すことも裁判管轄権の内容と解し得る。過料を課すことは域外的強制の問題として議論の分かれるところであろう。しかし，外国で係属する訴訟への協力拒否を命じることは，当然には他国における違法行為を命じることとはいえないが，極めて疑問とすべきもののように思われる[8]。とくに，その命令の送達についての共助を当該外国の機関に要求することは，自らは拒否している行為を要請することにほかならず，疑問である。

管轄の積極的抵触を抑止する方法としても，以上の検討からは，一般国際法の下では疑問であり，判決の承認，命令文書の送達はともに許されないであろう。問題の基本的な解決は，管轄の積極的抵触の場合に解決すべき方法を2国間で合意することによってのみ可能となると思われる。それがない現行制度の下では，外国で係属している訴訟の進行を止めるべきは，むしろその相手方が当該外国訴訟において主張すべきことであり，そこでこそ当否を争うべきであろう。

(1)　Stürner, ZZP 109 (1996), 24ff.
(2)　Nagel/Gottwald, Internationales Zivilprozeßrecht, 4.Aufl., 1977, S.62f.
(3)　Geimer, Internationales Zivilprozeßrecht, 4.Aufl., Rn. 2159
(4)　これについては，古田・訴訟競合35頁。

13　外国裁判所による訴訟差止判決（命令）の送達と内国公序

(5) 「アメリカ対外関係法第三リステイトメント441, 442条」国際89巻3＝4号146頁以下，とくに152, 155頁。
(6) 同旨，古田・前掲注（4）44頁。
(7) 古田・前掲注（4）106頁注78を参照。
(8) 古田・前掲注（4）96頁以下参照。

（2002年10月現在）

14 外国に所在する被告への欠席判決の送達

BGH, Urteil vom 10.11.1998-Ⅵ ZR 243/97

芳賀 雅顯

NJW 1999, 1187; JZ 1999, 414 Anm. Roth (419); LM ZPO §174 Nr. 8 Anm. Geimer IPRax 2000, 23 Anm. Fleischhauer (13)

〈判決要旨〉

　書面による事前手続の後に口頭弁論を経ずに下された欠席判決の送達は，訴訟代理人を選任していない外国に住所を有する被告に対しては，郵便に付する送達 [Aufgabe zur Post] により可能である。被告に対して，送達代理人を選任しなければならないことを事前に指摘する必要はない。

〈事案の概要〉

　被告Yは，デンマークのオルフスに本拠を有するデンマーク法の株式会社K社の代表取締役であり，K社はドイツに営業所を有していた。1989年5月13日に原告XはK社から子会社の持ち株を取得したが，その背景は株取引に付随してドイツにある不動産を取得することにあった。契約では，Yは不動産が賃貸借などの負担がないことを保証していた。Xは1990年1月15日を利子起算日として合意した金額を送金した。しかし，実際には，1990年6月に賃借人が不動産を最終的に引渡した。そのときまでに生じた利息に関してXはK社に対し債務名義を取得していたものの，同社は支払不能に陥ったため執行は奏功しなかった。そこで，Xは今度はY個人に対して損害賠償を求めた。地方裁判所は，1994年12月29日に，書面による事前手続を命じた。訴状，裁判所の命令と欠席したときの効果を指摘した書類は，まず，デンマークのオーデンセ市の住所宛て送られたが，結局，Yには1995年6月26日に司法共助を通じてオルフス市で交付送達がなされた。Yが応訴しなかったので，地方裁判所は申立てにより1995年10月16日に口頭弁論を開かずに欠席判決を

下し，3週間の故障期間を定めた。同判決は1995年10月19日にYに宛てて，ドイツ民事訴訟法175条1項2文に基づく郵便に付する送達によりオルフスの同じ住所に送達された。その際，それ以上の指摘ないし教示はなされなかった。1995年11月13日にYは欠席判決に対する故障（異議）を申し立てたが，地方裁判所は1995年11月14日に故障期間を懈怠したことを指摘した。そこでYは1995年12月14日に，欠席判決の送達の無効などを主張した。

　ミュンヘン第1地方裁判所，ミュンヘン上級地方裁判所ともにYの申立てを退けた。Yが上告。

〈判　旨〉

上告棄却。

　まず，外国にいる当事者に対する欠席判決の送達を付郵便送達でなすことの適法性について，連邦通常裁判所は，判決の付郵便送達はドイツの通説・判例によると内国送達の擬制であるので送達条約に反しないとして，適法であると解した。ただし，付郵便送達は訴訟係属後に書類を送達する場合に限られるとしている。「当事者の一方が内国に住所を有さず，この者が受訴裁判所の所在地またはその所在地を管轄する区裁判所管轄区域内に住所を有する訴訟代理人を選任していないときには，この当事者は〔ドイツ民事訴訟法。以下，条文の番号だけが示されているのは，すべてドイツ民事訴訟法の番号である〕174条2項により，裁判所の命令がなくても送達代理人を選任する義務を負う。遅くとも次回の弁論で選任されていないとき，または当事者が相手方に事前に書面を送付させるときはその書面において選任されていないとき，もしくは書面による事前手続の場合には276条1項の定める期間内に選任されていないときは，送達代理人を後に選任するまで，執行官は交付すべき書類を当事者の住所にあてて郵便に付することでその後のすべての送達をなすことができる（175条1項2文）。」「一般的見解によると，外国に在住する当事者が送達代理人を選任する義務を負うのは訴訟係属後である。なぜならば，この時点で初めて相応の訴訟促進義務［Prozeßförderungspflicht］を根拠づけることができる訴訟法律関係が成立するからである。したがって，訴訟開始書面は174条2項，175条によっては有効に送達されたことにならない。」「175条1項に基づく付郵便送達は，判例・学説の一致した見解によると，外国送

第3部　送達

達ではなく内国送達の擬制である。……ハーグ送達条約は175条の適用を妨げない。なぜなら，ハーグ〔送達〕条約は外国送達の方法を定めているだけであり，そもそも外国において正式な送達がなされるべきかという問題を規律していない。後者はむしろ各国の国内法によりそれぞれ回答されるべきである。……一般的に，ハーグ送達条約もブリュッセル条約も，渉外事件において，訴訟当事者に判決の送達について特定の方式を求める権利を与えていない。」「……〔1990年の〕276条1項3文における新しい規律により，175条による欠席判決の送達はいつでもなしえ，とくに被告が訴状に何ら対応をしないときでも可能である。その限りで，すでに訴訟係属が生じていることだけが要件である。本件ではこの要件を具備している。」

　また，連邦通常裁判所は，外国にいる当事者がドイツ国内に送達代理人を選任しない場合の効果について，裁判所は当事者に対し教示する義務を負わないとした。その根拠としては，①174条の文言，②このような解釈は国際法・憲法に違反するものではないこと，そして③送達代理人選任に関する一般的教示義務は認められないこと，を挙げている。「最後に，欠席判決の送達は，被告が送達代理人を選任しないときに，174条2項および175条に基づき被告にどのような結果が生じうるのかを，被告が事前に明示的に教示されなかったからといって無効になるものではない。そのような教示をする義務はない。174条2項の文言は教示義務を含んでいない。むしろ法律は，「裁判所の命令がなくても」送達代理人を選任する義務があることを明文で定めている。……内国にいる当事者（174条1項）と外国にいる当事者（174条2項）とを区別して扱うことにより，174条2項と175条に対して憲法上の疑念が生じるものではない。とくに基本法3条1項の一般的平等原則に反しない。……なぜならば，すべての書類を正式に外国送達することに伴う困難さや遅延は，最終的には原告の司法保護請求権を害することになるから，……当事者が外国に在住するということは，内外当事者で異なる扱いをするのに適切な基準である。基本法3条1項は，外国人に対して事柄の性質上必要な特則を排除していない。174条2項の文言に反して，外国に在住する当事者のための指摘義務ないし教示義務を認めることは，当裁判所の見解では，憲法ないし国際法に適合する解釈によっても根拠づけることはできない。……民事及び商事事件における二国間承認執行条約の実施に関する法律（AVAG）34条3項2文

でのみ具体化されている，……〔送達代理人を選任することについて裁判所の教示義務があるとの〕一般的法理念は，当法廷の見解では認めることはできない。ヨーロッパ人権条約6条1項もまた，外国の訴訟関係者に広範な法的地位を付与していない。ヨーロッパ人権委員会は，外国人にも，自分に対して公的に送達された書類の内容を確かめる努力を要求できるとした。それゆえ，外国で生活する上訴提起者自身が，控訴提起期間ないし控訴理由書提出期間を注意しなければならない。……公平な裁判の原則［Fair-trial-Grundsatz］を手続法的に形成することは各締約国に広く委ねられているということは，一般的に認められている。したがって，内国送達の擬制（175条）のような外国人に対する訴訟法上の特則は，相当性の原則の範囲内ではヨーロッパ人権条約にも優先している。」

　さらに，欠席判決の付郵便送達に対する故障期間（異議期間）について，内国送達と外国送達とでは339条において異なる扱いがなされているが，連邦通常裁判所は，外国当事者への付郵便送達は内国送達であるとして，339条1項が適用されるとした。「欠席判決は，被告に郵便に付する送達により1995年10月19日に送達された。339条1項によると故障期間は2週間である。この期間は，不変期間であり欠席判決の送達をもって開始する。これに対して，送達が外国でなされるものであるとすると，裁判所は故障期間を欠席判決において，または事後に特別な決定で定めなければならない（339条2項）。175条1項による付郵便送達は，外国送達ではなく内国送達の方法であるので，339条2項の適用はその文言からは適切ではない。同様に，判例・学説の支配的見解も175条1項による欠席判決の送達について339条1項だけを適用する。したがって，2週間の故障期間は，本件では1995年11月2日に徒過したことになる。」

〈参照条文〉

ヨーロッパ人権条約

　第6条

　　第1項　何人も，自らの民事上の権利および義務に関する訴訟，または自己に対する刑事上の告発に関して，独立し公平で法律に基づく裁判所によって，公正な手続で，公開かつ相当期間内での審理を求める権利を有

する。判決は公開で言い渡されなければならない。ただし，報道機関または公衆に対しては，道徳，公序または民主的社会での国家の安全のため，青少年の利益または訴訟当事者の私的生活の保護のために必要であるとき，もしくは弁論の公開が司法の利益を侵害する特別の事情のもとでは，裁判所が必要であると判断したときには，手続の全部または一部につき報道または公開は制限することができる。

第2項・第3項　〈略〉

基本法

第20条

第1項・第2項　〈略〉

第3項　立法は憲法的秩序に，執行権および裁判は法律および法に拘束されている。

第4項　〈略〉

第103条

第1項　裁判所においては，何人も，法律上の審問を請求する権利を有する。

第2項・第3項　〈略〉

公課法［Abgabenordnung］

第123条　本法律の適用領域内に住所または常居所を有さず，もしくは本拠を有さずまたは営業をしていない関係者は，求めがあったときには，税務当局に対して相当期間内に，本法律の適用領域内にいる受領代理人を指名しなければならない。関係者がこれをなさないときには，その者に宛てた書類は郵便に付した1ヶ月後に到達したものとするが，書類が受取人に到達せず，または1ヶ月よりも遅れて到達したときはこの限りでない。関係者には，懈怠したときの法的効果が指摘されなければならない。

ドイツ行政手続法

第15条　ドイツ国内に住所または常居所を有さず，もしくは本拠を有さずまたは営業をなしていない関係者は，求めがあったときには，当局に対して相当期間内に，本法律の適用領域内にいる受領代理人を指名しなければならない。関係者がこれをなさないときには，その者に宛てた書類は郵便に付した後7日目に到達したものとするが，書類が受取人に到着せず，または7日よりも遅れて到達したときはこの限りでない。関係者には，懈怠したときの法的効果が指摘されなければならない。

ドイツ民事訴訟法

第174条

第1項　当事者が受訴裁判所所在地にも，その所在地を管轄する区裁判所の管轄区域内にも居住しない場合で，その所在地または管轄区域内に居住する訴訟代理人を選任しないときは，裁判所は，申立てによりその当事者に対して送達すべき書類の受取を，その所在地または管轄内に居住する者に委託することを命じることができる。この命令は口頭弁論を経ずにこれをなすことができる。この決定に対しては不服を申し立てることができない。

第2項　当事者が国内に居住しないときは，第1項に規定した場所または管轄内に居住する訴訟代理人を選任しない限り，裁判所の命令がなくても，当事者は送達代理人を選任する義務を負う。

第175条

第1項　送達代理人は，裁判所の次の弁論において，または当事者があらかじめ相手方に書類を送達せしめたときはその中で，指名されなければならない。これを指名しないときには，後日これを指名するまでその交付すべき書類を，執行官が当事者あてに，かつその住所において郵便に付することにより，その後のすべての送達をなすことができる。この送達は郵便物が配達できないものとして返却されたときであっても，郵便に付したときをもって効力を生じたものとみなす。

第2項　〈略〉

第3部　送達

第199条　外国においてなすべき送達は，外国の管轄官庁または外国に駐在する連邦の領事若しくは大・公使に嘱託してこれをなす。

第276条
第1項　裁判長が口頭弁論のための早期第1回期日を指定しないときには，訴状の送達とともに，被告が訴えに対して防御しようとするのであればその旨を訴状送達後2週間の不変期間内に裁判所に書面をもって示すべき旨を，被告に催告し，右の催告をなした旨は原告に対して通知することを要する。それと同時に，書面をもってする答弁のために少なくとも次の2週間の期間を被告に与えなければならない。外国において訴状の送達をなすべきときには，裁判長は第1文に従って期間を定めるが，第175条は，送達代理人がこの期間内に指名されなければならないと読み替えてこれを準用する。
第2項　催告とともに被告に対し，第1項第1文により被告に定められた期間の懈怠の効果，および被告が訴えに反論するためになす陳述は選任すべき弁護士を通じてのみなし得る旨を教示することを要する。
第3項　〈略〉

第339条
第1項　故障期間は2週間とし，故障期間は不変期間であり，かつ欠席判決の送達をもって始まる。
第2項　外国における送達または公示送達をなすべきときは，裁判所は，欠席判決の中で，または口頭弁論を経ずに付与することのできる特別な決定により事後に，故障期間を定めなければならない。

民事及び商事事件における二国間承認執行条約の実施に関する法律［Gesetz zur Ausführung zwischenstaatlicher Anerkennungs- und Vollstreckungsverträge in Zivil- und Handelssachen］(AVAG)
第34条
第1項・第2項　〈略〉
第3項　異議申立期間（民事訴訟法第692条1項3号）は，これを1ヶ月と

する。支払命令では，被申立人に対して送達代理人を選任すべきこと（民事訴訟法第174条ならびに本法第4条第2項及び第3項）を指摘しなければならない。民事訴訟法第175条は，送達代理人が異議期間内に選任されなければならないものとして準用する。

〈研　究〉
Ⅰ　本判決の意義
　本件は，書面による事前手続（ドイツ民訴276条）において，裁判所は外国に在住する被告に対して送達代理人を選任しなければならないことを教示する義務を負わず，この者に対する欠席判決を郵便に付して送達してもよいと判断した連邦通常裁判所の判決である。この判決はドイツ民事訴訟法174条2項・175条の文言に忠実な解釈であるが（なお，公課法123条，行政手続法15条，民事及び商事事件における二国間承認執行条約の実施に関する法律（以下では承認執行実施法と表記する）34条では明文で教示義務を認めている），他方で外国の被告は必ずしもドイツ法の内容を熟知していないと考えられることから，この者の法的審問を確保するという観点からは本判決の解釈には疑問があるとの批判的見解も主張されている。

Ⅱ　ドイツにおける議論
1　書面による事前手続と外国当事者への欠席判決の送達
　1990年のドイツ民事訴訟法改正[1]にさいして新たに導入された276条1項3文によると，書面による事前手続においては，裁判長が定めた期間内に送達代理人が選任されなければならないことになる。外国にいる当事者（国籍は無関係）は，裁判所の命令がなくとも送達代理人を選任する義務を負い（ドイツ民訴174条2項），この期間内に送達代理人が選任されないと書類は当事者の住所に宛てて郵便に付して送達されることになる（ドイツ民訴175条1項2文）。しかし，この義務が生ずるのは訴訟係属［Rechtshängigkeit］が生じた後であり，それ以前は199条以下にしたがって手続は進められる[2]。この付郵便送達の効力は，たとえ郵便が返却されたとしても郵便に付したときに生じ（ドイツ民訴175条1項3文），判決文もドイツ民事訴訟法175条1項2文に基づき郵便に付して送達することができる[3]。したがって，これらの条文の文言からは，

外国にいる被告が送達代理人を選任していないときには欠席判決は郵便に付して送達されることになるが，外国当事者に判決が届いたときには上訴期間を徒過していたり，応訴のための十分な準備期間を有しないおそれが生じる。このような事態は，とくにドイツで提起された訴訟に積極的に関与していない外国当事者の場合に顕著となる。

そこで，そもそも外国当事者に対して付郵便送達は許されるのか，また裁判所は外国当事者に対して送達に関する教示義務を負うのか（とくに送達代理人を選任しない場合の結果について），問題が生ずる。

2　郵便に付する送達

外国の当事者に対する付郵便送達の適法性を論ずる際，この送達は一体，外国送達であるのかそれとも国内送達であるのかがまず問題になる。なぜなら，この問題は送達に関する条約との適用関係で相違をもたらすからである。この点について，従来からのドイツの通説[4]・判例[5]は外国にいる当事者への付郵便送達は外国でなす送達ではなく，内国送達を擬制したものと解している。その理由は，送達の効力発生時に関するドイツ民事訴訟法175条1項3文は，外国の受送達者に到達したときではなく，国内で郵便局に書類を引き渡すことで効力が生ずるとしていることによる[6]。このように付郵便送達は純粋な国内送達であると解されていることから，外国における送達の故障期間に関する同法339条2項の適用はなく，1項が適用されると説かれる[7]。だが，これでは外国当事者が実際に書類を受け取ったときには，すでに故障を申し立てる期間が徒過してしまうことがあり得る。そこで，近時の学説では，外国当事者に対する付郵便送達に関しては，同条2項の適用ないし類推適用を説く見解も有力である[8]。しかし，連邦通常裁判所は，本判決において従来の通説・判例と同様に同条1項の適用があると解している。

このように外国当事者に対する付郵便送達は国内送達であると解されているので，ドイツが送達条約など送達に関する条約の締約国であるからといって，付郵便送達が不可能になるわけではないと一般的に解されている[9]。その理由は，送達に関する条約は外国での送達をなすさいの方法を定めているだけであり，どのようなときに外国で送達が必要であるのかについては規律していないので[10]，各国法の解釈に委ねられているからである。連邦通常裁判所も，本判決でこの見解に立つ。

3 教示義務

(1) 従来の議論

　裁判所は，外国当事者に対して送達代理人を選任しなければならないことを指摘する義務があるのか。これは本件で中心となった問題である。ドイツ民事訴訟法174条1項によると，内国当事者については，裁判所は申立てにより送達代理人の選任を命ずるのに対して(11)，同条2項では「裁判所の命令がなくとも」外国の当事者は送達代理人を選任する義務があるとしている。そこで，2項の文言に忠実にしたがい，外国の当事者が送達代理人を選任することについて裁判所は教示義務を有しないのか，それとも内外当事者による扱いの区別をしないとすべきか問題になる。

　この点に関して学説には，条文の文言にしたがい，送達代理人を選任する義務および選任しない場合の結果について，裁判所が指摘する義務はないとする見解もある(12)。

　しかし，このような教示義務を否定する解釈に対しては，かねてより通説から厳しい批判がなされていた。教示義務肯定説の根拠としては，一方では，憲法または国際法に違反するというものであり，他方では一般的法観念 [allgemeiner Rechtsgedanke] により教示義務を認めようとするものである。まず，多くの見解は憲法ないし国際法に違反すると主張する。すなわち，法的審問請求権の保障（基本法103条1項），公正な手続の原則（基本法20条3項，ヨーロッパ人権条約6条1項）により裁判所は，外国当事者に対しその者が負う義務を指摘ないし教示する義務があるとするものである(13)。また，一般的法観念を根拠にする見解は，渉外的な督促手続では，承認執行実施法（AVAG）34条3項により，被申立人には国内で送達代理人を選任する義務が生じ，このことは被申立人の防御権を保障するために指摘されなければならないことになっているが，このような督促手続で保障された名宛人の保護は，他の手続においても当てはまると主張する(14)。

(2) 連邦通常裁判所の判断

　連邦通常裁判所は，少数説の見解を支持し，ドイツ民事訴訟法174条2項の文言に照らして裁判所は外国当事者に対して教示する義務がないことを確認した。そして，174条が送達に関して当事者がドイツ国内にいるのか，外国にいるのかで扱いを異にするのは，外国での送達に伴う困難な問題や訴訟遅延

に鑑みて正当化されると述べる。また，同様の理由から174条2項は，基本法や国際法にも反しないと説く。そして，公正な手続の原則を手続法上どのように形成するのかは，国際法的には各国に広範に委ねられており，各国の判断は相当性原則の範囲内ではヨーロッパ人権条約に優先すると述べる。さらに，連邦通常裁判所は教示義務は一般的法観念であるとの見解も否定した。裁判所は，判決手続に教示義務を拡大することに反対する理由として，本件での付郵便送達の場合と同様に，外国当事者は上訴についてもドイツ民事訴訟法を知らないことから防御権を失う危険があるにもかかわらず，上訴提起に関する教示義務の必要はないとされている(15)ことをあげている。

(3) 本判決に対するドイツ学説の評価

ある評釈は，裁判所の教示義務を否定した本判決をつぎのように批判する(16)。「連邦通常裁判所が示した内外当事者の扱いを異にする根拠は，送達方法に関してはあてはまるが，このことによって外国当事者に対して教示義務を否定する理由にはならない。むしろ，外国被告には情報を提供する必要性がより高いといえる。したがって，憲法やヨーロッパ法に適合する解釈をなし，裁判所の適切な教示義務を通じて外国被告の不利益を除去すべきであり，このことは条文の文言によって妨げられないであろう。外国在住の被告の防御権に対する危険を考慮すると，教示がないと，被告の法的審問請求権（基本法103条1項）や公正な手続を求める権利（ヨーロッパ人権条約6条，基本法20条3項）は侵害される。連邦通常裁判所は，承認執行実施法34条3項は一般的法観念を内包するとの見解を否定し，その際，上訴提起の教示義務を否定した連邦憲法裁判所の判断を重視している。しかし，上訴の場合とは異なり，この場面では，訴訟の開始時に適切に指摘されることで初めて，被告は防御権を適切に主張することが可能になる。また，裁判所は，公正な手続形成に関する立法者の立法の自由 [die Gestaltungsfreiheiten des Gesetzgebers] を〔ドイツ民事訴訟法〕174条の文言解釈の根拠に挙げているが，ドイツの立法者はすでに，承認執行実施法34条3項，行政手続法15条3文，公課法123条および民事訴訟法276条2項において教示義務を定めている。さらに，このような義務を認めても裁判所に負担をかけることはない」と。

また，別の評者は，民事訴訟法の解釈の観点と国際法の観点から批判を展開する(17)。第1に民事訴訟法の解釈の点について，「まず，〔ドイツ民事訴訟法〕

276条1項3文は175条の特則をなすことから，276条2項が定める裁判官の教示義務は174条2項の特則であると考えられる。そして，不変期間を懈怠した場合の結果に関する276条2項の教示は，適時に送達代理人を選任しなかった場合の欠席判決の可能性も含まれる。つぎに，裁判官による期間設定と175条の準用は，2つの文からなる276条1項3文においては一体的に理解すべきであり，2つの独立した内容とすべきではない。276条1項3文は175条を指示しているが，送達代理人を選任する義務を被告の負担とした174条2項を指示していない。さらに，1990年の法改正で挿入された276条1項3文に関する立法理由によると，訴状の送達に際して当事者は送達代理人を選任することについて教示がなされることを前提としている。したがって，文言解釈および体系的解釈は，立法経過によって確認された」と。第2にヨーロッパ法により禁止された国籍を理由とする差別の禁止（ヨーロッパ人権条約6条1項）について，連邦通常裁判所は，付郵便送達に代えて正式な送達をなすことに伴う困難さと原告の権利実現の遅滞という客観的状況に照らしてこれに反しないとしているが，この点についてつぎのように述べている。「同条約は，国籍を理由とする明白な差別の禁止だけでなく，隠れた形での差別も禁止している。後者は，別の区別の基準を適用すると事実上同じ結論に至る場合をいい，民訴法174条2項はこれに該当する。なぜなら同項はドイツ人でも外国に住む当事者に送達すべきケースすべてに当てはまるが，外国にいるドイツ人に送達するケースは稀であることから，国籍による差別と同じ結果を生ずるからである。しかし，これだけでは隠れた差別となるには不十分であり，さらに客観的状況によって正当化されないということが必要となる。連邦通常裁判所は，最近のヨーロッパ裁判所の判例に照らして客観的状況があると考えたが，むしろ事件をヨーロッパ裁判所に事件を付託しなければならなかった。それを回避するには，276条について教示義務を認めることしかない」と。

III 日本法への示唆──外国当事者への付郵便送達の適法性
1 わが国における従来の議論

わが国では，外国当事者に対して付郵便送達が可能であることを前提とするドイツ法とは異なり，渉外事件での付郵便送達の適法性そのものが旧法下では争われていた。この対立は基本的には現行法でも妥当するものと考えら

れる。そこで，まず，この問題から見ていくことにする。

　外国にいる当事者に対して送達をなす場合，現行民事訴訟法108条は外国の官庁または日本の外交使節により送達をなすことを規定する。しかし，本条によって，当然に外国でこのような送達をなすことができるというわけではなく，問題となっている外国が許容していること（司法共助関係の存在）が必要である[18]。司法共助の法源としては，多国間条約（いわゆる民訴条約，ハーグ送達条約），二国間条約（いわゆる日米領事条約，日英領事条約），二国間共助取決めがある。また，事前に共助関係がなくても，具体的事件が生じた際に個別的に応諾がなされることがある。

　しかし外国にいる当事者に送達をするとしても，司法共助によらずに国内法による送達をなしうる場合がある。現行民訴法におけるそのような場合として，送達場所や送達受取人[19]の届けがあるとき（104条），出会送達（105条），公示送達（110条）がある。また，外国企業を相手に訴訟を提起する場合に，その企業のわが国の営業所に対して，外国企業の代表者宛の送達をなしうるとの見解も主張されている[20]。

　では，外国にいる当事者の住所に宛てて郵便に付する送達をなしうるのか。この点については，旧法下において見解の対立があった。肯定説は[21]，付郵便送達の性質に関するドイツ法と日本法の共通性に依拠しつつ，「最後の切り札としての公示送達と，外交ルートでの送達といういわば両極端の，中間の道」として郵便に付する送達による手段を肯定する。すなわち，付郵便送達は国内送達であることから主権侵害の問題は生じないこと，公示送達による場合は限定されており，それを補充する意味で付郵便送達は活用されるべきであり，受送達者への告知に関しても送達書類自体を送付する点で公示送達よりも優ること，外国当事者の手続保障については裁判長の期日指定権や付加期間により考慮が可能であることから，「わが国に住所，居所，営業所又は事務所を有しない在外の被告については，当該事件に関して……わが国が国際裁判管轄を有する限り，常に郵便に付する送達は可能だということになる」と主張する。これに対して，否定説は[22]，付郵便送達は補充送達・差置送達によりえない場合を前提とするが，外国における送達では補充送達・差置送達がなされないので形式的要件が充たされないこと，旧民事訴訟法175条の文言は付郵便送達を念頭においていないこと，公示送達は，できるだけ受送達

者に実際の告知を与えるために要件を加重しており，渉外的付郵便送達を認めることによる公示送達要件の実質的緩和には疑問があること，などを理由にこれに反対する(23)。

2　検　討
(1)　付郵便送達と送達に関する条約

まず，外国当事者への付郵便送達は民訴条約・ハーグ送達条約に反しないか問題になるが，これらの条約は外国での送達をなす場合の方法について規律をしているのであり，国内送達と外国での送達との区別の基準については触れていない。したがって，いかなる場合に国内送達によるのかは各締約国に委ねられていると見るべきであり，また国内送達であるならば条約の適用はないことになる。たとえばアメリカ合衆国においては，被告であるドイツ法人がアメリカ合衆国に有する子会社を送達代理人とみなして，被告への送達をこの子会社になしたことが送達条約に違反するかどうかが問題になった事件で，連邦最高裁は，米国子会社への送達は「国内送達であり送達条約の適用を受けない」と判断している(24)。同様にドイツでも連邦通常裁判所の本判決そして従来の通説・判例が，付郵便送達が国内送達であることから送達条約の適用はないと解していることについては，すでに紹介した。このように，国内送達と外国での送達をなす基準は各国国内法に委ねられ，それにより国内送達とされるならば送達に関する条約の適用はないという，アメリカ・ドイツでの一般的理解はわが国でも妥当すると思われる。したがって，わが国の付郵便送達も発送時に送達の効力が生ずることから（107条3項），国内送達であるといえ(25)，外国当事者に対する付郵便送達は送達条約に違反するものではないと解する。もっとも，このような擬制送達を無制限に認めることは，送達条約の趣旨を潜脱することになりかねないこと(26)，またこのような送達に基づき下された判決は，外国で承認を求めるにさいして不承認となる可能性が増大する点は注意を要しよう（この点は後述する）。

(2)　現行民事訴訟法における国際的付郵便送達の適法性

このように付郵便送達が民訴条約・ハーグ送達条約に違反しないとしても，わが国の民事訴訟法の解釈として，渉外民事事件でこの送達を利用することが妨げられないのだろうか。実務においては，外国当事者（被告）に対しては付郵便送達をしていないようであるが，わが国の民事訴訟法の解釈としてそ

のような帰結は必然的なのであろうか。現行民事訴訟法における外国当事者に対する付郵便送達の適法性については、まだ論じられていないようであるが基本的には旧法下での議論が妥当すると考えられる。以下では、最初の送達とそれ以降の送達とに分けて論ずる。まず、外国被告に対する「最初の送達」については、住所が判明しているときには、その住所に宛てて司法共助により送達がなされることが必要であり、この場合に付郵便送達をなすことはできないと考える。当事者の住所が判明している場合に最初から擬制送達によることは、外国当事者に対する法的審問の保障の観点からも問題があるからである。ドイツでも、ドイツ民事訴訟法174条・175条の解釈として、外国当事者に付郵便送達をなすには「外国送達に適用されるルール」によりすでに訴状が適式に送達されていることを前提としており、最初の送達について付郵便を認めていないが[27]、これはまさしく同様の発想によるものと考えられる。この点は否定説と同じ結論である。つぎに、「訴訟係属後[Rechtshängigkeit]」に、外国の被告が日本民事訴訟法104条に基づき日本国内に送達場所を届けたときには[28]、この場所に交付送達などを行い、これが不奏功のときにはこの場所に付郵便送達が可能になる（107条1項2号）[29]。では、外国当事者が送達場所を届け出ないときにはどうか。この場合、内外当事者による区別をすべきでないと考える。すなわち、司法共助により外国当事者に対して訴状が送達され訴訟係属が生じているいじょう、外国当事者であってもわが国の裁判所と訴訟法律関係を形成しているといえるので、この者にも送達場所の届出義務が生じると考えられる。また、104条は外国当事者を排除する旨を明言していない。さらに、アメリカ合衆国や英国との関係では、日米友好通商条約4条、日英通商航海条約7条4号が内国民待遇や差別的待遇の禁止を定めているが、内外当事者ともに送達場所の届出義務を負うのであれば、これに反することもない。そして日本民事訴訟法108条との関係では、同条は外国においてすべき送達についての規定であるのに対して、付郵便送達は国内送達であるから同条に反しない。外国当事者に対する手続保障の点は、外国当事者への訴状の送達に際して裁判所の教示義務を認め、また訴訟行為の追完（日本民訴97条1項）により実現すべきである（この点は後述する）。

したがって、訴状の送達については司法共助によるべきであるが、それ以

降の書類の送達については付郵便送達が可能であると解する。

(3) 国際的付郵便送達と教示義務および判決承認

　外国当事者への付郵便送達を適法とした場合，送達届出義務があることとそれに違反した場合の効果を，最初の送達のさいに外国当事者に対して教示する必要があると解する(30)。先に見たように，ドイツではドイツ民事訴訟法174条の法文上このような教示は必要ないとし，連邦通常裁判所も本判決で不要とした。しかし，法廷地国の訴訟制度について外国当事者は熟知していないことが考えられることから，外国当事者の法的審問の充実を図るためには，むしろドイツの多数説が説くように教示義務を認めるべきと考える。また，ドイツ民事訴訟法と異なり，教示義務を肯定することにつきわが国の民事訴訟法の法文上問題はなく，さらに，教示に際して裁判所はとくに多大な労力を要しないと思われる。

　他方，付郵便送達は発送時に送達の効力が生じ，手続を進める擬制送達の一種であるので，外国の当事者にとっては手続保障が必ずしも十分とは言えない場合があり得る。したがって，付郵便送達に基づくわが国の判決が外国において承認されるのか，手続的公序との関係で微妙な問題が生じうる(31)（ことに，連邦通常裁判所の見解のように教示義務を否定した場合には，一層この問題は顕著である）。そこで，わが国が判決国であるときには，訴訟行為の追完に関する日本民事訴訟法97条1項但書を活用する余地はあろう。この点に関して連邦通常裁判所は，本件で上訴期間が徒過した後に書類が実際に到着した場合でも内国送達と同様に扱い，ドイツ民事訴訟法339条2項の適用はないとしているが，仮にわが国でこのような外国判決の承認が求められた場合には，手続的公序に反するとして不承認とすべきである。この場合の根拠条文として，日本民事訴訟法118条2号と3号のいずれによるのかは問題がある。つまり，2号の文言は手続開始局面だけをカヴァーしているので，それ以降の送達については同号ではなく3号の問題とする余地があるからである(32)。しかし，本号は外国訴訟での被告の手続保障を問題にしているといえること，また2号で用いられている判断基準は訴状より後の書類の送達に関しても妥当すると考えられることから，3号ではなく2号が適用されると解する。

(1)　BGBl. 1990 I, S.2847.

(2) Geimer, Internationales Zivilprozeßrecht, 3.Aufl. 1997, Rdnr. 2114. ただし，外国在住の原告については，送達代理人選任義務は訴状提出時に生ずる。Musielak/Wolst, ZPO, 1999, §175 Rdnr. 2. 原告に関しては，訴状提出によって訴訟法律関係が形成されていると考えられるからである。
(3) Geimer, a.a.O. (Fn.2), Rdnrn. 2078, 2115.
(4) Linke, Internationales Zivilprozeßrecht, 2.Aufl. 1995, Rdnr. 222; Nagel/Gottwald, Internationales Zivilprozeßrecht, 4.Aufl. 1997, S. 165; Rauscher, Internationales und Europäisches Zivilverfahrensrecht, 1999, S.16.
(5) BGH NJW 1992, 1701; BVerfG NJW 1997, 1772.
(6) Fleischhauer, Unkenntnis schützt Ausländer vor Fristversäumnis nicht, IPRax 2000, 13, 14.
(7) BGH NJW 1987, 592; Münchener Kommentar/Prütting, ZPO, 1992, §339 Rdnr. 7 (Fn.12); Münchener Kommentar/v.Feldmann, ZPO, 1992, §175 Rdnr. 2; Musielak/Wolst, a.a.O. (Fn.2), §175 Rdnr. 5; Stein/Jonas/Grunsky, ZPO, 21.Aufl.1998, §339 Rdnr. 11; Zöller/Stöber, ZPO, 21.Aufl. 1999, §175 Rdnr. 6.
(8) Geimer, a.a.O. (Fn.2), Rdnr. 2116; Linke, a.a.O. (Fn.4), Rdnrn.228, 243; Nagel/Gottwald, a.a.O. (Fn.4), S.245; Schack, Internationales Zivilverfahrensrecht, 2.Aufl. 1996, Rdnr. 599; Stein/Jonas/Roth, ZPO, 21. Aufl. 1993, §175 Rdnr. 11. vgl. auch, Linke, Die Probleme der internationalen Zustellung, in: Gottwald (Hrsg.), Grundfragen der Gerichtsverfassung, 1999, S. 95, 128
(9) Baumbach/Hartmann, ZPO, 58.Aufl. 2000, §175 Rdnr. 5; Nagel/Gottwald, a.a.O. (Fn.4), S.165. シュロッサー（小島武司編訳）・国際民事訴訟の法理48頁（森勇訳，1992年）。
(10) Schlosser, EuGVÜ, 1996, Art. 1 HZÜ Rdnr. 5.
(11) Vgl.Thomas/Putzo, ZPO, 22.Aufl. 1999, §174 Rdnr. 8 ff.
(12) Münchener Kommentar/ v.Feldmann, a.a.O. (Fn.7), §175 Rdnr. 2; Thomas/Putzo, a.a.O. (Fn.11), §174 Rdnr. 2.
(13) Bachmann, FamRZ 1996, 1276,1278; Fleischhauer, Inlandszustellung an Ausländer, 1996, S. 270; Geimer, a.a.O. (Fn.2), Rdnr. 2113; Hausmann, Zustellung durch Aufgabe zur Post an Parteien mit Wohnsitz im Ausland, IPRax 1988, 140, 143 (Fn.33); Linke, a.a.O. (Fn.4), Rdnr. 228;

Nagel/Gottwald, a.a.O. (Fn.4), S.165; Schack, a.a.O. (Fn.8), Rdnr. 599; Stein/Jonas/Roth, a.a.O. (Fn.8), §175 Rdnr. 11; Wiehe, Zustellungen, Zustellungsmängel und Urteilsanerkennung am Beispiel fiktiver Inlandszustellungen in Deutschland, Frankreich und den USA, 1993, S. 22; Zöller/Geimer, ZPO, 21.Aufl. 1999, §199 Rdnr. 20; Zöller/Stöber, a.a. O. (Fn.7), §174 Rdnr. 5.

(14) Fleischhauer, a.a.O. (Fn.13), S.271; Stein/Jonas/Roth, a.a.O. (Fn.13), §175 Rdnr. 11.

(15) BVerfG NJW 1995, 3173.

(16) Fleischhauer, a.a.O. (Fn.6), S.14 f.

(17) Roth, JZ 1999, 419 f.

(18) 国際司法共助については、たとえば、石川＝小島編・国際民訴82頁〔三上威彦〕、小林秀之「国際司法共助」澤木＝青山編・理論285頁、最高裁判所事務総局民事局監修・国際司法共助ハンドブック（1999年）、髙桑昭「渉外的民事訴訟事件における送達と証拠調」曹時37巻4号1頁（1985年）、服部壽重「民事事件における国際司法共助」新実務講座（7）161頁。

(19) 渉外民事事件における送達受取人をめぐる問題については、小杉丈夫「送達受取代理人、その他の諸問題」NBL552号45頁（1994年）、森義之「送達・証拠調べ」元木伸＝細川清編・裁判実務大系（10）96頁（1989年）など参照。

(20) 国谷史郎＝田中信隆「国際送達の諸問題」自正48巻5号110頁（1997年）、注釈民訴（3）588頁〔渡辺惺之〕。

(21) 石黒・現代225頁以下。兼子ほか・条解446頁〔竹下守夫〕、菊井維大＝村松俊夫・全訂民事訴訟法〔Ⅰ〕補訂版1112頁（1993年）も同旨か。

(22) 注解民訴（5）453頁〔山本和彦〕、注釈民訴（3）587頁〔渡辺〕。

(23) 否定説に対する再反論として、石黒・国際民訴83頁。

(24) Volkswagenwerk Aktiengesellshaft v. Schlunk, 108 S.Ct.2104(1988). 同判決については、たとえば、小林秀之・新版ＰＬ訴訟180頁（1995年）、小林秀之＝齋藤善人「アメリカ国際民事訴訟法の最近の動向」上法32巻2＝3号22頁（1989年）、三浦正人＝熊谷久世「アメリカ合衆国訴訟における訴状の国外への送達」名城41巻別冊柏木還暦記念665頁（1991年）に紹介がある。

(25) 兼子ほか・前掲注（21）446頁〔竹下〕。なお、付郵便送達一般に関する諸問題については、たとえば、井上繁規「書留郵便に付する送達」三宅省三ほか編・新民事訴訟法大系（1）291頁（1997年）、新堂幸司「郵便に付する送達について」太田知行＝荒川重勝編・民事法学の新展開509頁（1993年）、中

山幸二「郵便に付する送達制度の問題点」神奈22巻3号43頁（1987年）など参照。

(26) なお，シュロッサー・前掲注（9）48頁以下参照。

(27) Linke, a.a.O. (Fn.4), Rdnr. 220 ff.; Schack, a.a.O. (Fn.8), Rdnr. 599. シュロッサー・前掲注（9）38頁。

(28) 被告ないしその代理人については，送達後に届出義務が生ずるとされる。法務省民事局参事官室編・一問一答新民事訴訟法110頁（1996年）。この点は，ドイツにおける扱いと同じである。送達場所の届出については，たとえば，梅津和宏「送達場所等の届出」三宅ほか編・前掲注（25）278頁など参照。

(29) ちなみに，旧法下では義務的送達受取代理人を選任しないときには，この者に対して付郵便送達が可能とされていたが（旧170条2項），実際には積極的には利用されていなかったとされる。勝野鴻志郎＝上田正俊・民事訴訟関係書類の送達実務の研究84頁，152頁（改訂，1986年）。

(30) なお，兼子ほか・前掲注（21）436頁〔竹下〕参照。

(31) Vgl.Geimer, a.a.O. (Fn.2), Rdnr. 2119 ff.

(32) ドイツでは，このような解釈が有力である。Rosenberg/Schwab/Gottwald, Zivilprozeßrecht, 15.Aufl. 1993, S.944; Schack, a.a.O. (Fn.8), Rdnr. 852; Staudinger/Spellenberg, Internationales Verfahrensrecht in Ehesachen, 13.Aufl. 1997, Rdnr. 567 zu § 328 ZPO.

追　補

1　はじめに

本文脱稿（2001年4月2日）後，ドイツにおける送達に関するルールは，2002年1月1日施行の新民事訴訟法により若干の変更がなされた。また，2002年7月1日施行のいわゆる送達法改正法（Zustellungsreformgesetz）により，それまでの166条から213条aにかけての規定は，166条から195条として変更を受けた（送達規定の新旧・旧新対照表は，Hartmann, Zivilprozess 2001/2002 : Hunderte wichtiger Änderungen, NJW 2001, 2577, 2580 ff. が便利である。vgl. auch Nies, Zustellungsreformgesetz － Ein Überblick über das neue Recht, MDR 2002, 69ff.）。また，デンマークを除いたEU域内においては，「構成国間での民事及び商事事件における裁判上及び裁判外の書類の送達に関する2000年5月29日の理事会規則」（いわゆるヨーロッパ送達規則）が2001年5月31日に施行し（送達規則25条），ドイツ民事訴訟法183条および184条がこの規則と関係

する送達ルールを定めている。

わが国における議論は，本文での記述からの進展はない。なお，国際送達に関する脱稿後の論説として，高桑昭＝山崎栄一郎「外国への送達と外国からの送達」新実務大系（3）190頁以下がある。

2　論点の確認

この送達法の改正によって，本判決が提起した問題点がドイツにおいてどのように解消されたのであろうか。その前に，まず，本件の問題点を確認しておく。本件が提起した問題はおおよそ，①外国当事者に対する送達方法にはどのようなものがあるのか，外国当事者に対して付郵便送達は許されるのか，許されるとするといかなる要件の下においてなのか，②付郵便送達は国内送達か外国における送達か，また外国当事者への付郵便送達についての故障期間はどうなるのか（ドイツ民訴339条2項適用の可否），③送達代理人選任義務に違反の効果について裁判所は当事者に教示する義務を負うのか，にまとめることができる。

3　現行法における送達ルール

まず，ドイツの現行法での渉外民事事件における送達に関するルールを確認しておく必要がある。

現行法のもとにおいても，書面による事前手続において，外国で訴状の送達をなすときには，裁判長は，被告が防御の意思を裁判所に書面で通知するための期間を定めることができるとしている（ドイツ民訴276条1項3文）。しかし，裁判長が定めた期間内に送達代理人を選任しないときには，郵便に付する送達ができるとした規定（ドイツ民訴旧276条1項3文後段）は送達法改正法（BGBl.2001-I S.1206, 1210）により削除された。しかし，このような方法が許されなくなったということではない。外国における送達は，新法では183条，184条が規律し，旧276条1項3文後段は新184条1項に移った。

では，新法では，外国における送達をどのようなルールで実施するのか。この点については，EU 送達規則の施行による変更を除いて大きな内容上の変更はない（ドイツ民訴旧199条・200条・202条参照）。まず，183条によると外国における送達方法としては，①配達証明つきの書留による方法，②外国の

第3部　送達

当局または在外のドイツ大使・領事による方法，つまり司法共助（旧199条），③主権免除を有するドイツ人に対する在外官署への送達による方法（旧200条），がある。②および③は，それぞれ旧199条および旧200条から内容的な変更を受けることなく引き継いでいるが，①については説明を要する。①は，ドイツ刑事訴訟法37条2項を参考にして新たに設けられたとされる。ところで，ドイツも締約国になっているハーグ送達条約10条は郵便による直接郵送を認めていたが，ドイツは拒否宣言をしており（Münchener Kommentar/Wenzel, ZPO-Reform, 2.Aufl.2002, §183 Rdnr. 4)，またヨーロッパ送達規則15条が定める直接送達についても，ドイツは不適法である旨の宣言をしている（後掲条文を参照）。しかし，同規則14条は，締約国に対して他の締約国にいる者への裁判上の書類を直接郵送することを認めており，ドイツは送達実施法（Zustellungsdurchführungsgesetz）2条1項で配達証明つきの書留の方式で郵送送達をなしうるとしている（Münchener Kommentar/Wenzel, a.a.O., §§2 f. ZustG Anh. §195 Rdnr. 31)。このような扱いに対して有力説は，ヨーロッパ送達規則14条で直接郵送を認めているのに，同規則15条やハーグ送達条約10条について拒否宣言を行使する理由はないと説く（Heß, Neues deutsches und europäisches Zustellungsrecht, NJW 2002, 2417, 2424; Schlosser, EU-Zivilprozessrecht, 2.Aufl. 2003, Art.15 EuZVO Rdnr.1. ゴットヴァルトも拒否宣言に対しては否定的評価である。Nagel/Gottwald, Internationales Zivilprozessrecht, 5.Aufl. 2002, §7 Rdnr. 89)。たとえば，直接郵送による送達は，（デンマークを除く）EU諸国内であれば適法とされるのに，それ以外の国との関係では不適法となる。なお，①の方法は，司法共助によることができない場合の補充的手段に過ぎないとする見解があるが（Heß, a.a.O., S.2422)，通説はそのような区別を認めていない（Lindacher, Europäisches Zustellungsrecht, ZZP 114 (2001), 179,185; Nagel/Gottwald, a.a.O., §7 Rdnr. 57; Schlosser, a.a.O., Art. 14 EuZVO Rdnr. 2; Stadler, Neues europäisches Zustellungsrecht, IPRax 2001, 514,516)。

　本条は外国におけるすべての送達に適用されるが，国際条約が締結されていればそちらが優先する。またヨーロッパ送達規則は，構成国間の多国間・二国間条約に優先する（同規則20条1項）。本条の送達が奏功しなかったときには，公示送達（ドイツ民訴185条）による。

つぎに，送達代理人の選任に関するドイツ民事訴訟法184条についてみてみる。同条1項によると，訴訟代理人を選任していない場合に，同183条2号及び3号に基づく送達をなすときには，裁判所の命令により国内の送達代理人を選任するものとし，選任しないときには以後の送達を郵便に付する送達によることとした。このような扱いは旧法下では法律上当然であったが（von Geseztes wegen），新法では裁判所の命令によるとされ，外国判決の承認執行に関するブリュッセル規則40条による場合を除いて裁判所の裁量に服する（vgl. Thomas/Putzo, ZPO, 25.Aufl. 2003, §184 Rdnr. 7)。それによりドイツ民事訴訟法184条は，付郵便送達によるのか，それとも正式の外国送達によるのか選択権を認めていると説かれる（Linke, Internationales Zivilprozeßrecht, 3. Aufl. 2001, Rdnr. 224)。この命令をなしうる時期が，訴状提出状態（anhängig）後なのか（Thomas/Putzo, a.a.O., §184 Rdnr. 4.; Zöller/Stober, ZPO, 23.Aufl. 2002, §184 Rdnr. 2)，それとも訴訟係属（rechtshängig）後なのか（Schack, Internationales Zivilverfahrensrecht, 3.Aufl. 2002, Rdnr. 599; Zöller/Geimer, ZPO, 23.Aufl. 2002, §183 Rdnr. 81)については争いがある（本文注（2）を参照)。しかし，いずれにしても訴訟を開始する書面については，いわゆる擬制送達（付郵便送達）によらず，正式な外国送達によるとする点では旧法下におけるのと異ならないと考えられる（Geimer, Internationales Zivilprozeßrecht, 4. Aufl. 2001, Rdnr. 2112; Linke, a.a.O., Rdnr. 222; Nagel/Gottwald, a.a.O., §7 Rdnr. 11)。ドイツ民事訴訟法183条1号の直接郵送による送達の場合には，付郵便送達はなしえず，2号と3号の場合に限られる。付郵便送達は国内で完結するので（ドイツ民訴184条2項)，国内送達であると考えられる（Rauscher, Internationales Privatrecht, 2.Aufl. 2002, S.337)。したがって，現行法においても外国当事者への付郵便送達がなされた場合の故障期間に関するドイツ民事訴訟法339条2項は適用されないと説く見解が通説である（Baumbach/Hartmann, ZPO, 61.Aufl. 2003, §339 Rdnr. 7; Geimer, a.a.O., Rdnr. 2116; Linke, a.a.O., Rdnr. 225; Münchener Kommentar/Wenzel, a.a.O., §184 Rdnr. 8; Thomas/Putzo/Reichold, ZPO, 25.Aufl. 2003, §339 Rdnr. 2; Zöller/Stöber, a.a.O., §184 Rdnr. 8)。この点で旧法下における理解に変更はなく，1999年連邦通常裁判所判決の考えは維持されている。しかし，ドイツ民事訴訟法184条2項によると，郵便に付した後2週間で送達の効力が生ずるとし（なお旧175条1項

は郵便に付したとき，つまり投函時に効力発生としていた），また裁判所はさらに長い期間を定めることができるとしている。したがって，この規定により，外国の当事者が裁判が下されたことを知る前に上訴期間を徒過してしまうという事態は通常は回避可能となると説かれる（Nagel/Gottwald, a.a.O., §7 Rdnr. 12. vgl.auch Musielak/Stadler, ZPO, 3.Aufl. 2002, §339 Rdnr. 2)。そしてドイツ民事訴訟法184条2項2文で，送達代理人を選任しないときの効果について，当事者は指摘を受けるものとされた。この規定は，本文で紹介した1999年連邦通常裁判所判決を変更することになる（vgl. Zöller/Greger, ZPO, 23. Aufl. 2002, §276 Rdnr. 5)。

4　まとめ

新法によって，従来のドイツにおける議論がすべて解消したわけではないが，およそ次のようにまとめることができよう。

外国にいる当事者に対する送達方法は，①配達証明付き書留郵便，②外国当局またはドイツの在外大使などの司法共助，③主権免除を有するドイツ人には外国に所在するドイツの官署，による手段がある（改正後のドイツ民訴〈以下同じ〉183条1項）。②および③の方法については，送達代理人を選任する義務を負う（ドイツ民訴184条1項）。この送達代理人の選任は裁判所の命令に基づくが，そのさい，裁判所はこの義務に当事者が従わないときの効果（それ以降の送達は郵便に付する送達によること）について当事者に教示する義務を負うこととなった（ドイツ民訴184条2項。99年判決の変更）。付郵便送達は訴訟を開始する書面についてはなしえず通常の外国送達の方法によるが，それ以降の書面については付郵便送達が可能である。外国当事者に対する付郵便送達は国内で効果が生じることから，国内送達方法の一種であり，外国当事者の故障期間に関する規定（ドイツ民訴339条2項）の適用はない。しかし，裁判所は付郵便送達による効果の発生時期を延ばすことができるので（ドイツ民訴184条2項），外国当事者の不利益はこの規定によってほぼ解消されたといえる（2003年8月26日追補脱稿）。

〈参考条文〉

　　ドイツ民事訴訟法の改正により旧174条1項は184条1項1文に，そして

174条2項は削除された。旧175条は，1項1文が削除，1項2文が184条2項2文に，1項3文が184条2項1文に，2項は175条1文・2文になった。旧199条は，183条1項2号と2項になった。旧339条2項は，2001年7月27日の民訴法改正で変更を受けた。しかし，この改正は，新128条4項が「判決以外の裁判所の裁判は，別段の定めがあるときを除き口頭弁論を経ずになす」と規定していることによるものであり，実質的な変更ではない。

ドイツ民事訴訟法
第183条（外国における送達）
第1項　外国における送達は，次の方法による。
第1号　国際条約により書類を直接郵送［unmittelbar durch die Post］することが認められているときには，配達証明つきの書留による，
第2号　受訴裁判所の裁判長の要請に基づき，外国の官署又は当該外国に駐在する連邦の大使若しくは領事への嘱託による，又は
第3号　受訴裁判所の裁判長の要請に基づき，主権免除の権利を享受し外国においてドイツ連邦共和国を代表するドイツ人には，外国に駐在する官署による。
第2項　第1項第1号による送達の証明には，配達証明でたりる。第2号及び第3号による送達は，受託官署の証明書によって証明する。
第3項　民事及び商事事件における裁判上及び裁判外の書類の送達に関する2000年5月29日の理事会規則番号1348/2000の規定は，引き続き適用される。規則1348/2000の第14条第1項による送達は，各構成国が定める要件とはかかわりなく，配達証明つきの書留による発送方法のみが適法である。第2項前段が準用される。

第184条（送達代理人；郵便に付する送達）
第1項　裁判所は，第183条第1項第2号及び第3号による送達に際しては，訴訟代理人を選任していないときには，当事者が相当の期間内に国内に居住するか事務所を有する送達代理人を選任することを命ずることができる。送達代理人が選任されないときには，それ以降の送達は事後的に送達代理人が選任されるまでは，書類をその当事者の住所に宛てて

郵便に付する［zur Post］ことにより，効力が生ずる。
第2項　書類は，郵便に付した後に2週間で送達されたものとみなす。裁判所は，期間を延長することができる。第1項に基づく命令において，この法的効果は指摘されなければならない。送達の証明には，いかなる時間にいかなる住所に書類が郵便に付されたかを書類に記入しなければならない。

第339条
第1項　〈略〉
第2項　外国における送達又は公示送達をなすべきときは，裁判所は，欠席判決の中で，又は特別の決定で事後に，故障期間を定めなければならない。

ヨーロッパ送達規則
第14条（郵便による送達）［Zustellung durch die Post］
第1項　各構成国は，他の構成国に住所を有する者に対して，裁判上の書類を郵便により送達することができる。
第2項　各構成国は，第23条第1項により裁判上の書類を送達することができる要件を公表することができる。

第15条（直接送達）［Unmittelbare Zustellung］
第1項　本規則は，裁判手続に関与する当事者が，受託国である構成国の裁判所の官吏，官吏，または権限を有する者を通じて裁判上の書類を直接送達する権能を妨げない。
第2項　構成国は第23条第1項にしたがい，第1項による裁判上の書類の送達を自国の高権領域内では不適法である旨を宣言することができる。

第23条（通知及び公表）
第1項　構成国は，委員会にに対して，第2条，第3条，第4条，第9条，第10条，第13条，第14条，第17条(a)及び第19条に基づく申立を通知する。

14　外国に所在する被告への欠席判決の送達

第2項　委員会は，第1項の申立をヨーロッパ共同体官報［Amtsblatt der Europäischen Gemeinschaften］において公表する。

第 4 部

外国判決の承認・執行

15 外国判決の承認要件——間接管轄

BGH, Urteil vom 29.4.1999-IX ZR 263/97

芳 賀 雅 顯

BGHZ 141, 286＝NJW 1999, 3198＝ZZP 112 (1999), 473 Anm. Roth (483)＝JZ 2000, 107 Anm. Stürner/Bormann (81)＝WM 1999, 1381＝LM ZPO §328 Nr.48-52 Anm. Geimer

〈判決要旨〉

アメリカ合衆国の連邦裁判所が下した国際裁判管轄については，全米のいずれかの連邦裁判所が管轄を有するか否かを審査すれば足りる。

〈事案の概要〉

アメリカ合衆国のウィスコンシン州に住む原告Xは，イリノイ州のL社から同社製造の旋盤を1986年に購入した。被告Y_1はL社の唯一の株主，そして社長であった。その後，同社の所有はY_2となり，1990年にはY_3が受け継いだ。Xは，L社から購入した旋盤には欠陥があり，正常に作動しなかったとして，1991年の初めにまずL社を相手に損害賠償を求めてウィスコンシン州東部地区連邦地方裁判所に訴えたが，その後，Xは同訴訟手続にY_1〜Y_3（いずれもドイツに居住している）を被告として追加した。1991年3月に，Y_1らに訴状と召喚状が送達された。この時には，Y_1とY_2はイリノイ州に不動産を有していたが，1991年中にY_3に譲渡した。Y_1らと，1991年夏に破産申立てをしたL社は応訴しなかった。1992年1月16日に下した欠席判決により，ウィスコンシン州東部地区連邦地方裁判所は，連帯債務者としてY_1〜Y_3に対して支払いを命じた。Xはこの判決に基づき，ドイツで強制執行を求めた。

ビーレフェルト地方裁判所は請求を認容したが，ハム上級地方裁判所は，被告はウィスコンシン州ではなくイリノイ州に財産を有しているので，ウィスコンシン州の連邦地裁は財産所在地管轄（ドイツ民訴23条）がないことから，

同連邦地裁はドイツ民事訴訟法328条1項1号の間接管轄（判決裁判所が国際裁判管轄を有しているかという要件）を有しないとした。これに対し，Xは上告を提起した。

〈判　旨〉
　破棄差戻し。連邦通常裁判所は，アメリカ合衆国（以下ではたんにアメリカと表記する）の連邦地方裁判所が国際裁判管轄を有していたか否かの判断基準はドイツ法の国際裁判管轄ルールにしたがうとしたうえで，判決州に管轄がなくても，アメリカのいずれかの裁判所が管轄を有しさえすれば足りるとした。
　まず，裁判所は，間接管轄の基準として鏡像理論を前提とする。「アメリカの連邦裁判所は，本件では，ドイツ法にしたがい鏡像的に［spiegelbildlich］評価すると，イリノイ州に被告の不動産があることに鑑みて管轄がある。」「本件では被告の不動産は十分な価値がないということは示されていない。〔ドイツ〕民事訴訟法23条に加重してさらに十分な内国関連性を要するとの制限を，民事訴訟法328条1項1号についても鏡像的に妥当させるか否かは，本件では未解決のままでよい。なぜなら，本件ではアメリカ在住の原告にとって，アメリカ連邦裁判所はいずれにせよ国際裁判管轄を有するからである。すなわち，法的紛争の原因はL社が製造し，米国内で販売された旋盤機械だからである。これら双方の事情により，ともかくアメリカの財産所在地管轄を根拠づけるのに十分な関連性が認められる。」
　つぎに，間接管轄の審査対象となる地域が判決州かそれともアメリカ全体であるのかを一般的に判断する必要はないとしながらも，本件ではアメリカ全体が管轄を有しているのか判断すべきであると述べる（本件は連邦裁判所の下した判決の承認が求められた事例であることに注意）。アメリカ全体を基準とする解釈の理由として，連邦裁判所の管轄はアメリカの主権全体に及ぶこと，間接管轄の審査に際しては判決国の土地管轄は考慮されないこと，判決州を基準にする見解はアメリカ全体を基準にする見解よりも承認可能性を不当に制限してしまうこと，〔ドイツ〕民法施行法4条3項や〔ドイツ〕民事訴訟法328条1項5号での解釈は本号の解釈にとって重要でないこと，などをあげている。「控訴審裁判所は，当裁判所とは反対の結論にいたる根拠として，アメリ

カでは，連邦国家と並んで全ての州は広い範囲で連邦裁判所と競合する州固有の独立した裁判権［Gerichtsbarkeit］を有することを挙げているのは明白である。州または連邦自治領の裁判所については，個々の州の国際裁判管轄を焦点にすべきであるとの見解が有力に主張されている。この点について，どのような見解によるべきかを一般的に判断する必要はない。いずれにしても，アメリカの連邦裁判権を地域的に分断することは正当化されない。」「アメリカ合衆国連邦裁判所全体の国際裁判管轄は，アメリカの主権領域全体に及ぶ。」「民事訴訟法328条1項1号の目的からは，いずれにせよ，アメリカの統一的管轄を複数の地域に分割することは正当化されない。この規定は一方では，判決国訴訟法が少なくとも手続開始において国際的に承認された原則を考慮することを確保すると説かれる。他方でこの規定は，内国法では訴訟物と十分な関連性を有しない，外国裁判所から被告を保護するとされる。これら両者は判決国の裁判権全体を制限するが，その国における土地管轄には関係しない。このことは，土地管轄によって同時に，相互に異なる一定の訴訟法・実定法に拘束されるときでも妥当する。」「反対説は，連邦国家が固有の主権を有することを度外視するし，また単一の領土を分割し，土地管轄を有する州に管轄があることを要件にすることから，外国連邦国家が下した判決の承認可能性を著しく制限することになるであろう。これは，客観的に不必要なだけでなく，国際的にも主張されていない。反対に，法的明確性はできるだけ統一的連結を求める。さらに，民法施行法4条3項はこの関係では重要ではない。民事訴訟法328条1項5号による相互保証の審査において別の特別な基準を据えるということは問題ではない。なぜなら，そこでは公の利益だけによる承認可能性の制限が問題だからである。」

〈参照条文〉

ドイツ民事訴訟法

　第328条

　第1項　以下の場合は，外国の裁判所の判決を承認することができない。

　第1号　外国裁判所の所属する国の裁判所がドイツ法によれば管轄を有しないとき。

　第2号以下　〈略〉

ドイツ民法施行法
　第4条
　　第1項・第2項　〈略〉
　　第3項　複数の部分法秩序を有する国[Staat]の法が指定されたときには，この国の法はいずれの部分法秩序が適用されるべきかを定める。そのような規律がないときには，事案と最も密接な関係を有する部分法秩序が適用される。

〈研　究〉
　Ｉ　本判決の意義
　外国判決を承認するための要件の1つとして，判決を下した外国裁判所が国際裁判管轄を有していることが（間接管轄，承認管轄。以下では間接管轄とする），国際的に認められている。ドイツ民事訴訟法328条1項1号は，明文でこの要件を定める。
　では，間接管轄の判断基準は判決国法によるのか，承認国法によるのか，この点がまず問題になる。ドイツでの通説・判例は，ドイツが渉外事件を審理する際に用いる国際裁判管轄（直接管轄，審理管轄。以下では直接管轄とする）の基準を間接管轄にも用いる，鏡像理論[Spiegelbildgrundsatz]を支持している[1]。本判決も，基本的にこの立場によるとした。
　つぎに，アメリカのように，一国で地域的な複数の法秩序を有する国（以下では，たんに不統一法国という）の裁判所で下された判決を承認する場合，承認要件としての国際裁判管轄の基準として，個々の判決州に管轄があることを要するのか，それともアメリカのいずれかの州に管轄があれば足りるのかが，問題になる。この点は，ドイツの学説・判例において激しい見解の対立があったが，連邦通常裁判所は，連邦の裁判所が下した判決についてアメリカ合衆国全体のいずれかの連邦裁判所に管轄があれば足りるとした。

　II　ドイツにおける議論
　　1　直接管轄と間接管轄の関係──鏡像理論
　ドイツ民事訴訟法328条1項1号は，外国判決を承認するための要件の1つとして，外国裁判所が国際裁判管轄を有することを定めている。しかし，そ

の具体的判断基準については規定がない。この点について，従来の通説・判例は(2)，直接管轄の基準を間接管轄に転用する鏡像理論を支持する。それによると，328条1項1号の目的は判決国裁判所の過剰管轄から被告を保護することにあり，したがって，判決国法によって判決国裁判所の国際裁判管轄が基礎づけられているかどうかは間接管轄審査では問題とはならず，承認国法の立場から判決国裁判所の国際裁判管轄の有無を判断することになる。そのさいに判断の対象となるのは，あくまで「判決裁判所が所属する国が一国として国際裁判管轄を有しているのかどうか」であり，外国の受訴裁判所が土地管轄や事物管轄を有していたのかは判決国内部の問題であるので，承認にさいしては関係ないものとされる。そして，承認国法の立場から判決国裁判所の国際裁判管轄が認められるのであれば，判決国が自国の国際裁判管轄を肯定した管轄原因（たとえば，不法行為）と，承認国が判決国の間接管轄を認めた管轄原因（たとえば，財産所在地）とが一致しなくてもよいと説かれる。

　これに対して，最近は鏡像理論に批判的な見解も有力に主張されている。反対説は，鏡像理論の問題点として次の点を挙げる。第1に(3)，鏡像理論では，判決を下した外国裁判所の管轄原因が十分な合理性を有するときでも，ドイツ法が認めていない管轄原因であるときには承認されないし，反対に判決国裁判所の管轄原因が過剰であってもドイツ法が認めていれば（財産所在地管轄に関するドイツの議論を想起されたい），承認されることになる。しかし，このような扱いは被告保護の発想からは必ずしも適切ではない。第2に(4)，直接管轄と間接管轄の利益状況は異なるという点である。つまり，直接管轄は自国がいかなる渉外民事事件について国際裁判管轄を有するのか，いわば事前審査の問題であるのに対し，間接管轄は外国裁判所がすでに下した渉外事件について当該裁判所が国際裁判管轄を有していたのか，いわば事後審査の問題である。したがって，両者の利益状況は同一であるとは言えず，判断基準を同一にする必然性はないというものである。第3に(5)，鏡像理論は自国の裁判所が渉外民事事件について裁判権を行使することが認められている範囲内で，外国判決を承認する際に外国裁判所の国際裁判管轄権の行使範囲を限界づけるので，公権力たる裁判権の行使に関する相互保証的発想に基づく理論と言える。しかし，このような主権行使の発想は，民事訴訟法328条1項1号の目的を被告保護と捉える今日の理解と一致しないというものである。

235

2 不統一法国における間接管轄

(1) 従前の議論

前述の議論は、いわば間接管轄の基準として直接管轄をどの程度反映させるのかという問題である。鏡像理論、または反対説のいずれの見解に立っても、間接管轄の判断対象となるのは、判決裁判所の所属する国が一国として国際裁判管轄を有しているか否かという点では一致している。しかし、たとえばアメリカのような不統一法国では、その対象を判決州とすべきかそれともアメリカ合衆国全体とすべきか問題になる。この見解の相違は、たとえばA州に所在する裁判所が下した判決の承認が求められたが、承認国が間接管轄を有する州はB州であると判断した場合に、前説では個々の州を基準にすることから承認されないが、後説では米国全体を基準とするので承認されることになる。連邦通常裁判所は、本判決で後説にしたがい、アメリカ全体を判断対象にすることを明らかにした。

(a) 判決州説　しかし、ドイツにおける従来の学説・裁判例はこの問題について、見解の一致をみていない。連邦通常裁判所の判断と異なり、アメリカのような場合には、個々の州（準州）は独自の裁判体系ないし法体系を有していることを理由に、判決州が間接管轄を有していたか否かを基準に据える見解がむしろ多数である[6]。

判決州を基準にする立場にある裁判例として、1988年ミュンヘン第1地方裁判所判決がある[7]。この事件では、アリゾナ州の裁判所でドイツ系企業を相手に損害賠償請求を求めて勝訴した原告が、当該判決の執行をしようとしたが、ミュンヘン第1地裁は、「判決国 [Urteilstaat] とは、不統一法国では、固有の立法および裁判組織を有する個々の州である」とし、アリゾナ州には本拠ないし営業所（ドイツ民訴17条・21条）、財産所在地（同23条）、履行地（同29条）そして不法行為（同39条）の管轄はないと判断したうえで、承認を認めなかった。また、本判決の原審であるハム上級地方裁判所も、同様にこの立場に立つ[8]。同裁判所はその根拠として、ドイツ民事訴訟法328条1項5号の相互保証の有無の判断について実務では判決州を基準にしている扱いと一致すること[9]、また、民法施行法4条3項にいう"Staat"は国際法の主体たる連邦国家 [Gesamtstaat] とは必ずしも一致しないと解されていること、さらに、判決州を基準にする解釈は被告保護を目的とする民事訴訟法328条1号の

趣旨に合致することをあげている。

(b) 全体説　　他方で，判決州ではなく，アメリカのいずれかの州に間接管轄があれば足りるとする見解は英国で主張され[10]，ドイツでも近時の有力説がこれを支持する。たとえば，ガイマー［Geimer］は[11]，この見解を支持する理由として，アメリカ全体の中でいずれの裁判所に判決を言い渡す権限を分配するかは，民事訴訟法328条1項1号との関係では重要でなく，判決国の内部事情にすぎないことを挙げている。同様に，シュペレンベルク［Spellenberg］は非財産事件についてであるが[12]，民事訴訟法328条1項1号が要求しているのは，被告がドイツ法の基準により外国で防御しなければならないということだけであり，その地の裁判所が事物管轄などを有しているということではないとしたうえで，ドイツ法の観点からはアメリカ合衆国全体との関係で裁判をする義務があることを確定するだけであるとのべる。また，フォン・ホフマン［v.Hoffmann］らは[13]，連邦裁判所については，一方で，組織上の統治権力［Organisationsgewalt］を考慮しなければならないが，これは連邦裁判所の場合には疑いなく合衆国全体にあるとし，また他方で，本案で個別の州法を適用しなければならないケースでも連邦裁判所は連邦の司法任務［Rechtspflegeaufgaben des Bundes］をはたすことに注目して，米国全体を対象にすべきであると述べる。また，州裁判所についても，重要であるのは裁判所が国家の承認のもとで司法権を行使することであり，民事訴訟法328条1項1号との関係では主権を有する連邦国家が基準になるとした上で，連邦国家が司法権行使を認めているならば，どの機関が裁判所を構成するのかは承認国裁判所にとっては重要でないと述べる。

この立場に与する下級審裁判例として，たとえば，1991年のハイルブロン地方裁判所判決がある[14]。損害賠償の支払いを命じたプエルトリコ判決の承認が求められた事件について裁判所は，「アメリカ合衆国のいずれかの裁判所が，ドイツ民事訴訟法により間接管轄を有すれば」十分であるとして，承認が求められた裁判を下した裁判所が所属する州に管轄があることまでは必要ないとした。

(2) 本判決に対する評価

ガイマーは本判決を支持するが[15]，ロート［Roth］[16]，シュテュルナー［Stürner］らはこれに反対する。ここではシュテュルナーらの見解を紹介す

る。彼らは[17]，連邦問題と州籍相違事件の場合に分けて考察を試み，まず，連邦問題［Federal Question］については，間接管轄は合衆国全体を基準にする。その根拠としては，連邦問題については，連邦裁判所は手続法・実定法ともに連邦法を適用していること，また先例拘束性は全米で統一的に判断されること，さらに連邦問題管轄について連邦手続法は，人的管轄の根拠としてアメリカのいずれかの州に最小限の関連[minimum contacts]があれば十分であるとしていることをあげる。これに対して，州籍相違事件［Diversity Case］では，個々の州ごとに間接管轄の有無を判断するのが適切であるとする。その根拠として，この場合には，連邦裁判所はその裁判所が所在する州の抵触法や実質法を適用すること，またその州の最高裁の先例に拘束されること，さらに連邦問題と異なり州籍相違事件では，人的管轄について個々の州に最小限の関連があるのか否かを問題にしていることをあげる。

Ⅲ 日本の状況
1 直接管轄と間接管轄の関係
わが国の民事訴訟法118条1号は，ドイツ民事訴訟法328条1項1号と同様に，外国判決の承認要件として判決国裁判所が国際裁判管轄を有していることを求めているが，その具体的基準は示されていない。そこで，いかなる基準により間接管轄を判断するのか問題になる。

わが国の学説においては，ドイツと同様にわが国の直接管轄の基準を用いるとする見解が従来からの通説である[18]。その理由は，直接管轄と間接管轄は同一の事柄を異なる角度から見たものにすぎず，同一の原則により規律されるべきであるという点に求められている。そのさい，判決国裁判所の事物管轄などについては承認に際して問題とはならない点なども，ドイツにおいて説かれているのと同様である。しかし，近時は，直接管轄と間接管轄の厳密な対応を要求しない見解も有力である[19]。このような解釈の背景には，国際裁判管轄が国際的に統一されていない現状にかんがみて，とくに身分関係事件における跛行的法律関係を阻止する必要があること，また直接管轄と間接管轄とでは当事者・裁判所のおかれている状況が異なることなどが指摘されている。他方で，外国判決の承認を規定していた旧民事訴訟法200条1号の文言が，「法令又ハ条約ニ於テ外国裁判所ノ裁判権ヲ否認セサルコト」として

いたことから，わが法が外国裁判所の国際裁判管轄を否定していなければ本号の要件が充たされるとする見解もある[20]。この最後の立場では，外国裁判所の国際裁判管轄を否定する法令がないことから，実際には判決国法により判決国裁判所の国際裁判管轄が基礎づけられれば本号の要件を充たすことになる。しかし，現行民事訴訟法118条は「法令又は条約により外国裁判所の裁判権が認められること」として，判決国裁判所が日本法から見て国際裁判管轄を積極的に有することを求める形で文言を改めており，このような解釈は現行法においては採りにくい。

　裁判例の動向も必ずしも一致していない。通説と同様に鏡像理論に立つ裁判例として，①東京地判昭和47年5月2日(フランス裁判所の義務履行地管轄を否定)[21]，②東京地判昭和55年9月19日(カリフォルニア州裁判所の離婚判決につき管轄否定)[22]，③大阪高判平成4年2月25日(ミネソタ州裁判所の義務履行地管轄を否定)[23]，④神戸地判平成5年9月22日(訴訟費用を命じた香港高等法院の管轄を肯定)[24]などがある。また，基本的に通説にしたがいつつも間接管轄が直接管轄と必ずしも一致しないことを認める裁判例として，⑤名古屋地判昭和62年2月6日[25]がある。他方で，判決国法により管轄が認められればよいとする裁判例として，⑥東京地判昭和45年10月24日[26]，⑦東京地判昭和54年9月17日[27]がある。なお，⑧最判平成10年4月28日[28]が鏡像理論によったのか否かについては，理解の相違がある[29]。

２　不統一法国における間接管轄

　わが国の学説・裁判例においては，この問題はまだ認識されていないものと考えられる。従来の裁判例には，判決州を基準に間接管轄の有無を判断していると解されるものもあるが，そのさいとくにこの問題点については言及していない。前述の判例の他に，たとえば，⑨東京地判平成6年1月14日(ニューヨーク州裁判所の義務履行地，不法行為地などを肯定)[30]，⑩東京地判平成10年2月13日(不法行為に基づく損害賠償請求訴訟につきカリフォルニア州裁判所の不法行為地管轄を肯定)[31]などがある。

IV　検討

1　鏡像理論の妥当性

　ドイツ法が理解する鏡像理論が，わが国においてもそのまま妥当すること

については疑問がある(32)。なぜなら，ドイツでは国際裁判管轄ルールについて二重機能説が採られていることから，国内土地管轄規定がそのまま国際裁判管轄ルール（直接管轄）として用いられている。これに対して，わが国では国際裁判管轄については国内土地管轄規定を利用しつつも一般条項による修正を認める見解が実務を支配し，また学説において有力に唱えられているが，この立場を前提にすると，ドイツ法的な厳密な鏡像というものがそもそも成り立つのが困難であると言える。また，ドイツは日本と異なり，外国裁判承認に関する多くの二国間・多国間条約を締結しているし，婚姻事件についてはドイツ民事訴訟法606条aにより鏡像理論からの乖離が明文で認められているので，判決承認に関する一般規定であるドイツ民事訴訟法328条の適用局面は実質的に制限を受けているといえる。このようなドイツの状況を考えると，わが国の解釈としてドイツ法的な鏡像理論を無批判に受け入れることの当否を改めて考え直すべきである。さらに，訴えを提起された国が審理すべきかという問題（直接管轄）と，判決国が審理する権限を有していたかを承認国が判断する場合（間接管轄）とでは，管轄という言葉が用いられているとはいえ利益状況は同一にあるとはいえないとの指摘(33)も重要である。最後に，ドイツ的な鏡像理論は管轄局面での相互主義的発想に基づくといえるが(34)，間接管轄の要件は主権と主権の利害対立の調整というよりも，私人間の紛争解決に適した国はどこなのかという点を中心に据えて考えるべきあろう。このような観点からすると，ドイツ法の理解するいわば厳格な鏡像理論（直接管轄の範囲＝間接管轄の範囲）よりも，両者の一応の対応関係を認めた上で間接管轄に独自性を認める柔軟な解釈（緩やかな鏡像）を基本的な視座とすべきである。

２　不統一法国と間接管轄

アメリカのような，一国で複数の法域を場所的に有する国の裁判所が下した判決の承認が求められた場合，間接管轄の基準は，判決州かそれともアメリカ全体と見るべきであろうか。この問題は，わが国ではまだ十分認識されていないと考えられるので，前述のドイツでの議論が参考になる。解釈上の問題点をいくつか指摘すると，つぎのようになろう。まず，間接管轄を要求する目的は何か。わが国では，かつては間接管轄の目的を，日本の司法権に対する外国の侵害を防止する点に求める見解が有力であったが(35)，現在で

はむしろ被告を外国裁判所からの過剰管轄から保護する点にあるという理解に傾きつつあるともいわれている(36)。この当事者保護の観点を重視すると，判決州に間接管轄の焦点を合わせる解釈に近づくことも考えられる。他方で，近時の判決承認の緩和化傾向に照らすと，連邦通常裁判所判決や英国での解釈のようにアメリカ合衆国全体を基準にする見解も支持に値するといえる。だが，これらとともに重要な点は，州が独自の裁判組織・立法権限を有していることを，民事訴訟法118条1号との関係でどのように評価するのかという問題である。ドイツの前記有力説は，州が独自に裁判組織や立法機関を有する点を重視して，州単位で間接管轄を判断しようとする。しかし，そこで問題が生ずる。間接管轄の審査では判決裁判所が事物管轄・土地管轄を判決国法上有していたのかを承認国裁判所は審査しないとされ，この点についてはドイツおよび日本の学説上異論がない(37)。つまり，判決国における裁判制度・組織上の権限分配はあくまで判決国の内部問題であり，承認国はこの点を考慮しないと一般に考えられている。この基本理解はいずれの立場においても共通するが，それを前提にすると，ある事項が連邦・州のいずれの裁判所の管轄に属するのか，州に属する場合にいずれの州が管轄を有するのかは，本来，間接管轄の審査段階では問題にすべきではないということになる。そうするとドイツの有力説は，この基本的理解とは相い容れないことになる。また，前記有力説は，相互保証の有無の判断が判決州ごとになされていることとの整合性を持ち出すが，法の目的・趣旨に応じて間接管轄と相互保証の判断の対象が異なるのはやむを得ないといえる。以上のような観点からすると，日本法の解釈としての間接管轄の審理対象はアメリカ合衆国全体とする解釈が相当の根拠を有すると思われる。ただし，この解釈によった場合，民事訴訟法118条1号にいう被告保護の内容，また相互保証と間接管轄との関係を改めて問い直す必要が出てこよう。

(1) 鏡像理論については，さしあたり，芳賀雅顯「外国判決承認要件としての国際裁判管轄」法論72巻5号1頁(2000年)，およびそこに所掲の文献を参照。
(2) 最近の判例として，BGH NJW 1994, 1413. 学説では，Baumbach/Hartmann, ZPO, 58.Aufl. 2000, §328 Rdnr. 16; Geimer, Anerkennung ausländischer Entscheidungen in Deutschland, 1995, S.115; Grothe,

Exorbitante Gerichtszuständigkeiten im Rechtsverkehr zwischen Deutschland und den USA, RabelsZ 58 (1994), 686, 719; Kegel/Schurig, Internationales Privatrecht, 8.Aufl. 2000, S.908; Linke, Internationales Zivilprozeßrecht, 2.Aufl. 1995, Rdnr. 392; Musielak, ZPO-Kommentar, 1999,§ 328 Rdnr. 9; Riezler, Internationales Zivilprozeßrecht, 1949, S.532 f.; Schack, Internationales Zivilverfahrensrecht, 2.Aufl. 1996, Rdnr. 831 ff.; Schütze, Deutsches Internationales Zivilprozeßrecht, 1985, S.139; Stein/Jonas/Roth, ZPO, 21.Aufl. 1998, § 328 Ⅶ Rdnr. 82; Thomas/Putzo/ Hüßtege, ZPO, 22.Aufl. 1999, § 328 Rdnr. 8a. なお，フランスにおける議論については，矢澤昇治・フランス国際民事訴訟法の研究162頁 (1995年) 参照。

(3) Gottwald, Grundfragen der Anerkennung und Vollstreckung ausländischer Entscheidungen in Zivilsachen, ZZP 103 (1990), 257, 272; Kropholler, Internationales Privatrecht, 3.Aufl. 1997, S.561 f.

(4) Basedow, Variationen über die spiegelbildliche Anwendung deutschen Zuständigkeitsrechts, IPRax 1994, 183, 184.

(5) Basedow, a.a.O. (Fn.4), S.184.

(6) Baumbach/Hartmann, a.a.O. (Fn.2), § 328 Rdnr. 16; Jayme, IPRax 1991,262; Martiny, Handbuch des Internationalen Zivilverfahrensrechts, Bd.Ⅲ/1, 1984, Kap.1 Rdnr. 747（婚姻事件につき連邦市民権［federal citizenship］ではなく，州籍［state citizenship］が問題になるとする）; Rahm/Künkel/Breuer, Handbuch des Familiengerichtsverfahrens, 4.Aufl. 1994, Ⅷ Rdnr. 256; Schack, a.a.O. (Fn.2), Rdnr. 906（なお，シャックは，領土的管轄（対人，対物，準対物管轄）は国際裁判管轄に，審判事項管轄は事物管轄に対応するとのべる。ders., ZZP 106 (1993), 259）; Schütze, RIW 1997, 1041; Sieg, Internationale Anerkennungszuständigkeit bei USamerikanischen Urteilen, IPRax 1996, 77, 79f; Stein/Jonas/Roth, a.a.O. (Fn.2), § 328 Ⅶ Rdnr. 88; Thomas/Putzo/Hüßtege, a.a.O. (Fn.2), § 328 Rdnr. 8a.

(7) LG München Ⅰ, RIW 1988, 738.

(8) OLG Hamm IPRax 1998,474＝RIW 1997, 1039.

(9) なお，ドイツとアメリカの各州との相互保証の有無については次の文献を参照。Schütze, Rechtsverfolgung im Ausland, 2.Aufl. 1998, S.181; ders., Zur Verbürgung der Gegenseitigkeit bei der deutsch-amerikanischen Urteilsanerkennung, ZVglRWiss 98 (1999), 131, 133 f.

(10) Geimer, a.a.O. (Fn.2), S.117.

(11) Geimer, Internationales Zivilprozeßrecht, 3.Aufl. 1997, Rdnr. 2900; Zöller/Geimer, ZPO, 21.Aufl. 1999, §328 Rdnr. 97a.
(12) Staudinger/Spellenberg, Internationales Verfahrensrecht in Ehesachen, 13.Aufl. 1997, §328 ZPO Rdnr. 350.
(13) v.Hoffmann/Hau, Zur internationalen Anerkennungszuständigkeit US-amerikanischer Zivilgerichte, RIW 1998, 344, 350 ff.; v.Hoffmann, Internationales Privatrecht, 6.Aufl. 2000, S.107.
(14) LG Heilbronn RIW 1991, 343.
(15) Geimer, LM ZPO §328 Nr. 48-52.
(16) Roth, ZZP 112 (1999), 484 ff.
(17) Stürner/Bormann, Internationale Anerkennungszuständigkeit US-merikanischer Bundesgerichte und Zustellungsfragen im deutsch-amerikanischen Verhältnis, JZ 2000, 81, 87.
(18) 池原季雄「国際的裁判管轄」新実務講座（7）4頁，上村明広「外国判決承認理論に関する一覚書」曹時44巻5号25頁（1992年），江川英文「外国判決承認の要件としての裁判管轄権（2・完）」国際41巻4号25頁（1942年），同「外国離婚判決の承認」立教1号35頁（1960年），兼子・体系339頁，兼子ほか・条解647頁〔竹下守夫〕，注解民執（1）397頁〔青山善充〕，道垣内正人「判批」ジュリ1053号126頁（1994年）。
(19) 石川＝小島編・国際民訴141頁〔坂本恵三〕，石黒・現代541頁，川上太郎「外国裁判所の国際的裁判管轄」民商66巻6号24頁（1972年），木棚照一「判批」法時47巻11号131頁（1975年），小杉丈夫「承認条件としての管轄権」国際私法の争点〔新版〕235頁，小林・紛争〔新版〕193頁，松岡博「外国離婚判決の承認について」阪法86号43頁（1973年），矢澤昇治「判批」渉外百選〔第3版〕226頁，渡辺惺之「外国の離婚・日本の離婚の国際的効力」岡垣學＝野田愛子編・講座実務家事審判法（5）195頁（1990年）。
(20) 林脇トシ子「判批」ジュリ485号169頁（1971年），三ツ木正次「判批」ジュリ177号81頁（1959年），山田恒久「間接管轄に関する若干の考察」杏林社会科学研究3巻2号25頁（1986年）。
(21) 東京地判昭和47年5月2日下民23巻5＝8号224頁。
(22) 東京地判昭和55年9月19日判タ435号155頁。
(23) 大阪高判平成4年2月25日高民45巻1号129頁＝判タ783号248頁。
(24) 神戸地判平成5年9月22日判時1515号139頁＝判タ826号206頁。
(25) 名古屋地判昭和62年2月6日判時1236号113頁。

(26) 東京地判昭和45年10月24日判時625号66頁。
(27) 東京地判昭和54年9月17日判時949号92頁。
(28) 最判平成10年4月28日民集52巻3号853頁。
(29) 酒井一「判批」法教218号137頁（1998年），山本和彦「判批」ジュリ1157号299頁（1999年），渡辺惺之「判批」判評484号205頁（1999年）と安達栄司「判批」NBL678号65頁（1999年）を対比されたい。
(30) 東京地判平成6年1月14日判時1509号96頁。
(31) 東京地判平成10年2月13日判タ987号282頁。
(32) 芳賀・前掲注（1）49頁。
(33) 石黒・前掲注（19）532頁，高桑昭「外国離婚判決の承認」青山正明編・民事法務行政の歴史と今後の課題（下）514頁（1993年）。Basedow, a.a.O. (Fn. 4), S.184.
(34) 渡辺惺之「判批」ジュリ741号147頁（1981年）。Basedow, a.a.O. (Fn.4), S. 184; Gottwald, a.a.O. (Fn.3), S.272.
(35) 岩田一郎・民事訴訟法原論1066頁（第28版，1923年），前野順一・民事訴訟法論（第1編総則）670頁（1937年），松岡義正・強制執行法要論（上）483頁（1924年）。
(36) 高田裕成「財産関係事件に関する外国判決の承認」澤木＝青山編・理論393頁。
(37) 江川英文「外国判決の承認」法協50巻11号2065頁（1932年），細野長良・民事訴訟法要義（4）222頁（1934年），兼子ほか・条解647頁〔竹下守夫〕，注釈民訴（4）369頁〔高田裕成〕。ドイツ法については，前掲注（2）の諸文献を参照。

追　補

本文脱稿（2001年4月8日）以降，この問題に関する法状況に大きな変化は生じていない。

すなわち，連邦通常裁判所は1999年判決で，アメリカ合衆国の連邦裁判所が下した判決に関する間接的一般管轄（ドイツ民訴328条1項1号）の有無について，アメリカ合衆国全体を基準とすべきであると判断したが，学説においては，連邦通常裁判所と同様に場所的不統一法国（一国において複数の法域に分かれる国）においても判決全体国を基準に据える見解と，判決を下した法域（判決州）を基準にする見解が依然として対立する。本文で紹介した文献のう

ちで脱稿後に改訂されたものも含めて，つぎのものがある。判決州説として，Schack, Internationales Zivilverfahrensrecht, 3.Aufl. 2002, Rdnr. 906; Thomas/Putzo/Hüßtege, ZPO, 25.Aufl. 2003, §328 Rdnr. 8a; Wazlawik, Anerkennung von U.S.-amerikanischen Urteilen: Bundes‐oder Gesamtstaat‐wer ist Urteilsstaat im Rahmen von §328 I Nr.1 ZPO?, IPRax 2002, 273. 判決国説として，Geimer, Internationales Zivilprozeß-recht, 4.Aufl. 2001, Rdnr. 2900; v. Hoffmann, Internationales Privatrecht, 7.Aufl. 2002, §3 Rdnr. 160; Musielak, ZPO-Kommentar, 3.Aufl. 2002, §328 Rdnr. 9; Münchener Kommentar/Gottwald, ZPO, 2.Aufl. 2000, §328 Rdnr. 64; Nagel/Gottwald, Internationales Zivilprozessrecht, 5.Aufl. 2002, §11 Rdnr. 154; Zöller/Geimer, ZPO, 23.Aufl. 2002, §328 Rdnr. 97a. がある。なお，私見の詳細は，芳賀雅顯「米国判決の承認と国際裁判管轄——いわゆる不統一法国の間接管轄」法論74巻6号45頁（2002年）で述べた（2003年8月27日追補脱稿）。

16 外国判決の承認要件――送達

BGH, Beschl. vom 2. 12. 1992

芳 賀 雅 顯

BGHZ 120, 305＝NJW 1993, 598＝JZ 1993, 619 Anm. Schack＝ZZP 106 (1993), 391. Anm. Schütze

〈決定要旨〉

　被告が手続に呼び出されず，かつ手続開始書類が適式または適時に送達されずに防御できなかったときには，ドイツ民事訴訟法328条1項2号により外国裁判は承認されない。「適式かつ適時」という要件は累積的に適用され〔いずれか一方が欠けると不承認となる〕，適式に送達されたかという問題と送達の瑕疵が治癒されたかという問題は判決国の手続法により判断される。外国裁判所の法廷地法（本件では，米国のサウス・キャロライナ州）によりハーグ送達条約が適用され，この条約にしたがって送達されたときには，送達の瑕疵の治癒もこの条約によるのであり，とくにドイツ民事訴訟法187条が適用されることはない。ハーグ送達条約は，15条においても治癒を認めていない。

〈事案の概要〉

　ドイツ国籍を有する男女が1971年にドイツで結婚し，その後にサウス・キャロライナで生活していたが，やがてY（妻）はX（夫）を残してドイツに赴いた。Xは1987年にサウス・キャロライナで離婚手続を開始し，ドイツにいるYには1987年6月に郵便（配達証明付きの書留）で召喚状の他に訴状が送られた。Yは，同年11月9日の口頭弁論に出廷せず，また代理人も立てなかったので，受訴裁判所は11月10日に離婚判決を下した。他方で，Yは1989年3月に，ドイツの裁判所に離婚を申立てた。Xは1990年1月に州法務局に家族法改正法（FamRÄndG）7編1条に基づいて，アメリカ合衆国（以下ではアメリカと表記する）裁判所が下した離婚判決の承認を求めたものの，アメリカ訴訟

での手続開始書面がYに適式に送達されなかったとして，当局はXの申立てを決定により却下した（ドイツ民訴328条1項2号参照）。それに対してXは，家族法改正法7編1条4項に基づき承認を求める裁判を起こした。

受訴裁判所であるフランクフルト上級地方裁判所は，米国裁判所の裁判がドイツ民事訴訟法328条1項2号により承認されないとする法務局の見解を支持した。しかし，1974年11月29日のバイエルン最上級地方裁判所決定（BayObLGZ 1974,471＝FamRZ 1975,215）が，訴状がドイツ人被告に実際に到達することで不適式な送達が治癒されるという見解を表明していることから，フランクフルト上級地裁は連邦通常裁判所の判断を求めた。

〈判　旨〉

連邦通常裁判所は，本離婚判決を承認しないとの判断を示した。

まず，裁判所は，送達が適式性ないし適時性を欠くときには承認されないとし，本件では適式性を充たさないので適時性を判断することなく承認されないと説く。

「〔ドイツ民事訴訟法328条〕1項2号によると，応訴しなかった被告に対して訴訟開始書面が適式に送達されず，もしくは防御できるように適時に送達されなかったことを被告が申し立てたときには，承認は認められない。……

手続開始書類は，本件では召喚状の他に訴状であるが，Yに，適式に送達されていない。……アメリカもドイツもハーグ送達条約の締約国であり，アメリカは1969年に，ドイツは1979年に締約国となった。したがって，Xによる離婚申立てがなされたサウス・キャロライナ州裁判所がドイツで生活しているYに召喚状と訴状を送達しようとしたときは，裁判所は同条約の規律を遵守しなければならなかった。本件に関しては，同条約は訴状を郵便により直接送ることを認めていない。外国に住んでいる人に裁判書類を郵便により直接届けるという，条約それ自体が定める手段は（〔ハーグ〕送達条約10条(a)），文言によると『締約国が拒否宣言をしていないときに限り』，可能である。これについては，ドイツは正式に拒否宣言をしている。……

防御できるように適時にYに訴状が到達されたのかという問題は，適式な送達がなされなかったときには問題にならない。承認されるためには，訴状の適式な送達と適時な送達は累積的要件となる。……」

つぎに，送達の瑕疵がいかなる場合に治癒されるのかという問題について，連邦通常裁判所は，ブリュッセル条約27条2号に関するヨーロッパ裁判所判決と同様に，判決国法により判断されるとし，承認国法（ドイツ民訴187条）による瑕疵の治癒を肯定する有力説に対して反対論を展開する。

「受送達者に実際に訴状が到達したことで送達の瑕疵が治癒されるかどうかは，ドイツ民事訴訟法328条1項2号については見解が分かれる。少なくとも187条1文の類推適用を説くのは，バイエルン上級地方裁判所などがある。……しかし，当法廷は原審の見解を支持する。上級裁判所へ判断を求める契機となったバイエルン上級地方裁判所の裁判は，ドイツがハーグ送達条約に加盟する以前に下されたものである。……多くの国の訴訟法規は，原告に訴状を直接書留郵便で外国に郵送することを認めているが，条約の優位はアメリカとの関係でも認められている。ドイツにおける送達の有効性は法廷地法たるドイツ訴訟法により（したがって，民訴法187条1文によっても）直接判断されるという見解は，いまとなっては再考を要する。訴状の送達はむしろ外国裁判所での手続の一部をなし，送達の適式性と送達の瑕疵の治癒という問題は，関係する国際条約を含めた外国訴訟法により判断されることになる。……

〔訴状が〕実際に届いたことで送達の瑕疵が治癒されることを肯定する多くの者は，ドイツ民事訴訟法187条1文には訴訟法の一般的法思想が表明されたものと考え，受送達者が送達書類を実際に受け取ったときには送達の瑕疵が治癒されるとしている。しかし，当法廷は，……国際法上有効な宣言に反するときには，この見解は十分な根拠を見いだすことはできないと考える。このようなケースでは，国内法上の送達の治癒に関する原則は後退しなければならない。ドイツは，……前述の拒否宣言によって，ドイツ人被告への正式な［förmlich］送達が直接郵送に基づきなされ，そしてドイツ語の翻訳がないときには不適法であるということを，拘束力を持って確定した。……必要なら訴状の翻訳を自分で手配することを被告に求めるとする見解は，ドイツがこの点に関して拒否宣言をなすことで意図した保護を無意味にしてしまう。最後に，治癒を認めることに反対する根拠としては，〔肯定説では〕送達書類が被告に何らかの方法で届きさえすれば，国際的法交流にとって重要な方式［Förmlichkeit］に対する違反〔送達規定違反のこと〕があっても制裁を受けず

に済んでしまうということである。このような事態は，構成国での条約の統一的適用という目的に反する。

したがって，本件で重要であるのは，サウス・キャロライナ州の受訴裁判所が拘束される手続法が送達の瑕疵の治癒を認めるか否か，また認めるとしたらどの程度なのかということだけである。……ハーグ送達条約は，顧慮すべき方式だけでなく，送達の瑕疵〔NJW 1993, 598, 600＝JZ 1993, 619, 621＝ZZP 106(1993), 391, 395＝BGHZ 120, 305, 313 は Zuständigkeitsmängeln（管轄の瑕疵）と表記しているが，Zustellungsmängeln の誤りであると思われる。〕の治癒に関する問題についても排他的に適用される。連邦通常裁判所は，すでに本条約，とくに15条は送達の瑕疵に関する治癒を定めていないとの判断を下している。当法廷もこれにしたがう。したがって，到着による治癒の問題は否定されるべきである。」

承認国でドイツ民事訴訟法328条1項2号の要件の不備を主張するためには，判決国において上訴提起などにより，瑕疵を主張していなければならないのか。連邦通常裁判所は，次のように述べてこれを否定した。

「また，被告に適式に送達されなかったときに，判決国で下された裁判に対して上訴を提起する可能性を有していたときには，ドイツ民事訴訟法328条1項2号の拒否事由は問題にならないという見解が主張されている。このような内容を明示的に有するのは，1962年8月30日のドイツ＝オランダ送達条約2条(c)号後段である。それによると，被告が裁判を知ったにもかかわらず，それに対して〔判決国で〕的救済を求めなかったことを原告が証明したときには，呼出が適時にまたは適式になされなかったとの異議［Einwand］を〔承認国で〕提起することはできない。その規定に国際的判決承認の一般原則を見いだすことができるか否かは，連邦通常裁判所がヨーロッパ裁判所への先行判決を求めた付託の対象であった。ヨーロッパ裁判所は，付託に対して1992年11月12日判決（EuZW 1993,39 - Minalmet GmbH/Brandeis Ltd）で，……適式かつ適時な送達という要求は訴訟開始時点に向けられており，すでに下された裁判に対する法的救済を後に提起する可能性は，裁判が下される前の防御と手続的には同じ価値ではないと説く。そして，訴訟開始書類が適式に送達されなかったときは，応訴しなかった被告が裁判を知り，それに対して法的救済を提起しなかったという状況にかかわらず，承認は拒否されるべきであ

るとする。当法廷も，ドイツ民事訴訟法328条1項2号の適用にさいしてこの見解にしたがう。」

〈参照条文〉
ドイツ民事訴訟法
　第187条　書面が，適正に送達されたことが証明されず，または強行的な送達規定に反して，法律が送達することを定めた，または送達することができるとされた訴訟関係人に到達したときには，書面が関係人に到達したときに効力を有するとみなすことができる。ただし，送達を通じて不変期間の開始が定められるときには，この限りではない。

　第328条
　第1項　外国裁判所の判決は，以下の場合には承認されない。
　第1号　〈略〉
　第2号　被告が応訴をせず，かつ被告に訴訟を開始する書面が適式に送達されず，または防御することができるように適時に送達されなかったことを被告が主張したとき
　第3号～第5号　〈略〉
　第2項　〈略〉

家族法改正法第7編
　第1条
　第4項　州の法務局が外国離婚判決の承認を却下したときには，申立人は，上級地方裁判所による裁判を求めることができる。

1962年8月30日の民事及び商事事件に関する判決及びその他の債務名義の承認執行に関するドイツ連邦共和国とオランダ王国との条約
　第2条　裁判は，以下の場合にのみ承認しないことができる。
　　(a) (b) 〈略〉
　　(c) 被告が応訴をせず，その者が以下のことを証明したとき
　　　1．被告に，手続を開始する呼出しまたは命令が，判決国法にしたが

い送達されなかった，または，
2．被告に呼出しまたは命令が送達されなかった，もしくは適時に送達されなかったことから，被告が防御することができなかったとき；ただし，被告が裁判が下されたことを知っていたにもかかわらず，その裁判に対して法的救済を申し立てなかったことを，原告が証明したときはこの限りでない。

ハーグ送達条約
　第10条　この条約は，名あて国が拒否を宣言しない限り，次の権能の行使を妨げるものではない。
(a)　外国にいる者に対して直接に裁判上の文書を郵送する権能
(b)　嘱託国の裁判所附属吏，官吏その他権限のある者が直接名あて国の裁判所附属吏，官吏その他権限のある者に裁判上の文書の送達又は告知を行わせる権能
(c)　裁判手続の利害関係人が直接名あて国の裁判所附属吏，官吏その他権限のある者に裁判上の文書の送達又は告知を行わせる権能

　第15条
　第1項　訴訟手続を開始する文書又はこれに類する文書が送達又は告知のためこの条約の規定に基づき外国に転達された場合において，被告が出頭しないときは，
(a)　その文書が，受託国において作成される文書をその国の領域内にいる者に送達し若しくは告知するためその国の定める方法により，送達され若しくは告知されたこと，又は
(b)　その文書が，この条約に定める他の方法により，被告に対し若しくはその住居において実際に交付されたこと。
及び，これらのいずれかのこととともに，当該送達，告知又は交付が被告の防御のために十分な期間を置いて行われたことが立証される時まで，裁判所は，裁判を延期する。
　第2項　各締約国は，自国の裁判所が，送達，告知又は交付の証明書を受理していない場合においても，次のすべての条件が満たされるときには，

前項の規定にかかわらず裁判をすることができることを宣言することができる。
(a) 前項の文書が，この条約に定めるいずれかの方法によって転達されたこと。
(b) その文書の発送の日から，当該裁判所が事件ごとに適当と認める6箇月以上の期間を経過したこと。
(c) すべての妥当な努力にもかかわらず，受託国の権限のある当局から証明書を入手することができなかったこと。

第3項　この条の規定は，裁判所が緊急の場合に仮の処分又は保全処分を命ずることを妨げるものではない。

〈研　究〉
I　本決定の意義

訴状が被告に直接郵送された手続に基づく米国判決に関する承認問題をめぐり，1986年に改正されたドイツ民事訴訟法328条1項2号の解釈が論じられた連邦通常裁判所の決定として注目される。ここでの主要な問題点は，ドイツ民事訴訟法328条1項2号が要求する適式性・適時性の判断基準や右両者の相互関係がどのようなものか，送達に不備があった場合の瑕疵はどのようなときに治癒されるのか，送達の瑕疵を承認段階で主張するには，まず判決国の手続でこの点を主張しておかなければならないのか，である。以下，ドイツにおける議論を順次みていき，日本法への示唆を検討したい[1]。

II　ドイツにおける議論
1　適式性と適時性の基準

現行ドイツ民事訴訟法328条1項2号は，ブリュッセル条約27条2号とほぼ対応し[2]，外国訴訟手続において被告の防御権が保障されたことを承認要件としている。外国訴訟手続において被告とされた者に手続開始が知らされなかったなど，被告が十分な防御活動をなしえないまま下された判決の承認が求められる事態に対して，外国訴訟手続の被告を保護するために設けられた規定である。その具体的判断基準として同号は，適式［ordnungsmäßig］と適時［rechtzeitig］という2つの基準を用いている。

まず，いかなる方式によって送達がなされなければならないのかという問題（送達の適式性）については，本決定も示すように判決国法（判決国が締約国になっている条約も含まれる）が判断すると解されている[3]。したがって，フランスやベルギーなどで認められている検事局への送達が承認国（ドイツ）では認められていないとしても，判決国法では適法とされているときには，適式性の要件は充たされることになる。郵便による送達が認められるのか，翻訳文の添付を要するのかという問題も適式性に属する。ドイツは，ハーグ送達条約10条(a)および(b)号について拒否宣言をしていることから，同条約の締約国との関係では郵便による送達は適式性を欠き，このような送達手続に基づく判決の承認は認められないことになる（ただし送達の瑕疵の治癒の問題は残る。この問題については後で述べる）。

他方，適時性の要件は，被告が防御活動をなすのに十分な時間を有していたかという観点から判断される。したがって，判決国法により公示送達（もしくは擬制送達）が認められていても，多くの場合は適時性の要件は充たさない。この判断は個別事案ごとに，手続の種類や事案の難易度などを考慮するとされ，判決国の判断に拘束されない。そして，この適時性の要件は承認国の立場から決すると説かれる[4]。

それでは，適式性と適時性の関係はどのようなものだろうか。ドイツ民事訴訟法328条1項2号は，適式性または［oder］適時性を欠くときには外国裁判は承認されないと規定する。したがって，条文の文言に忠実に解すると，いずれか一方の要件を充たさないときには2号の要件を欠き承認されないことになる[5]。連邦通常裁判所は，本決定でこの立場に立つことを明らかにした。しかし，近時，適時性を充たす送達であれば，適式性はもはや問題にすべきでないとの見解が有力に主張されている[6]。この見解は，後述の「承認国法」により送達の瑕疵が治癒される立場を前提にするが，その根拠としては，同号の規定の目的は被告の法的審問が保障されたか否かということであるから，適時性の観点から送達の瑕疵が治癒され承認可能となるいじょう，適式性の問題は承認・不承認を決定する要素ではなくなる，などと主張する。

2　送達の瑕疵の治癒

判決国の送達手続に瑕疵があったときに，治癒の可能性およびその要件をいずれの法が判断するのか。連邦通常裁判所は，本決定で，送達は判決国で

の訴訟手続の一部であるから判決国法（条約も含まれる）が送達の瑕疵を規定する場合に限り治癒が認められるという立場に立つ[7]。アメリカからの訴状の直接郵送の問題については，この見解では，本件で適用されるハーグ送達条約には送達の瑕疵の治癒に関する規定はないので，治癒されないことになる。では，承認国法の立場から瑕疵の治癒は認められるのだろうか。具体的には，ドイツ民事訴訟法187条の適用の可否が問題になる。連邦通常裁判所は，1972年判決（ドイツが判決国の場合)[8]，そして92年の本決定（ドイツが承認国の場合）において，それぞれ同条の適用を否定している。これに対して学説は，渉外事件にもドイツ民事訴訟法187条の適用を認める見解が有力である[9]。その理由としては，国内事件では送達の瑕疵が治癒されるのに渉外事件ではこれと異なる扱いをする理由はないとか，ドイツ民事訴訟法328条1項2号の目的は方式の遵守ではなく，被告の法的審問の保障であるなどと説かれる。この有力説の立場では，ハーグ送達条約に送達に瑕疵があった場合の治癒に関する規定がないからといって直ちに不承認となるのではなく，ドイツ民事訴訟法187条による治癒の可能性が考慮されることになる。

ドイツの学説・判例がこのように厳しく対立した背景には，送達に関するつぎのような基本観念の相違があったと考えられる。つまり，判例は，送達の高権性という面（大陸法的送達観）を重視して，判決手続に関与していない承認国法は治癒に関与することができないとする。これに対して学説は，ドイツ民事訴訟法328条1項2号の制度趣旨，つまり外国訴訟開始時における被告の法的審問の保障がなされたか否かという観点からこの問題を捉え，送達に瑕疵があっても法的審問の点で問題がないときには瑕疵が治癒されたと扱い，このような送達に基づく外国判決の承認可能性を認めている。

3 承認国における瑕疵の主張と判決国における上訴提起の必要性

承認手続の段階で，判決国の送達手続に瑕疵があったことを理由に承認要件の不備を主張するには，まず先に判決国でこの点を主張しておかなければならないのだろうか。1962年8月30日の民事及び商事事件に関する判決及びその他の債務名義の承認執行に関するドイツ連邦共和国とオランダ王国との条約2条(c)2号では，このことを明文で要求する。他方，ドイツ民事訴訟法328条1項にはこのような規定はないものの，ガイマー[Geimer]は1962年8月30日の民事及び商事事件に関する判決及びその他の債務名義の承認執行に

関するドイツ連邦共和国とオランダ王国との条約での扱いは判決承認に関する一般的法原則であるとして，この考えを一般的に妥当させる解釈を主張する[10]。それによると，判決国が国際裁判管轄を有するときには，被告は判決国法により認められている権利を享受するので，被告は瑕疵のある送達に基づいて判決が下されたことを知っているなら，判決国で上訴提起をする義務を負い，それを行使しないときにはドイツ民事訴訟法328条1項2号の要件欠缺を主張することはできないとする。しかし，連邦通常裁判所は本決定でこの考えを否定し，通説もまた否定説を支持する[11]。その理由としては，ドイツとオランダは地理的に近い関係にあるので上訴提起義務を課しても負担はそれ程大きくないが，それを一般化することはできないこと，条文の文言は手続開始時点を問題にしているのに外国手続の第1審終了までの送達の瑕疵に関する被告の認識を問題にするのは矛盾すること，外国訴訟手続で上訴提起をしなければならないとすると被告の負担が重大であること，などが挙げられている。

III 検　討
1　適式性と適時性

わが国の民事訴訟法118条2号はドイツ民事訴訟法328条1項2号と異なり，送達の適式性・適時性という概念を条文の文言上用いていない。しかし，これらの概念を用いることは，わが国の解釈として有用であると思われ，また従来の議論の分析にも役立つものと考えられる[12]。

　まず，適式性についてであるが，適式な送達方法によらずに送達されたときには承認を認めないという点で，従来の学説ではほぼ見解の一致を見ている。この考えは，ドイツにおける適式性に関する見解と一致するが，適式性を判断するための基準となる法については，判決国で妥当している送達に関するルールによるとする判決国法説[13]，そして現実に送達がなされた国の送達に関するルールによるとする送達実施国法説[14]とが対立する。この点については，判決国法説が正当と考える。送達手続は判決国で進められている訴訟手続の一部を構成するものであるから，判決国法にしたがい送達されれば十分であるからである。もちろん，判決国法が送達実施国法に委ねる部分があれば，そのかぎりで送達実施国法により適式性を判断することになる

が，それはあくまで判決国法の指示によるものである。これに対し，判決国法説には実質的再審査の観点から問題がある，また被告の手続保障が尽くされたのかという判断にとって無意味である，として批判が加えられている(15)。しかし，第1の批判に対しては，この要件は実質的再審査の例外をなすと理解されているし(16)，また第2の批判に対しても，適式性の要件をはずしてしまうと国際送達に関するルールを決めてもその遵守が図られなくなるおそれが生ずることから，判決国法による適式性の判断枠組みは堅持すべきであると考える。

つぎに，適時性についてであるが，わが国では主として訴状の直接郵送の問題に関して，適式性を充足したからといって直ちにそれが判決承認には結びつかないとの見解が有力に主張されており，外国訴訟手続で被告とされた者が手続開始を了知したことを民事訴訟法118条2号の重要な核としている(17)。思うに，適式な送達がなされた手続に基づく外国判決が，必ずしも同号の要件を充足しているとはいえないとする有力説の指摘は正当といえる。同号の制度趣旨は手続開始時点における被告の法的審問の確保を中心としているが，判決国法にしたがった送達がすべてこの要件を充たしているとは限らない。承認に値するだけの法的審問が判決国で付与されたかどうかは，個々の事案ごとに，ほかならぬ承認国の立場から判断されるべきである。このような内容として了知可能性を捉えるとすると，ドイツでの適時性という概念とほぼ対応すると考えられ，またその判断が承認国法である点も同様に解すべきであろう。

2 送達の瑕疵の治癒

不適式な送達の瑕疵の治癒は，判決国法と承認国法のいずれの法によって認められるのか。本件ではとくに，ドイツ民事訴訟法187条が渉外事件においても適用されるのかが焦点となった。否定説に立つ連邦通常裁判所の見解と，肯定説を支持する有力説が激しく対立する問題点である。

ドイツで送達の瑕疵の治癒に関する問題が活発に議論されているのとは対照的に，わが国ではこの問題はあまり論じられていない(18)。その背景事情としては，おそらく訴状の直接郵送に関するハーグ条約の拒否宣言をめぐり，ドイツと日本の対応が異なった点にあるのではないかと考えられる。つまり，ドイツはハーグ送達条約10条(a)号から(c)号につきすべて拒否宣言をして

おり，米国からのいわゆる直接郵送は適式性違反となる。そこで，このような場合であっても一律に承認拒否をするのは必ずしも適切ではないという観点から，承認国(ドイツ)法からの治癒論が学説上生じたと考えられる。これに対して日本では，ハーグ送達条約10条(a)については拒否宣言をしていないので(なお，(b)(c)については拒否宣言をなしている)[19]，直接郵送に基づく外国判決を承認しなければならないのかというドイツと逆の形で議論が立てられたことから，渉外事件における送達の瑕疵の治癒論が発生する土壌に乏しかったといえる。しかし，送達の瑕疵は他の場合にも生じうることから，この点に関する議論は日本法においても重要な問題解決の示唆を含むといえる。

　思うに，承認国法による瑕疵の治癒については消極に解したい[20]。たしかに，肯定説のいうように，ドイツ民事訴訟法328条1項2号や日本民事訴訟法118条2号の目的は，送達それ自体を保護するのではなく被告の法的審問を保障することにあるし，また肯定説によれば承認局面が拡大するので，国際的法秩序の安定という点から好ましい結果を生ずる。しかし，このような承認国法による治癒を認めると，渉外事件において司法共助という形で送達に関する国際ルールを作る意味を没却することになりかねず，にわかには賛成しがたい。もちろん，送達は判決国での判決形成過程を構成することから，当然，判決国法上認められている治癒の方法は肯定されるが，承認国法による治癒については否定説が妥当であると解する。ただし，同号の審査に関しては抗弁事項と解するので，外国訴訟で被告となった当事者が承認段階で送達の瑕疵を主張しないときには，その限度で治癒されることになる。

3　判決国における上訴提起の必要性

　承認国で送達の瑕疵を主張するためには，判決国ですでにその点について主張しておかなければならないのか。ドイツではガイマーが判決承認の一般原則であるとして肯定説を主張するが，通説・判例は否定している。

　わが国では，この点に関する議論は端緒についたばかりであるが，否定説によるべきであると考える[21]。肯定説に立つと，日本民事訴訟法118条2号の要件を欠くことを主張して外国訴訟で被告となった者が救済されるのは，被告が自分に対する訴訟が開始していたことを知らなかった場合や，判決国で送達の瑕疵を争ったが認められなかった場合などに限られてこよう。しかし，たとえ外国訴訟手続の開始を被告が知っていたとしても，適式性または

適時性を欠くことから本来承認されないはずの外国訴訟手続に，上訴提起などの形で被告が関与しなければならないとするのは不当である。ことに遠隔の地で訴えられた被告にこのような時間的・経済的負担を求めることは，民事訴訟法118条2号の趣旨を没却しかねないと思われる。

ただし，同じ手続的公序の問題であっても，手続途中の瑕疵の問題を手続開始時の問題と同様に扱うべきかは微妙な点である。なぜなら，手続開始時の問題はそもそも外国手続に巻き込まれるのが正当か否かに関するが，手続途中の手続的公序の問題はすでに外国訴訟に関与している最中の問題であるといえるので，後者の瑕疵については外国手続で主張する機会と期待可能性があるといえ，必ずしも両者を同列に論じることはできないと思われるからである。

4 訴状の直接郵送

アメリカから訴状が直接郵送されてきた場合に，それに基づいて下された判決をわが国は承認すべきであろうか。日本がハーグ送達条約10条(a)につき拒否宣言をしていないこともあり，かねてから大きな問題となっていた。この点についての従来の議論は，大別して不承認説と総合考慮説，そして翻訳文要求説に分かれる。不承認説は，直接郵送は適式な送達ではないことを根拠とし[22]，また総合考慮説は，ハーグ送達条約において拒否宣言をしていないのであるから一律に不承認とすることは妥当でなく，個別的な事情に応じて承認・不承認を判断すべきであると説く[23]。また，訳文要求説は，基準としての明確性，当事者は母国語で訴状の内容を理解する利益があることなどを根拠に訴状に翻訳文が添付されていることを要求する[24]。訳文要求説においても例外的に不要とする場合を肯定する見解もあり，総合考慮説との違いは相対的である。わが国の判例は，訳文の添付がない場合に承認を認めていない[25]。

わが国の民事訴訟法118条2号の解釈として，適式性と適時性の2つの基準により判断するのが妥当である点は前述した。アメリカからの訴状の直接郵送の問題についても，これらの基準により判断すべきであると考える。まず，適式性の問題であるが，わが国はハーグ送達条約10条(a)については拒否宣言をしていないことから，このような送達も条約上は問題ないといえ適式性は充足されると考える。この点，最判平成10年4月28日[26]が民訴法118条2

号にいう送達について，日本の民訴法の送達規定にしたがう必要はないが判決国と日本とが共助に関する条約を締結しているときにはそれによるとしながら，直接郵送はハーグ条約では許容されていないとしているのは疑問が残る。日本は同条約の拒否宣言をしていないからである。むしろ，適式性を肯定したうえで，適時性を充たすか否かを具体的事案のもとで判断すべきであろう。

(1) 本決定については，吉野正三郎＝安達栄司「直接郵便送達とハーグ送達条約」際商22巻1号26頁（1994年）において紹介がなされている。
(2) ブリュッセル条約27条2号に関する諸裁判例については，中西康「ブリュッセル条約における手続保障」論叢146巻3・4号203頁（2000年）参照。
(3) Linke, Internationales Zivilprozeßrecht, 2.Aufl. 1995, Rdnr. 405; Schack, Internationales Zivilverfahrensrecht, 2.Aufl. 1996, Rdnr. 846. なお，ブリュッセル条約27条2号に関するジュナール報告書もこの立場を前提としている。Jenard, Bericht zum Art.27 des EuGVÜ vom 27.9.1968, Abl. 5.3.1979 Nr.C 59/44.
(4) Rosenberg/Schwab/Gottwald, Zivilprozeßrecht, 15.Aufl. 1993, § 157 I 3c (S.944).
(5) この点について，ブリュッセル条約27条2号の文言は異なる表現を用いている。つまり，「応訴しなかった被告に，訴訟開始書面またはそれに相当する書面が適式に送達されず，かつ(und)防御することができるように適時に送達されなかったとき」には不承認となるとし，適式性と適時性の双方を充たしていないときにのみ不承認とするかの規定をしている。しかし，Jenard, a.a.O. (Fn.3) は，いずれかの要件が欠けていると不承認となると解しており，ヨーロッパ裁判所の判例である EuGH Urt. v. 3.7.1990 IPRax 1991,177 や，ドイツの有力説である Geimer/Schütze, Europäisches Zivilverfahrensrecht, 1997, Art.27 Rdnr.70; Schlosser, EuGVÜ, 1996, Art.27-29 Rdnr. 17 も同趣旨を説く。なお，条約27条2号とドイツ民事訴訟法328条1項2号の相違は，前者が職権調査事項であるのに対し，後者は抗弁事項として扱われている点にある。Kropholler, Internationales Privatrecht, 3.Aufl. 1997, S. 563; Schlosser, a.a.O., Art.27-29 Rdnr. 21.
(6) Geimer, Internationales Zivilprozeßrecht, 3.Aufl. 1997, Rdnr. 2918; Linke, a.a.O. (Fn.3), Rdnr. 408; ders., Die Probleme der internationalen

Zustellung, in: Gottwald (Hrsg.), Grundfragen der Gerichtsverfassung, 1999, S.95, 130 ff.; Schack, a.a.O. (Fn.3), Rdnr. 848; ders., Perskektiven eines weltweiten Anerkennungs- und Vollstreckungsübereinkommens, ZEuP 1 (1993), S.306, 328.

(7) Rauscher, Internationales und Europäisches Zivilverfahrensrecht, 1999, S.111,104; Stein/Jonas/Roth, ZPO, 21.Aufl. 1998, § 328 Rdnr. 114; Stürner, Europäische Urteilsvollstreckung nach Zustellungsmängeln, in: FS Nagel, 1987, S.446, 454.

(8) BGH Urt. v. 24.2.1972 NJW 1972,1004.

(9) Geimer, a.a.O. (Fn.6), Rdnr. 2916; ders., Anerkennung ausländischer Entscheidungen in Deutschland, 1995, S.128; Kondring, Die Heilung von Zustellungsfehlern im internationalen Zivilrechtsverkehr, 1995, S.323; Münchener Kommentar/Gottwald, ZPO, 1992, § 328 Rdnr. 71; Martiny, in: Handbuch des Internationalen Zivilverfahrensrechts, Bd.Ⅲ/1, 1984, Kap.Ⅰ, Rdnr. 849; Nagel/Gottwald, Internationales Zivilprozeßrecht, 4. Aufl. 1997, S.402; Schack, a.a.O. (Fn.3), Rdnr. 848 f.; Schütze, ZZP 106 (1993), 396,397f.; Staudinger/Spellenberg, 13.Aufl. 1997, § 328 ZPO Rdnr. 428.

(10) Geimer, a.a.O. (Fn.6), Rdnr. 2921f.; ders., a.a.O. (Fn.9), S.130; Zöller/Geimer, ZPO, 21.Aufl. 1999, § 328 Rdnr. 137.

(11) Baumbach/Hartmann, ZPO, 58.Aufl. 2000, § 328 Rdnr. 22; Münchener Kommentar/Gottwald., a.a.O. (Fn.9), § 328 Rdnr. 73; Musielak, ZPO-Kommentar, 1999, § 328 Rdnr. 16; Rauscher, a.a.O. (Fn.7), S.111,106; Schack, a.a.O. (Fn.3), Rdnr. 851; ders., JZ 1993,622; Schütze, Deutsches Internationales Zivilprozeßrecht, 1985, S.141.

(12) 芳賀雅顯「外国判決承認要件としての送達」法論70巻2・3号148頁（1997年）。

(13) 判例として，東京地判平成6年1月14日判夕864号267頁。学説では，小林・紛争〔新版〕195頁，注釈民訴（4）376頁〔高田裕成〕，竹下守夫「判例から見た外国判決の承認」新堂幸司ほか編・判例民事訴訟法の理論（下）536頁（1995年）。

(14) 注解民執（1）400頁〔青山善充〕，渡辺惺之「外国判決承認に関する新民訴法118条2号について」阪法47巻4・5号170頁（1997年）。

(15) 中西・前掲注（2）223頁，中西康「外国判決の承認執行における revision

au fondの禁止について（3）」論叢135巻6号8頁（1994年）．
(16) 江川英文「外国判決の承認」法協50巻11号2068頁（1932年），斎藤ほか編・注解民訴（5）124頁〔小室直人＝渡辺吉隆＝斎藤秀夫〕，松岡博「国際取引における外国判決の承認と執行」阪法133＝134号45頁（1985年），矢ヶ崎武勝「外国判決の承認並にその条件に関する一考察（2・完）」国際60巻2号64頁（1961年）．1986年のドイツ民事訴訟法328条1項2号の改正に際して影響を与えたブリュッセル条約27条2号は，実質的再審査の例外をなすと述べるのは，Bülow/Böckstiegel/Linke, Internationale Rechtsverkehr, 1997, S.606-210.
(17) 訴状の直接郵送の問題に関して，後述する総合考慮説および訳文要求説はこの立場を前提にする．
(18) 否定説として，小室百合「外国判決の承認・執行における送達の要件について」島法42巻2号69頁（1998年），肯定説として，安達栄司「外国判決承認における送達要件の自由化傾向」内田武吉先生古稀祝賀・民事訴訟制度の一側面476頁（1999年）．
(19) 最高裁判所事務総局民事局監修・国際司法共助ハンドブック78頁（1999年）．
(20) 芳賀・前掲注（12）155頁．
(21) 中西・前掲注（2）224頁，芳賀・前掲注（12）156頁．これに対して，小室・前掲注（18）84頁は，送達準拠法を判決国法の場合とそれ以外の場合とに分けて，前者につき上訴提起義務を肯定する．
(22) 奥田安弘「外国からの直接郵便送達」国際私法の争点〔新版〕236頁，木棚照一ほか・国際私法概論〔第3版〕292頁〔渡辺惺之〕（1998年），注解民執（1）411頁〔青山善充〕，藤田泰弘・日/米国際訴訟の実務と論点384頁（1998年），渡辺・前掲注（14）175頁．
(23) 石黒・現代550頁，小林秀之「外国判決の承認・執行についての一考察」判タ467号23頁（1982年），小林・前掲注（13）171頁，澤木敬郎＝道垣内正人・国際私法入門〔第4版再訂版〕211頁（2000年），道垣内正人「判批」判評371号45頁．
(24) 竹下・前掲注（13）538頁，松岡・前掲注（16）47頁，石川＝小島編・国際民訴105頁〔三上威彦〕．
(25) 東京地判昭和63年11月11日判時1315号96頁，東京地判平成2年3月26日金商857号39頁など．
(26) 最判平成10年4月28日民集52巻3号853頁．

同判決が適式性につき判決国法説を採用しているのかという点については，見解が分かれる。中西・前掲注（２）223頁と安達・前掲注（18）458頁を比較対象のこと。

追　補

1　はじめに

本文脱稿（2000年11月１日）後，外国判決承認に関する法状況に変更が生じた。デンマークを除くEUでは，①主として財産関係事件に適用される，2002年３月１日発効の「民事及び商事事件における裁判管轄並びに裁判の承認及び執行に関する2000年12月22日の理事会規則」（いわゆるブリュッセル規則（Ⅰ）。以下ではこちらの表記による），そして②主として婚姻事件などに適用される，2001年３月１日発効の「婚姻事件及び子に対する親の責任に関する手続の管轄並びに裁判の承認及び執行に関する2000年５月29日の理事会規則」（いわゆるブリュッセル規則（Ⅱ）。以下ではこちらの表記による）が，外国判決の承認に関して大きな役割を果たすこととなった。ブリュッセル規則（Ⅰ）は，1968年のいわゆるブリュッセル条約を引き継いだものである。両規則における承認要件としての送達は，ブリュッセル条約やドイツ民事訴訟法328条１項２号と比べ緩和された内容となっている。

しかし，本件のような，EU域外（デンマークも含む）で下された判決の承認については，従前のとおりドイツ民事訴訟法328条が適用される。ブリュッセル規則（Ⅰ）・（Ⅱ）発効後も同条における送達要件の変更はない。このようにブリュッセル規則は本件では適用がないが，両規則の重要性にかんがみ，そこでの送達要件の構造についても簡単に確認をしておきたい。

なお，つぎの文献に，ドイツの国際送達に関する簡単な統計が記載されている。Meyer, Europäisches Übereinkommen über die Zustellung gerichtlicher und außergerichtlicher Schriftstücke in Zivil- und Handelssachen in den Mitgliedstaaten der Europäischen Union, IPRax 1997, 401, 402.

2　現行民事訴訟法328条に関する解釈

ドイツ民事訴訟法328条１項２号に関する，本文で紹介した連邦通常裁判所（BGH），最近の教科書類および裁判例の立場を簡単にまとめると次のように

なる。基本的に本文で紹介した議論状況に変更はない。

　論点は大別して3つに分かれる。第1に，送達要件の中身とその判断基準となる法，第2に，送達に瑕疵があった場合の治癒の判断基準となる法，第3に，送達の瑕疵について判決国で上訴を提起して主張しておかねばならないか（上訴提起義務），である。

(1) 適式性と適時性

　ドイツ民事訴訟法328条1項2号が定める送達要件は，①適式な送達であること（適式性），②被告が防御することができるだけの時間的余裕があること（適時性），である。1992年連邦通常裁判所決定によると，適式性の要件は，判決国の手続法（国際条約も含まれる）に則って送達がなされることが必要であるので判決国法により判断される。これに対して，適時性の要件は，被告が判決国で防御可能なほどに十分な時間を与えられていたかを承認国の立場から判断する。適時性の要件は，個々の事案によって判断される（最近の判例でこのことを明言するものとして，BayObLG, Beschl. v.13.3.2002 FamRZ 2002, 1423）。適式性，適時性のいずれが欠けても承認されない。以上が連邦通常裁判所の立場である。学説においても現行民事訴訟法328条の解釈としては，この適式性と適時性の2つの軸を基に判断する見解に賛成する立場が多いといえる (Musielak, ZPO-Kommentar, 3.Aufl. 2002, §328 Rdnr. 14; Nagel/Gottwald, Internationales Zivilprozessrecht, 5.Aufl. 2002, §11 Rdnr. 169; Rauscher, Internationales Privatrecht, 2.Aufl. 2002, S. 455f.; Thomas/Putzo/Hüßtege, ZPO, 25.Aufl. 2003, §328 Rdnr. 12)。他方，送達が適時になされているのであれば適式性はもはや重要ではないとする見解も有力である (Geimer, Internationales Zivilprozeßrecht, 4.Aufl. 2001, Rdnr. 2918; Linke, Internationales Zivilprozeßrecht, 3.Aufl. 2001, Rdnr. 408; Schack, Internationales Zivilverfahrensrecht, 3.Aufl. 2002, Rdnr. 848)。後述のように，ブリュッセル規則（Ⅰ）および（Ⅱ）は，後者の立場に立ち，適式性の要件を後退させた。適式性に関する最近の判例として，つぎのものがある（ブリュッセル条約に関する判例も，適式性・適時性に関しては基本的にはドイツ民事訴訟法328条についても妥当するので引用した）。①債務者でなく債務者の弁護士に訴状の送達をしたことがフランス法上適式性を欠くとしたケース（BGH, Beschl. v.24.2.1999 IPRax, 1999,371），②フランス法上の検事局への送達（remise au parquet）に

よってなされた事案で，この送達は適式性を欠き，また国籍による差別を禁止したヨーロッパ条約に反するとしたケース（OLG Karlsruhe, Beschl. v.2.3.1999, RIW 1999,538），③イタリアで公示送達に基づき下された判決が適式性を欠くとしたケース（OLG Köln, Beschl. v.7.3.2001, NJW-RR 2001,1576)。また適時性に関する最近の判例として，つぎのものがある。④実際に送達された日から口頭弁論期日まで3日間しか与えられていなかったベルギー判決について適時性がないとして承認を認めなかったケース（OLG Köln, Beschl. v. 2.3.2001, NJW-RR 2002,360），⑤送達と弁論まで8日間しかなかったオランダ判決には適時性がないとしたケース (OLG Düsseldorf, Beschl. v.11.10.1999, NJW 2000,3290)，⑥同様に9日間しかなかったオランダ判決の適時性を否定したケース（OLG Düsseldorf, Beschl. v.8.11.2000, RIW 2001, 143)。これらのケースでは，ドイツ民訴法が送達と弁論期日との間に2週間の間隔を認めていることから，この期間よりも短いことが適時性否定の理由として挙げられている。したがって，⑦アメリカ合衆国の連邦裁判所での訴訟につき20日で十分とし（BGH, Urt. v.29.4.1999, RIW 1999, 698），⑧ギリシャでの訴訟につき3週間以上あることから適時であると述べる（OLG Köln, Beschl. v. 8.3.1999, IPRax 2000,528)。また，⑨ベルギーでの訴訟につき2ヶ月半あることから適時であるとした（OLG Düsseldorf, Beschl. v.2.9.1998, IPRax 2000,307)。しかし他方で，⑩ベルギー裁判所での訴訟につき32日間では不十分としたケースがある（BayObLG, Beschl. v. 11.10.1999, FamRZ 2000,1170)。

(2) 送達の瑕疵の治癒

送達に瑕疵があった場合，その治癒は判決国法と承認国法のいずれが判断するのかという問題については，1992年連邦通常裁判所決定は，送達手続が判決手続の一部を構成することから判決国法によるとした。学説では，連邦通常裁判所と同じ立場も主張されているが（Thomas/Putzo/Hüßtege, a.a.O., §328 Rdnr. 12. 最近の下級審でこの立場によるのは，イタリアとの関係でハーグ送達条約が適用されるが，同条約には瑕疵の治癒に関して規定がないとした，OLG Jena, Beschl. v.2.5.2001, IPRax 2002,298)，承認国法の立場から瑕疵の治癒を認める立場（Geimer, a.a.O., Rdnr. 2916; Schack, a.a.O., Rdnr. 848. vgl. auch Münchener Kommenlar/Gottwald, ZPO, 2. Aufl.2000, Bd.1, §328 Rdnr. 78)も有力である。なお，ドイツが判決国の場合に，ドイツ民事訴訟法の送達の瑕疵

に関する規定が渉外事件でも適用されるとしたケースに，OLG Hamm, Urt. v.1.9.1999, FamRZ 2000,898 がある。

(3) 上訴提起義務

また，1992年連邦通常裁判所決定は，送達の瑕疵を主張するには，まず判決国でそのことを主張しなければならないとする見解（上訴提起義務）を否定した。現在の学説においても，否定説が通説と言えるが(Baumbach/Hartmann, ZPO, 61.Aufl. 2003, §328 Rdnr. 22; Münchener Kommentar/Gottwald, a.a.O., §328 Rdnr. 81; Musielak, a.a.O., §328 Rdnr. 16; Nagel/Gottwald, a.a.O., §11 Rdnr. 169; Rauscher; a.a.O., SS. 455 und 447; Schack, a.a.O., Rdnr. 851; Thomas/Putzo/Hüßtege, a.a.O., §328 Rdnr. 11. 否定説に立つ最近の裁判例として，BayObLG, Beschl. v. 11.10.1999 FamRZ 2000,1170. ブリュッセル条約27条2号の解釈に関するヨーロッパ裁判所の判例も否定説に立つ。EuGH 12.11.1992 IPRax 1993,394)，肯定説も少数ながら有力に主張されている (Geimer, a.a.O., Rdnr. 2921; Zöller/Geimer, ZPO, 23.Aufl. 2002, §328 Rdnr. 137)。

3 ブリュッセル規則における送達要件

ブリュッセル条約と対比したブリュッセル規則（Ⅰ）および（Ⅱ）における送達要件の特色は，適式性の要件を後退させた点にある。

(1) ブリュッセル規則（Ⅰ）における送達要件

ブリュッセル規則（Ⅰ）での送達要件の改正は2つある。第1に，適式性の要件を文言からはずしたこと，第2に，送達の瑕疵について判決国で上訴提起義務を負せたことである。

ブリュッセル条約27条2号では，送達要件について適式性と適時性が求められていたが，ブリュッセル規則（Ⅰ）34条では適時に送達されずに防御できなかったことを不承認事由としており，適式性の要件は条文の文言からは削除された（改正の経緯については，たとえば，以下の文献が比較的詳しい。Micklitz/Rott, Vergemeinschaftung des EuGVÜ in der Verordnung (EG) Nr. 44/2001, EuZW 2002, 15, 18ff.; Stadler, Die Revision des Brüsseler und des Lugano-Übereinkommens über die gerichtliche Zuständigkeit und die Vollstreckung gerichtlicher Entscheidungen in Zivil- und Handelssachen, in: Gottwald (Hrsg.), Die Revision des EuGVÜ 2000, S.37, 46ff.)。この点に

ついて，シュロッサーはおおよそ次のように述べている（Schlosser, EU-Prozessrecht, 2.Aufl. 2003, EuGVVO Art.34-36 Rdnr. 8）。すなわち，被告が応訴しているときには，訴訟を開始する書面の送達にさいして過誤があったとしても実害はない。しかし，ヨーロッパ裁判所によるブリュッセル条約27条2号の解釈によると，訴状の送達が正確になされたか否かを非常に形式的に審査した結果，いくつかの判決はドイツでは承認されなかった。これによって実務上は，原告に負担を負わせる形で権利保護の拒絶がもたらされた。そこで，ブリュッセル規則（Ⅰ）は，送達の適式性を承認要件からはずした，と。これに対して，クロフォラーは，適式性の概念は被告の法的審問が尽くされたか否かを判断するに際して依然として有用な指標となると説く（Kropholler, Europäisches Zivilprozeßrecht, 7.Aufl. 2002, Art.34 Rdnr. 39）。

　EU域内の事件での送達ルールとしてはヨーロッパ送達規則が主要な法源となるが，ブリュッセル規則（Ⅰ）の文言により，ヨーロッパ送達規則に反しても，それによって被告が防御できないような極端なケースだけ不承認となるに過ぎないと説かれる。防御可能性がない場合として，たとえば，純粋な擬制送達，被告には全く理解できないような外国語で訴状が到達した場合，送達された訴状には誤解を生じるような内容が記載されている場合，自己の立場を明確にするための十分な時間が与えられていない場合，などがあげられている（vgl. Münchener Kommentar/Gottwald, ZPO, Aktualisierungsband, 2.Aufl. 2002, EuGVO Art.34 Rdnr. 4）。

　送達に瑕疵があった場合の治癒の問題については，規則においても明確な解決は図られなかった（Micklitz/Rott, a.a.O., S.19）。

　適式性の要件をはずしたことと並んで，重要な改正は，上訴提起義務を定めたことである（上訴提起をめぐる諸問題については，たとえば，vgl. Spellenberg, Anerkennung eherechtlicher Entscheidungen nach der EheGVO, ZZP Int 6 (2001), 109, 138 f.; Stadler, a.a.O., S.49 ff.）。

　(2)　ブリュッセル規則（Ⅱ）における送達要件

　ブリュッセル規則（Ⅱ）では離婚などの事件（1項）と子に対する親の責任に関する事件（2項）とで承認要件を分けているが，送達に関する規定内容は同じである。

　ブリュッセル規則（Ⅱ）1項（b）および2項（c）では（なお，2項（b）

および（d）も法的審問に関する規定であるが，手続開始局面以外なので論じない），規則（Ⅰ）34条と同様に適時に送達されずに防御できなかったことを要件として定めたことから，適式性はもはや重要ではない（Schlosser, a.a.O., EuEheVO Art.15 Rdnr. 4）。

また，ブリュッセル規則（Ⅰ）と対比すると，送達に瑕疵があった場合に（Ⅰ）では判決国での上訴提起義務が定められているのに対して，（Ⅱ）では判決に明らかに同意しているときには不承認の限りではないとしている。同意がいかなる場合に認められるのかについて，ボラス報告書では（Borrás Bericht, ABl. EG 1998/C 221/51 Nr.70），たんに再婚（neue Eheschließung; remarrying）を挙げているに過ぎない。この点について注釈書などでは，離婚判決を基に離婚後扶養を請求したり，新たな婚姻締結を届け出るに際して離婚判決を援用したり，夫婦財産を協議の上で分割するといった，その後の行動から判断されるが（vgl. Thomas/Putzo/Hüßtege, a.a.O., EheVO Art.15 Rdnr. 3），上訴提起しなかったことが直ちに同意といいうることはできないとする見解が有力である（Hausmann, Neues internationales Eheverfahrensrecht in der Europäischen Union, The European Legal Forum 2000/01, 345,349; Helms, Die Anerkennung ausländischer Entscheidungen im Europäischen Eheverfahrensrecht, FamRZ 2001,257,264; Münchener Kommentar/Gottwald, ZPO, 2.Aufl. 2001, Bd.3, EheGVO Art.15 Rdnrn. 5 und 11; Nagel/Gottwald, a.a. O., §11 Rdnr. 72; Schlosser, a.a.O., EuEheVO Art.15 Rdnr. 4）。

4　若干のコメント

日本法の解釈としては，本文で述べた見解を改める必要はないと考える。本文での記述と重複するところもあるが，ブリュッセル規則と対比しつつ検討してみたい。

(1)　適式性の要件は不要か

ブリュッセル規則（Ⅰ）および（Ⅱ）では適式性の要件が重要性を失ったことから，日本法の解釈論としても今後このような立場が有力化することも予想される。たしかに，本号の目的は，外国訴訟手続において被告の防御権が確保されたか否かという問題に関わり，その意味では軽微な形式の不備を問題にして不承認とするよりも，その形式の不備によって被告の防御権が侵

害されたどうかを問う解釈がより本質的ともいえる（vgl. Geimer, Salut für die Verordnung (EG) Nr.44/2001 (Brüssel I -VO), IPRax 2002,69,73; Linke, a.a. O., Rdnr. 408; Schack, a.a.O., Rdnr. 848)。しかし，そのことをもって，日本法の解釈上，送達の適式性を不要とするには疑問がある。なぜなら，適式性不要説では，防御権が保障されたと解される範囲内であれば国際送達ルールからの逸脱は許容されることになり，それによって承認の側面から，送達に関する条約など国際送達に関するルールの存在意義そのものを揺るがしかねないことになるからである。また，ブリュッセル規則での扱いは，（デンマークを除く）EU構成国においてのみ妥当し，その他の国との関係で多くの場合に適用されるドイツ民事訴訟法328条1項2号が改正されていないことにも留意すべきである。地域的・法文化的・言語的に関係の深い国との間で適用されるブリュッセル規則と，必ずしもそうとは言えない国との間で承認要件を異にしているドイツ民事訴訟法の扱いからは（なお，ドイツは日本と異なり判決承認に関する2国間条約も10ヶ国以上締結している。vgl. Schack, a.a.O., Rdnrn. 55 und 804。ただし，多くのケースでブリュッセル規則（Ⅰ）・（Ⅱ）がカバーする），ほとんどのケースで日本民事訴訟法118条が承認ルートとなる日本にとっては，より慎重な解釈態度が求められるというべきである。また，ブリュッセル規則（Ⅰ）での説明，つまり，被告が応訴しているときには送達の不備があっても実害がない（vgl. Schlosser, a.a.O., EuGVVO Art.34-36 Rdnr. 8) というのは実際に手続に関与したから言えるのであり，外国訴訟手続の開始に被告が実際に関与していないときには，手続開始時における手続保障が尽くされたか否かは，ミニマムスタンダードとしての判決国訴訟法によって厳格に判断すべきであるし，また送達にさいしての瑕疵が治癒されるかという問題も判決国訴訟法により定まるのが正当と考える。

(2) 上訴提起義務と訴訟上の信義則

ブリュッセル規則（Ⅰ）34条2号では，手続の瑕疵があった場合には判決国で上訴を提起する義務を定めている。本文で紹介したように，この立場は1962年8月30日の民事及び商事事件に関する判決及びその他の債務名義の承認執行に関するドイツ連邦共和国とオランダ王国との条約で規定があり，またガイマーは一般的義務としてドイツ民事訴訟法328条の解釈としても妥当すると主張してきた。このような立場に対して1992年連邦通常裁判所決定は，

否定説を支持した。しかし，訴訟開始書面について不備があったものの，その後の書類の送達については問題がなく，この者が判決国で上訴提起をしていないときに，この者が承認段階で送達の瑕疵を理由に不承認を主張することについては訴訟上の信義則 (Treu und Glauben im Prozess) の観点から批判がなされていた (vgl. Münchener Kommentar/Gottwald, a.a.O. (Aktualisierungsband), EuGVO Art.34 Rdnr. 5.)。そこで，規則（Ⅰ）は明文で，上訴提起義務を採用した。私見は，上訴提起義務を一般的に用いることに消極的であることは本文で述べた。ヨーロッパ域内国の当事者同士での事件についてはともかく，たとえば，日本に生活の拠点を置く日本人がドイツで訴えられた場合のように，遠隔の地で訴えられた場合についてまで判決国での上訴提起義務を被告に課すのは，この者の負担が重すぎると考えられるからである。また，ブリュッセル規則発効後も，ドイツ民事訴訟法328条1項2号の解釈としては依然として否定説が有力であることも留意すべきである。他方，ブリュッセル規則（Ⅱ）15条1項（b）および2項（c）では，被告が明らかに判決に同意しているときには不承認とすることはできない，という規定をおいている。この点については，わが国でも訴訟上の信義則という概念を国際民事訴訟法においても肯定することで，同様の処理をすることは可能である。ただし，承認局面で訴訟上の信義則論を採用する場合は，瑕疵の治癒に関する準拠法決定との関係を整理する必要がある。承認国法による送達の瑕疵の治癒を肯定する立場に立てば，承認国における訴訟上の信義則論を展開するのに理論的困難は少ない（また，そもそも一般条項的処理を持ち出さずに承認することも可能であろう）。では，この立場によらない場合，どのように考えるべきであろうか。前述のように私見は，送達手続は判決国の訴訟手続の一部を構成することから，その瑕疵についても判決国訴訟法によると考え，また，判決国と送達実施国とが分離する場合に，送達実施国で生じた問題について同国法による瑕疵の治癒も認められると解する。したがって，この立場では，たとえば，A国の裁判所に係属した離婚事件について司法共助により，B国（日本以外の第三国）で瑕疵のある送達が実施され，A国で判決が下されたときに，その判決を前提にA国訴訟の被告がA国判決を基にして新たな婚姻を届けていたところ，後にA国判決の効力が問題となった場合に，判決国訴訟法・送達実施国法が瑕疵の治癒を認めていないならば，治癒されないことになる。

しかし，送達要件は被告保護の観点から認められ（私益保護規定），私見では当事者の責問によってのみ審理される要件であると解するので，先にあげたような事例の場合には責問権を放棄ないし喪失したものと考え，A国訴訟の被告はもはや送達の瑕疵を日本で主張することはできないものと考える（2003年10月6日追補脱稿）。

なお，脱稿後の文献として，春日偉知郎「送達（送達条約10条aによる直接郵便送達）」新実務大系（3）343頁がある。

〈参照条文〉
ブリュッセル規則（Ⅰ）
　第34条　つぎの場合，判決は承認されない。
　第1号　〈略〉
　第2号　応訴しなかった被告に，手続を開始する書面又はこれに相当する書面が適時に送達されず防御することができなかったとき。ただし，この者が判決に対して上訴を提起することができたのに，なさなかった場合はこの限りでない。
　第3号・第4号　〈略〉

ブリュッセル規則（Ⅱ）
　第15条　不承認事由
　第1項　つぎの場合，離婚，別居又は婚姻無効に関する判決は承認されない。
　　(a)　承認することが，承認国の公序に明らかに反するとき，
　　(b)　応訴しなかった被申立人に，手続を開始する書面又はこれに相当する書面が適時に送達されず防御できなかったとき。ただし，この者が明らかに判決に同意していると判断されるときはこの限りでない，
　　(c)　承認国である構成国で，同一当事者間で下された判決と矛盾するとき，又は
　　(d)　他の構成国又は第三国において同一当事者間で下された先行する

判決と矛盾し，先行する判決が承認国での判決承認のための必要的要件となるとき。

第2項　つぎの場合，13条にいう婚姻事件手続を契機として下された親の責任に関する判決は承認されない。

(a) 子の福祉に鑑みて，承認が承認国の公序に明らかに反するとき，
(b) 緊急の場合を除いて，承認国である構成国の手続の基本原則に反する方法で，子に審問の機会を与えずに判決が下されたとき，
(c) 応訴しなかった者に，手続を開始する書面又はこれに相当する書面が適時に送達されず防御できなかったとき。ただし，この者が明らかに判決に同意していると判断されるときはこの限りでない，
(d) 審問の機会を与えられずに判決が下されたことで，親権が侵害されたとする主張があるとき，
(e) 承認国である構成国で後に下された親の責任に関する判決と矛盾するとき，又は
(f) 判決が，他の構成国又は子が常居所を有する第三国において親の責任に関して後に下された判決と矛盾するとき。ただし，後で下された判決が承認国での判決承認のための前提要件となるときにかぎる。

17 内外判決の矛盾

EuGH, Urteil vom 4.2.1988-145/86 Hoffmann/Krieg

芳 賀 雅 顯

Slg. 1988, 645＝NJW 1989, 663＝RIW 1988, 820 Anm. Linke＝IPRax 1989, 159 Anm. Schack

〈判決要旨〉

ブリュッセル条約27条3号にいう矛盾抵触の概念は条約独自に解釈され，内国裁判所の判決効と外国裁判所の判決効が互いに排斥し合うときには矛盾抵触する。内国の離婚判決と外国の扶養料支払を命ずる判決は，相互に抵触する。

〈事案の概要〉

ドイツ人である原告X（夫）と同じくドイツ人である被告Y（妻）は1950年に結婚したが，Xは1978年に婚姻住所地であるドイツを去り，オランダで生活をしていた。その後，Yの申立てに基づき1979年にハイデルベルク区裁判所は，Xに対して別居生活の扶養料をYに支払うことを命ずる判決を下した。他方で，Xはオランダで離婚判決を獲得し（オランダ抵触法に基づきドイツ法を適用），1980年8月19日には離婚判決はハーグで身分登録簿［Personenstands-register］に登録された。しかし，ブリュッセル条約の適用範囲外であるこのオランダ裁判所による離婚判決は，ドイツではまだ承認されていなかった（外国離婚判決の承認については法律上の自動承認原則の例外をなし，州法務局による承認要件の確認作業を経て承認される。家族法改正法7編1条1項）。その後，Yの申立てにより，1981年にオランダの裁判所は，ハイデルベルク区裁判所の判決に対してブリュッセル条約31条に基づき執行文を付与したが，Xはこの強制執行を許可する裁判に対して法的救済を申し立てなかった。そして，1983年2月28日にYは，Xの給料債権を差し押さえたところ，Xは差押えの取消

しまたは中止を求める申立てをした。第1審ではXは勝訴したが，控訴審ではXの申立ては退けられたので上告した。本件はブリュッセル条約の複数の条文の解釈に関することから，同裁判所はヨーロッパ裁判所に先行判決を求めた。

〈判　旨〉

ヨーロッパ裁判所は，扶養料の支払いを命ずる判決と離婚判決はブリュッセル条約27条3号にいう矛盾抵触にあたるとした。

「本条〔27条3号〕にいう矛盾抵触が存在するのかという問題の解明のためには，関係する複数の判決が相互に排斥しあう効果を有するか否かを調べなければならない。本件では内国離婚判決がすでに下され既判力を生じたときに外国扶養判決は執行文を付与されたのであり，また，問題の〔扶養料の支払を求める〕訴訟は離婚後に提起されたということは，記録から明らかである。この状況下では，2つの判決は相互に排斥し合う法的効果を有する。なぜなら，そう解しないと婚姻共同体が存在することを必然的に前提とする外国判決は，承認国において同一当事者間で下された判決によってすでにこの共同体が解消されていても，執行されなければならないことになるからである。構成国裁判所による第3の問題に対しては，夫婦の一方に対して婚姻に基づく義務により扶養料を相手方に支払うことを命ずる外国判決と，当該婚姻を解消する内国判決は，ブリュッセル条約27条3号にいう矛盾抵触にあたると回答する。」

〈参照条文〉

ブリュッセル条約

　第21条

　　第1項　異なる構成国の裁判所において同一当事者間で同一請求に関する訴訟が係属しているときには，最初に係属した裁判所の国際裁判管轄が確定するまで，後訴裁判所は手続を中止する。

　　第2項　前訴裁判所の国際裁判管轄が確定した後は，ただちに後訴裁判所は前訴裁判所のために無管轄を宣言する。

第22条
第1項　複数の構成国の裁判所に関連する訴訟が提起され，双方の訴訟が第一審裁判所に係属しているときには，後訴裁判所は手続を中止することができる。
第2項　後訴裁判所は，その国の法により関連手続の併合が認められ，かつ前訴裁判所が双方の訴訟について管轄を有するときには，当事者の申立てにより無管轄を宣言することができる。
第3項　双方の訴訟に密接な関係があるので，手続が分離することによる矛盾判決の発生を回避するために共通の弁論および裁判が必要とされるときには，双方の訴訟は本条にいう関連性を有する。

第27条　判決は，以下の場合には承認されない。
第1号　承認が承認国の公序に反するとき
第2号　〈略〉
第3号　承認国において同一当事者間で下された判決と，承認が求められた判決とが矛盾抵触するとき
第4号　〈略〉
第5号　判決が，同一当事者間で同一請求につき非構成国で以前に下された判決と矛盾抵触し，かつ非構成国で下された判決が承認国の必要的承認要件を具備しているとき

ドイツ民事訴訟法
第328条
第1項　外国裁判所の判決は，以下の場合には承認されない。
第1号・第2号　〈略〉
第3号　判決が，内国判決または承認すべき従前の外国判決と矛盾抵触し，もしくは判決の基礎となる手続が内国で既に訴訟係属を生じた手続と矛盾抵触するとき
第4号・第5号　〈略〉

〈研 究〉
I 本判決の意義

本判決では(1)，判決国の判決が承認国の判決と矛盾する場合には承認国の判決を優先させると定める，ブリュッセル条約27条3号にいう矛盾判決の概念は条約独自の立場から決するとし，「関係する複数の判決が相互に排斥する効果を有するか否か」により判断することを明らかにした。その上で，婚姻扶養料の支払を命ずる外国判決と，内国の離婚判決は相互に排斥する関係にあると判断した。

本判決は，いかなるときに内外判決が矛盾するのか，その意義に関する裁判であるが，この問題の検討には国際的訴訟競合の規制問題が関係する(2)。なぜならば，内外矛盾判決が生ずるのは同一事件について国際的な訴訟合戦を制御することができない場合に生ずるからである。そこで，以下では，ブリュッセル条約における訴訟競合の規制方法（とくに事件の同一性の判断基準），矛盾判決の処理方法（とくに矛盾判決の意義），そして両者の判断基準の関係にも言及しつつ，ドイツにおける本判決の評価をみたうえで検討を試みたい。

II ブリュッセル条約における訴訟競合の扱い——21条，22条

矛盾判決の発生を防ぐためにブリュッセル条約は21条と22条に規定をおいている。まず，21条は，同一当事者間の同一請求に関する［wegen desselben Anspruchs］訴訟が複数の構成国裁判所に提起されたときには，先に訴訟が提起された裁判所が管轄を有すると定め，また，22条では，相互に関連する［im Zusammenhang stehen］訴訟について後訴裁判所は無管轄を宣言することができると規定する。21条にいう「請求の同一性」，22条での「関連性」の概念については多くの議論がなされている。

まず，21条で用いられている「請求の同一性」の判断基準の解釈に関して，ドイツでは見解が多岐に分かれている(3)。たとえば，ゴットヴァルト［Gottwald］は，国際訴訟競合では21条の適用により前訴裁判所の訴訟手続が続行されるのであるから，前訴裁判所が所属する国の法廷地法に基づく既判力だけが重要であると説き，前訴裁判所の法廷地法によるとする(4)。他方，ハープシャイド［Habscheid］は，これとは反対に後訴裁判所の法廷地法の適用を説く(5)。しかし，ドイツの学説・判例の主流は，関係する双方の訴訟法

規により同一性が肯定されることが必要であるとの二重性質決定説 [Doppelqualifikations-Theorie] を主張していた[6]。これに対してヨーロッパ裁判所は，特定の国の国内法概念によるのではなく条約独自の解釈として核心理論 [Kernpunkt-Theorie] を展開するが，この考えはドイツ民事訴訟法における訴訟物理論とは全く異なり[7]，より広いものと解されている。核心理論では，請求の趣旨および原因が完全に一致している必要はなく[8]，双方の請求権が同一の権利関係を根拠にし，この権利関係が存在する場合にのみ両請求権が成立するならば，同一請求権に該当すると説かれる[9]。たとえば，ヨーロッパ裁判所の判例によると，先に提起された売買代金請求訴訟に続いて債務不存在確認訴訟が提起された場合に，双方の訴訟では契約の有効性が紛争の核心であるとして請求の同一性を肯定する[10]。また逆のケース，つまり債務不存在確認訴訟が先に提起された後に運送品が毀損したことによる損害賠償請求訴訟が提起された場合にも，ヨーロッパ裁判所は1994年の判決で同一性を肯定している[11]。このようなヨーロッパ裁判所の解釈に賛成する見解もあるが[12]，ドイツの学説は概して批判的である。また最近は同一性の有無を問題の中心に据えない見解も出てきており，たとえば，ライポルト [Leipold] は，事実上の権利保護の満足 [tatsächliche Interessenbefriedigung] という観点から，給付の訴えに後れて債務不存在確認訴訟が提起された場合には，後訴原告の権利保護の利益は前訴で達成されるが，これと逆に消極的確認訴訟が先に提起されたときには，後訴は遮断されないとする[13]。そのような中で，最近，ケラメウス [Kerameus] を座長とするブリュッセル条約の改正作業グループは，同条約21条について次のような報告をしている[14]。それによると，ヨーロッパ裁判所による21条の解釈は満足のいくものではないことは一般的に認められているとしたうえで，核心理論に基づき債務不存在確認訴訟と給付訴訟との同一性が肯定されると，債務者サイドは先に提起した債務不存在確認訴訟を長期化させることで給付訴訟を長い年月にわたりブロックすることが可能になってしまうが，この問題解決には訴訟物概念の操作では対処できず，また訴訟物概念を狭く設定するとブリュッセル条約27条3号が定める矛盾判決の回避との関係でも問題が生ずると述べる。そのうえで，つぎのような提案をする。つまり，原則として，後訴裁判所は前訴裁判所が管轄を肯定するまでの間は職権で訴訟を中止するが，前訴裁判所で確認

訴訟が提起された後に他の構成国で 6 ヶ月内に給付訴訟が提起されたときには，後訴裁判所が管轄を肯定するまでは前訴裁判所は職権で訴訟を中止する，というものである[15]。

つぎに，ブリュッセル条約22条にいう「関連性」についてであるが，同条3項によると，別々に訴訟を提起することから生ずる矛盾判決の発生を回避するために，弁論と裁判を共通にする必要があるほどの密接な関係があるときには関連性があるとしている。この概念は条約独自に解釈されるが，訴訟物の同一性は要求されておらず[16]，同条約21条よりも広い概念であると説かれる[17]。たとえば，複数の商品引渡しに基づく売買代金支払いを求める訴訟と，そのうちの 1 つの引渡しにつき解除を求める訴訟は関連性を有するとされ，また，単一の契約から生ずる複数の請求権に関する訴訟が異なる構成国で提起され，双方の裁判所の国際裁判管轄が契約上の裁判管轄条項の有効性に左右されるときにも関連性が肯定される[18]。しかし，ヨーロッパ裁判所は核心理論により21条の適用範囲を広範に解釈しているので，22条の適用は実際にはそれほど問題にはならないとされる[19]。

III　ブリュッセル条約における矛盾判決の扱い——27条
1　総　論

複数の国で下された判決が相互に矛盾しているときに，その承認が問題になった場合に，ブリュッセル条約27条は 3 号（他の構成国と内国判決が矛盾する場合）そして 5 号（構成国と非構成国の判決が矛盾する場合）において，いずれの判決を優先させるのかについて規定をおいている。しかし，21条以下で矛盾判決を生じないように重複訴訟に関して規定をおいていることから，27条3 号および 5 号の役割は実際上それほど大きくないとされる一方で[20]，内国訴訟係属を看過して下された外国判決は承認拒否事由に該当しないので，このような場合に27条は機能するとも説かれる[21]。

そもそも矛盾判決が生じた場合に解決する方法として，3 つの方策があるとされている[22]。第 1 に，最初の判決を尊重する立場，第 2 に，これとは反対に後の判決を尊重する立場 [last-in-time-rule][23]，そして第 3 に，内国判決を無条件に尊重するものである。なお，第 1，第 2 の立場では何により先後を決めるのか，つまり訴え提起の時期を基準にするのか，それとも判決が下

された時期によるのかが問題になる[24]。この点についてブリュッセル条約27条3号やドイツ民事訴訟法328条1項3号は，他の構成国で下された判決と内国の判決が矛盾関係に立つときの承認について，内国判決を優先させる最後のタイプを採用する。そのさい，内外判決の時間的先後は関係ないとされる[25]。内外判決が矛盾抵触する場合の条約における扱いとしては，公序違反として扱うものと特別規定をおくタイプとがあるが，ジュナール[Jenard]報告書によると，この問題を公序で処理すると公序概念が肥大化するおそれがあること，またイタリアでは一貫して公序の範囲外として扱い特別の規定をおいていることから，ブリュッセル条約は特則をおく規律方法を採用したとされる[26]。つぎに，構成国と非構成国裁判所の判決の承認が求められた場合には，同条約27条5号により先行する判決を優先させる原則が妥当する。このルールの利点としては，第一訴訟で敗訴した当事者が別の国で重ねて訴訟を起こす意味がなくなる点があげられている[27]。

しかし，複数の構成国で下された判決の承認が問題になったときについては規定がなく，先行する判決が適用されるとする見解[28]，ブリュッセル条約27条5号を類推適用する見解[29]，そして同条1号の適用を説く見解に分かれる[30]。

2 内外矛盾判決の判断基準

そもそも，ブリュッセル条約は構成国間相互の判決承認を容易にすることを目的としているので，同条約27条3号にいう矛盾抵触という概念は狭く解釈されねばならないというのが一般的理解である[31]。では，いかなる場合に，内外国裁判所が下した判決が相互に矛盾[unvereinbar]するといえるのか[32]。

条文は明確な要件を示していないが，ジュナール報告書の説明によると[33]，承認を拒絶するには，承認が求められた判決が，承認国において同一当事者間ですでに下された判決と矛盾抵触することで十分であり，訴訟対象[cause of action]が同じであることまでは必要はないとされる。そこで，たとえば，債務不履行による損害賠償を命ずるベルギー判決の承認を求められたフランス裁判所は，同一当事者間の紛争において契約が無効であるとの判決をすでに下しているときには承認を拒否することができる，とされる。

ヨーロッパ裁判所は本判決において，「関係する複数の判決が相互に排斥す

る法的効果を有するか否か」を調べなければならないとし，矛盾判決の判断基準を特定国の法概念から解放し条約独自の解釈を示す。ドイツの学説においても，条約独自の解釈を支持する見解がある[34]。しかし，内外訴訟の訴訟物が同一である必要はないとの点ではほぼ見解の一致を見ているものの[35]（そもそも訴訟物の同一性を判断する基準について見解が異なりうる），具体性のある明確な基準が定立されているわけではない。たとえば，リンケ［Linke］は，訴訟物が同一である訴訟について異なる結果を生ずる場合には内国法秩序を阻害する判決が存在するといえるが，それ以外の場合には，ブリュッセル条約27条3号による不承認は公序違反の場合（同条約27条1号）と類似することにかんがみて厳格な基準が設定されると説く。そして，真性の既判力の抵触［echte Rechtskraftkonflikte］に限定するのは文言に照らして狭すぎると述べる[36]。他方でゴットヴァルト［Gottwald］は，判決理由［Entscheidungsgründen］が異なるだけではここで問題になっている矛盾があるとはいえず，既判力を有する判決の主文［rechtskraftfähige Entscheidungssätze］が異なる場合にのみ矛盾があるとする[37]。また，ヴォルフ［Wolf］は，条約独自に解釈するのではなく各国の国内法［nationale Rechtsordnung］により判断するとしつつも，判決の承認執行を容易にするというブリュッセル条約の目的にかんがみて，もっとも寛大な承認条件を有する法秩序が，すべての構成国についての矛盾判決概念を決めるという[38]。他方で，それぞれの判決の法的効果［Rechtsfolgen］は判決国法によってのみ定まることから[39]，矛盾概念を条約独自に解釈することに懐疑的な見解も示されている[40]。

3　本判決に対する学説の評価

学説では，扶養料の支払を命じた外国判決と内国の離婚判決がブリュッセル条約27条3号にいう矛盾判決に該当するとのヨーロッパ裁判所判決に対しては，批判的な立場が有力である[41]。たとえば，シャック［Schack］は，次のように述べて本件では27条3号に該当しないと主張する。彼によると，オランダの離婚判決はYの扶養請求権を否定しておらず，むしろYが裁判に欠席したのでそのことについて定めていないのであり，そのかぎりで扶養を命ずるドイツ判決と矛盾する法的効果をオランダ判決は有していないという。そして，このことはドイツ法の観点からも当てはまるとし，離婚は別居による扶養を命ずる判決の存在に影響せず，債務者はドイツ民事訴訟法767条の請

求異議の訴えによって扶養を命ずる判決の執行力だけを排除することができるので，厳密には，ドイツの扶養判決は婚姻を必然的に要件とするものではないとする。他の批判説もほぼ同内容の主張をしている。

Ⅳ　ブリュッセル条約21条・22条および27条の関係

ブリュッセル条約27条は複数の国で矛盾判決が生じた場合について規定しているが，これに対して同条約21条・22条は，そもそも矛盾判決が生じないように，同一事件が複数の国で係属した場合に，先に係属した訴訟を優先させるルールを採用している。それでは，これらの条文の関係はどうなっているのだろうか。

条文の文言をみてみると，訴訟競合の規制に関する21条では，同一当事者間での「同一請求に基づく [wegen desselben Anspruchs]」ことを要件にしているが，22条では「関連性 [Zusammenhang]」を要件としている。他方で，内外国判決の矛盾に関する27条3号では「矛盾抵触 [unvereinbar]」とだけ述べているのに対して，構成国と非構成国の判決が矛盾する場合の承認に関する27条5号では，同一当事者間での「同一請求に基づく」判決が矛盾抵触 [unvereinbar] することを要件としている。

ジュナール報告書の説明によると，21条は同一請求 [the same cause of action] を規律対象にしているとしているが，27条の説明では同一請求である必要はない [It is therefore not necessary for the same cause of action to be involved] と明言している[42]。22条と27条の関係は同報告書からは直接は明らかではないが，22条は請求の同一性を要求しておらず，また判決抵触の回避を目的とすることから，27条はむしろ22条と対応関係にあると理解する方が合理的とも思われる。しかし，ヨーロッパ裁判所の判例は22条と27条3号とは同義ではないとし[43]，これにしたがう学説もある[44]。

ドイツの学説では，訴訟物の範囲＝既判力の客観的範囲というドイツの国内民事訴訟法の論理をこの場合にも妥当させ，21条と27条が対応関係にあると理解する傾向にあり[45]，たとえばガイマーは，21条と27条の解釈を乖離させる理由はないと説いている。しかし，これに対してシャックは，27条3号および5号の解釈は21条よりも狭いと述べる[46]。つまりシャックは，27条3号に基づく不承認は好ましくないとの立場から，21条にいう同一請求

[desselben Anspruch] をより広く解することで27条3号の適用場面，つまり内外判決の矛盾［unvereinbar］の要件を狭く捉えようとする(47)。だが，シャックの見解に対してライポルトは，27条3号の適用範囲を狭く解釈するならば21条の訴訟係属を広く解する必要性はないと批判する(48)。

また，27条3号と同条5号の「矛盾抵触する」判決の意義を，同一に解すべきかどうかについても争いがある。同一に解すべきとする見解が有力であるが(49)，5号が3号と異なり文言上「同一請求権」といっていることから3号よりも狭く解する見解もある(50)。

V 検討
1 矛盾判決と承認の可否
(1) 判例

わが国の裁判で内外判決の矛盾が問題となったものとして著名なのが，関西鉄工事件と呼ばれている大阪地判昭和52年12月22日(51)である。この事件では，米国ワシントン州裁判所が1974年9月17日に下して10月17日に確定した損害賠償を命ずる判決をわが国で執行しようとしたところ，米国訴訟の被告が大阪地裁で債務不存在確認訴訟を提起し請求認容判決が1974年10月14日に下され，米国判決の執行判決請求訴訟を提起したときには日本判決が確定していたというものである。そこで内国判決と矛盾抵触する外国判決を承認することができるのかが問題になったが，大阪地裁は，「同一司法制度内において相互に矛盾抵触する判決の併存を認めることは法体制全体の秩序をみだすものであるから訴の提起，判決の言渡，確定の前後に関係なく，すでに日本裁判所の確定判決がある場合に，それと同一当事者間で，同一事実について矛盾抵触する外国判決を承認することは，日本裁判法の秩序に反し，民訴法200条3号の『外国裁判所の判決が日本における公の秩序に反する』ものと解するのが相当である」と判示した。

(2) 学説

わが国の学説は大別して，公序の問題として理解する見解と，判決の抵触一般の問題と捉える見解，さらに国際的訴訟競合の処理との関連性をもとに統一的処理を試みる見解に分かれる。

公序の問題とする見解は，内国の判決と矛盾する外国判決を承認すること

は内国法秩序を乱すとして，手続的公序違反を理由に外国判決の承認を認めないとするものである。この立場は，さらに時間的先後を問題にするかどうかで分かれてくる。つまり，外国裁判所の判決が内国確定判決を無視している場合には承認されないとする見解[52]，確定の前後に関係なく内国判決が優先するとの見解[53]（大阪地判昭和52年判決や，ブリュッセル条約27条3号，ドイツ民訴法328条1項3号はこの立場に立つ），外国判決が内国裁判所で承認執行が求められた時点を問題にする見解[54]，内国判決が先に確定していた場合には矛盾する外国判決は承認されないが，外国判決が先に確定していたときには内国裁判所はその既判力に拘束され[55]，内国判決は民事訴訟法338条1項10号により取り消されるとの見解[56]がある。

これに対して，判決抵触の一般法理によるべきであるとする見解も，有力に主張されている。しかし，この立場も国内判決の抵触に関する日本民事訴訟法338条1項10号の解釈をめぐって対立がある。同号によると，後に確定した判決は再審により取り消されるまで優先することになる。そこで，外国判決が先に確定したときには内国判決は再審によって取り消されないかぎり，内国判決に抵触する外国判決は承認されず，また外国判決が後で確定したときには内国判決の既判力に抵触し承認されないとの見解や[57]，同号の趣旨を先に確定した判決を優先させるものと捉え，内国判決であると外国判決であるとを問わず先に確定した判決が優先すると説く見解[58]がある。だが，この判決抵触に関する一般法理によらせる見解に対しては，外国判決に対して再審を提起することはできないこと，また，そもそも判決抵触に関する一般法理が存在すること自体に疑問があること，などの批判がある[59]。

また，国際訴訟競合の規律との整合性を重視し，承認予測説の立場から，原則として先に係属した訴訟の判決を優先させるが，外国訴訟の訴訟係属が先であっても判決確定が内国訴訟よりも遅れるときには内国判決が優先するという見解も主張されている[60]。

(3) 私　見

これまでの議論は，内外判決の矛盾抵触の処理を外国判決承認制度との観点のみによって論じられることが多かった。しかし，この問題は外国判決承認制度だけでなく，そもそも内外矛盾判決の発生原因である国際的訴訟競合との関係にも配慮する必要があるし，また内外判決が矛盾する場合だけでな

く複数の矛盾する外国判決の承認という事態も含めて統一的に考えるべきであろう。

まず，内国判決の絶対的優位を説く大阪地裁昭和52年判決やブリュッセル条約27条3号の立場について検討する。この考えは現在でも国際的に有力な立場であるが，無制限に内国判決を優先させる見解は内外判決を同列に扱う外国判決承認制度に調和しないといえる[61]。次に，わが国では外国確定判決が承認要件を具備するときには当該外国判決は日本で効力を有するので（法律上の自動承認制度），内外判決の確定時期によって区別をし，内国判決が先に確定しているときには外国判決を承認せず，また外国判決が先に確定しているときには内国判決よりも外国判決を優先させる考え方がある。このような解決枠組みは，公序によらせる立場からも判決抵触に関する一般法理によらせる立場からも有力に主張されており[62]，両説の差は説明の仕方が違うにすぎないともいえる。しかし，そもそも渉外事件における判決の矛盾という事態は，同一事件が複数の国の裁判所に提起され，双方の裁判が規制されずに進行した場合に生ずるのであり，その意味では訴訟競合の規制方法との整合性がより重視されるべきである[63]。国際的訴訟競合の規制に関して，ここで詳論することはできないが，解釈上困難な問題も残されているものの基本的には承認予測説を採り（ただし，同説においても要件の寛厳に相当のバラツキがある），訴訟係属の先後により区別すべきであり，確定の時期を考慮する必要はないと考える。なぜなら同一事件について複数の国に訴訟が係属したときには，権利獲得に迅速に動いた当事者の利益を尊重すべきだからである（訴訟係属の時期については本書10事件，事件の同一性については本書**11**および**12**事件を参照）。また，判決確定の時期で区別する見解は，訴訟係属後の当事者の訴訟活動により結論が左右され，上述の当事者の利益を反映させることができず妥当でない[64]。したがって，矛盾する複数の外国判決の承認が求められたときには，先に訴訟が係属した判決を承認すべきであり，この場合の訴訟係属の先後の判断はそれぞれの判決国法によるものと解する[65]。このことは，基本的には内外判決が矛盾する場合にも妥当するが，ブリュッセル条約のような管轄・執行を規律する多国間条約を有しないわが国の状況では，内国当事者の権利保護のために例外的に内国後訴を維持することを認める必要があり（具体的には，承認予測がはずれる場合はもちろんのこと承認予測の可能

性がある場合でも緊急管轄が肯定される場合が考えられる）、その場合に生ずる内外矛盾判決については例外を認め内国判決を優先させる途を認めるべきである[66]。もちろん、この立場は、無制限に内国判決の優位を説くものではない。また、「訴訟係属の先後」により決するという私見では、「確定の先後」により判決の抵触を解決する民事訴訟法338条1項10号類推の方法を利用することはできないので、公序違反による不承認ということになる[67]。

2 矛盾抵触の意義

それでは、いかなる場合に矛盾判決があるといえるのか。この点については、従来あまり議論されていないが、問題となる複数の判決の既判力がそれぞれの判決国法により相互に抵触する場合は、これに該当することについては争いはないといえる。問題は、この局面に限定するかどうかである。この点、わが国の有力説は、理由中の判断も含めて抵触概念を広く解すると不承認の事態が拡大し国際的私法生活が不安定になること、また民事訴訟法338条1項10号の解釈として既判力の抵触が問題となっていることから、既判力の衝突を判断基準にすべきであるとする[68]。このような限定的理解は、ブリュッセル条約27条3号の解釈に関するドイツの有力説の支持するところであり[69]、ヨーロッパ裁判所も本判決では一般論としてはこの考えにしたがっている。

この問題の解決に際しては、まず、矛盾判決概念を渉外事件での訴訟物概念と切り離して考えるのかが問題になりうる。矛盾判決の不承認を定めるブリュッセル条約27条は、同一訴訟物の後訴を規制する同条約21条ではなく関連請求に関する後訴を規制する同条約22条と対応すると解する余地もあり、訴訟物＝既判力の範囲という図式から乖離する扱いもありうるからである。しかし、わが国にはブリュッセル条約22条のような規定がないことや、前述のように矛盾判決は訴訟競合を規制できないときに生ずることを考えると、両者は一体的に把握すべきであろう。ここでは、渉外訴訟の訴訟物概念について詳論することはできないが、渉外事件独自に構成する見解が有力である[70]。つぎに、矛盾判決概念の判断基準をどうするのかという問題がある。すなわち、それぞれの判決国法の定める既判力の範囲に照らして既判力の抵触があるのかを判断する方法（抵触法的処理）と、矛盾判決の概念を渉外民事事件独自に構成する方法（渉外実質規範的構成）とがありうる。ヨーロッパ裁判

所は本判決で条約独自に概念を解釈する立場を表明したが，ドイツの学説では抵触法的処理による見解も有力であることは前述のとおりである。たしかに，抵触法的処理による解決は明確な基準を提示する点で優れている(71)。しかし，各国法の既判力の広狭が異なるので，判決国法に既判力の範囲を全面的に委ねると，既判力が抵触する外国判決を不承認とするだけでは国内法秩序の維持が十分図られない場合も生じうる。現在のわが国が外国判決を承認する国際条約を締結していない状況からは，判決抵触を理由とする外国判決の不承認は内国法秩序の維持の観点から認められ，この判断基準は承認が求められた国の法が判断すべき事柄であるといえ，このような観点から渉外事件独自に矛盾判決概念を構成していくべきであろう。一般論として，ヨーロッパ裁判所の判示した基準は妥当と考えられる。しかし，この基準を当てはめた場合，各国法における細部の実情を反映しない結果を招来することがありうる。本件の評釈において，ドイツの有力説が反対した点はここにある。わが国における解釈としては，ヨーロッパ裁判所のテーゼに拠りつつも，具体的事案の解決に際しては各国法における判決効を精査する必要があろう。

(1) 本判決については，越山和広「国際民事訴訟における裁判の矛盾抵触とその対策」民商113巻2号88頁（1995年）に紹介がある。
(2) 国際的訴訟競合については，たとえば，道垣内正人＝早川吉尚「国際的訴訟競合の諸問題」国際私法の争点〔新版〕253頁参照。
(3) 学説・判例の詳細は，Bäumer, Die ausländische Rechtshängigkeit und ihre Auswirkungen auf das internationale Zivilverfahrensrecht, 1999, S. 128ff, 148ff.; Dohm, Die Einrede ausländischer Rechtshängigkeit im deutschen internationalen Zivilprozeßrecht, 1996, S.95ff.
(4) Münchener Kommentar/Gottwald, ZPO, Bd. 3, 1992, Art.21 EuGVÜ Rdnr. 4.
(5) Habscheid, Bemerkungen zur Rechtshängigkeitsproblematik im Verhältnis der Bundesrepublik Deutschland und der Schweiz und den U.S.A. anderseits, in: FS. für Zweigert, 1981, S.109,112.
(6) OLG Hamm IPRax 1986, 233; OLG München IPRax 1988, 164; Bülow/Böckstiegel/Müller, Internationaler Rechtsverkehr, 1997, S.606-170; Schütze, Die Berücksichitigung der Rechtshängigkeit eines aus-

ländischen Verfahrens nach dem EWG-Übereinkommen über die gerichtliche Zuständigkeit und die Vollstreckung gerichtlicher Entscheidungen, RIW 1975, 78, 79; Schumann, Internationale Rechtshängigkeit, in: FS. für Kralik, 1986, S.301,312.

(7) Schlosser, EuGVÜ, 1996, Art.21 Rdnr. 2.

(8) Kropholler, Europäisches Zivilprozeßrecht, 6.Aufl. 1998, Art. 21 Rdnr. 7.

(9) Rauscher, Internationales und Europäisches Zivilverfahrensrecht, 1999, S.117.

(10) EuGH 8.12.1987, NJW 1989,665(Gubisch/Palumbo). 連邦通常裁判所も，同様のケース（前訴が契約の無効確認訴訟で，後訴が売買代金請求訴訟のケース）でブリュッセル条約21条の解釈として同一性を肯定している(BGH Urt.v.8.2.1995, NJW 1995,1758)。

(11) EuGH 6.12.1994, JZ 1995,616（Tatray事件）.

(12) Schack, IPRax 1989,139,140（本判決の評釈）; ders., IPRax 1996,80,82（1994年判決の評釈）。

(13) Leipold, Internationale Rechtshängigkeit, Streitgegenstand und Rechtsschutzinteresse, in: GS. für Arens, 1993, S.227,247 f（勅使川原和彦「国際的訴訟競合の規制と『重複的訴訟係属』の判断基準」山形大学法政論叢2号117頁（1994年）に詳細な紹介がある）.

(14) Kerameus/Prütting, Die Revision des EuGVÜ - Bericht über ein Grotius-Projekt, ZZP Int 3 (1998), S.265, 269f. なお，この問題に関する最近のドイツの議論を鳥瞰するものとして，Heiderhoff, Diskussionsbericht zu Streitgegenstandslehre und EuGH, ZZP 111 (1998), S.455 ff.

(15) ケラメウス・グループは，21条に次の1項(ein neuer Absatz)を加えることを提案している。Prütting, Die Rechtshängigkeit im internationalen Zivilprozeßrecht und der Begriff des Streitgegenstandes nach Art.21 EuGVÜ, in: GS. für Lüdritz, 2000, S. 623, 631f.「ただし，最初に提起された訴えが権利関係の存否の確認を求めるものであり，かつ，この訴えの提起から6ヶ月以内に他の構成国の裁判所において同一当事者間で同一請求に関する給付訴訟が提起されたときには，このかぎりではない」"Dies gilt nicht, wenn die zuerst anhängig gemachte Klage auf Feststellung des Bestehens oder Nichtbestehens eines Rechtsverhältnisses gerichtet ist und innerhalb einer Frist von sechs Monaten nach Erhebung dieser

Klage vor dem Gericht eines anderen Vertragsstaates wegen desselben Anspruchs zwischen denselben Parteien eine auf Leistung gerichtete Klage anhängig gemacht wird."

(16) シャックによると，ブリュッセル条約22条3項は統一的生活事実関係［ein einheitlicher Lebenssachverhalt］を基礎におく。Schack, Internationales Zivilprozeßrecht, 2.Aufl. 1996, Rdnr. 766.

(17) 議論の詳細は次の文献を参照。Lüpfert, Konnexität im EuGVÜ, 1997.

(18) Kropholler, a.a.O. (Fn.8), Art.22 Rdnr. 5.

(19) Prütting, a.a.O. (Fn.15), S.628.

(20) Jenard, Bericht zum Art. 27 des EuGVÜ vom 27.9.1968, Abl.5.3.1979 Nr.C59/45.

(21) Kropholler, a.a.O. (Fn.8), Art.27 Rdnr. 42. なお，ドイツ民事訴訟法328条1項3号とブリュッセル条約27条の矛盾判決の概念が一致する（Münchener Kommentar/Gottwald, a.a.O. (Fn.4), §328 Rdnr. 83）のか，異なる（Stein/Jonas/Roth, ZPO, 21.Aufl. 1998, §328 IX Rdnr. 119）のかは争いがある。

(22) Schack, a.a.O. (Fn.16), Rdnr. 854.

(23) アメリカ合衆国では，この方法により矛盾判決は解決される。ドイツにおいても，有力説は法政策的にはこの解決方法によるべきであると説く。Kegel/Schurig, Internationales Privatrecht, 8.Aufl. 2000, S.909 f. これに対しては，vgl. Schack, a.a.O. (Fn.16), Rdnr. 856.

(24) Kropholler, a.a.O. (Fn.8), Art.27 Rdnr. 50（判決が下された時期）；Geimer/Schütze, Europäisches Zivilverfahrensrecht, 1997, Art.27 Rdnr. 137（判決国法による効力発生時期）。 See also, O'Malley & Layton, European Civil Practice, 720-1 (1989).

(25) Thomas/Putzo/Hüßtege, ZPO, 22.Aufl. 1999, Art.27 EuGVÜ Rdnr. 16. ガイマーは，内国判決を優先させる規律方法には批判的である。Geimer, Internationales Zivilprozeßrecht, 3.Aufl. 1997, Rdnr. 2891. なお，ブリュッセル条約27条はドイツ民事訴訟法328条1項3号よりも厳格であるとするのは，v.Hoffmann, Internationales Privatrecht, 6.Aufl. 2000, S.140.

(26) Jenard, a.a.O. (Fn.20), Nr.C59/45.

(27) Schack, a.a.O. (Fn.16), Rdnr. 855.

(28) Kropholler, a.a.O. (Fn.8), Art.27 Rdnr. 50; Schack, a.a.O. (Fn.16), Rdnr. 855.

(29) Martiny, in: Handbuch des Internationalen Zivilverfahrenrechts, Bd.

III/2, 1984, Kap.II Rdnr. 145.

(30) Vgl. Münchener Kommentar/Gottwald, a.a.O. (Fn.4), Art.27 Rdnr. 34.

(31) Kropholler, a.a.O. (Fn.8), Art.27 Rdnr. 44; Münchener Kommentar/Gottwald, a.a.O. (Fn.4), Art.27 IZPR Rdnr. 31; Rauscher, a.a.O. (Fn.9), S. 106; Schack, Widersprechende Urteile, IPRax 1989, 139, 141.

(32) なお，学説や判例などで従来論じられてきた，ブリュッセル条約27条3号にいう矛盾抵触に関する他の具体例として次のものがある（vgl.Kropholler, a.a.O. (Fn.8), Art.27 Rdnr. 45f.）。(a)矛盾抵触に該当する例としては，①債務不履行に基づく損害賠償請求を命ずる外国判決と，契約の無効を宣言する内国判決，②外国の給付判決と，消極的確認訴訟に基づき請求権の不存在が確定した内国判決，③離婚に基づく外国扶養判決と，離婚不承認の内国判決などがあげられている。また，(b)矛盾抵触ではない例としては，①請求権を認める外国判決と，十分な勝訴可能性がないことから訴訟費用の救助が否定された内国判決（簡単な審査で下された訴訟費用救助の裁判は，既判力を伴って判断することができない），②事情変更に基づき扶養裁判を変更した外国判決と，従前に下された内国扶養裁判，③売買代金の支払いを命ずる外国判決と，物の瑕疵に基づく瑕疵担保責任を認める内国判決，④国際裁判管轄に関する内国中間判決と，本案に関する外国判決などがある。

(33) Jenard, a.a.O. (Fn.20), Nr.C59/45.

(34) Schack, a.a.O. (Fn.16), Rdnr. 859.

(35) Kropholler, a.a.O. (Fn.8), Art.27 Rdnr. 44; Schack, a.a.O. (Fn.16), Rdnr. 859; Thomas/Putzo/Hüßtege, a.a.O. (Fn.25), Art.27 Rdnr. 16.

(36) Linke, Internationales Zivilprozeßrecht, 2.Aufl. 1995, Rdnr. 414; Bülow/Böckstiegel/Linke, a.a.O. (Fn.6), S.606-214. Musielak, ZPO-Kommentar, 1999, §328 Rdnr. 20 も同旨か。

(37) Münchener Kommentar/Gottwald, a.a.O. (Fn.4), Art.27 IZPR Rdnr. 31.

(38) Wolf, Einheitliche Urteilsgeltung im EuGVÜ, in: FS. für Schwab, 1990, S. 561, 567.

(39) Kropholler, a.a.O. (Fn.8), Art 27 Rdnr. 44; Schlosser, a.a.O. (Fn.7), Art. 27-29 Rdnr. 22.

(40) Geimer/Schütze, a.a.O. (Fn.24), Art.27 Rdnr. 139.

(41) Lenenbach, Die Behandlung von Unvereinbarkeiten zwischen rechtskräftigen Zivilurteilen nach deutschem und europäischem Zivilprozeßrecht, 1997, S.131; Linke, RIW 1988, 820, 825; Münchener

(42)　Jenard, a.a.O. (Fn.20), Nr.C59/41, 45.
(43)　EuGH 6.12.1994, JZ 1995, 616 Nr.57.
(44)　Kropholler, a.a.O. (Fn.8), Art 22 Rdnr. 3（22条の方が広い）；Lüpfert, a. a.O. (Fn.17), S.53; Rauscher, a.a.O. (Fn.9), S.120; Thomas/Putzo/Hüßtege, a.a.O. (Fn.25), Art.22 EuGVÜ Rdnr. 5.
(45)　Bäumer, a.a.O. (Fn.3), S.159; Geimer/Schütze, a.a.O. (Fn.24), Art.27 Rdnr.138; Rauscher, a.a.O. (Fn.9), S.106. vgl. auch Zöller/Geimer, ZPO, 21.Aufl. 1999, Art.21 GVÜ Rdnr. 13.
(46)　Schack, a.a.O. (Fn.16), Rdnr. 859.
(47)　Schack, a.a.O. (Fn.31), S.140 Nr.28.
(48)　Leipold, a.a.O. (Fn.13), S.235.
(49)　Kropholler, a.a.O. (Fn.8), Art.27 Rdnr. 58 ; Schack, a.a.O. (Fn.16), Rdnr. 859.
(50)　Thomas/Putzo/Hüßtege, a.a.O. (Fn.25), Art.27 Rdnr. 23.
(51)　大阪地判昭和52年12月22日判タ361号127頁。評釈として，海老沢美広・ジュリ670号171頁（1978年），澤木敬郎・渉外百選〔第2版〕218頁，高桑昭・NBL155号6頁（1978年），土井輝生・際商6巻5号209頁（1978年），道垣内正人・渉外百選〔第3版〕236頁，藤田泰弘・判タ390号246頁（1979年），三ツ木正次・ジュリ693号282頁（1979年）。
(52)　菊井維大＝村松俊夫・全訂民事訴訟法〔Ⅰ〕補訂版1312頁（1993年），・注解民訴（5）125頁〔小室直人＝渡部吉隆＝斎藤秀夫〕。ただし，外国判決が先に確定した場合の扱いは不明である。
(53)　岩野徹ほか・注解強制執行法（1）145頁〔三井哲夫〕（1974年）。
(54)　注解民執（1）404頁〔青山善充〕。同414頁以下に詳細な学説の紹介がある。
(55)　兼子ほか・条解651頁〔竹下守夫〕。
(56)　岡田幸宏「外国判決の効力」伊藤眞＝徳田和幸編・講座新民事訴訟法Ⅲ386頁（1998年）。
(57)　三ツ木・前掲注（51）284頁。
(58)　高桑昭「外国判決の承認及び執行」新実務民訴（7）143頁，中野貞一郎・民事執行法〔新訂4版〕189頁（2000年），注釈民訴（4）389頁〔高田裕成〕，上村明広「外国裁判承認理論に関する一覚書」曹時44巻5号37頁（1992年），

石川＝小島編・国際民訴149頁〔坂本恵三〕は，基本的に本説によりつつ外国判決が後で確定したときには公序を用いる。

(59)　兼子ほか・前掲注（55）651頁〔竹下〕，松本博之「国際民事訴訟法における既判力問題」石部雅亮ほか編・法の国際化への道119頁（1994年）。

(60)　道垣内正人「国際訴訟競合（5・完）」法協100巻4号794頁（1983年），松本・前掲注（59）119頁も基本的に同旨。

(61)　渡辺惺之「国際的二重訴訟論」中野古稀・判例民事訴訟法の理論（下）493頁（1995年）。

(62)　兼子ほか・前掲注（55）651頁〔竹下〕，菊井＝村松・前掲注（52）1312頁，斎藤ほか編・前掲注（52）125頁〔小室＝渡部＝斎藤〕，高桑・前掲注（58）143頁，中野・前掲注（58）189頁。

(63)　道垣内・前掲注（60）794頁。

(64)　承認予測説に対する批判については，石黒一憲「外国における訴訟係属の国内的効果」澤木＝青山編・理論330頁参照。なお，国内民訴法上も，近時は前訴優先ルールの合理性に疑問を投げかける見解も有力である。松本博之＝上野泰男・民事訴訟法〔第2版〕157頁（2001年）。

(65)　芳賀雅顯「訴訟係属の多義性」法論69巻3・4号167頁（1997年）。

(66)　同旨，松本・前掲注（59）120頁。

(67)　ここでの公序が従来の公序概念に適合するのか問題となる。海老沢・前掲注（51）173頁，岡田・前掲注（56）386頁，澤木・前掲注（51）219頁，高桑昭「外国判決承認の要件としての公序良俗」国際私法の争点〔新版〕238頁など参照。

(68)　松本・前掲注（59）121頁。

(69)　Münchener Kommentar/Gottwald, a.a.O. (Fn.4), Art. 27 IZPR Rdnr. 31.

(70)　海老沢美広「国際私法事件における訴訟物」青法7巻1号1頁（1965年），海老沢美広「外国裁判所における訴訟係属と二重起訴の禁止」青法8巻4号31頁（1967年），澤木敬郎「国際的訴訟競合」新実務講座（7）117頁，矢吹徹雄「国際的重複訴訟に関する一考察」北法31巻3＝4合併号（上）287頁（1981年）。これに対して，上村明広「国際訴訟競合論序説」神院28巻2号23頁（1998年）は，かつてドイツで支配的であった二重性質決定説（前掲注（6）参照）による。この問題一般については，田中徹「渉外事件における訴訟物」国際私法の争点〔新版〕218頁参照。

(71)　通説によると，既判力の範囲は判決国の法廷地法が決する。石川＝小島編・

国際民訴187頁〔森勇〕。また，越山和広「国際民事訴訟における既判力の客観的範囲」法研68巻7号43頁以下（1995年）参照。

追　補

1　はじめに

本文脱稿（2001年5月2日）後，2002年3月1日に発効した「民事及び商事事件における裁判管轄並びに裁判の承認及び執行に関する2000年12月22日の理事会規則」（いわゆるブリュッセル規則（Ⅰ）。以下ではこちらの名称による），および2001年3月1日にデンマークを除くEU域内で発効した「婚姻事件及び子に対する親の責任に関する手続の管轄並びに承認及び執行に関する2000年5月29日の理事会規則」（いわゆるブリュッセル規則（Ⅱ）。以下ではこちらの名称を用いる）により，ブリュッセル条約が適用を見る場面はかなり減少した。しかし，ブリュッセル規則（Ⅰ）および（Ⅱ）においても，どのような場合に矛盾判決ということができるのかについては依然として解釈に委ねられていることから，本文で紹介したブリュッセル条約におけるこの問題に関する議論の蓄積は，両規則の解釈に際しても重要な判断材料になる。

以下では，ブリュッセル規則における矛盾判決に関する議論状況を見てみることにする。なお，ブリュッセル規則では訴訟係属の時期に関するルールを，新たに規則独自に規定し（同規則（Ⅰ）30条および同規則（Ⅱ）11条），従来のヨーロッパ裁判所の判例を修正した（なお，ヘルムート・リュスマン（芳賀雅顯訳）「国際民事訴訟法における訴訟係属の時期」法研75巻9号79頁参照。また，Krusche, Entgegenstehende ausländische Rechtshängigkeit – Prozessuale Nachteile für deutsche Kläger, MDR 2000,677,680 に，ブリュッセル規則の適用がある構成国の各国国内法における訴訟係属の時期が簡潔に示されている）。

2　ブリュッセル規則（Ⅰ）における議論

(1)　内国判決優先ルールと先行判決優先ルール

ブリュッセル条約を引き継いだブリュッセル規則（Ⅰ）は，その34条3号においてブリュッセル条約27条3号と同様に，内外判決が矛盾する場合には内国判決が優先するルールを維持している。その際，訴え提起や判決の言渡しの時期とは関係なく内国判決が優先すると説かれる（Rauscher, Internationales Privatrecht, 2.Aufl. 2002, S.448. ドイツでは一般的理解であるとされる。vgl. Schlosser, EU-Zivilprozessrecht, 2.Aufl. 2003, Art.34-36 EuGVVO Rdnr.22)。しかし，そもそもこの内国判決優先ルールは内外判決の等価値を前提とした外国判決承認制度に合致しないなどといった，批判的評価が有力説によって説かれている (Geimer, Internationales Zivilverfahrensrecht, 4.Aufl. 2001, Rdnr. 2891; v.Hoffmann, Internationales Privatrecht, 7.Aufl. 2002, §3 Rdnr.164. vgl. Münchener Kommentar/Gottwald, ZPO, Bd.1, 2.Aufl. 2000, §328 Rdnr. 89)。なお，ドイツ民事訴訟法328条はドイツの訴訟係属を無視して下された外国判決も不承認事由として定めているが，ブリュッセル規則（Ⅰ）34条はとくにこの点について定めがない。

また，ブリュッセル規則（Ⅰ）34条4号では，構成国と非構成国の判決が矛盾する場合の規律の他に，ブリュッセル条約では規定がないために解釈上議論のあった，構成国間同士の判決が相互に矛盾する場合について，新たに立法的解決を図った (vgl.Kerameus/Prütting, Die Revision des EuGVÜ - Bericht über ein Grotius-Projekt, ZZP Int 3 (1998), 265, 270; Stadler, Die Revision des Brüsseler und des Lugano-Übereinkommens über die gerichtliche Zuständigkeit und die Vollstreckung gerichtlicher Entscheidungen in Zivil- und Handelssachen, in: Gottwald (Hrsg.), Revision des EuGVÜ, 2000, 37, 42f.)。ここでは構成国間同士の判決が矛盾する場合におけるのと同様に，先行判決優先ルールを採用している。

(2) 矛盾概念

(a) 34条3号　34条3号にいう矛盾概念の内容について，シュロッサーは，規則独自に概念設定をすることは誤りで，ある判決の法的効果 (Rechtsfolgen eines Urteils) は構成国の国内法からのみ定まると説く (Schlosser, a.a.O., Art.34-36 EuGVVO Rdnr. 22)。しかし，有力説はむしろ，ブリュッセル条約当時の学説・判例と同様に矛盾概念を規則独自に解釈し (Schack, Internationales Zivilverfahrensrecht, 3.Aufl. 2002, Rdnr. 859)，また訴訟物の同一性は要求されないと説く (Nagel/Gottwald, Internationales Zivilprozessrecht, 5.Aufl. 2002, §11 Rdnr. 53f.; Thomas/Putzo/Hüßtege, ZPO, 25.Aufl. 2003, EuGVVO Art.34 Rdnr. 17)。なお，クロフォラーは，つぎのような説明をしている。すなわち，矛盾概念は共同体法上独自に解釈されるが，

必然的に双方の競合する効力が重要であり，この効力は原則として判決を言渡した国の法が判断する，と (Kropholler, Europäisches Zivilverfahrensrecht, 7.Aufl. 2002, Art.34 Rdnr.49)。

　他の類似の条文との関係について，ブリュッセル規則（Ⅰ）34条3号は訴訟係属に関する同規則27条1項と一体として解釈する (Rauscher, a.a.O., S. 448) という見解がある。また，ドイツ民事訴訟法328条1項3号の解釈として，同号に言う矛盾概念は両訴訟の核心部分が一致していることを指し，ブリュッセル条約21条1項における同一請求権の概念について発展してきた核心理論は328条1項3号についても妥当すると説く，最近の下級審裁判例がある (OLG Hamm, Urt.v.30.10.2000, FamRZ 2001,1015)。これらの立場は，いずれも訴訟物＝判決効の範囲という従来からの伝統的理解に立つものである。また，学説では，ブリュッセル規則（Ⅰ）34条にいうところの矛盾［Unvereinbarkeit］概念は，同規則が外国判決承認に好意的な基本姿勢からして，ドイツ民事訴訟法328条1項3号よりも厳格に解すべきであるとする見解もある (v.Hoffmann, a.a.O., §3 Rdnr. 263)。

　矛盾判決の具体例を挙げる最近の文献によると，つぎの場合が該当するとされる (Nagel/Gottwald, a.a.O., §11 Rdnr. 54)。①契約の無効を宣言する判決と，債務不履行を理由とする損害賠償を認める判決。②保全処分の申立てを退ける裁判と，本案について請求を認容する判決。最近のヨーロッパ裁判所の判例に (EuGH, Urt.v.6.6.2002, NJW 2002,2087)，外国保全処分で債務者に不作為を命じた裁判と，同一当事者間で執行国において同様の処分を退ける裁判は矛盾関係にあるとヨーロッパ裁判所が判断したケースがある（イタリアン・レザー事件）。また，扶養料支払いに関する内国の債務名義を変更する外国判決は，内国判決とは矛盾しないとされる (Göppinger/Wax/Linke, Unterhaltsrecht, 8.Aufl. 2003, Rdnr. 3283)。

　(b) 34条4号　　本号にいうところの矛盾概念が3号と同じであるか否かについては争いがある。同じであるとする見解もあるが (Kropholler, a.a.O., Art.34 Rdnr. 57; Micklitz/Rott, Vergemeinschaftung des EuGVÜ in der Verordnung (EG) Nr.44/2001, EuZW 2002, 15,21)，4号は同一請求権を基準にしているので3号よりもより狭く解釈すべきであるとの見解もある (Nagel/Gottwald, a.a.O., §11 Rdnr. 55; Thomas/Putzo/Hüßtege, a.a.O., EuGVVO

Art.34 Rdnr. 20)。

3 ブリュッセル規則（II）における議論
(1) 婚姻事件

　ブリュッセル規則（II）15条1項cは，ブリュッセル条約，ブリュッセル規則（I）と同様に外国判決と内国判決とで矛盾が生じたときには内国判決が常に優先することを定めている。その判断基準については，ボラス報告書によると，ブリュッセル条約27条5号と異なり両訴訟における訴訟物の同一性は必要ではないとされる（Borrás-Bericht, ABl.EG.Nr.C 221/51 v.16.7.98, Rdnr. 71)。また規則（II）は，婚姻の解消などを認容する判決（positive Entscheidungen）を承認するため，たとえば外国で下された離婚訴訟の請求棄却判決には規則は適用されないので，同判決と内国離婚判決との矛盾問題は生じないことになるが（Kohler, Internationales Verfahrensrecht für Ehesachen in der Europäischen Union: Die Verordnung Brüssel II，NJW 2001,10,13; Münchener Kommentar/Gottwald, ZPO, 3.Bd., 2.Aufl. 2001, Art.15 EheGVO Rdnr. 6。これに反対するのは，Schlosser, a.a.O., Art.15 EuEheVO Rdnr. 5)，外国離婚判決と内国の婚姻取消判決は矛盾問題が生ずる（Hausmann, Neues internationales Eheverfahrensrecht in der Europäischen Union (Teil II), EuLF 20000/2001,345,350; Nagel/Gottwald, a.a.O., §11 Rdnr. 73)。しかし，婚姻無効または婚姻取消判決が先行する離婚判決と矛盾するのは，無効事由または取消事由が離婚事由と関連する場合に限られるとも説かれる（Nagel/Gottwald, a.a.O., §11 Rdnr. 74)。

　内国判決優先ルールによると外国判決によって離婚となった後に，夫婦間の扶養に関する内国判決が下されたときには，規則により内国判決が優先することになる。しかし，外国判決に後れて下された国内判決であっても優先するとの扱いについては批判が強く，後行の内国判決に対してドイツ民事訴訟法580条7号による現状回復訴訟を提起することができるとの見解がある（Schlosser, a.a.O., Art.15 EuEheVO Rdnr. 5。なお，ドイツ民訴328条が適用されるケースにつき同様の解釈を支持するのは，Geimer, a.a.O., Rdnr.2891; Münchener Kommentar/Gottwald, a.a.O., §328 Rdnr. 89)。その理由は，外国判決が承認されることにより内外判決が同じに扱われることによるという。しかし，

ドイツ民事訴訟法580条は，国内訴訟の当事者が外国で先行する手続を知らなかったか利用することができなかったことを要件としているが，そのような事態は通常は生じ得ないとする批判がある（Spellenberg, Anerkennung eherechtlicher Entscheidungen nach der EheGVO, ZZP Int 6 (2001), 109,140）。
　ブリュッセル規則（II）15条1項dは，他の締約国と第三国との関係では先行判決優先ルールが妥当することを定める。矛盾判決の概念については，ボラス報告書によると，別居判決が先に承認された後で，離婚判決の承認が求められた場合には矛盾判決には当たらないが，逆の場合，すなわち離婚判決が承認された後で，別居を認める判決の承認が求められた場合には，矛盾判決に該当し承認されないという（Borrás-Bericht, a.a.O., Rdnr. 71）。その理由は，別居は離婚の前段階であることから，先に別居裁判の承認が求められた後で離婚判決の承認が問題になっても矛盾関係は生じないが，先に離婚判決が承認されている場合には，すでに別居の部分は補われていることから矛盾関係に立つとされる。なお，同様の見解は，ドイツ民事訴訟法328条1項3号の解釈についてすでにシュペレンベルクが説いていた（Staudinger/Spellenberg, BGB, 1997, §328 ZPO Rdnr. 478 ff.）。この点は，判決効の広狭という観点から正当化することもできよう。
　(2)　子に対する親の責任に対する事件
　ブリュッセル規則（II）15条2項eおよびfによると，承認国または子の常居所地国で「後に」下された判決が優先する。先行判決優先ルール〔Prioritätsprinzip〕ではなく新しく下された判決が優先する（いわゆるlast-in-time rule）とされた根拠として，この種のケースでは法的安定性ないし持続性よりも子の福祉が優先するので，子の監護権に関する裁判は常に変更を受けるという留保の基に存立していること（Helms, Die Anerkennung ausländischer Entscheidungen im Europäischen Eheverfahrensrecht, FamRZ 2001,257,265），あるいは，より新たな認識状態に基づいた潜在的によりよい判決が貫徹される（vgl.Schack, a.a.O., Rdnr. 856）などと説かれる。ボラス報告書によると本号にいう矛盾判決の例としては，監護権の定めを伴った離婚判決と，この父子関係を否定する裁判が挙げられている（Borrás-Bericht, a.a.O., Rdnr. 73）。
　親子関係事件というかぎられた領域であるにせよ，従来のヨーロッパ民訴

法とは異なり，後に下された判決の方を承認するという規律を採用したことは注目に値する。しかし，日本でこのルールを採用することについては，フォーラム・ショッピングの助長，紛争解決の遅延という観点からは，慎重さが求められよう（2003年10月27日追補脱稿）。

〈参照条文〉

ブリュッセル規則（Ⅰ）

第27条（訴訟係属の重複）
第1項　同一当事者間の同一請求について複数の構成国の裁判所に申立てがなされたときには，前訴裁判所が管轄を肯定するまで後訴裁判所は職権で手続を中止する。
第2項　前訴裁判所の管轄が肯定されたときには，ただちに，後訴裁判所は前訴裁判所のために無管轄を宣言する。

第28条（関連する複数の訴訟）
第1項　複数の構成国の裁判所において，関連する複数の訴訟が提起された（anhängig）ときには，後訴裁判所は手続を中止することができる。
第2項　この複数の訴訟が第一審に係属（anhängig）している場合，前訴裁判所がこれら複数の訴訟について管轄を有し，かつ前訴裁判所の法廷地法により請求の併合が適法であるときには，後訴裁判所は，一方の当事者の申立てに基づき，無管轄を宣言することができる。
第3項　本条における関連請求訴訟とは，両請求に密接な関係があるために，別個の手続で矛盾する裁判が下されることを回避するために，弁論及び裁判を共通にする必要があると認められることをいう。

第29条（前訴優先ルール）　訴えについて複数の裁判所に専属管轄が認められているときには，後訴裁判所は前訴裁判所のために無管轄を宣言しなければならない。

第30条（裁判所への申立て）
　　本節との関係では，以下の場合に，裁判所に申立てたものと見なす。

(a) 訴訟を開始する書面又はそれに相当する書面が裁判所に提出された時点，ただし，原告がそれに引き続き，被告に対する書面の送達の効果を生じさせるために，原告がなすべき措置を怠らなかったときにかぎる。

(b) 書面の提出前に被告に対する送達の効力が生ずるときには，送達について権限を有する部署が書面を受領した時点，ただし，原告がそれに引き続き，書面を裁判所に提出するために，原告がなすべき措置を怠らなかったときにかぎる。

第34条（不承認事由）　以下の場合，判決は承認されない。
第1号・第2号　〈略〉
第3号　承認国である構成国で同一当事者間で下された判決と矛盾するとき，又は
第4号　他の構成国又は第三国において同一当事者間で下された先行する判決と矛盾し，先行する判決が承認国での判決承認のための必要的要件となるとき。

ブリュッセル規則（Ⅱ）
第11条（訴訟係属の重複）
第1項　同一当事者間の同一請求について複数の構成国の裁判所に申立てがなされたときには，前訴裁判所が管轄を肯定するまで後訴裁判所は職権で手続を中止する。
第2項　複数の構成国の裁判所に，同一当事者間で，離婚，別居又は婚姻無効を求める申立てがなされた場合，同一請求には該当しないときでも，前訴裁判所が管轄を肯定するまで後訴裁判所は職権で手続を中止する。
第3項　前訴裁判所の管轄が肯定されたときには，ただちに，後訴裁判所は前訴裁判所のために無管轄を宣言する。この場合，後訴裁判所に申し立てた者は，後訴裁判所での申立を前訴裁判所に陳述することができる。
第4項　本条との関係では，以下の場合に，裁判所に申し立てたものと見なす。

(a) 訴訟を開始する書面又はそれに相当する書面が裁判所に提出された時点，ただし，申立人がそれに引き続き，被申立人に対する書面の送達の効果を生じさせるために，申立人がなすべき措置を怠らなかったときにかぎる。

(b) 書面の提出前に被申立人に対する送達の効力が生ずるときには，送達について権限を有する部署が書面を受領した時点，ただし，申立人がそれに引き続き，書面を裁判所に提出するために，申立人がなすべき措置を怠らなかったときにかぎる。

第15条（不承認事由）

第1項　以下の場合，離婚，別居又は婚姻無効に関する判決は承認されない。

(a), (b)　〈略〉

(c) 承認国である構成国で，同一当事者間で下された判決と矛盾するとき，又は

(d) 他の構成国又は第三国において同一当事者間で下された先行する判決と矛盾し，先行する判決が承認国での判決承認のための必要的要件となるとき。

第2項　以下の場合，13条にいう婚姻事件手続を契機として下された親の責任に関する判決は承認されない。

(a)—(d)　〈略〉

(e) 承認国である構成国で後に下された親の責任に関する判決と矛盾するとき，又は

(f) 判決が，他の構成国又は子が常居所を有する第三国において親の責任に関して後に下された判決と矛盾するとき。ただし，後で下された判決が承認国での判決承認のための前提要件となるときにかぎる。

追補脱稿後の邦語文献として，越山和広「欧州裁判所における訴訟物の捉え方」民事手続法研究1号83頁（2005年）がある（なお，本文では言及しなかったが，越山教授には，Rechtskraftwirkungen und Urteilsanerkennung nach amerikanischem, deutschem und japanischem Recht, 1996 の著作がある）。

18 アメリカの懲罰的損害賠償判決のドイツにおける執行可能性

BGH, Urteil vom 4.6.1992

中山 幸二

BGHZ 118, 312=NJW 1992, 3096 Anm. Koch (3073)=ZIP 1992, 1256 Anm. Bungert (1007)=JZ 1993, 261 Anm. Deutsch=RIW 1993, 132 Anm. Schütze=ZZP 106(1993), 79 Anm. Schack

〈判決要旨〉

物質損害および非物質損害の賠償とならんで包括的に認められた高額の懲罰的損害賠償を命ずるアメリカ合衆国の判決は，ドイツ民事訴訟法328条1項4号の実体的公序に反するがゆえに，ドイツで承認することはできない。ただし，アメリカの裁判所が物質損害の補償または精神的被害の慰謝料として損害賠償を認めた範囲では，判決を承認できる。

〈事案の概要〉

Xは1968年生まれでアメリカ国籍を有する。Yは出生以来ドイツ国籍を有し，さらにアメリカ国籍を取得している。両者はカリフォルニア州ストックトンで生活していたが，Yは未成年者に対する猥褻行為［sexueller Mißbrauch］を理由に長期の自由刑を命ずる有罪判決を言い渡され，1984年5月30日アメリカ合衆国から出国した。現在，Yはドイツに居住し，ここに基本財産を有している。

Yの出国前，Xはカリフォルニア州の裁判所［Superior Court in and for the County of San Joarquin］に訴えを提起し，1985年4月24日の判決により，Yに対して750,260ドルの損害賠償請求権を認められた。判決には，その基礎となった事実および判決理由について詳細な記述はなされていないが，同裁判所の審理の記録から推論されるところでは，ストックトンでの犯行当時まだ14歳未満であったXに対する淫行の事実がこの認容判決の基礎となっており

（5つの事件での同性愛的共同自慰行為），判決の認容額は，治療費として260ドル（過去の医療費），将来の医学的療養に100,000ドル，それに要するであろう入院費50,000ドル，Xの被った恐怖，苦痛，心痛その他この主の損害に対して200,000ドル，懲罰的損害賠償［exemplary and punitive damages］400,000ドルの合計額である。さらに，同裁判所は判決の中で，原告の弁護士が原告の名において被告から受け取る賠償金全額のうち40％を同弁護士に報酬として支払うべきことを命じていた。

そこでXは，上記アメリカ合衆国の損害賠償判決につきドイツで執行可能である旨の宣言を求めて，デュッセルドルフ地方裁判所に訴えを提起した。これが本件である。第1審地方裁判所は訴えを認め，カリフォルニア州裁判所の判決を利息も含め執行可能と宣言した。Yの控訴により，デュッセルドルフ上級地方裁判所は275,325ドル（その内訳は，過去の医療費260ドル，将来の医学的療養費100,000ドル，それに要する入院費費用50,000ドル，非財産的損害の賠償70,000ドル，懲罰的損害賠償のうち25％相当の弁護士報酬として55,065ドル）の範囲で執行宣言を維持し，その余の部分を却下した(1)。これに対して双方が上告し，Yは訴えの全面的却下を求め，Xは1審判決の復活を求めた。

〈判　旨〉

双方の上告を，ともにその一部のみ認容する。

　A　Yの上告について〔Ⅰ～Ⅲ，略〕

「Ⅳ　原審が，カリフォルニア州裁判所の判決で認められた物質損害および非物質的損害の賠償額を，〈ドイツ〉民事訴訟法723条2項2文，328条1項4号により，実体的公序の要件に照らして認容した点については，その説示にYに不利益な法的誤りは認められない。

……3　カリフォルニア州裁判所が予期される精神的治療のために100,000ドル，その際に要するであろう入院費として50,000ドルを，原告が実際に治療を決意するか否かに関わらず認めた点について，原審は実体的公序違反を否定した。原審は，カリフォルニア州裁判所が鑑定人の意見によりそのような治療ならびに見積もり費用を客観的に必要とみなしたことを確認したうえで，ドイツ法でも例外的場合に『仮定の』修理費用の賠償を認定できるとの法理を認めている点を重視した。

この結論に異議を唱える法的根拠はない。たしかに、ドイツの損害賠償法では——物損の場合と異なり——人損の場合には、被害者がその回復に必要な金額を実際に損害の除去のために使うかどうかを自由に処分できる余地を認めてはいないし、したがって、「仮定の」治療費用の補償を請求することはできない、という点は上告のいうとおりである。しかし、このことだけでカリフォルニア州裁判所の判決の承認を妨げるものではない。……基準となるのは、おそらく、外国法の適用の帰結がドイツの法規およびそこに含まれている正義観念の基本思想に対して、内国の観念では耐えられないと思えるほど強く矛盾しているかどうかである。ドイツの法秩序は、ドイツ民事訴訟法328条1項4号の枠内で、被害者が治療を受ける意図を現在の時点ではっきりと持っていなくとも治療費の補償を請求できることを認めている。これと異なり人身損害については処分の自由を認めないというドイツ法の規律の根拠としているのは、とりわけ、治療がなされず結局そのまま残る身体的ないし精神的な損害を賠償することは実はドイツ民法253条を回避して継続的な健康侵害を補償することに外ならないという点である。しかし、外国法と内国法が相矛盾する原理に基づいているかどうかは、公序違反にとって重要ではない。決定的なのは、外国法適用の具体的結果が認めがたいか否かだけである。

　……5　原告がカリフォルニア州裁判所の判決で賠償金のうち40％を成功報酬として弁護士に支払わなければならない点も、判決の承認を妨げるものではない。たしかに、ドイツ法では、ドイツの弁護士との間でこの種の合意をすることは原則としてドイツ民法138条1項により無効となろう。しかし、この原則は、いかなる場合にも世界的に無条件の適用を要求するほどにドイツの正義観念にとって本質的なものではない。……

　Ⅴ　カリフォルニア州裁判所の判決で原告に400,000ドルの懲罰的損害賠償請求権が認められた点については、上告に理由がある。実際に被った物質損害および非物質的損害の填補を超えて包括的に認定された高額の懲罰的損害賠償を命じる外国判決は、その限りにおいて通常ドイツでは全体として執行可能と宣言することができない。

　1　『懲罰的ないし見せしめ的損害賠償』は、アメリカの——カリフォルニア州を含む——多くの州法により、行為者に一般的な責任要件よりも悪質な

事情として，意図的，悪意的または無謀な過ちが存する場合に，純粋に補償的な損害賠償にさらに金額を上積みするものとして承認されている。最近では，公共の安全に対する利益の意識的な軽視でも足りるとされている。これを課するか否かは裁判所の自由な裁量に委ねられている。

　2　本件は，アメリカ法の視点でもドイツ法の視点でも，民事事件と認められる。

　アメリカ法の理解によれば，『懲罰的損害賠償』はその刑罰的機能および威嚇的機能にもかかわらず一般に民事法に位置づけられている。ドイツの視点から見ても同じであり，ドイツ裁判所構成法13条にいう民事事件，すなわち対等に位置づけられた当事者間の私的権利および法律関係の存否についての裁判であれば承認適格がある。この点，『懲罰的損害賠償』は，これを導入した法政策的考慮の如何にかかわらず，基本的に私人間における特殊な損害賠償であり，この賠償は個々人の求めに基づいて徴収される。いずれにせよ──本件におけるように──懲罰的損害賠償が被害者自身に支払われるべき場合は，民事事件の対象となる。ただし，『懲罰的損害賠償』が国家その他の機関に納入される場合については，別の考慮を必要とするかも含め，ここでは判断を留保する。

　3　しかし，懲罰的損害賠償の支払いを命じるアメリカ合衆国判決の執行可能宣言は，原則として，ドイツ民事訴訟法723条2項2文・328条1項4号により実体的公序の点で許されない。

　　a）　近代ドイツ民事法秩序が不法行為の法律効果として定めているのは，損害の塡補だけであり（ドイツ民249条以下），被害者の利得は予定していない（ドイツ民法典草案理由書2巻17頁以下）。以前の刑事私訴，とくに侮辱を理由とする刑事私訴は，廃止すべきものとされたのである（ドイツ民法典並びに施行法草案に関する帝国議会委員会報告書98頁［Bericht der Reichstags‐Kommission über den Entwurf eines Bürgerlichen Gesetzbuchs und Einführungsgesetzes］）。このことは，賠償請求権が民事裁判所で主張されるか，それとも刑事裁判所の付随手続の中で主張されるか（ドイツ刑訴法403条以下）にかかわりなく妥当する。懲罰を与え──責任に相応しい範囲で──威嚇することは，罰金として国家に納入される刑事罰（ドイツ刑訴46条・47条）の目標ではありうるが，民事法の目標ではない。

私法も一般予防の効果を伴う生活秩序であるとの理解の下で，原告たる犠牲者に特典を与えて起訴させるという考慮があるといわれる。つまり，国家の代わりに個人が「私的警察官」としての役割を演ずるというのである。これは，ドイツの法観念では，国家の刑罰権独占およびそのために導入された特別な手続的保障と合致しない。たしかにドイツ法は，違約罰（ドイツ民法339条以下）という法制度をもって一定の範囲で私法における懲罰機能を許容している。しかし，これは当事者間におけるこれに対応した法律行為による合意を前提としており，それゆえドイツの不法行為責任に関する諸原則を修正するものではない。

　アメリカ法の考えでは公共の利益のために懲罰的損害賠償の懲罰的機能および威嚇的機能が正当化されるが，ドイツ国内の原理でとくにドイツ民法847条の慰謝料額認定の領域および一般的人格権の侵害の場合に考えられる贖罪的機能とは比較にならない。第1に，慰謝料額認定の際には，贖罪的機能ではなくて，生活侵害の程度（痛み，苦しみ，醜状の程度と期間）を斟酌することが中心となり，個々のケースのその他の特殊事情から等級が定められる。第2に，贖罪的機能が慰謝料の刑罰的性格を直接基礎づけているわけではない。それはむしろ慰謝料請求権に同時に内在する損害塡補機能と不可分に結びついており，常に，当該事件によって惹起された加害者と被害者との一定の人的関係を表現するものなのである。……

　したがって，ドイツ民事訴訟法328条1項4号で顧慮すべき公序を確定するために，ドイツ法における慰謝料請求権の贖罪的機能を引き合いに出しうるのは，懲罰的損害賠償が非物質的損害をも補償するとした場合だけである。しかし，本件の場合，これが"pain and suffering"の補償を別途認定することによってすでに無限定になされている。これ以上の原告に対する贖罪の必要性は，アメリカ合衆国において身体が無傷であることがもつ高度の重要性を全面的に考慮しても，何ら見えてこない。

　b）　仮に，懲罰的損害賠償を課することで，（たとえばBasel民事裁判所1991年判決［Zivilgericht Basel in Basler JurMitt. 1991, 31, 36 f.］のように）他で塡補されないまたは証明しにくい残りの経済的損失が包括的に塡補されるとか，あるいは加害者からその不法行為によって得られた利益が吐き出されるべきだとする場合には，事情が異なるかもしれない。この関連で，一般に，訴訟

費用や独立に賠償適格のない他の遅延損害の被告への転嫁も考えられる。

しかし本件では，判決にもカリフォルニア州裁判所の審理記録にも，懲罰的損害賠償の認容のさいに原告の全訴訟費用の負担が含まれる旨の確かな指摘はなされていない。原告の弁護士に報酬として認められた40％の分け前は，その法的位置づけにかかわらず実際に支払われる損害賠償の総額の中に組み込まれている。治療費並びに慰謝料として示された額も，訴訟費用の部分を含みえないほどに厳密かつ精確に算定されてはいない。アメリカでは，訴訟費用の調整を行う裁判所の（とりわけ陪審員の）考慮は，一般的に塡補的損害賠償の増額をもたらしうるのである。

控訴裁判所は，カリフォルニア州裁判所が本件の具体的事件で懲罰的損害賠償に関して判断するにあたってどのような考慮を行ったかを，事実上の観点から認定したわけではない。単に，懲罰的損害賠償を命じたアメリカ合衆国の判決にはそのような調整機能が通常備わっており，ドイツでは限定的に承認すべきだとするシュティーフェル［Stiefel］とシュテュルナー［Stürner］の提案（VersR 1987, 829, 831）に従ったにすぎない。

c）　しかし，そのような一般化は，控訴裁判所の事実認定によっても原告の主張によっても支えられない。

アメリカ合衆国の裁判所が懲罰的損害賠償を課することによって，いかに頻繁に，とくに裁判外の費用をすべて負担することから原告を解放することを目的としているか，についての資料が欠けている（反対の見解として，Zekoll, Produkthaftpflichtrecht S.117 参照）。以前の文献では，そのような動機はそもそも指摘されていなかったし，比較的新しい裁判例でも，その種の動機に触れているのはごく例外的である（v. Westphalen, RIW/AWD 1981,141 における整理を参照）。たとえばニューヨーク州で，陪審への説示の際に懲罰的損害賠償の目的として挙げられているのは制裁と威嚇だけである（Madden, Products Liability, S.317 Fußn. 6 参照）。

執行宣言を求められたドイツ裁判所としては，外国裁判所の明確に追証できる指摘なしには，個々の事件で実際の動機を探究するわけにはいかない。すでに述べたように（前述1），そのようなアメリカ判決は，およそ承認された外国法原理に合致するかぎり，通常複数のさまざまな動機に基づくのであり，ときにはその1つだけで，ときには他の動機と結びついている。判決内

容をその公式の理由付けを超えて再現するためには，必然的に内国の裁判官が外国の裁判官の立場に立たなければならない。ドイツ民事訴訟法723条1項が示すように，内国の裁判官にはそのような権限はない。さらに，そのような判決の補充は，広範に憶測に基づかざるをえず，したがって法的確実性を危うくする恐れがある。

当法廷もまた，本件の外国判決のために，承認に『最も有利と考えられる』最大限の補償機能を認めた場合を常に想定することは許されないものと考える。それは法的現実に合致しないであろう。なぜなら，この視点は判決を下した外国の裁判官にとっては重要でなかったからである。さらに，そのような考え方は結局，外国判決の実際の内容にかかわらず債務者に対する関係で債権者を一方的に優遇することになり，したがっておそらくは責任拡張に帰するであろう。具体的な外国の高権行為を顧慮したとしても，そのような考えは出てこない。

外国判決の一部承認が可能か否かの問題——この問題については当法廷も基本的に肯定しているが——は，ここでは重要ではない。この一部承認の問題は，少なくとも部分的に（場合によっては完全に）公序違反の内容をもった単一の法的効果を言い渡した外国判決が，それ自体十分に，ドイツの法秩序に全く合致しない法的効果と付加的な法的効果とに確実に分割できる手掛かりを含んでいる場合にはじめて考えることができる問題である。承認を判断するドイツの裁判官が自由裁量で分割できる余地は，そのかぎりで排除されているのである。

d）　したがって法的効果の分割ではなく，この種の事件では，外国判決が単一のものとして言い渡した個々に分割できない法的効果に焦点を合わせなければならない。そのさい，優先的に活用すべきは，それぞれ個々の事件において判決で基準とされた事情である。本件のように，判決がそれを明らかにしていないときは，その根底にある外国の法制度を全体として把握しなければならない。そこで決定的なのは，ドイツの公序に関する評価的考察方法の下でどのような請求権の要件および／または法的効果の特殊性がその法制度を通常の場合に典型的な形で規定しているかである。

この視点から見ると，アメリカ合衆国の懲罰的損害賠償は，制裁と威嚇の要因によって特徴づけられている。懲罰的損害賠償は歴史的にはこれから発

生してきたものである。そして，これらの要因が今日でもなお通常一緒に算定に影響を与えているのである。決定的な要件はただ1つ，高度の責任非難である。被害者の権利主張が不要である点は，被害者の私的利益の比重が低いことを示している。そのうえ，被った損害に対して算定された額の測定可能な一般的な関係が存在しないのだから，補償の考えは通常の場合後退せざるをえないのである。

　e）以上の点から出発すると，包括的に認容された高額の懲罰的損害賠償を内国で執行することは，ドイツ法の本質的な諸原理と明らかに一致しない。

　aa）ドイツ法の本質的な諸原理に属するものとして，法治国家原理から導かれる相当性の原則があり，これは民事法秩序においても妥当する。民事法ではとりわけ損害賠償における補償思想がこの原則を考慮に入れている。通常，違法な攻撃によって侵害された直接の被害者の財産を填補することだけが，その攻撃をめぐる民事訴訟にふさわしい目標である。これに合わせて，民事訴訟で当事者が効果に対して多様に決定的影響を与える余地を認めるような手続原則および証拠法則が作られている。同様のルールがアメリカ合衆国の民事訴訟を規律しており，判決の基礎となる事実関係は当事者の提出によることや欠席判決が可能であることが定められている。

　これに対して，懲罰と見せしめ——すなわち法秩序一般の保護——に役立つ制裁は，ドイツの観念によれば基本的に国家の刑罰独占の下にある。この刑罰権を国家は公益のために特別な手続態様で行使しているのであり，その手続というのは一方では職権捜査で本案判決の正当性を保障しており，他方では被疑者の権利をより強く保護しているのである。この視点から見れば，民事判決において，損害の填補のためではなく，本質的に公の利益のために，たぶん同じ行為について刑事罰と並んで莫大な金額の支払いを命じることは，耐えられないように思われる。

　本件でも，結果的に同じ状況にある。命ぜられた懲罰的損害賠償は，認容された補償の全額よりも高額である。それどころか，そのために生じた弁護士報酬の総額でも懲罰的損害賠償のせいぜい3分の1にすぎないだろう。填補すべきその他の損害については何も見てとれない。これでは被告にとって執行は過酷にすぎよう。

　bb）実際に生じた損害との明確な関係なしに裁判所の裁量により課せら

れた部分的に異常に高額な懲罰的損害賠償は，アメリカ合衆国において結果的に，計算可能で保険可能な危険の限界に至るまでの全体経済の損害賠償負担の急激な上昇をもたらした（Zekoll, Produkthaftpflichtrecht, S.84ff.,155f.; Hoechst VersR 1983,13,15; Stiefel/Stürner a.a.O., S.835; Völz a.a.O., S.233f; Sabella a.a.O., S.1188,1190f.）。

　ドイツの視点から見れば，民事法に馴染みのない動機と，十分に特定され信頼できる限界づけの欠如は，この種の判決を承認する場合に，内国の責任基準の全体をぶち壊してしまうであろう。外国の債権者はこのような債務名義に基づいて，場合によっては本質的により甚大な侵害を被った内国の債権者よりも，さまざまな点で広範囲に債務者の内国の財産を攫取できることになろう。懲罰的損害賠償を課する世界的にはごく少数の国の債権者を，他の全ての国々の債権者に対してこのように優遇することは，ドイツの法秩序で保護に値する種々の理由によっても正当化されない。したがって，すでに――物質的ならびに非物質的な全損害の賠償を超えた――包括的な懲罰的損害賠償請求権のドイツでの執行というだけで耐えられない結果となろうから，本件ではこの内国関係の希薄さの点ですでに訴えの申立てを認めることはできない。

　cc）　したがって，ドイツにおける執行はそのかぎりで排斥される。懲罰的損害賠償の執行がさらに他の理由からドイツの公序に反するかは，もはや判断する必要はない。とくに，懲罰的損害賠償を命じる判決の言渡しおよびその額についてのあまり特定できない要件をドイツ基本法103条2項に照らして審査すべきかという点，および，刑事罰と並んで懲罰的損害賠償を命じることがドイツの視点から見て二重の処罰の禁止（ドイツ基本法103条3項）に触れないかという点（Zekoll, Produkthaftpflichtrecht S.152f.; Hoechst VersR 1983,13,17 参照）については，未解決のままとしてよい。

　Ⅳ　カリフォルニア州裁判所の判決がその中で命じられた懲罰的損害賠償ゆえにドイツでは執行可能と宣言できないという事情は，その他の部分についての承認を妨げるものではない。上告の主張とは異なり，執行判決の訴訟物が，外国の債務名義の基礎となっている実体法上の請求権の中には存在せず，この債務名義に内国での執行可能性を付与するよう求める債権者の申立てによって特定されるという事実から，必然的に，外国判決の執行可能宣言

の裁判にあたって判決に示された全額について常に統一的に裁判しなければならないというわけではない。外国判決が複数の法的に独立した請求権を認めているときは，それらの請求権につきそれぞれ個々にその承認要件を審査することもできる。すべての請求権につき承認要件が満たされないときは，一部認容判決として一部承認が可能であり，一部認容は原告が訴えの申立てで考慮に入れていなければならないというものではない。したがって，控訴裁判所が，すでに発生したおよび将来生じる治療費ないし入院費，非財産的損害，および懲罰的損害賠償に対してカリフォルニア州裁判所の判決の中で示された額につき，別々の公序審査を行ったことには何ら疑念は存しない。

　一部承認が単一の実体的請求権に関しても許されるかについては，当法廷の結論として，本件では判断を要しない。」

B　Xの上告について

「……原告の非財産的損害につき200,000ドルの支払を被告に言い渡した判決の部分は，承認すべきである。

　1　前述（AⅣ3）のように，ドイツ民事訴訟法723条2項・328条1項の違反となるのは，外国法の適用の結果がドイツの諸規定の基本思想とそこに含まれている正義観念に対して，内国の観念では受忍できないと思えるほど著しく反する場合に限られる。〔以下，略〕」

〈参照条文〉

ドイツ民事訴訟法
　第265条
　　第2項　係争中の目的物の譲渡又は請求権の移転は，訴訟には影響しない。権利承継人は，相手方の同意がなければ，前主に代わり主たる当事者として訴訟を引き受け，又は主参加を申し立てる権利を有しない。権利承継人が補助参加人として行動するときは，第69条は適用されない。

　第328条
　　第1項　外国裁判所の判決の承認は，以下の場合は排除される。
　　　(1)　当該外国裁判所の所属する国の裁判所がドイツ法によれば管轄を有

しないとき。
(2)　当該訴訟に応訴しなかった被告に，手続を開始する文書が適式に送達されず，又は防御可能な時期に送達されなかったとき。
(3)　その判決が，ここで下された判決又は承認されるべき以前の外国判決に合致しないとき，又はその基礎となる手続が以前にここで確定した手続に合致しないとき。
(4)　判決の承認が，ドイツ法の本質的原則と明らかに合致しない結果をもたらすとき，特にその承認が基本権に合致しないとき。
(5)　相互性が保証されていないとき。
第2項　判決が非財産法上の請求に関しドイツ法によれば内国の裁判籍が認められなかったとき，又は事件が親子事件（640条）であるときは，5号の規定は判決の承認を妨げるものではない。

第722条
第1項　外国裁判所の判決による強制執行は，執行判決により執行が許される旨を宣言した場合に限り，することができる。
第2項　執行判決を求める訴えは，債務者の普通裁判籍所在地の区裁判所又は地方裁判所が管轄し，普通裁判籍がないときは，第23条により債務者に対して訴えを提起することができる区裁判所又は地方裁判所が管轄する。

ドイツ民法
第249条　損害賠償義務を負う者は，賠償義務を生ぜしめた事態が仮に生じなかったならば存在するであろう状態を作出しなければならない。人身の傷害または器物の殷損を理由に損害賠償をしなければならない場合，債権者は，状態作出に代えてそれに要する金額を請求することができる。

第253条　財産損害でない損害については，法律に定められた場合に限り金銭による賠償を請求することができる。

第847条

第1項　身体又は健康を侵害された場合並びに自由を剝奪された場合，被害者は財産損害でない損害についても相当な金銭賠償を求めることができる。この請求権は譲渡することができず，かつ相続されない，但し，契約により承認されたとき又は訴訟係属しているときは，この限りでない。

第2項　扶助の人身に対し人論に反する犯罪ないし非行が行われ，又は策略，脅迫若しくは従属関係を濫用して婚姻外の性交をなさしめたときも，その婦女に同様の請求権が認められる。

ドイツ民法施行法
　第5条
　第1項　当事者の本国法に依るべき場合において，その当事者が複数の国籍を有するときは，それらの国のうち当事者がその常居所又は生活より最も密接な関係を有する国の法律を適用する。当事者がドイツ国籍をも有するときは，ドイツの法律が優先する。

　第38条　外国で行われた不法行為については，ドイツ法により成立する以上の請求権をドイツ人に対して主張することはできない。

〈研　究〉
　I　懲罰的損害賠償の意義と機能
　懲罰的損害賠償とは，英米法のコモン・ローにおいて発達した制度で，punitive damages, punitory damages, exemplary damages, vindictive damages などと呼ばれている。主に不法行為訴訟において，加害行為の悪性が高い場合に，通常の塡補的損害賠償に加え，特別の損害賠償を命ずるものである[2]。その目的は，一般に，加害者に対する制裁と同種不法行為の一般的抑止にあるといわれるが，このほか，被害者（および弁護士）に不法行為告発のインセンティブを与えることや，弁護士費用を含む経費の塡補といった多様な機能も営んでいる[3]。懲罰的損害賠償の背景には，英米法では法を社会統制のための手段とみるプラグマティズムの伝統があり，民事と刑事の分化を徹底する発想もないことが指摘されている[4]。もっとも，英国では事件

が限定される傾向にあり(5)，米国でも州によって大きな差異があり，懲罰的損害賠償を認めない州や賠償額の限界を定める州，一定割合を公的機関に納付する州，さらに，慰謝料として懲罰的損害賠償を認める州もある(6)。また，米国では近時，賠償額の巨額化に対する批判が高まっており，1996年5月20日には連邦最高裁判所が，アラバマ州裁判所の認めた懲罰的損害賠償額が著しく過大であって合衆国憲法修正14条に違反するとの判決を下している(7)。

II 懲罰的損害賠償判決のドイツにおける承認・執行の可否
1 従来の学説の状況

本件は，懲罰的損害賠償を命じた米国判決につき，その執行の可否を問うたドイツで最初の事例であり，これ以前の判例は見当たらない。学説では，従来，懲罰的損害賠償はドイツの公序（ドイツ民訴328条1項4号）に反するとして，これを否定するのが一般であった。その根拠としては，以下の点が挙げられている(8)。①懲罰的損害賠償は原告の被った損害の填補を超えて給付を命じ，被害者に不当な利益を享受させるもので，ドイツの損害賠償法の原則に適合しない。②懲罰的損害賠償は，現実の損害の有無にかかわらず，被告を罰することを意図した私法により課される刑事制裁であり，こうした処罰機能はドイツの私法では是認されえない。③刑事制裁と民事訴訟における被告の処罰は，ドイツ基本法103条3項に定める一事不再理に反する。④異常に高額の損害賠償は，憲法上認められた相当性の原則（Verhältnismäßigkeitsgrundsatz）に反する。⑤民法施行法38条——外国で行われた不法行為については，ドイツの法律で認められる以上の請求をドイツ人に対して行うことはできない——に反する。また，そもそも⑥懲罰的損害賠償は民事事件とはいえないから，承認適格を欠くとする指摘もある。

2 本件判決の立場
(1) 民事事件性について

連邦通常裁判所は，原審とともに，懲罰的損害賠償の民事事件性を肯定した。その根拠として，刑罰的機能にもかかわらずアメリカ法では民事法に位置づけている点，ドイツから見ても対等な私人間の法律関係に対する裁判である点が指摘されている。ただし，懲罰的損害賠償が国家その他の機関に支払われるべき場合については，判断を留保している。

(2) 懲罰的損害賠償の公序違反性

連邦通常裁判所は，懲罰的損害賠償判決につき執行可能宣言を下すことはドイツ民事訴訟法328条1項4号の実体的公序違反のゆえに原則として許されないとした。その論拠としては，ドイツの民事法秩序が不法行為法の法律効果として定めているのは被害者に生じた損害の填補だけであり，懲罰と威嚇は民事法の目標ではないことが強調されている。なお，懲罰的損害賠償が精神的損害の填補も含んでいる場合には，例外的に執行可能性を認める余地を示唆している。ただし，本件では精神的損害の賠償額が別途かつ十分に認定されているため，この例外的場合には当たらないとする。また，原審のデュッセルドルフ上級地方裁判所は，アメリカでは弁護士費用を敗訴者負担とする制度をとらないことから，懲罰的損害賠償が原告の弁護士費用を填補するという付加的機能を有する場合には公序に反しないとして，本件では約22万ドル（弁護士報酬として40％はドイツ法上高率すぎるとし，25％相当額）の範囲で懲罰的損害賠償の執行を認めていたが，連邦通常裁判所は，この点につき明確な訴訟資料がないとして否定した。

3 本件判決に対する評価

本件連邦通常裁判所の判決は，懲罰的損害賠償判決の承認・執行の可否をめぐる初めての最上級審の判断として大きな意義を有するだけでなく，多岐にわたる論点（将来の仮定的治療費の認定の問題，ドイツに比べて著しく高額な非財産的損害賠償の執行の可否，弁護士報酬の位置づけ，判決の一部承認・執行の可否等）につき比較法的考察と詳細な検討を行っており，その先例的価値は高い。基本的には，従来の学説の多数説を基礎としており，大方の学説の支持を得ているということができよう[9]。ただし，原審と異なり，著しく高額な非財産的損害賠償につき，原則的に執行可能性を認めた点については，異論が提出されている[10]（将来，懲罰的損害賠償に代えて，高額な補償的慰謝料が打ち出される恐れも指摘されている）。この点に関する今後の展開が注目される[11]。

(1) 控訴審の判決については，河合弘造弁護士による邦訳がある。「資料・デュッセルドルフ上級地方裁判所1991年5月28日判決」NBL497号13頁以下（1992年）。

(2) 田中英夫編・英米法辞典685頁（1991年）。
(3) 道垣内正人「アメリカの懲罰的損害賠償判決の日本における執行」三ケ月古稀・民事手続法学の革新（上）（1991年）427頁。
(4) 木下毅・アメリカ私法19頁（1988年）。
(5) 田中英夫「懲罰的損害賠償に関するイギリス法の最近の動向」英米法と日本法112頁（1993年）。
(6) 手塚裕之「米国各州の懲罰的賠償判決の性質・法的機能と本邦での執行可能性」ジュリ1020号117頁（1993年）。
(7) NBL596号4頁参照。
(8) ドイツの議論を紹介するものとして，小林秀之「懲罰的損害賠償と外国判決の承認・執行（下）」NBL477号20頁（1991年），河野俊行「アメリカの懲罰的損害賠償判決と国際民事訴訟法上の若干の問題」法政58巻4号885頁以下（1992年），河合弘造＝ラインハルト・ヘルメス「ドイツにおける米国裁判所の下した懲罰的損害賠償判決の執行可能性（上）」NBL497号11頁（1992年）参照。
(9) 本判決の批評として，Geimer, EWiR §328 ZPO 1/92, 827; Koch, NJW 1992,3073; Bungert, ZIP 1992, 1707; Schütze, RIW 1993,139. なお，邦語による本判決の紹介と批評として，安達栄司「ドイツにおける米国の懲罰的賠償判決の執行をめぐる諸問題」ジュリ1027号（安達・展開222頁以下所収）参照。
(10) Schack, ZZP 106,108; Deutsch, JZ 1993,267.
(11) なお，わが国でも，アメリカの懲罰的損害賠償判決の日本での執行可能性が争われた著名な事件が1件ある。その第1審判決である東京地判平成3年2月18日判時1376号79頁は，懲罰的損害賠償判決の民事判決性を肯定しつつ，公序違反として執行を拒否し（補償的損害賠償の部分のみ執行許可），第2審判決である東京高判平成5年6月28日判時1471号89頁は，わが国で承認対象とすべき民事判決に当たらない（仮に民事判決性が肯定されるとしても公序に反する）として，一審判決を維持した。前述の1996年アメリカ合衆国連邦最高裁判所の違憲判決（注（7）参照）には，ドイツの本件判決および日本のこれらの判決も少なからぬ影響を与えたようである（ブラット＝ハスメファ＝ナゼント・大隈訳「過大な懲罰的損害賠償額評決制限の判決」際商24号686頁（1996年），山田恒久「懲罰適損害賠償を命ずる米国判決の承認」伊東乾教授喜寿記念・現時法学の理論と実践223頁（2000年）参照）。その後，日本では，上記事件の上告審判決である最判平成9年7月11日民集51巻6号

2573頁が，懲罰的損害賠償の制度は「我が国における罰金等の刑罰とほぼ同様の意義を有するものということができる。これに対し，我が国の不法行為に基づく損害賠償制度は，……被害者が被った不利益を補塡して，不法行為がなかったときの状態に回復させることを目的とするものであり……，加害者に対する制裁や，将来における同様の行為の抑止，すなわち一般予防を目的とするものではない。……したがって，本件外国判決のうち，補償的損害賠償及び訴訟費用に加えて，見せしめと制裁のために被上告会社に対し懲罰的損害賠償としての金員の支払を命じた部分は，我が国の公の秩序に反するからその効力を有しない」と判示して，上告を棄却している。

(2000年8月脱稿)

19 ①法律行為による国内における外国人の離婚
②外国においてなされた私的離婚は，婚姻の解消にとってドイツ法が（も）基準になる場合には，承認適格を有しない。

① BGH, Urteil vom 14.10.1981　② BGH, Urteil vom 21.2.1990

三上威彦

①事件＝BGHZ 82, 34＝IPRax 1983, 37, Amm. Kegel, (22)＝NJW 1982, 517＝FamRZ 1982, 44＝JuS 1982, 624 Anm. Hohloch＝MDR 1982, 126＝Rpfleger 1982, 101＝StAZ 1982, 7＝ZblJR 1982, 52

②事件＝BGHZ 110, 267

①事件〈判決要旨〉

a)　ドイツ非訟事件手続法［FGG］28条2項による付託決定［Vorlegungsbeschluß］からは，付託をする裁判所がそれとは異なった見解に立とうとしているその見解に従う場合には，ある異なった事例判断に至るであろうということが明らかになっていなければならない。

b)　家族法改正法［FamRÄndG］7編における婚姻事件における外国の裁判の承認に関する手続の規定は，基本法と調和するものである。

c)　家族法改正法7編による承認手続には，外国の官庁の協力のもとに〈ドイツ〉国内で行われた外国法による私的離婚も服する。

d)　国内で行われた外国人の私的離婚は，たとえそれが，離婚法規として援用された外国の法律によれば有効であっても，〈ドイツでは〉承認され得ない。

e)　国内における外国人の婚姻の解消［Scheidung］のためには，婚姻が配偶者の母国法によればすでに解消した［aufgelöst］とみられる場合には，民事訴訟法606条b1号[(1)]による裁判の承認適格を必要としない。

①事件〈事案の概要〉

ともにタイの国籍を有する当事者は，1972年にタイにおいて婚姻をした。

彼らは，その後の住所および常居所［Wohnsitz und gewöhnlichen Aufenthalt］をドイツ連邦共和国に置いた。そして，彼らは，1977年2月10日に，ボンにあるタイ国大使館において，タイ法による相互の合意の下に婚姻の解消を登録してもらった。再婚しようとした申立人（妻）は，バーデン＝ヴュルテンベルク州司法省に対し，家族法改正法7編1条による離婚の承認を申し立てたが，同省は，当該申立ては適法であるが，私的離婚はドイツの裁判所の離婚独占に反するから理由性がないとしてこれを棄却した。そこで，申立人は家族法改正法7編1条4項により上級地方裁判所の判断をもとめた。相手方（夫）は，申立人の陳述に同意すると述べた。申立人による申立てに対し，シュツットガルト上級地方裁判所は，州司法省の見解に与し，裁判の申立てを棄却しようとした。しかしこの見解は先行する判例とくいちがうことから，シュツットガルト上級地方裁判所は，家族法改正法7編の1条6項4文，ドイツ非訟事件手続法28条によって事件を連邦通常裁判所に付託した。

①事件〈判旨〉

「Ⅰ．1．手続関係者はタイの国籍を有する者である。彼らは1972年にタイにおいて婚姻を締結した。その後，彼らはその住所および常居所をドイツ連邦共和国に移した。1977年2月10日に彼らはボンにあるタイ国大使館において，タイ法により相互の合意の下に婚姻の解消を登録した。

新たな婚姻をしようとする〈妻たる〉申立人は，州司法行政官庁に家族法改正法7編1条により離婚の承認を申し立てた。州司法行政官庁はこの申立てを棄却した。申立人はそれに対し，家族法改正法7編1条4項により，その承認希望を追求するために，裁判所の判断を求めた。

夫は，申立人の主張には同意するとしている。

2．州司法行政官庁（バーデン＝ヴュルテンベルク州司法省）は，その判断はFamRZ 1980, 147 に掲載されているが，申立ては適法ではあるが理由性がないとした。右司法省は，つぎのような見解を唱えた。すなわち，国内において外国の官庁の協力の下になされた私的離婚の承認適格もまた，家族法改正法7編1条による手続において調査されうる。しかし承認申立ては認容されない。けだし，私的離婚はドイツの裁判所の離婚独占に反するからである。

申立人によって訴えが提起されたシュツットガルト上級地方裁判所は，こ

の見解に与し，よって裁判所の裁判〈を要求する〉申立てを棄却しようとしている。しかしそれは，1965年3月1日—1 VA 1/65 (FamRZ 1966, 149) と1968年8月15日—1 VA 5/68 (FamRZ 1969, 31) のベルリン上級地方裁判所 [KG]〔Kammergericht〕の決定，および，1966年4月14日—3 VA 6/64 (FamRZ 1968, 87) と1974年5月17日—3 VA 1/74 (FamRZ 1974, 528) デュッセルドルフ上級地方裁判所の，家族法改正法7編1条の手続における承認要件の審理は，当該離婚が，全体として (KG a.a.O.; OLG Düsseldorf FamRZ 1968, 87) または本質的部分において (OLG Dusseldorf FamRZ 1974, 528)，外国でなされたときにのみ適法であるとした決定によって妨げられる。

　シュツットガルト上級地方裁判所は，それゆえ StAZ 1980, 152 に掲載された決定によって，家族法改正法7編1条6項4文，ドイツ非訟事件手続法28条2項3項によって裁判所の裁判を求める申立てを，連邦通常裁判所に裁判を仰ぐために付託したのである。

　II．付託は適法である。

　1．付託した上級地方裁判所によって引用されたベルリン上級地方裁判所の決定および1966年4月15日のデュッセルドルフ上級地方裁判所の決定は，家族法改正法7編の1条による承認手続において出され，かつ付託した上級地方裁判所がそれとは見解を異にしようとする法的見解に基づいている。デュッセルドルフ上級地方裁判所は，1974年5月17日の決定（上掲）において，問題となっている法律問題においては，すでに上述した制限を維持したいと述べている。しかし，付託した裁判所は，この制限的な見解からも乖離しようとしているのである。

　2．付託の適法性のためには，付託する裁判所の法的立場からは，判断のための争いある法的問題が問題となっていることが必要である。付託の決定からは，付託する裁判所が〈従来の判例と〉乖離する見解に従う場合には，〈従来とは〉異なった事例判断に至るであろうということが生じなければならない (BGH FamRZ 1977, 384, 385 zu §29 Abs. 1 Satz 2 EGGVG; vgl. auch BGH LM §28 FGG Nr. 21)。

　本件はまさにそのような場合である。争われている問題の答えによっては，上級地方裁判所にとっては，申立人の承認要求の適法性につき区々の判断が生じるであろう。付託した裁判所の見解によれば承認申立ては適法であった

のであるのに対して，乖離する見解に従う場合には不適法とみなされることになっていたであろう。

　両者の場合において，上級地方裁判所はもちろん裁判所の判断を求める申立を棄却することもできたかも知れない。しかし，上級地方の立場からすれば，司法行政官庁の判断はそこでは内容的に承認しなければならなかったであろうが，それに対し，乖離する見解によれば，裁判上の判断を求める申立ては，承認申立ては理由性がないのではなく，不適法であるという基準によって却下しなければならなかったであろう。両方の裁判は異なった射程距離を有するものであろう。もし，家族法改正法7編1条による手続における調査権限が否定されることにより承認申立てが不適法として却下されると，離婚がドイツ連邦共和国において承認されるか否かという問題は，場合によっては前提問題として，そこでの手続においてその問題が出ている官庁および裁判所によって調査されうるしまたされなければならないであろう。もし家族法改正法7編1条による州司法行政官庁の調査権限が肯定される場合にはこの可能性は生じない。けだし，それでもって，他の官庁または裁判所の離婚の承認適格の判断は，前提問題としても排除されるからである (Jansen, FGG 2.Aufl. Art.7 §1 FamRZÄndG Rdn. 6; Kleinrahm/Partikel, Die Anerkennung ausländischer Entscheidungen in Ehesachen 2.Aufl. S. 38ff. m.w. Nachw.; vgl. auch BGHZ 64, 19, 22f.)。

　3. ドイツ非訟事件手続法28条を準用する家族法改正法7編1条6項4文による付託義務は，承認手続のために，1977年7月1日からの効力を生じた第1婚姻・家族法改正法 (1. EheRG) 11条5号によって初めて導入されたものである。上級地方裁判所が乖離しようとする裁判は，この時点の前になされたものである。

　このことは付託の適法性を妨げない (付託した裁判所以外のものも同様：BayObLGZ 1978, 32, 35)。付託手続は，判例の統一を確実にすべきものである。そのための必要性は，従前の裁判から乖離するに際しても必要となる。法律規定には，そのような裁判が付託に至るべきではないとの制限は見て取れない。もちろん注釈書においては，ドイツ非訟事件手続法28条について，この規定の施行前の時点でなされる乖離する裁判は付託の義務はないとの見解が唱えられている (Keidel/Kunze/Winkler, FGG 11.Aufl. §28 FGG Rdn. 21;

Jansen a.a.O., §28 FGG Rdn. 11)。このために引用された証拠は，しかし，ヤンゼン〔Jansen〕において (a.a.O., Fn. 53) 引用されたベルリン上級地方裁判所の裁判 (KGJ 51, 18) の例外を伴う見解を支持するものではない。ベルリン上級地方裁判所は，ドイツ非訟事件手続法の施行以前の裁判は付託へと導けないであろうという見解を，次のように理由づけた。すなわち，ドイツ非訟事件手続法28条による再抗告という上訴，それをするためには〈前提として〉付託義務があるのであるが，は，当時問題とされていたドイツ非訟事件手続法の施行以前の手続においては同じようには与えられなかったということである。このような考慮はここでは介入してこない。家族法改正法7編による承認手続は付託義務の導入によってはじめて生じたものではなく，これは事後的に手続のために導入されたのである。付託する裁判所が乖離しようとする裁判は，すでに述べたように，全体として家族法改正法7編による承認手続において出されたのである。

4．〈本件において〉争われている法律問題は，連邦通常裁判所によってはこれまで判断されてこなかった。1978年2月17日のバイエルン最上級地方裁判所の付託決定 (BayObLGZ 1978, 32) ——これは同じ問題に関するものであるが——は何らの判断をもしなかった。けだし，裁判所の判断の申立ては当時の手続においては却下されたからである。

III．適法な付託の結果裁判所の判断の申立てを判断しなければならない当法廷は（ドイツ非訟事件手続法28条3項との関連における家族法改正法7編1条6項4文），州司法行政官庁および付託した上級地方裁判所と同じく，承認申立ては適法ではあるが理由性がないという見解である。裁判所の判断の申立てはそれゆえ成果を得ることができないのである。

1．家族法改正法7編における承認手続の規定に対しては，すでに以前に効力を有していた1941年10月15日の第4婚姻法施行法規命令〔4. DVOEheG〕(RGBl I 654) 24条におけるそれに対応する規定に対するのと同様に，文献において憲法上の疑義が提起されている。すなわち，承認権限の司法行政官庁への移管は，司法権への干渉が問題となるから，基本法92条に反するということが主張されている（とくに, Beitzke, JZ 1956, 499; ders., FamRZ 1974 532, 533; Geimer, NJW 1974, 1630; Lauterbach, RabelsZ 1952, 693 - anders ders., ZZP 1968, 306; weitere Nachweise bei Staudinger/Gamillscheg, EGBGB 10./

11.Aufl. §328 ZPO Rdn. 469)。またそれとならんで，司法行政官庁の手続が法治国家の要求に応えるのに十分であるか否かという疑問が表明されている（なかんずく，Neuhaus, FamRZ 1964, 18, 24; ders., RabelsZ 1967, 578, 580)。連邦通常裁判所の初期の第4民事部は，1956年5月9日の判決において第4婚姻法施行法規命令［4. DVOEheG］24条を司法権の領域への侵害であるとした（BGHZ 20, 323, 337 mit zustimmender Anmerkung von Beitzke, JZ 1956, 499)。1958年2月26日の判決において（IV ZR 211/57＝FamRZ 1958, 180, ergangen zur entsprechenden Regelung in §28 der AVOEheG für die britische Zone, VOBl BZ 1948, 210)，連邦通常裁判所は合憲性の問題を未解決のままにしておくことを明言した。後の裁判においては，連邦通常裁判所は，詳しい理由づけなくして，第4婚姻法施行法規命令24条および家族法改正法7編における承認手続の規定は合憲であるということから出発した（Uretil vom 28. Juni 1961 - IV ZR 297/60＝LM ZPO §606a Nr. 1; BGHZ 64, 19, 22f)。州司法行政官庁や高等裁判所の実務においては，──見て取れるかぎり──家族法改正法7編はまったく有効なものと見られており，かつ適用されている（vgl. ergänzend: BayObLGZ 1977, 180, 186ff.; Kleinrahm/Partikel, a.a.O., S. 52ff.; Staudinger/Gamillscheg, a.a.O., §328 ZPO Rdn. 469ff.)。

　当法廷の見解によれば，唱えられている憲法上の疑義は貫き得ない。

　連邦憲法裁判所の判例によれば，基本法92条は，単なる組織規範ではなく，なかんずくそれによって一定の任務を司法権へ移管するという意味における実体的意味をも有しているのである（BVerfGE 22, 49, 76)。行政判断の許容性と裁判所にのみ留保された判断の間の厳密な限界付けをすることは困難である。基本法みずからが，司法権に任務を移管していないかぎり──たとえば，家族法改正法7編1条の枠内において上級地方裁判所への上訴により十分である基本法19条4項による高権の干渉に際しての法的コントロール──いずれにせよ，伝統的には個々の裁判権に移された任務の核心領域は，実体的な意味における司法［Rechtsprechung］と見られなければならないのである（BVerfGE a.a.O., S. 77f.)。しかし，家族法改正法7編1条において司法行政官庁に移管された確定権能はそこには服さない。承認要件の承認ないし確定によっては，婚姻は解消されるものではなく，単に，すでに存在している外国の離婚行為の有効性が国内にとって明らかにされるだけなのである。承認要

件の確定，それは判断の実質的な正当性の再検査を必要とするものではないが，は，概念必然的にも伝えられた伝統によっても，市民の司法［bürgerliche Rechtspflege］という手続を前提とするものではない。第4婚姻法施行法規命令24条によって初めて婚姻事件における外国の裁判の承認にとって特別な官庁の手続が創設される前は，承認適格の判断は，それらの手続にとって問題が重要な意味を有する裁判所と官庁に任されていたのである（vgl. RGZ 88, 244, 248ff.）。承認は，それゆえ長い間裁判所の裁判の下にはなかったのである。したがって（排他的な）確定権能の司法行政への移管はそれによって憲法に反する司法権への介入であるとはみられ得ないのである（vgl. auch BayObLGZ 1977, 180, 186ff., sowie Kleinrahm/Partikel a.a.O., S. 52ff.）。

家族法改正法7編における司法行政官庁における手続の形成はそのようなものとして法治国家原則には違反しない。批判はそのかぎりで実証性に乏しく，説得力を有しないであろう。規定はいずれにせよドイツの公序および関係者の利益が十分に考慮される手続を行うことを許しているのである。個別的事例において関係者の権利が削減されるかぎり，彼には上級地方裁判所に対する上訴の道が開かれているのである。実務においては家族法改正法7編は，承認されているように，その適正は実証ずみなのである（Kleinrahm/Partikel, a.a.O., S. 60 m.w. Nachw.）。

2．州司法行政官庁と付託する裁判所は適切にも，承認要件の調査はこの事例においては，家族法改正法7編1条1項1文・8項によって，州司法行政官庁の確定権能に服するというところから出発した。

a）　最近ではもはや問題とされることはない一般的な法的見解によれば，家族法改正法7編1条1項1文による承認手続に服する裁判の概念には，——配偶者の一方の行為または両配偶者の合意によって成立した——私的離婚も，それに外国の官庁が考慮すべき規範に応じて何らかの形式で，それが単なる登録でもかまわないのだが，協力した場合も，含まれるのである（なかんずく，BayObLGZ 1977, 180, 182ff.; 1978, 32, 35; Kleinrahm/Partikel, a.a.O., S. 66 mit umfassenden Nachweisen der OLG-Rechtsprechung; Baumbach/Lauterbach/Hartmann, ZPO 39.Aufl. §328 Anm.7Ba; Erman/Ronke, BGB 7. Aufl. §1564 Anm. 2b; Hausmann, Die kollisionsrechtlichen Schranken der Gestaltungskraft von Scheidungsurteilen S. 268; Jansen, a.a.O., Art.7 §1

FamRÄndG Rdn. 7; Lorbacher FamRZ 1979, 771, 772; Pakabdt/Heldrich, BGB 40.Aufl. Art.17 EGBGB Anm.6c; Partikel FamRZ 1969, 15; Rosenberg/ Schwab, Zivilprozesrecht 13.Aufl. §158 II 1＝S. 960; Staudinger/Gamillscheg, a.a.O., §328 ZPO Rdn. 400; Stein/Jonas/Schumann/Leipold, ZPO 19.Aufl. §328 Amn. XI B1)。承認手続が裁判所の裁判に限定されないことは，すでに，家族法改正法7編1条1項1文が一般的に判断［Entscheidung］といっており，ただ，規定の第3文においてのみ裁判所の裁判に照準が当てられていることから明らかである。それによって，承認手続には，いずれにせよ，適用された外国法によれば，官庁の協力が——それに固有の裁判の余地［Entscheidungsspielraum］があるか，またはどれだけそれがあるかということとは関係なく——離婚の有効性に必要であるようなその種の離婚も服するのである。ここで登録の根拠となる1935年のタイの民法典（ドイツ語のものとして，Bergmann/Ferid, Internationales Ehe- und Kindschaftsrecht, Thailand Abschrift III B 2）第5編——家族法——（1511条を準用する）1499条の規定によれば，これはその場合に当たる。承認手続の意味と目的によれば，しかし，官庁の協力が単に明確化機能のみを有しているときには，それで十分だといわねばならない。そのかぎりで基準となる外国法による官庁の行為の法的性質の判断は，重大な困難を惹起しうる。法律状態は，実務においてはしばしばあまり明確には示されないから，一方では州司法行政官庁の互いに矛盾する見解を，そして他方では，家族法改正法7編による承認手続が，介入しているのか，存在していないのか，あるいは単に取るに足らないものなのかといった問題において，離婚の承認適格を判断した官庁と裁判所が偶然矛盾した見解を取る危険性がある。そのような不確実性でもって承認権限の判断が負担となってはならない。家族法改正法7編による承認手続における州司法行政官庁の確定独占に対しては，本質的に，国内における外国の離婚の効力についての相互に矛盾する判断が回避されるべきであるとする考慮がその基礎にある。承認権限の判断が十分厳密になされない可能性があるような場合には，この目的は達成されないであろう。したがって適切なものとしては，外国法による私的離婚についてのすべての官庁の効力の場合には家族法改正法7編1条1項1文の意味での判断が受け入れられるという解決のみが提案されうる。

b） 外国の官庁の協力の下に国内においてなされた外国法による私的離婚も，家族法改正法7編による承認手続に服するか否かという付託の根拠となる問題は，これまで，ほとんど否定されてきた（付託をした上級地方の裁判と並んで，Baumbach/Lauterbach/Hartmann, a.a.O., §328 ZPO Anm.7 Ba; Erman/Marquordt, a.a.O., Art. 17 EGBGB Rdn. 49; Jansen, a.a.O., Art.7 §1 FamRÄndG Rdn. 11; Kleinrahm/Partikel, a.a.O., S. 73ff. mit Rechtsprechungs-nachweisen; Lorbacher, a.a.O.; Palandt/Heldrich, a.a.O., Art. 17 EGBGB Anm. 6c; Stein/Jonas/Schumann/Leipold, a.a.O., §328 ZPO Amn. XI B 2）；しかし——とくに近時においては——そのかぎりにおいても家族法改正法7編による手続は介入するという見解が優勢である（BayObLGZ 1978, 32, 35ff.; OLG Stuttgart FamRZ 1970, 30; 1971, 440 sowie - im Vorlegungsbeschlus – StAZ 1980, 152; Beule, StAZ 1979, 29, 34; Erman/Ronke, a.a.O., §1564 BGB Rdn. 2 b; Hausmann, a.a.O.; Otto StAZ 1973, 129, 134; Siehr, FamRZ 1969, 184, 187; Staudinger/Gamillscheg, a.a.O., §328 ZPO Rdn. 493）。

当法廷は後者の見解に与する。

もちろん家族法改正法7編1条1項1文の文言はこの意味において解釈され得ない。国内でなされた離婚は，たとえ外国の官庁が——国内において——それに協力したとしても，外国においてなされたものではない。このことは官庁が外国の外交代表としてなしたものであっても妥当する。治外法権の原則は，外交代表の所在地を外国とみなしたりまたは外国と同置することを導くものではない（Beitzke, FamRZ 1959, 507）。

しかし，そのような場合において，家族法改正法7編の類推適用は提供される。けだし，承認手続の導入が基礎としている衡量は，そのかぎりで外国離婚［Auslandsscheidungen］に対するのと同様に妥当するからである。すでに示したように，司法行政官庁の確定独占によって，互いに矛盾する判断がでる危険が防止されなければならない。それと同時に，手続は，迅速かつ一般的に拘束力をもつ判断を可能にすべきであり，かつ，確定権限の集中によって，答えるについて特別の知識が要求されることがまれではないような問題が，物事に精通した経験豊富な専門家によって判断されることが保証されるべきである。承認手続のこの目的方向によれば，外国の官庁の協力の下に外国法によってなされた私的離婚を手続に取り込むことにとっては，原則とし

て，離婚行為が外国でなされたか国内でなされたかということは区別が付けられない。

　この種の場合における家族法改正法7編の類推適用は，もちろん，そのような離婚の承認不適格性がまったく明確に存在しており，正式の承認手続を必要としない場合には，許されないであろう (vgl. Siehr, FamRZ 1969, 184, 187)。家族法改正法7編1条3項によれば，裁判の時点で両婚姻当事者が属していた，国家の裁判所 [ein Gericht des Staates] が裁判したときには，正式の承認手続を必要としない。その基礎には，そのような場合においては裁判の承認適格の判断にはほとんど問題がなく，それゆえ，個々の官庁および裁判所における先行質問権限 [Vorfragenkompetenz] に任せられてもよいという考慮がある (Kleinrahm/Partikel, a.a.O., S. 92)。同じように，反対に承認手続の規定は，承認不適格性が通常明らかであるような場合には及び得ないであろう。離婚の際の国内における外国の官庁の協力は，しかし，承認手続の適用を正当化する疑わしい問題を惹起する。たしかに国内においては，〈以下で〉なお詳論されるように，ドイツの裁判所の離婚独占 [Scheidungsmonopol] は生じている。しかし，とくに，外国法による外国の官庁の協力が離婚の有効性の要件ではなく，そして外国で本質的な離婚行為がなされあるいは繰り返されたような場合には，疑わしい問題が明らかになりうるのである。外国の官庁が複数の行為において一部は外国でそして一部は国内でなしたような場合には，同じく離婚の承認適格は疑問となりうる。そのような事例は，離婚の経過および外国法の対応する審理によって初めて判断されうるものであるから，家族法改正法7編における承認規律の類推適用は，外国の官庁の協力のすべての場合に及ばなければならないのである。

　3．それによって適法な承認申立ては，州司法行政官庁によって正当にも理由性がないとみなされた。

　ドイツ連邦共和国の領域においては，婚姻はドイツ民法1564条1文によって裁判所の判決によってのみ解消されるのである。よって国内で行われたあらゆる種類の私的離婚はここでは婚姻の存続に対し何ら効力を有しておらず，かつ承認され得ないのである。このことは，離婚法規として援用された外国法によれば有効である——外国法によって管轄権を有する官庁の協力によりまたはそれなしでなされた——外国人の私的離婚が問題となっている場合に

19　法律行為による国内における外国人の離婚など

も妥当する。

　a）　すでに民法1564条旧文言が妥当していたときにうち立てられたこの原則は，以前には判例および学説においてほとんど一致して唱えられていたが，今日でもなお大多数の者および実務における通説もそれに一致しているのである（RGZ 102, 118, 126f.; 113, 38, 41; 147, 399, 401; Beitzke, FamRZ 1960, 126; Hofmann/Stephan, EheG 2.Aufl. §41 Anm. 2; BGB-RGRK 10./11. Aufl. §41 EheG Rdn. 16; 近時では：Baumbach/Lauterbach/Hartmann a.a.O., §328 ZPO Anm.7 Ba; Beule, StAZ 1979, 29, 34f.; Erman/Ronke, a.a.O., §1564 BGB Rdn. 49; Jansen, a.a.O., Art.7 §1 FamRÄndG Rdn. 11; Kleinrahm, FamRZ 1966, 10, 13; Lorbacher, FamRZ 1979, 771, 773; Messfeller/ Bohmer, Familienrecht 3.Aufl. Vorbemerkung 2 vor §1564 BGB; MünchKomm/Wolf §1564 BGBRdn. 26; Otto, StAZ 1973, 129 und FamRZ 1976, 279, 280; Palandt/ Diederichsen a.a.O., §1564 BGB Anm.1a und Palandt/Heldrich, a.a.O., Art. 17 EGBGB Anm. 2b und 6c）。それは根本的には民法1564条1文の原則規範から（または，1946年のドイツ婚姻法41条，1938年の婚姻法46条および民法1564条の旧文言における旧規定に対応する内容から）導かれるのであり，そこでは，それを支えるために，ドイツ民法施行法［EGBGB］17条4項も援用される。ライヒ裁判所は，上記の判例において追加的に――その後廃止された――1875年のドイツ戸籍法［PStG］76条と裁判所構成法［GVG］15条3項を指摘した。

　近時においては，通説に対して批判的および否定的な声が挙げられている（OLG Stuttgart FamRZ 1970, 30――今では付託決定において放棄されている；BayObLGZ 1978, 32, 38ff.; Eppelsheimer, FamRZ 1960, 125; Hausmann, a.a.O., S. 247 Fn. 13; Kegel, IPR 4.Aufl. §20 Ⅵ 3＝S. 385; Kleinrahm/Partikel, a.a.O., S. 150ff.; Partikel, FamRZ 1969, 17, 19; Soergel/Kegel, BGB 10.Aufl. Art.17 EGBGB Rdn. 46; Stein/Jonas/Schumann/Schlosser, ZPO 20.Aufl. §606 の前注16）。根本的にはそこではつぎのように主張されたのである。すなわち，民法1564条1文は（それに対応する以前の規定も同じであるが）実体法的な性質のみを有しており，それゆえ，離婚法規としてのドイツ法が適用されるべき場合にのみ妥当する。そして，民法施行法17条4項は，婚姻が判決によって解消された場合にのみ適用されうるのであり，離婚にとっては常に判決が必要であるということをいってはいない。ライヒ裁判所によって援用された1875

年の戸籍法76条と裁判所構成法15条3項は廃止されているからもはや意味を持ち得ないであろうと。

　b）　このような通説に対する批判は理由がない。

　aa）　民法1564条1文は，それが離婚にとっての裁判上の手続を規定しているかぎり手続法的内容を有するのである。同じことは，民法1564条旧文言，1938年の婚姻法46条，および1946年の婚姻法41条におけるそれに対応する以前の諸規定にも妥当する。その規定の離婚法の実体法部分への受入は，民法1564条新文言についての政府草案においては，——また以前の規定にも妥当する——次のような衡量でもって正当化されたのである。すなわち，離婚申立ても離婚の言い渡し［Ausspruch］も実体法的効果を有する，ということである（BT-Drucks. 7/650 S. 104）。そのことによってはしかし，規定の手続法的内容が影響を受けることはないのである。

　手続は，国際民事訴訟法において妥当する法廷地法［lex fori］の原則によれば，外国との関係を持つ事例においても国内規定によるのである（vgl. BGHZ 48, 327, 331）。そして国内（手続）法によって，開始された手続が，単にいかなる形式において進行するかということだけではなく，一定の法的目的の追求のために国内において手続が始められ得るのか否か，またいかなる手続が始められ得るのか，または始められなければならないのか，ということも決まっているのである。それによって，外国人も国内においては裁判所の離婚独占に服するのである。

　この結果の承認のために，通説は正当にも民法施行法17条4項の規定を援用している。ドイツの離婚法のための留保は，それが国内における私的離婚によって回避されうるような場合には，ほとんど意味を持たない（Staudinger/Gamillscheg, a.a.O., Art.17 EBGB Rdn. 518）。反対説のために持ち出された，裁判官は，外国人をドイツ人よりも軽い要件の下に離婚させなければならないことを強制する地位におかれるべきではない（たとえば，Kleinrahm/Partikel, a.a.O., S. 154），という理由も説得力を有し得ない。その規定は，事件を扱う裁判官の保護に奉仕するものではなく，国内におけるドイツの離婚法の関門の維持を確保すべきものである。この目的は，国内における外国人の私的離婚を許容する場合においては，達成され得ないのである。民法施行法17条4項による審理は，この規定の文言によれば，また，承認手続の機能

19　法律行為による国内における外国人の離婚など

と形成からも，より後者の手続へ [in das letztere Verfahren] と移されてはならないのである（明らかにそれと異説なのは，BayObLGZ 1978, 32, 40）。

　bb）　このことを無視しても，すでに法律状態にとっては，民法の施行以来妥当している衡量が民法1564条1文の現行規定に関して，それでもって裁判所の離婚独占は外国人にとっても堅持されるべきであるということについての追加的な理由を述べている。すでに示されたように，立法者はその規定を置くさいには，Staudinger/Gamillscheg (a.a.O., Art. 17 EBGB Rdn. 518) によって慣習法的に確定しているといわれていた実務上の通説を知っていた。それゆえ，立法者は，もし欲したならば，婚姻法改正の過程において外国人に対しては裁判所の離婚独占を外すきっかけを有していたであろう。しかし，立法者はそうする代わりに，新規定の文言において裁判所の離婚独占を以前よりも強調したのである（婚姻法41条1文は，「婚姻は裁判所の判決によって解消される」〈という文言であり〉，民法1564条1文は「婚姻は単に裁判所の判決によってのみ解消されうる」〈という文言である〉）。法律草案の理由書は，そのかぎりで従来の法律状態は意識的に維持されるべきであり，かつ，あらゆる種類の私的離婚は国内では排除されるべきであるということを明らかにしている（BTDrucks. 7/650 S. 104）。

　cc）　1875年の戸籍法76条（RGBl23）と裁判所構成法15条3項（RGBl 1877, 41）の規定およびそれらの廃止はここで判断されるべき問題にとっては何も決定的なことを意味するものではない。それらは教会裁判権 [geistliche Gerichtsbarkeit] に向けられたものであり，ライヒ裁判所の上述の判例において，またこの関係においてのみ援用されたのである（RGZ 102, 118, 126）。そのほかにはこれらの規定の廃止は何も生じなかった。けだし，立法者は，裁判所の離婚独占をそのかぎりで再び制限しようとしたからではなく，これらの規定をその後争いのない国家の裁判高権の結果として解体されたものとみなしたからである（たとえば，BT-Drucks. 1/530 S. 6 における裁判所構成法15条の放棄の理由参照）。

　dd）　法政策的観点から国内でなされた外国人のその母国法による私的離婚の非承認が強制的に——たとえばドイツの公序という観点の下に——必要か否かという問題は詳論を必要としない。立法者は，いずれにせよ裁判所の離婚独占を外国人に対して堅持することを妨げられなかった（この規定の意味

327

や目的については，vgl. Beitzke, FamRZ 1960, 126)。それに対して憲法上の疑問も生じない。また国家条約上の規定によっても，外国人とくにタイの国籍を有する者に対する裁判所の離婚独占は破られていないのである。

　国内においてなされた私的離婚は，それによってはじめから婚姻解消の効力を生じ得ないから，国内における外国官庁の協力の場合に国際法的観点の下にそのような離婚の効力に対する疑問が生じるか否かということを調査する必要はないのである。

　c）　申立人は，彼女の場合には，そうでなければ筋の通らない婚姻の下に生活しなければならないから，離婚はいずれにせよ承認されなければならないと主張している。ドイツ法による離婚はドイツ民事訴訟法606条bによっては可能ではない。けだし，ドイツの離婚判決は，タイにおいては承認されないであろうからである。タイにおける新たな離婚も同じく不可能であろう。けだし，婚姻はタイ法によればすでに有効に解消しているからである。

　しかし，そのことをもって私的離婚の承認を正当化することはできない。ドイツの離婚判決がタイで承認されないであろうということが妥当かどうかということは未解決のままにしておいてよい。それはつぎのような承認された法的見解に対応するものである。すなわち，婚姻が配偶者の母国法によって既に解消したと見られかつそれによっていわゆる国内婚［Inlandsehe］のみがある場合には，国内における外国人の離婚のためにはドイツ民事訴訟法606条b1号による裁判は必要としない，というものである（Baumbach/Lauterbach/Albers, a.a.O., §606b ZPO Anm.2b A;　包括的な論証を伴ったStaudinger/Gamillscheg, a.a.O., §606b ZPO Rdn. 387f.)。」

①事件〈参照条文〉

ドイツ民法第1564条

　　＊本件事例以後，2003年9月12日現在まで，この条文には変更はない。

　婚姻は，配偶者の一方または双方の申立てに基づき，裁判所の判決によってのみ解消することができる。婚姻は，判決の確定力とともに〔mit der Rechtskraft des Urteils〕解消する。離婚を求めうるための要件は，以下の規定による。

19 法律行為による国内における外国人の離婚など

ドイツ民法施行法第17条
＊1896年8月18日（RGBl.1896 III 400-1）の文言。

第1項　離婚については，夫が，訴えの提起の時に所属していた国家の法律を基準とする。

第2項　夫が他の国に所属していた間に生じた事実は，離婚原因としては，当該事実がこの〔現在夫が所属している〕国の法律によっても，離婚原因［Scheidungsgrund］または別居原因［Trennungsgrund］である場合にのみ主張することができる。

第3項　妻の離婚要求については，裁判がなされる時に妻のみがドイツ国籍を有する場合においても，ドイツの法律が基準となる。

第4項　国内においては，外国の法律によってもドイツの法律によっても離婚が許容される場合にのみ，外国の法律に基づき離婚の判決を下すことができる。

＊＊なお，上記の文言は，1938年に4項，1941年に3項が改正されたが，1986年7月25日の国際私法の新規定に関する法律［Gesetz zur Neuregelung des Internationalen Privatrechts vom 25.Juli 1986, BGBl.1986 I S.1142］によって，第4項が削除されたほか，それまでの第1項から第3項までにも以下のような大幅な改正がなされ，現在に至っている。

第1項　離婚は，離婚申立の訴訟係属［Rechtshägigkeit des Scheidungsantrags］が生じた時点において婚姻の一般的効力につき基準となる法に服する。婚姻がそれによれば解消され得ない場合には，離婚を求める配偶者がこの時点においてドイツ人であるか，または婚姻締結の時にドイツ人であったときは，離婚はドイツ法に服する。

第2項　婚姻は，国内においては，裁判所によってのみ解消することができる。

第3項　将来給付金分与［Versorgungsausgleich］（離婚のさい，夫婦が将来受け取る恩給，養老年金等の給付金を算定し，その差額の半額を多い方から少ない方に分与すること——三上注）は，第1項第1文により適用されるべき法に服する；将来給付金分与は，配偶者が離婚申立ての訴訟係属が生じた時点において所属していた国の1つの法がそれを認めているときにのみ，

行われる。将来給付金分与が，それ〔らの法〕によれば生じない場合には，それを行うことが，双方の経済的関係に関して，国内で過ごさなかった期間においても妥当性に反しない限り，配偶者の申立てに基づき，以下の場合に，ドイツ法によって行われる。

第1号　他の配偶者が，婚姻期間において，国内の将来給付金期待権〔Versorgungsanwartschaft〕を取得した場合

または，

第2号　婚姻の一般的効力が，婚姻期間の一部分の間，将来給付金分与を規定している法に服する場合

家族法改正法第7編

第1条　婚姻事件における外国の裁判の承認

＊1961年8月11日（BGBl. 1961 I S.1211）の文言

第1項　外国において婚姻を，無効と宣言し，取り消し，婚姻関係に従い［dem Bande nach］もしくは婚姻関係を維持しつつ［unter Aufrechterhaltung des Ehebandes］別れさせる［geschieden ist］裁判，または当事者間における婚姻の存在もしくは不存在を確定する裁判は，州司法行政官庁［Landesjustizverwaltung］が承認の要件がある旨を確定した場合にのみ承認される。相互性の保障は承認のための要件ではない。裁判の時に両方の配偶者が属していた国の裁判所が裁判したときは，承認は，州司法行政官庁の確定には依存しない。

第2項　管轄権を有するのは，一方の配偶者がその常居所を［gewöhnlichen Aufenthalt］有している州の司法行政官庁である。配偶者がともに国内に常居所を有していないときは，新たな婚姻が締結される州の司法行政官庁が管轄権を有する。当該司法行政官庁は，婚姻予告［Aufgebot］が申し立てられているか，または，婚姻予告の免除が申請されていることの証明を求めることができる。管轄権がない限り，ベルリン州の司法行政官庁が管轄権を有する。

第3項　裁判は申立てに基づいてなされる。申立ては，承認について法的な利益を有することを疎明した者がすることができる。

第4項　州司法行政官庁が申立てを棄却したときは，申立人は，上級地方

裁判所の裁判を求めることができる。

第5項　州司法行政官庁が承認のための要件が存在する旨を確定したときは，申立てをしなかった方の配偶者は，上級地方裁判所の裁判［Entscheidung］を求めることができる。州司法行政官庁の判断［Entscheidung］は，申立人への通知によって効力を生じる。なお，州司法行政官庁は，その判断中において，当該判断はその官庁によって定められた期間の経過後にはじめて効力を生ずる旨を定めることができる。

第6項　上級地方裁判所は，非訟事件手続において裁判する。管轄権を有するのは，その区域内に州司法行政官庁が住所を有している上級地方裁判所である。裁判所の裁判を求める申立ては，停止条件的効力を有しない。非訟事件手続法第21条第2項，第23条，第24条第3項，第25条，第30条第1項第1文，および第199条第1項は，意味に即して効力を有する。上級地方裁判所の裁判は終局的である。

第7項　前項までの規定は，裁判の承認のための要件が存在しない旨が確定された場合，意味に即して［sinngemäß］適用されなければならない。

第8項　承認のための要件が存在するか，または存在しないかの確定は，裁判所および行政官庁を拘束する。

　　＊＊1976年6月14日（BGBl.1976 I S.1421）の文言

第1項　外国において婚姻を，無効と宣言し，取り消し，婚姻関係に従い［dem Bande nach］もしくは婚姻関係を維持しつつ［unter Aufrechterhaltung des Ehebandes］別れさせる［geschieden ist］裁判，または当事者間における婚姻の存在もしくは不存在を確定する裁判は，州司法行政官庁［Landesjustizverwaltung］が承認の要件がある旨を確定した場合にのみ承認される。相互性の保障は承認のための要件ではない。裁判の時に両方の配偶者が属していた国の裁判所が裁判したときは，承認は，州司法行政官庁の確定には依存しない。

第2項　管轄権を有するのは，一方の配偶者がその常居所を［gewöhnlichen Aufenthalt］有している州の司法行政官庁である。配偶者がともに国内に常居所を有していないときは，新たな婚姻が締結される州の司法行政官庁が管轄権を有する。当該司法行政官庁は，婚姻予告［Aufgebot］が

申し立てられているか，または，婚姻予告の免除が申請されていることの証明を求めることができる。管轄権がない限り，ベルリン州の司法行政官庁が管轄権を有する。

第3項　裁判は申立てに基づいてなされる。申立ては，承認について法的な利益を有することを疎明した者がすることができる。

第4項　州司法行政官庁が申立てを棄却したときは，申立人は，上級地方裁判所の裁判を求めることができる。

第5項　州司法行政官庁が承認のための要件が存在する旨を確定したときは，申立てをしなかった方の配偶者が，上級地方裁判所の裁判[Entscheidung]を求めることができる。州司法行政官庁の判断[Entscheidung]は，申立人への通知によって効力を生じる。なお，州司法行政官庁は，その判断中において，当該判断はその官庁によって定められた期間の経過後にはじめて効力を生ずる旨を定めることができる。

第6項　上級地方裁判所は，非訟事件手続において裁判する。管轄権を有するのは，その区域内に州司法行政官庁が住所を有している上級地方裁判所である。裁判所の裁判を求める申立ては，停止条件的効力を有しない。非訟事件手続法の第21条第2項，第23条，第24条第3項，第25条，第28条第2項第3項，第30条第1項第1文，および第199条第1項は，意味に即して効力を有する。上級地方裁判所の裁判は終局的である。

第7項　前項までの規定は，裁判の承認のための要件が存在しない旨が確定された場合，意味に即して[sinngemäß]適用されなければならない。

第8項　承認のための要件が存在するか，または存在しないかの確定は，裁判所および行政官庁を拘束する。

＊＊＊1994年6月24日（BGBl.1994 I S.1374）の文言。上記の法文に以下が追加された。

第2a項　州政府は，この法律によって州司法行政官庁に生じている機能を，法規命令[Rechtsverordnung]によって，1人または，数人の上級地方裁判所の長に[einen oder mehrere Präsidenten des Oberlandesgerichts]委譲することができる。州政府は，授権[Ermächtigung]を州司法行政官庁に委譲することができる。

＊＊＊1998年5月5日（BGBl.1998 I S.833）の文言

第2項第2文の後段が「当該司法行政官庁は，婚姻締結［Eheschließung］の届出がなされた［angemeldet］ことの証明を求めることができる。」と変更された。

＊＊＊1998年6月25日（BGBl.1998 I S.1580）の文言

第1項第3文は「裁判の時に両方の配偶者が属していた国の裁判所または官庁［Behörde］が裁判したときは，承認は，州司法行政官庁の確定には依存しない。」と変更された。

ドイツ民事訴訟法606条b

＊1976年6月15日（BGBl.1976 I S.1421）の文言。606条bとして以下の文言が追加された。

　配偶者がともにドイツ国籍を有していないときは，ドイツの裁判所は以下の場合のみ事案につき裁判することができる。

1　夫または妻の常居所が国内にあり，かつ夫の母国法によれば，ドイツの裁判所によってなされる裁判が承認される場合，または配偶者の一方のみが無国籍である場合

2　妻が婚姻締結の時点にまではドイツ国籍を有していた者であり，かつ，この者が，婚姻の取消もしくは無効宣言，または婚姻の存在もしくは不存在の確認―訴えを提起し，または，検察が婚姻の無効宣言の訴えを提起したとき。

＊＊第606条bは，1986年の国際私法の新規定に関する法律（Gesetz zur Neuregelung des Internationalen Privatrechts vom 25. Juli 1986, BGBl. 1986 IS.1142）により削除された。

ドイツ非訟事件手続法28条

＊本件事例以後，2003年9月12日現在まで，この条文には変更はない。

第1項　再抗告については，上級地方裁判所が裁判する。

第2項　上級地方裁判所が，第1条にあげられた事項の1つに妥当する帝

国法規定の解釈に際して，再抗告がなされている他の上級地方裁判所の裁判と，また，法律問題についてすでに連邦通常裁判所の裁判が出されているときはその裁判と異なった見解に立とうとする場合には，再抗告を自らの法的見解［Rechtsauffassung］，による理由づけをして，連邦通常裁判所に付託しなければならない。付託についての決定は，抗告人に通知されなければならない。

第3項　第2項の場合においては再抗告については連邦通常裁判所が裁判する。

②事件〈判決要旨〉

婚姻の解消にとってドイツ法が（も）基準となる場合には，外国でなされた私的離婚は承認適格はない。

②事件〈事案の概要〉

婚姻当事者は，1977年2月10日にタイのP戸籍役場で婚姻を締結した。妻（申立人）はドイツの国籍を，夫はタイの国籍を有していた。彼らは1977年4月にドイツ連邦共和国に移り住み，まずSにそして1978年からはFに居を構えた。1979年には両配偶者は，婚姻は破綻したという確信に到達し離婚を決意した。そのために彼らは，1979年の4月はじめにタイのBに行き，そこで，1979年4月3日に双方了解の宣言［beiderseitige einverständliche Erklärung］により離婚した。同日，離婚はタイのK戸籍役場に登録された。

1987年2月10日に，同年1月30日に子供を出産したSに住んでいる妻は，家族法改正法7編1条による離婚の承認を申し立てた。

ラインラント＝プァルツ州の司法省はその申立てを棄却した。けだし，私的離婚の承認のための要件は離婚法規により定まるが，民法施行法17条によれば，1986年7月25日の国際私法新規定に関する法律（IPRG, BGBl S. 1142）の施行前に妥当していた離婚についての文言においては，私的離婚を知らないドイツ法が（も）基準になっていたからである。

そこで妻は，コブレンツ上級地方裁判所に家族法改正法7編1条4項により，彼女の承認要求を追求するための裁判所の裁判の申立てをした。ラインラント＝プァルツ州司法省はこの申立てに反対し，その棄却を求めた。

上級地方裁判所は，夫と同じく離婚を押し進め，それゆえ——夫と同じく——離婚の申立人として扱われるべき妻のドイツ国籍ゆえに，離婚法規はドイツ法であるとする州司法行政官庁の見解に与している。

②事件〈判　旨〉

「しかし〔事案の概要においてみられる事情は—三上注〕ドイツ民法1564条も適用されなければならず，かつ，離婚は判決によってのみ生じうるということを意味するものではない。民法1564条は手続法に位置づけられるべきであろう。しかし，ここで遂行された離婚手続には，私的離婚を認めるタイ法が基準になる。そのような場合においては，離婚の承認は単に，離婚行為がドイツの公序と矛盾するときにのみ否定される。しかし，ここでは事情が異なる。外国人の配偶者によるドイツ人の配偶者との外国の私的離婚は，最初から認められないものではない。『破綻主義や原則として一定の期間の経過に結びつけられた離婚の強制の無条件の実施に基づいて』ドイツの婚姻法においても裁判所の手続の意味は背後に後退しているであろう。それによって，ドイツ法の協調的離婚［eine einvernehmliche Scheidung］は根本的に私的離婚と区別はないであろう。これは，タイ法によれば，ドイツ法による協調的離婚と同様に，両配偶者の婚姻の解消に向けられた一致する意思表示［Erklärungen］を要件とするのである。離婚の有効性が，強制的になされるそれに対応する判決にかかっているか（民法1564条），あるいは，タイ法が規定しているように，戸籍役場における合意による離婚行為が帳簿に登録されることにかかっているかということは，ドイツの法観念の核心部分がそれと類似しているかもしれないという実質的な視点からいえば，大きな違いはないのである。

上級地方裁判所は，このことから，妻の申立てに応じて，承認の要件は存在すると確定しようとしたのである。しかし，今日のドイツ民法1564条1文の前身の規定である婚姻法旧41条1文を実体婚姻法の構成要素と見て，イスラエルにおいてなされた私的離婚につき，当該離婚は，適用が求められているドイツ法によれば判決によってなされたものではないとした1975年11月28日のデュッセルドルフ上級地方裁判所の決定（FamRZ 1976,277 mit Anmerkung Otto S.279）によって，承認が拒絶されたことがわかった。よって，上級地方裁判所は，ドイツ非訟事件手続法28条2項3項を準用する家族法改正法

7編1条6項4文によって，1987年11月10日の決定（IPRax 1988, 178-LS-mit Anmerkung Henrich）による裁判所の裁判の申立てを，連邦通常裁判所に裁判を求めて付託したのである。

II 付託は適法である。

本件〈コブレンツ上級地方裁判所〉の決定は，デュッセルドルフ上級地方裁判所が前述の同じく家族法改正法7編1条による承認手続において下した決定において唱え，そしてその決定がそれに基づいている法的見解に従うとするならば，付託をなした裁判所は異なった判断に至るであろうことを明らかにしている。たしかに，後者は婚姻法旧41条の有効性の下に発せられ，それに対し，本件においては民法1564条が問題となっている。しかし民法1564条1文の規定は婚姻法旧41条1文に対応し，これと一致して，婚姻は裁判所の判決によってのみ解消しうると規定している。デュッセルドルフ上級地方裁判所の決定においてもまた付託決定においても，外国でなされた私的離婚にドイツの離婚法規が基準となる場合，承認は拒絶されるべきか否かという法的問題が問題になるとされている。けだし，ドイツの離婚法によれば，婚姻は裁判所の判決によってのみ解消されうるからである。この法的問題においては，付託した裁判所はデュッセルドルフ上級地方裁判所の判断の基礎となった法的見解と意見を異にしようとしている。それによれば，非訟事件手続法28条2項の要件は満たされており，連邦通常裁判所は裁判所の判断の申立てについて判断する資格があるというのである（非訟事件手続法28条3項を準用する家族法改正法7編1条6項4文）。

III 1．承認申立ては適法である。

州司法行政官庁と付託した裁判所が適切に採用したように，申立人がその承認を求めている離婚は家族法改正法7編1条による承認手続に服する。たしかに離婚は国家の裁判所の裁判またはその協力によってではなく，タイの民・商法典［thailändisches Bürgerlichen-und Handelsgesetzbuch］1514条によって（以下では，タイ民・商法と記す。条文は，Bergmann/Fried, Internationales Ehe-und Kindschaftsrecht, Länderteil Thailand S. 13）『相互の了解の下に』，つまり配偶者同士の契約類似の法律行為的な合意によって生じるのである。それに対し，それに外国の官庁が，何らかの形式，それが単に登録にすぎないものであっても，において考慮すべき規範に対応して協力したときには，い

19　法律行為による国内における外国人の離婚など

ずれにせよその種の私的離婚は上述の承認手続に服する裁判の概念の下に入るのである (Senatsbeschluß BGHZ 82, 34, 41 f.m.w.Nachw.)。そのような協力はここでも考慮される。けだし，配偶者は彼らによって合意された離婚は，申立人の申立てによれば，タイ民・商法1515条・1531条1項を準用してそれに続いてバンコクの戸籍役場において登録してもらったからである。

　2．しかし，承認申立ては理由性がなく，裁判所の裁判を求める申立てはしたがって認容されない。

　a）　上級地方裁判所はなかんずく，配偶者によってなされた離婚はタイ法によれば有効であると述べた。タイの法律の抵触に関する法律〔thailändisches Gesetz betreffend Gesetzeskollisionen〕26条（文言は，Bergmann/Frien, a.a.O., S. 6 におけるものである）は〔右結論と〕対立しない。この規定によれば，相互の合意による離婚は，それが両婚姻当事者の母国法によれば適法である場合には，有効である。上級地方裁判所は，たしかにその種の離婚の適法性は申立人の母国法としてのドイツ法によれば疑問である。しかし，本件離婚が管轄権ある戸籍役場に登録されているという事実は，その種の疑問はタイにおいては明らかに分かち得ないであろうということを示している。たとえ配偶者の母国法が，ここではそれはドイツ法のように，私的離婚を認めないとしても，タイの官庁によってこの形式においてなされた離婚の有効性は承認されるであろうと考えた。

　この論証には疑問がある。上述のタイの抵触規定の有効性とタイの法実務におけるその扱いならびにタイにおける合意による離婚の遂行と登録に際して規定の無視をもたらす法的効果に関しては，不明瞭さが生じる。上述の規定はタイの法実務においては無視されており，実務的には廃れており，この規定の無視の下に遂行されかつ登録された合意による離婚も法律上有効であるという一部で唱えられている立場は (vgl. Landesjustizverwaltung NRW, IPRax 1982, 25f.＝IPRspr 1983 Nr. 190a sowie auch OLG Düsseldorf IPRspr 1981 Nr. 190b)，明確な反対に出くわしている (vgl. Bürgle, IPRax 1982, 12, 13 unter Hinweis auf Entscheidungen der Landesjustizverwaltung Bayern und des BayObLG)。また一部では，詳細な理由づけなくして，その規定の無視の下に生じた私的離婚は無効であると見られている (vgl. Fuhrmann, IPRax 1983, 137, 138; Beule, StAZ 1979, 29, 36; Staudinger/von Bar, BGB 12.Aufl. Art. 17

EGBGB Rdn. 80; Justizbehörde Hamburg sowie OLG Hamburg in IPRspr. 1978 Nr. 171a und b)。これによって，上記法律の26条が無視された場合，タイにおいてはそこでなされた私的離婚の有効性にとってどのような結果があるのかという問題は未解決のままである。この問題は，それが問題とされる場合には，詳細な調査によって解明されなければならないであろう。離婚の登録に至ったという事情だけからだけでは，管轄権ある機関は登録の際に，配偶者の国籍を認定しなければならず，また法律26条の要件をそもそも調査しなければならないのか否かということは明らかではないから，上級地方裁判所の見解に対して信頼のおける結論は引き出すことはできないのである。登録が純然たる形式行為ではなく，離婚の有効性の事後調査が前提となっている場合にのみ，そこから離婚の有効性についての結論を引き出すことができる。この場合においても，もちろん，登録は離婚の有効性についての適切ではない有効性調査 [unzutreffende Wirksamkeitsprüfung] に基づきいかなる結果を有しているかということは未解決のままなのである。一般的に有効な婚姻解消の認定の効力は，直ちにそれに伴うものではないのである (vgl. auch Beitzke, IPRax 1981, 202, 204)。しかしそれでも，その問題はさらに追求される必要はない。けだし，配偶者の離婚は，それがタイにおいて法律上有効な場合であっても承認され得ないからである。

b) 私的離婚にさいしては，構造的な高権行為が問題となっているのではなく，法律行為が問題となっているので，その承認のためには，ドイツ民事訴訟法328条を今日なお一般的な法的見解に関係させる必要はない。それゆえ，州司法行政官庁と付託した裁判所は適切にも，外国においてなされた私的離婚の有効性は離婚法規によって判断されるべきであるというところから出発している (vgl. u. a. Kleinrahm/Partikel, Anerkennung ausländischer Entscheidungen in Ehesachen 2.Aufl. S. 160; Henrich, IPRaz 1982, 94 sowie Internationales Familienrecht §4d s. 114f.; Kropholler, Internationales Privatrecht §46 Ⅳ 4 S. 331f.; Krzywon, StAZ 1989, 93, 102; Martiny in Hdb. IZVR Ⅲ/1 Kap. I Rdn. 1744; MünchKomm/Lorenz, Art.17 EGBGB Rdn. 489, je m. w. Nachw.)。そのさい基準となるのは，原則として離婚がなされた時点である (Staudinger/Gamillscheg, BGB 10./11. Aufl. §328 ZPO Rdn. 404)。原則として，以前の抵触法が適用されるのかあるいは1986年9月1日に施行された

新規定が適用されるべきかという適用時点の問題 [intertempolare Frage] においても，この時点に照準が合わされている。そのさいには，外国の離婚の承認の要件にとって原則としてそれがなされた時点に効力を有していたドイツの承認法 [Anerkennungsrecht] が基準になるという承認規定が援用されるべきか (vgl. etwa BayObLG StAZ 1988, 101, 102; Martiny, a.a.O., Rdn. 232; Palandt/Heldrich, BGB 49.Aufl. Art.17 EGBGB Anm. 7b, je m. w. Nachw.)，あるいは，優先的かつ特定規定としての民法施行法220条の経過規定に照準が合わされるべきかということは未解決のままにしておいてもよい。けだし，これらの規定はどちらも以前の1986年9月1日以前に妥当していた抵触法の適用があるとしているからである。

　民法施行法220条1項によれば，1986年9月1日以前に終了していた事件には以前の国際私法が適用される。裁判所の判決による離婚については，訴訟係属の成立の時点が問題となる。離婚手続が新規定の施行前に〔裁判所に〕係属していたときは，適用されるべき実質法 [Sachrecht] は，以前の抵触法によって決まるのである (Senatsurteil vom 18. Oktober 1989-IVB ZR 76/88-FamRZ 1990, 32, 33f.)。離婚のさいに，私的離婚の場合のように，ドイツ手続法の意味における訴訟係属がないかぎり，離婚法規の連結点のためには民法施行法新17条1項によって，離婚の相手方が離婚に最初に正式に関係した時点に照準が合わされている (vgl. Begründung des RegE. des IPRG, BT-Drucks. 10/504 S. 60, abgedruckt bei Pirrung, Internationales Privat-und Verfahrensrecht S. 149)。この時点によって，ここでは，以前の抵触法が適用されるのかあるいは新規定が適用されるのかが決まる。両配偶者は，1979年に離婚をしたのだから，これによって以前の抵触法が援用されるのである。

　1986年9月1日に施行された新規定の適用が離婚の承認を容易にするものである場合であっても上述のことが妥当するのか，あるいは，その場合には新規定が基準になるのかということは未定のままでよい。けだし，ここでは，なお説明されなければならないように，民法施行法新17条の適用からは〔離婚の承認が〕容易になるとはいえないからである (zur Berücksichtigung von Anerkennungserlei-chterungen vgl. einerseits BayObLG, StAZ 1988, 101, 102; Martiny, a.a.O., Rdn. 232; MünchKomm/Lorenz, a.a.O., Rdn.494; Palandt/Heldrich, a.a.O.; andererseits Baumbach/Lauterbach/Albers, ZPO 48. Aufl.

§ 606a Anm. 3 B, je m.w.Nachw.)。

c) これによって，国内における私的離婚の有効性にとって基準となる規定は，民法施行法旧17条によって定まる。しかし，民法施行法旧17条1項の抵触規定が連邦憲法裁判所によって無効であると宣言されてから（BVerfG, FamRZ1985, 463），当法廷は連結の問題［Anknüpfungsfrage］をそのかぎりで，規定の憲法に調和する残った部分によって，抵触法の構成要素の援用の下に解決したのである。離婚法規の性に関係づけられた連結性に代わるものとして発展させ，かつそのかぎりで民法施行法旧17条1項の無効宣言によってもなおそれに照準が合わされうるような原則によって（vgl. Senatsurteile BGHZ 86, 57, 66ff.; 87, 359 und 89, 325），当法廷は一方がドイツ人である婚姻について，すべての配偶者の離婚要求をその母国法［Heimatrecht］によって判決したのである（vgl. Senatsurteile BGHZ 87, 359, 367）。民法施行法旧17条のこのような解釈によって，外国においてなされた私的離婚の有効性を量る法も決められるべきである。外国の離婚，とくに私的離婚，についての離婚法規のそのように理解された規定は不適当であり，その限りで，当法廷が外国人の婚姻の解消のために発展させたようないわゆるケーゲルの階段理論［Kegelsche Leiter Grundsätze］（BGHZ 86, 57, 66ff.）に依拠して適用されなければならないという見解（Bürgle in Zacher, Versorgungsausgleich im internationalen Vergleich auch in der zwischenstaatlichen Praxis S. 391, 400f.; Hessischer Minister der Justiz, wiedergegeben in OLG Frankfurt FamRZ 1985, 76, 77）には，当法廷は従うことはできない。たしかに，ドイツ人と外国人間の婚姻の場合と，別の外国人同士の外国人の婚姻との場合の間には，一定の相違があることを容認しなければならない（vgl. insoweit Bürgle, a.a.O., sowie Henrich, IPRax 1985, 48）。しかし，この違いは，——そのかぎりで憲法と調和し，そしてそれゆえに依然として拘束力を持っている——民法施行法旧17条の抵触規範の残りの部分において，ドイツ人と外国人の婚姻の解消と別の外国人同士の婚姻の解消を別々に扱い，それゆえ別々の効果を導く法律から生じるのである。立法者が，この規定を国際私法の新規定のための法律の導入に際して，旧事例［Altfälle］のためにはそのままにしたことにより，上述のばかばかしさを伴うこととなってしまったのである（同旨，Henrich, a.a.O.; 当法廷の理解によれば，OLG Frankfurt, a.a.O. も民法施行法旧17条の適用に

賛成している)。
　これによって，ドイツ人と外国人の間の婚姻の裁判上の解消の場合には，すべての配偶者の離婚要求はその母国法によって判断されなければならないとする規定は，ここでのように，ドイツ人と外国人の婚姻の私的離婚が問題となっているときにも援用される。合意離婚が問題となっており，それゆえ申立人が欠けているから，一方配偶者のみの母国法に関連づけられ得ないのであり，むしろ，両配偶者は了解の下に行動しなければならないから，両配偶者の母国法が援用され，かつそれが，この私的離婚の承認にとっても基準となるのである。それによって，本件では，タイ法と並んでドイツ法も適用されるのである。
　もし，離婚法規が当法廷によって発展させられた原則に対応して，他の外国人同士の婚姻の解消に適用され (BGHZ 86, 57, 66, 68 sowie Senatsurteil vom 11. Januar 1984-Ⅳ b ZR 41/82 FamRZ 1984, 350, 353)，またはそれが1986年9月1日以降効力を有する抵触法によって，決まるであろうときは，ドイツ法の適用が導かれるであろう。これらの場合においては，——もっぱら——ドイツ法が適用されるであろう。けだし，婚姻当事者は2人ともその常居所を最後には国内に有していたからであり，そして，妻はここでさらに生活するからである (vgl. Senatsurteil vom 11. Januar 1984 a.a.O., sowie für die Rechts-lage nach dem IPRG; Art. 17 Abs. 1 Satz 1 i. V. mit Art. 14 Abs 1 Nr. 2 EGBGB n. F.)。
　d)　付託した上級地方裁判所の，ドイツ法は両配偶者によって行われた私的離婚を許しておりかつその有効性と国内における承認に何ら妨げとなるものではないという見解には従うことができない。その見解は，ドイツ民法1564条と矛盾しているし，そこに根拠を有するドイツの離婚法の理念にも矛盾するからである。
　たしかに上級地方裁判所には，民法1564条1文が手続法的内容を有しているという点については同意できる。この特質において，国内においてなされた離婚についての規定は，裁判上の手続を規定しており，かつそれによってとくに国内における私的離婚を排除しているのである (BGHZ 82 a.a.O., S. 42f.)。しかしその規定の内容はそれにつきるものではない。むしろそれは，実体的内容をも有するのである。そこで規定されている裁判所の判決の必要性

というのは，単に形式の必要性ということだけではなく，実体法的にも重要なのである。その中には，ドイツの実体的離婚法および離婚効果法 [Scheidungs- und Scheidungsfolgenrecht] の基本的な判断が，婚姻の解消については常に裁判所が判断しなければならないという形で明確にされているのである (vgl. MünchKomm/Wolf, 2.Aufl. §1564 Rdn. 4; Martiny, a.a.O., Rdn. 1748; BayObLG 1982, 389, 394; Begründung des RegE. des IPRG a.a.O., S. 61, abgedruct bei Pirrung, a.a.O., S. 150)。そのことは，ドイツ民法1566条1項と結びついた1565条1項による了解的な離婚にも妥当する。それは両配偶者にその婚姻を合意の方法において解消する可能性を与えるものではないのである。むしろドイツの離婚法が規定している離婚要件の実体法的なコントロールもここでは作用するのである。一年間の別居，両配偶者の一致した離婚申立てまたは他方の同意の下に一方による離婚の申立て(民法1566条1項)，そして配偶者のじっくり考えた末の離婚の判断が明らかになっているドイツ民事訴訟法630条による離婚の効果の規定といったものは，そのさいには単に争う余地のない，婚姻は破綻しておりかつ離婚の実体法的な要件は満たされているという推定を根拠づけているにすぎないのである。ドイツの離婚法はそれゆえ両配偶者の破綻していない離婚について直接に効力を生じる合意を許してはいないし，また破綻した婚姻の離婚についてのそれも許してはいないのである (Wolf, in Festschrift Rebmann, S. 703, 708 Fn. 24)。このことは外国におけるドイツ人の離婚においては違ったものとなり，したがって外国においては国内におけるとは異なりドイツの実体離婚法によってはこれは許されない，ということは，国内離婚規定，とくにドイツ民法1564条から取り出すことはできない(Martiny, a.a.O.)。したがってこの規定はドイツ離婚法の適用性ある場合には，外国における離婚の場合にも作用するのであり，そしてこの離婚は裁判所の判決によって生じるという要求を基礎づけるのである。それがなければ，国内における承認は排除される。これによって外国においてなされた私的離婚もドイツの離婚法規においては有効なものとして承認され得ないのである (ebenso außer OLG Düsseldorf, a.a.O.; BayObLGZ a.a.O., mit Anmerkung Henrich, IPRax 1983, 130; Justizministerium NRW und OLG Düsseldorf, IPRspr. 1981 Nr. 190a und b; Justizbehörde Hamburg und OLG Hamburg IPRspr. 1978 Nr. 171a und b; Bayerisches Staatsministerium der

Justiz, StAZ 1977, 201, 202 mit Anmerkung Otto; Kleinrahm/Partikel, a.a.O., S. 161f.; Krzywon, a.a.O., S. 103; Beule, StAZ 1979, 29, 35; Henrich, Internationles Familienrecht a.a.O., S. 114f.; zweifelnd, IPRax 1984, 218; andres wohl IPRax 1988, 178f.; Martiny, a.a.O., Rdn. 1746 und 1748; Kropholler, a.a.O., S. 332; Palandt/Heldrich, a.a.O., Art. 17 EGBGB Anm. 7 b cc; MünchKomm/Wolf, a. a.O., §1564 Rdn. 31; MünchKomm/Lorenz a.a.O., Rdn. 490; Rolland, 1. EheRG 2.Aufl. §1564 Rdn. 4; Staudinger/von Bar, a.a.O., Art. 17 EGBGB Rdn., 78ff.)。

　それでもって，配偶者のタイの私的離婚は家族法改正法7編1条によっては承認され得ないのである。それゆえ州司法行政官庁は妻の承認申立てを正当にも棄却したのである。

②事件〈参照条文〉
ドイツ民法第1564条
　＊本件事例以後，2003年9月12日現在まで，この条文には変更はない。
　婚姻は，配偶者の一方または双方の申立てに基づき，裁判所の判決によってのみ解消することができる。婚姻は，判決の確定力とともに〔mit der Rechtskraft des Urteils〕解消する。離婚を求めうるための要件は，以下の規定による。

ドイツ民法施行法第17条
　＊1896年8月18日（RGBl.1896 III 400-1）の文言。
第1項　離婚については，夫が，訴えの提起の時に所属していた国家の法律を基準とする。
第2項　夫が他の国に所属していた間に生じた事実は，離婚原因としては，当該事実がこの〔現在夫が所属している〕国の法律によっても，離婚原因〔Scheidungsgrund〕または別居原因〔Trennungsgrund〕である場合にのみ主張することができる。
第3項　妻の離婚要求については，裁判がなされる時に妻のみがドイツ国籍を有する場合においても，ドイツの法律が基準となる。
第4項　国内においては，外国の法律によってもドイツの法律によっても離婚が許容される場合にのみ，外国の法律に基づき離婚の判決を下すこ

とができる。

**なお，上記の文言は，1938年に4項，1941年に3項が改正されたが，1986年7月25日の国際私法の新規定に関する法律［Gesetz zur Neuregelung des Internationalen Privatrechts vom 25.Juli 1986, BGBl.1986 I S.1142］によって，第4項が削除されたほか，それまでの第1項から第3項までにも以下のような大幅な改正がなされ，現在に至っている。

第1項　離婚は，離婚申立ての訴訟係属［Rechtshängigkeit des Scheidungsantrags］が生じた時点において婚姻の一般的効力につき基準となる法に服する。婚姻がそれによれば解消され得ない場合には，離婚を求める配偶者がこの時点においてドイツ人であるか，または婚姻締結の時にドイツ人であったときは，離婚はドイツ法に服する。

第2項　婚姻は，国内においては，裁判所によってのみ解消することができる。

第3項　将来給付金分与［Versorgungsausgleich］（離婚のさい，夫婦が将来受け取る恩給，養老年金等の給付金を算定し，その差額の半額を多い方から少ない方に分与すること——三上注）は，第1項第1文により適用されるべき法に服する。将来給付金分与は，配偶者が離婚申立の訴訟係属が生じた時点において所属していた国の1つの法がそれを認めているときにのみ，行われる。将来給付金分与が，それ〔らの法〕によれば生じない場合には，それを行うことが，双方の経済的関係に関して，国内で過ごさなかった期間においても妥当性に反しない限り，配偶者の申立てに基づき，以下の場合に，ドイツ法によって行われる。

　第1号　他の配偶者が，婚姻期間において，国内の将来給付金期待権
　　［Versorgungsanwartschaft］を取得した場合
　　または，
　第2号　婚姻の一般的効力が，婚姻期間の一部分の間，将来給付金分与
　　を規定している法に服する場合

同前220条
　第1項　1986年9月1日以前に修了している事項には，従来の国際私法

が適用される。

家族法改正法第7編
第1条　婚姻事件における外国の裁判の承認
＊1961年8月11日（BGBl. 1961 I S.1211）の文言

第1項　外国において婚姻を，無効と宣言し，取り消し，婚姻関係に従い［dem Bande nach］もしくは婚姻関係を維持しつつ［unter Aufrechterhaltung des Ehebandes］別れさせる［geschieden ist］裁判，または当事者間における婚姻の存在もしくは不存在を確定する裁判は，州司法行政官庁［Landesjustizverwaltung］が承認の要件がある旨を確定した場合にのみ承認される。相互性の保障は承認のための要件ではない。裁判の時に両方の配偶者が属していた国の裁判所が裁判したときは，承認は，州司法行政官庁の確定には依存しない。

第2項　管轄権を有するのは，一方の配偶者がその常居所を［gewöhnlichen Aufenthalt］有している州の司法行政官庁である。配偶者がともに国内に常居所を有していないときは，新たな婚姻が締結される州の司法行政官庁が管轄権を有する。当該司法行政官庁は，婚姻予告［Aufgebot］が申し立てられているか，または，婚姻予告の免除が申請されていることの証明を求めることができる。管轄権がない限り，ベルリン州の司法行政官庁が管轄権を有する。

第3項　裁判は申立てに基づいてなされる。申立ては，承認について法的な利益を有することを疎明した者がすることができる。

第4項　州司法行政官庁が申立てを棄却したときは，申立人は，上級地方裁判所の裁判を求めることができる。

第5項　州司法行政官庁が承認のための要件が存在する旨を確定したときは，申立てをしなかった方の配偶者は，上級地方裁判所の裁判［Entscheidung］を求めることができる。州司法行政官庁の判断［Entscheidung］は，申立人への通知によって効力を生じる。なお，州司法行政官庁は，その判断中において，当該判断はその官庁によって定められた期間の経過後にはじめて効力を生ずる旨を定めることができる。

第6項　上級地方裁判所は，非訟事件手続において裁判する。管轄権を有

するのは，その区域内に州司法行政官庁が住所を有している上級地方裁判所である。裁判所の裁判を求める申立ては，停止条件的効力を有しない。非訟事件手続法の第21条第2項，第23条，第24条第3項，第25条，第30条第1項第1文，および第199条第1項は，意味に即して効力を有する。上級地方裁判所の裁判は終局的である。

第7項　前項までの規定は，裁判の承認のための要件が存在しない旨が確定された場合，意味に即して［sinngemäß］適用されなければならない。

第8項　承認のための要件が存在するか，または存在しないかの確定は，裁判所および行政官庁を拘束する。

＊＊1976年6月14日（BGBl.1976 I S.1421）の文言

第1項　外国において婚姻を，無効と宣言し，取り消し，婚姻関係に従い［dem Bande nach］もしくは婚姻関係を維持しつつ［unter Aufrechterhaltung des Ehebandes］別れさせる［geschieden ist］裁判，または当事者間における婚姻の存在もしくは不存在を確定する裁判は，州司法行政官庁［Landesjustizverwaltung］が承認の要件がある旨を確定した場合にのみ承認される。相互性の保障は承認のための要件ではない。裁判の時に両方の配偶者が属していた国の裁判所が裁判したときは，承認は，州司法行政官庁の確定には依存しない。

第2項　管轄権を有するのは，一方の配偶者がその常居所を［gewöhnlichen Aufenthalt］有している州の司法行政官庁である。配偶者がともに国内に常居所を有していないときは，新たな婚姻が締結される州の司法行政官庁が管轄権を有する。当該司法行政官庁は，婚姻予告［Aufgebot］が申し立てられているか，または，婚姻予告の免除が申請されていることの証明を求めることができる。管轄権がないかぎり，ベルリン州の司法行政官庁が管轄権を有する。

第3項　裁判は申立てに基づいてなされる。申立ては，承認について法的な利益を有することを疎明した者がすることができる。

第4項　州司法行政官庁が申立てを棄却したときは，申立人は，上級地方裁判所の裁判を求めることができる。

第5項　州司法行政官庁が承認のための要件が存在する旨を確定したとき

は，申立てをしなかった方の配偶者は，上級地方裁判所の裁判［Entscheidung］を求めることができる。州司法行政官庁の判断［Entscheidung］は，申立人への通知によって効力を生じる。なお，州司法行政官庁は，その判断中において，当該判断はその官庁によって定められた期間の経過後にはじめて効力を生ずる旨を定めることができる。

第6項　上級地方裁判所は，非訟事件手続において裁判する。管轄権を有するのは，その区域内に州司法行政官庁が住所を有している上級地方裁判所である。裁判所の裁判を求める申立ては，停止条件的効力を有しない。非訟事件手続法の第21条第2項，第23条，第24条第3項，第25条，<u>第28条第2項第3項，第30条第1項第1文</u>，および第199条第1項は，意味に即して効力を有する。上級地方裁判所の裁判は終局的である。

第7項　前項までの規定は，裁判の承認のための要件が存在しない旨が確定された場合，意味に即して［sinngemäß］適用されなければならない。

第8項　承認のための要件が存在するか，または存在しないかの確定は，裁判所および行政官庁を拘束する。

＊＊＊1994年6月24日（BGBl.1994 I S.1374）の文言。上記の注文に以下が追加された。

第2a項　州政府は，この法律によって州司法行政官庁に生じている機能を，法規命令［Rechtsverordnung］によって，1人または，数人の上級地方裁判所の長に［einen oder mehrere Präsidenten des Oberlandesgerichts］委譲することができる。州政府は，授権［Ermächtigung］を州司法行政官庁に委譲することができる。

＊＊＊＊1998年5月5日（BGBl.1998 I S.833）の文言

第2項第2文の後段が「当該司法行政官庁は，<u>婚姻締結［Eheschließung］の届出がなされた［angemeldet］</u>ことの証明を求めることができる。」と変更された。

＊＊＊＊＊1998年6月25日（BGBl.1998 I S.1580）の文言

第1項第3文は「裁判の時に両方の配偶者が属していた国の裁判所または

347

官庁［Behörde］が裁判したときは，承認は，州司法行政官庁の確定には依存しない。」と変更された。

〈研　究〉
Ⅰ　問題の所在
　ドイツの家族法改正法7編1条は，1項から8項において，婚姻事件における外国の裁判の承認の手続を規定している。すなわち，
　第1項：外国において婚姻を無効であると宣言し，取り消し［aufheben］，婚姻関係に従い［Eheband］もしくは婚姻関係を維持しつつ別れさせる裁判，または，当事者間における婚姻の存在または不存在を確定する裁判は，州司法行政官庁が承認のための要件が存在することを確定した場合にのみ承認される。相互性の補償は承認のための要件ではない。両婚姻当事者が裁判の時に属していた国の裁判所が裁判したときは，承認は，州司法行政官庁の確定には依存しない。
　第2項：管轄権を有するのは，配偶者の一方がその常居所を有している州の司法行政官庁である。
　　配偶者が共に当該州に常居所を有していないときは，新たな婚姻が締結される州の司法行政官庁が管轄権を有する。当該司法行政官庁は，婚姻予告［Aufgebot］が申し立てられているか，または，婚姻予告の免除が申請されていることの証明を求めることができる。管轄権がないかぎり，ベルリン州の司法行政官庁が管轄権を有する。
　第2a項：州政府は，この法律によって州司法行政官庁に生じている権能を，法規命令［Rechtsverordnung］によって，1人または数人の上級地方裁判所の長に委譲することができる。州政府は，授権を州司法行政官庁に委譲することができる。
　第3項：裁判は申立てに基づいてなされる。申立ては，承認について法的な利益を有することを疎明した者がすることができる。
　第4項：州司法行政官庁が申立てを棄却したときは，申立人は，上級地方裁判所の裁判を求めることができる。
　第5項：州司法行政官庁が承認のための要件が存在する旨を確定したときは，申立てをしなかった配偶者は，上級地方裁判所の裁判を求めること

ができる。州司法行政官庁の判断は，申立人への告知によって効力を生じる。なお州行政官庁は，その判断中において，当該判断はその官庁によって定められた期間の経過後にはじめて効力を生じる旨を定めることができる。

第6項：上級地方裁判所は，非訟事件手続において裁判する。管轄権を有するのは，その区域内に州司法行政官庁が住所を有している上級地方裁判所である。裁判所の裁判を求める申立ては，停止条件的効力を有しない。非訟事件手続法の第21条第2項，第23条，第24条第3項，第25条，第28条第2項第3項，第30条第1項第1文，および第199条第1項は，意味に即して効力を有する[gelten sinngemäß]。上級地方裁判所の裁判は終局的である。

第7項：前項までの規定は，裁判の承認のための要件が存在しない旨が確定された場合に，意味に即して適用されなければならない。

第8項：裁判の承認のための要件が存在するか，または存在しないかの確定は，裁判所および行政官庁を拘束する。

　これらの規定のうち，とくに，家族法改正法7編1条1項において承認の対象とされているのは，原則として，裁判所の裁判，行政官庁やその他の国家機関の決定であり，しかも，それらが完全に外国でなされているものと解されている[2]。その点，上記①の事件では，ドイツ国内で当事者双方が離婚につき合意し，それによる婚姻の解消が，ドイツのボンにあるタイ国の大使館においてなされたというものである。よって，この条文の解釈との関係で，そもそもドイツ国内で行われた，このようないわゆる私的離婚についての承認の申立てが適法なものとして受理し得るかということが問題となる。また，①および②の事件に共通して，裁判所の判断ではなく，当事者たる私人の合意を基礎として，彼らの属する国ないし行政官庁等が私的離婚による婚姻の解消を登録するという一連の手続の効力がドイツにおいて承認されるのか否か，ということが問題となるのである。

　前者の問題については，私的離婚といえども，それに何らかの外国の官庁が関与するかぎり，承認対象となり得るというとするのが，通説・判例の立場である[3]。それによれば，①の事件では，タイの駐ドイツ大使館が合意による離婚による婚姻の解消を登録するという形で離婚手続に関与しており，

当該離婚が承認の対象となりうることは比較的容易に肯定することができよう。それに対し，承認の対象となる手続は外国で行われなければならないというのが，通説であり(4)，そうであるならば，①の事件では，離婚の合意もその登録もドイツで行われており，その点から承認の対象となりうるかということが問題となろう。また，後者の点についてはドイツ民法1564条1文が「婚姻は，配偶者の一方または双方の申立てによって，裁判所の判決によってのみ解消されうる。」と規定していることから，ドイツ国内においてなされた私的婚姻を承認することは，この条文（いわゆる「裁判所の離婚独占」）に反するのではないか，ということが問題となるのであり，これについては見解が分かれている。

なおそのほかに，家族法改正法7編1条1項・2項と関連して，外国の手続の承認を裁判所とならんで，行政官庁にも委ねていることが憲法に合致するか，また，司法行政官庁での手続が，法治国家原則に違反しないか，といった疑問も呈せられている(5)。

II 判例の立場

1 ①事件の判旨の立場

上掲①の判例は，付託の適法性の要件は，法的問題につき，付託する裁判所の判断が従前の判断とは異なった結論に至ることであるとし，従来の判例によれば，承認申立ては不適法却下されることになる(6)が，本件で付託した裁判所はそれを適法であるとみていることから，この要件は満たすとする。さらに，外国離婚の承認適格について，州司法行政官庁と裁判所の見解がくいちがうことを防止するためにも，外国法によって外国の官庁の協力の下になされた私的離婚を承認手続に取り込むことは，原則として，離婚行為が外国でなされたか国内でなされたかということとは関係なく，家族法改正法7編1条が類推適用されるべきであるとする（BGHZ 82, S. 44）。以上から，国内の大使館で行われた外国法による，私的離婚に関する承認申立ては適法であると結論づけている。

しかし，この判例は，承認申立ての適法性は認めたものの，結論としては，通説にしたがって，承認をする根拠がない（理由性なし）として承認申立てを棄却した。その根拠としては，まず第1に，判例はドイツ民法1564条1文は，

離婚に関する裁判上の手続を規定している限り手続法的内容を有するとしている。そして，国際民事訴訟法において妥当する法廷地法［Lex fori］の原則によれば，外国との関係を有する事件については国内規定によって規律される。その結果，外国人も国内においては裁判所の離婚独占に服することになる，という点である（BGHZ 82, S. 47）。第2には，民法施行法17条4項の規定を援用する[7]。そして第3には，追加的に，現行ドイツ民法1564条1文の立法のさいに，裁判所の離婚独占を廃止できたにもかかわらず，それをしなかったばかりか，逆に，現行規定の文言は同条旧規定よりも，裁判所の離婚独占をより強調した規定になっている[8]ことがあげられている（BGHZ 82, S. 48）。このような①判旨の立場は，ドイツにおける多数説のとる立場に一致するものといえよう。

　また，合憲性の問題については，司法行政官庁による承認要件の承認ないし確定によって婚姻が解消されるものではなく，単に，すでに存在している外国の離婚行為の有効性が国内で明らかにされるだけであり，憲法に反する司法権への介入とみることはできないということによって理由づけている（BGHZ 82, S. 40 f.）[9]。

2　②事件の判旨の立場

　これに対して上掲②の判例も，①の判例と同様に，承認申立て自体は適法であるが，理由性がないことを理由に承認申請を棄却している。

　まず承認申立ての適法性については，「外国の官庁が何らかの形式おける考慮すべき規範に対応して協力したときは，その種の私的離婚は承認手続に服する」と述べている。ただ，この場合には，①の事件とは異なり，離婚の合意，離婚の登録などいわゆる私的離婚の手続はすべてタイ国内でなされており，この点，従来の通説[10]によっても，適法性に関するかぎりそれと同一の結論が導かれたと思われる。

　また，承認申立てに理由性がないとする点では①の判例と同じ結論を導いているが，その理由付けは若干異なる。すなわち，判旨によれば，ドイツ民法1564条が手続法的内容を有していることを認め，同条は，国内においてなされた離婚につき，裁判上の手続を規定しており，かつそれによって国内における私的離婚を排除していると解するのである（この観点は①の判旨と同様である）。しかし，②の判旨はさらに，同条は実体的内容をも有するものであ

るとし，ドイツの実体的な離婚法および離婚効果法 [Scheidungs- und Scheidungsfolgenrecht] の基本的判断が，婚姻の解消については常に裁判所が判定しなければならないという形で明確にされているとしている。しかもドイツ離婚法の適用がある場合は，外国における離婚の場合にも作用するとしている。(BGHZ 110, 276 F.)。したがって，本件のように，合意による離婚手続がすべて外国で行われたような場合でも，承認が求められた場合には，ドイツ国内法によるかぎり，それは否定されるということになる。この点，①の判旨が多数説の枠にとどまっているのに対し，②の判旨は，それを一歩踏み出したものといえよう。すなわち，もし，②の判旨が，①の判旨と同じ理由づけをするならば，②の事例の場合，私的離婚のすべての手続はそれを許す国（すなわちタイ）で行われたのであり，その法廷地法は，そのような私的離婚を許しているのであるから，ドイツでもこのような離婚の効力も承認されるべきであるということになっていたであろう。

Ⅲ 判例の立場の評価

①および②の判例は，細かい点についての理論付けは若干異なるが，結論的には，従来の通説的見解にしたがったものと評価することができる。

たしかに，ドイツの裁判所の離婚独占という利益を強調するならば，ドイツ国内においてなされた合意による離婚の効力は承認され得ないことになる。すなわち，そのように解するかぎり，離婚に際して，外国の機関がその離婚に協力しているか否かは結論に何ら影響を及ぼさないのである。その点，①の判旨が，外国においてなされた私的離婚は承認の対象となり得るという含みを持たせているのに対し，②の判旨は，その場合の対象適格性を明確に否定しているのであり，ドイツにおける裁判所の離婚独占という利益を最大に保護するものであると評価することができよう。

ただ，このような連邦通常裁判所の立場には，若干の疑問がある。すなわち，②の判旨のように徹底すれば別であるが，①の判旨のように，私的離婚は国内でなされた場合には承認することはできないが，完全にこのような制度を認める外国でなされた場合にはその効力が承認されるとすると，結果として，私的離婚を望む当事者に外国で私的離婚することを推奨ないし強制することになりはしないか。また，①の事例のように，タイの大使館において

タイ法により離婚に合意し，かつ大使館が離婚の登録をしたような場合，これら一連の手続が本国で行われた場合と，実際上どれだけの違いがあるかは疑問であろう(11)。さらに，①の判旨は，「手続は法廷地法に従う」という原則から，ドイツ民法1564条1文を援用しているが，そもそも本来法廷地法[lex fori]は，国内で手続が行われる場合に，いかなる形式において進行するかということを定めるにすぎないのであり，一定の法的な目的の追及のために，ある手続をとるべきであるとか，とられうるといったことを定めるものではない(12)。もし，判旨のように解するならば，私的離婚を認める国でドイツ人の夫婦が私的離婚に合意した場合，ドイツ国内でもその効力は承認されなければならないのだろうか(13)。この点から考えれば，裁判所の離婚独占を肯定するにしても，それは，ドイツ民法1564条1文を根拠にすることはできなかったのではないか，ということである。

Ⅳ　本件判例とわが国の状況

わが国ではいうまでもなく，協議離婚の制度を認めており，ドイツにおけるような，いわゆる裁判所の離婚独占という状況にはない。したがって，いわゆる私的離婚を承認することがわが国の法秩序に反するという議論は出てこないであろう。しかし問題は，それ以前の段階にある。つまり，外国においてなされた合意による離婚がわが国において承認の対象適格を有するか，という点がまず問題となるのである。すなわち，わが国民事訴訟法は外国判決の承認の制度を設けており，その118条において外国の判決が承認されるための要件を規定している。その文言によれば，承認の対象となるのは，「外国裁判所の確定判決」である。したがって，とくに，判決という形式をとらない外国の一定の機関の判断行為ないし法律効果発生のために必要とされる行為があった場合，それらの内，いかなるものがこの規定の文言に含まれるか，ということが重要な問題となるのである。そして，わが国において，この外国の「裁判所の確定判決」という文言が何を指すかという点については，諸説があるが，通説的見解によれば，外国裁判所の判決とは，通常，裁判機関や裁判の名称にかかわらず，実質的な点に着目して判断すべきであるとされ，実質的に私法上の争訟に関する判決であれば，裁判所の名称やその手続は問わないし，行政機関の判断の形式がとられていても差し支えないと解されて

いる(14)。しかし，具体的に判決という形式をとらない外国での判断行為が承認適格を有するか否かについては，わが国では見解が分かれている(15)。しかも，わが国では，判決という形式をとらない判断行為として問題とされているのは，多くは，訴訟上の和解，支払督促（支払命令），公正証書，それに非訟事件の裁判などであって，私的離婚の承認といった問題はこれまでほとんど論じられることがなかった。その意味では，上で紹介したドイツの判例は，承認の権限を司法行政官庁に与えることについての，合憲性の問題をも含めて，その可否ないし妥当性など，わが国民事訴訟法118条の要件をめぐる議論をより深めるために多くの資料を提供するものといえる。

(1) ドイツ民事訴訟法606条 b は現在では削除されている。
(2) Münchner Kommentar zur ZPO, 2.Aufl., §328 Rdn. 170 und 172 (Gottwald); Baumbach/Lauterbach/Harmann, ZPO, 59.Aufl., §328 Rdn. 52.
(3) Münchner Kommentar, a.a.O. (Fn.2), Rdn. 174; Staudinger/Spellenberg, BGB, 13.Aufl., Rdn. 701; Kleinrahm/Partikel, Anerkennung ausländischer Entscheidungen in Ehesachen 2.Aufl. S.73; Baumbach/Lauterbach/Hartmann, ZPO 39.Aufl. §328 Anm. 7 B a; Erman/Ronke, BGB 7.Aufl. §1564 Anm. 2b; Hausmann, Die kollisinsrechtlichen Schranken der Gestaltungskraft von Scheidungsurteilen, S. 268; BGHZ 82, 34, 43; BayObLG, IPRax 1982, 104, 105; BayObLG, FamRZ 1985, 75 und 1258; KG, StAZ 1985, 104; OLG Frankfurt, NJW 1990, 646; OLG, Stuttgart FamRZ 1968, 390, 391 usw.
(4) 注（１）参照。
(5) Beitzke, JZ 1956, 499; ders. FamRZ 1974, 532, 533; Geimer, NJW 1974, 1630; Neuhaus, FamRZ 1964, 18, 24 usw. 議論状況については，Staudinger/Spellenberg, a.a.O. (Fn.3), Rdn. 650-653 を参照のこと。BGHZ 20,323, 337.
(6) たとえば，KG, FamRZ 1966, 149; OLG, Düsseldorf FamRZ 1968, 87; OLG, Düsseldorf FamRZ 1974, 528 などは，離婚が全体として，ないし，本質的部分について外国においてなされた場合にのみ適法であると解している。よって，本件では，合意による離婚の登録が，タイ国の駐ドイツ大使館でなされており，おそらくはこれらの見解によれば，承認申立ては不適法却

(7) 「国内において外国の法律を根拠とする離婚は，外国の法律およびドイツの法律によって共に当該離婚が許される場合にのみ，承認される。」とされていたが，現在ではこの条文は削除されている。
(8) 1938年の婚姻法46条1文および1946年の婚姻法41条1文は「婚姻は裁判所の判決によって解消されうる」としていたのに対し，現行1546条1文は「婚姻は裁判所の判決によってのみ……解消されうる（下線は筆者による）」となっている。
(9) そのほか，Kleinrahm/Partikel, Anerkennung ausländischer Entscheidungen in Ehesachen, 2.Aufl., S. 52ff.; BayObLGZ 1977, 180, 186ff.
(10) 注（1）参照。
(11) Kegel, IPRax 1983, S. 22 は，本文に述べたことと類似する疑問を呈した後に，結論として，外国で認められていること，つまり外国人によってなされた彼らの母国法による法律行為による離婚を国内で否定することは意味がないという。
(12) Kegel, a.a.O. (Fn.11), S. 23
(13) Heinrich, IPRax 1982, S. 95 はこれを肯定するが，Kegel, a.a.O. (Fn.11), S. 23 は否定している。
(14) 高桑昭「外国判決の承認及び執行」新実務講座（7）134頁。それに対し，注解民執（1）388頁・393頁〔青山善充〕は，これより狭く，ここにいう「判決」とは，日本法のような判決手続によった裁判という狭い意味ではなく，広く実体司法上の請求権につき相対立する当事者双方の審尋を補償する手続において裁判所が最終的にした裁判であると解している。なお，118条における，「外国」「裁判所」「判決」をいった言葉の意味については，石黒・現代433－451頁が詳しい。
(15) たとえば，その国で確定判決と同一の効力を有するとされ，または債務名義を有するとされていても，判決以外のもの，たとえば，裁判上の和解，支払い命令，公正証書などは外国裁判所の判決ではない，と解するもの（菊井＝村松・全訂民事訴訟法Ⅰ〔追補版〕1137頁，注解民執（1）387頁〔青山善充〕，高桑・前掲注（14）134頁）がある一方，外国法上確定判決と同一の効力をもつとされていればよいとするものもある（兼子一・増補強制執行法78頁〈1951年〉）。注解民訴（3）200頁〔小室直人〕，注解民訴（5）119頁〔小室直人＝渡部吉隆＝斉藤秀夫〕。

(2002年8月脱稿)

20 外国離婚判決に付随する裁判の承認

BGH, Urteil vom 5.2.1975

石川明＝芳賀雅顯

BGHZ 64,19＝NJW 1975,1072, Anm. Geimer (2141)＝FamRZ 1975,273

〈判決要旨〉

　離婚判決と関係する外国裁判所の子の監護に関する裁判は，家族法改正法7編1条が定める手続により外国離婚判決が承認要件を充たしていることが前もって確定していないときには，承認することはできない。

〈事案の概要〉

　ベルギー国籍を有し，数年来ドイツに職業軍人として滞在していたX（夫，原告）は，訴外A（ドイツ国籍）と，ベルギーで1961年5月6日に婚姻した。Aには，1960年2月29日に生まれたBがいたが，その子はAとXとの間の子ではなかった。婚姻証明書には夫婦の誓いが書かれていた。「夫婦は，1960年2月29日にケルンで生まれた女児を夫婦の子とし，名をBとし，嫡出子として認めることを誓う」。Bは，婚姻後5年ほどXの生活費で生活し，1963年8月14日に夫婦から生まれた娘Cと共にそこで育った。

　1967年1月18日にベルギー裁判所は，Aが理由もなくXを遺棄し，子たちをないがしろにしたとして，Aの有責性を理由に離婚を言い渡した。Aは，離婚訴訟の弁論に呼び出されたにもかかわらず，出廷しなかった。離婚判決はさらに子たちの監護権に関する命令をも含んでいた。それによると，「両当事者の婚姻による2人の子，つまり1960年2月29日生まれのBと1963年8月14日生まれのCは，Xに委ねる［anvertrauen］」とされた。

　Xは，離婚後にAの同意のもとでBを被告Y（Aの姉妹）の保護下においていたが，Xが1967年にドイツ人と新たな婚姻生活を始めると，BをCと一緒に新たな家庭で育てようとして，Yに対しBの引渡しを求めた。しかし，引

渡しが拒まれたので，Xは扶養料の支払いをやめ，子の引渡しを求める訴えを提起した。

地方裁判所は，Yに子の引渡しを命じた。Yは控訴審でも敗訴したので，上告した。

〈判　旨〉

上告認容。連邦通常裁判所は，ベルギー裁判所が1967年1月18日に原告の婚姻を解消する裁判とともに下した監護権の定め［Sorgerechtsregelung］は，ドイツでは有効ではないとした。

裁判所は，まず家族法改正法により州の法務局が承認する裁判について，次のように判断している。「問題となるのは，ドイツ法では非訟事件とされている付随裁判［Nebenentscheidung］である。その種の裁判の承認は1961年8月11日の家族法改正法7編1条による手続（管轄を有する州の法務局での〔外国離婚裁判等の承認に関する〕先行判断）には服さない。同手続は，婚姻の無効を宣言し，取消し，解消し，または婚姻の成立・不成立を確定する裁判だけを対象とする（1条1項1文）。この手続は，判決とともにまたは関連して下された付随裁判には関係しない」。

本件で承認が問題となっている付随裁判である，「ベルギー裁判所による監護権の裁判が承認されるか否かは，1958年6月30日の民商事事件に関するドイツ＝ベルギー条約（BGBl.1959 II, 766）により定まる。それによると，一方の国の民事事件で下された裁判は他方の国の高権領域で承認されなければならないが，2条に掲げられた拒否事由のいずれかに該当するときにはこの限りではない（条約1条1項1文）。本条約にいう裁判にはすべての裁判が含まれ，訴訟事件・非訟事件のいずれをも問わず，また判決・決定・命令の名称に関係しない（1条3項）」。しかし，「婚姻に関する判決に付随して裁判が下され，当該裁判が右婚姻判決に基づくときには，いずれにせよ，前もって婚姻に関する判決が承認要件を有していることが家族法改正法7編1条による拘束力ある判断に基づき認められないと，その裁判はドイツでは有効とは認められない。これと異なるベルリン上級地方裁判所［Kammergericht］の見解は……説得力がない」。

ところが，「原審で確定した事実関係からは，〔離婚判決について〕家族法

改正法7編1条による州法務局の判断が下されているのか，……不明であるので，ベルギーの監護権の裁判を承認することはできない」。

〈参照条文〉
家族法改正法（BGBl.1961 Ⅰ S.1221）（判決当時のもの）
第7編
第1条（婚姻事件における外国裁判の承認）
第1項　外国での婚姻無効，取消し，離婚，または別居，もしくは当事者間の婚姻の存否を確定した裁判が承認されるのは，州法務局が，承認要件が存在することを確認したときにかぎる。相互保証は承認要件としない。裁判がなされたときの夫婦の〔共通〕本国裁判所が裁判をしたときは，州法務局の認定によらずに承認される。
第2項　夫婦の一方が常居所を有する州法務局が，管轄を有する。夫婦のいずれもがドイツに常居所を有しないときには，新たに婚姻を締結する州の法務局が管轄を有するが，その州の法務局は，婚姻予定の公示またはその公示の免除を申し立てたことについて証明を求めることができる。
第3項　裁判は申立てにより開始する。承認について法律上の利益を有することを疎明した者は，申立てをなすことができる。
第4項　州法務局が申立てを却下したときには，申立人は，上級地方裁判所に申立てをなすことができる。
第5項　承認要件が存在することを州法務局が確認したときには，申立てをしていない配偶者は，上級地方裁判所の裁判を求めることができる。州法務局の判断は，申立人への告知によって効力を生ず。ただし，州法務局は，その判断において，当該法務局が定めた期間経過後に効力を生ずることを定めることができる。
第6項　上級地方裁判所は，非訟事件手続により裁判をする。法務局が所在する地区の上級地方裁判所が管轄を有する。裁判所の判断を求める申立ては，停止効［aufschiebene Wirkung］を有しない。非訟事件手続法21条2項・23条・24条3項・25条・30条1項1文および199条1項は，準用される。上級地方裁判所の判断は，終局的である。
第7項　承認要件が存在しないことの確認が求められたときには，上記の

諸規定が準用される。
　第 8 項　承認要件の存否の認定は，裁判所および行政庁を拘束する。

民商事事件における裁判，仲裁及び公の文書の相互承認及び執行に関するドイツ連邦共和国とベルギー王国との1958年 6 月30日の条約（BGBl.1959 II, S.766）（判決当時のもの）

第 1 条
　第 1 項　民商事事件に関する一方の締約国裁判所が下した裁判が両当事者の請求権について終局的［endgültig］判断であるときには，適法な法的救済が残されていたとしても，他の締約国で承認されるが，2 条で掲げられた拒否事由が存在するときにはこの限りでない。金銭給付を求める仮の命令は，承認される。承認により，裁判は判決国で認められている効力を有する。
　第 2 項　1 項にいう裁判には，民商法の法律関係から生ずる請求権について裁判がなされたときには，刑事手続で下された裁判も含まれる。
　第 3 項　本条約にいう裁判には，訴訟または非訟で下されたかにかかわらず，またその名称（判決，決定，執行命令）に関係なく，訴訟費用の額を後に定める裁判も含む，すべての裁判をいう。
　第 4 項　破産手続または破産回避のための和議手続で下された裁判には，本条約は適用されない。

第 2 条
　第 1 項　承認は，次の事由があるときにかぎり拒否することができる。
　　(1)　承認国の公序に反するとき。
　　(2)　被告が応訴せず，かつ被告に，判決国法による訴訟開始の呼出状または命令が送達されなかったとき，または被告に呼出状または命令が送達されなかった，もしくは適時に送達されなかったので被告が防御することができなかったことを，被告が証明したときにも承認しないことができる。
　　(3)　判決国の裁判所が，本条約により管轄を有しないとき。
　第 2 項　受訴裁判所が自国の国際私法の規定により，承認国の国際私法に

よるときと異なる法律を適用したことだけを理由に，承認を拒否することはできない。承認国の国民［Angehörigen］の家族関係または相続関係，権利能力または行為能力，法定代理または失踪宣告もしくは死亡宣告に裁判が関係するときには，前記の理由により承認を拒否することができるが，承認国の国際私法を適用することによっても裁判が正当化されるときには，このかぎりではない。

〈研　究〉
Ⅰ　ドイツにおける外国離婚裁判の承認制度

　外国離婚判決で子の監護権について定めているときに，監護権の承認は離婚判決の承認と関係なく行うことができるのか，それとも離婚判決の承認をしたうえでなければならないのか。連邦通常裁判所は本判決で，まず離婚判決の承認を経なければ監護権の承認をすることはできないとした。今日では，この点については，ドイツの学説・判例においてはほぼ争いはないといえる。

　本件は，離婚に付随する外国裁判の承認に関するので，外国離婚判決の承認の問題も重要な位置を占める。わが国の判決承認制度のモデルとなったドイツでは，法律による自動承認制度が採られていると説かれるが（ドイツ民訴328条），外国離婚判決の承認については，原則としてこのような扱いはなされていない。そこで，まず，ドイツにおける外国離婚判決承認のシステムについて，簡単に触れておくことにする。1961年に制定された家族法改正法7編1条（判決当時の条文については前掲参照）により，外国で下された離婚，婚姻の無効・取消し，婚姻の存否などに関する判決の承認は，夫婦の一方が常居所を有する州，それがないときには新たに婚姻を締結する州，そのいずれもないときにはベルリン州法務局が管轄を有することになる。したがって，管轄は，原則として州の法務局が有し，裁判所にはない（法務局による確認の独占［Feststellungsmonopol der Landesjustizverwaltung］と表現される）[1]。ただし，夫婦の共通本国の裁判所が裁判をなしたときには，法務局による確認を経由せずに承認されるので（家族法改正法1条1項3文），この場合は自動承認［Automatik der Anerkennung］となる[2]。実体的要件については，相互保証を要求しないとする点を除いては定められておらず（同条1項2文），条約に基づく承認については条約の定める承認要件により，また固有法，つまり条約

によらないドイツ固有の国内法に基づく承認にさいしてはドイツ民事訴訟法328条により実体的承認要件は定まる（ただし，この場合も相互保証は不要）。このように，外国離婚判決などの承認を州の法務局に委ねた理由は，これらの承認問題を一極に集中させることで，外国離婚裁判が国内で承認されるか否かについての公的判断が矛盾することをを回避する点と，経験豊かな専門家による迅速な判断が可能となる点に求められている[3]。

II 本判決の論点
1 付随事件に関する外国裁判の承認

ドイツでは外国離婚裁判について承認要件が存在することを州の法務局が認定して，初めて外国離婚判決は国内で効力を有する。しかし，この手続は離婚についてだけ適用され，離婚に付随する裁判 [Nebenentscheidungen] の承認までは含まれないとされる[4]。では，離婚後の扶養や監護権といった外国付随事件について離婚と一体となって裁判が下されたときに，これらの付随裁判は，外国離婚裁判の承認手続とは関係なく承認することが可能か，それとも法務局による離婚判決の承認が確認されて初めて可能なのだろうか。

この点について，家族法改正法が施行されるよりもかなり以前に有力説が，「不承認となった離婚判決が同時に監護権の定めを有しているときには，〔両者の〕関係が必然的ではないにしても，監護権は承認されないであろう。……監護権の裁判は実質的に離婚に従属している」[5]と述べたり，「判決の形成力が承認されても，その判決で定められた付随的裁判は承認されないことはあり得る」が，「反対に，付随問題が承認されるが形成力が承認されないということはドイツ法では生じない」として，離婚判決承認の優先性を認めていた[6]。他方で，本件連邦通常裁判所判決の前に下された1973年11月のベルリン上級地方裁判所 [Kammer Gericht] 決定は[7]，ドイツ法上は離婚前であっても親権を行使する必要性がある場合を規定していることから，渉外民事事件でも外国離婚判決が承認要件を充たしているか否かを認定する前であっても，離婚に関係して外国で下された裁判を内国で承認できないとする理由はないとして，離婚判決承認前にスイスの監護権の承認を認める判断を下していた。これに対して，連邦通常裁判所は本判決で，法務局が外国離婚判決を承認しないとドイツ国内で離婚の効力を認めることができないことか

ら,子の監護権に関する裁判の承認をするためには,まず州の法務局により前提となるベルギーの離婚裁判を承認すべきであるとして,ベルリン上級地方裁判所の見解を否定することを明確にしたものである。今日では,この連邦通常裁判所の見解は,国内的判断の統一と法的安定性を確保する家族法改正法7編の目的に合致するなどとして[8],学説・判例において一般的に受け容れられている[9]。

2 裁判の中止

連邦通常裁判所は,必要に応じて付随裁判の承認手続を中止することができるとしたが[10],本件ではその必要はないとした。これに対してガイマー[Geimer]は,本件評釈で連邦通常裁判所のこの点の判断につき批判を加えている[11]。つまり,ベルギーの離婚判決がドイツで承認されるか否かを連邦通常裁判所は調べなければならないが,その点についての権限を裁判所は有していないことから,州の法務局の判断を得る機会を当事者に与えるために,手続を中止しなければならなかったと批判する。そのさい,ガイマーは,法務局が承認手続をしていないかぎりは,外国離婚裁判がドイツで承認されるか否かは未解決であるという点を前提とする。また,学説上一般的に説かれている考え方,すなわち外国離婚判決が法務局により承認されていないときには内国で効力を有しないという立場では,裁判所は不承認を前提にすることになり,外国離婚判決が承認要件を充たしているかどうかの判断を裁判所に与えていないことに反すると述べる。

3 監護権の指定と終局的裁判

本件では,ベルギーで下された裁判の承認が関係することから,外国裁判の承認に関するドイツ=ベルギー条約の適用が問題になる(条文訳は前掲)。同条約1条3項によると,訴訟・非訟の区別を問わず,また裁判の名称に関係なく,対立当事者の請求権に関して終局的[endgültig]判断であるときには,2条に掲げる拒否事由に該当しないかぎり承認される。そこで,本件監護権の指定に関する裁判が終局性のある裁判といえるか,対立当事者の請求権に該当するかが問題になる。しかし,本件連邦通常裁判所は,これらの点を判断するための前提となる外国離婚判決の承認手続を州の法務局を通じて行っていないとして,終局性の有無を判断をしないまま不承認としている。

この問題についてガイマーは,双方ともに充たされないとしている[12]。ま

ず，前者について，ドイツ法では監護権の定めは実体的確定力を有さず，子の福祉にかんがみていつでも変更可能であることから終局性を有しないとする(13)。また，後者については，離婚から生ずる子の監護権を定めるに際しては，「両当事者（親）の請求権」が手続の中心になるのではなく，子の福祉が中心であるので該当しないとしている。

Ⅲ　日本法での問題
1　外国離婚裁判の統一的判断の確保
　外国離婚判決を内国で承認するためのシステムが，ドイツと日本とでは異なることから，必ずしも前述のドイツでの議論との比較は容易ではないが，以下では，同種の事件がわが国で問題となる場合の論点の整理・検討を試みる。
　わが国においては，法律上の自動承認制度が離婚判決についても妥当することから，ドイツでの州法務局による外国離婚判決の承認手続のような，外国離婚判決の承認について判断を下す公的機関は設けられていない（外国給付判決については，民事執行法24条により執行判決の段階で民事訴訟法118条の要件を充たしているか否かが判断される）。自動承認制度を前提とすると，承認要件を具備していない外国判決は当然にわが国では効力を有しないことになるので，外国離婚判決の承認を争う当事者は，離婚判決が承認されないことを前提に，たとえば夫婦間の扶養料の請求をすれば十分ではないかとも考えられる。しかし，先決関係についての裁判所の判断には原則として既判力が生じないことから（民訴114条1項），外国離婚判決が日本で効力を有するか否かについて統一的判断が確保されないことになる。そこで，外国離婚判決がわが国で効力を有しないことを直接の審理対象として，わが国の裁判所で争うことができるのか，仮にできるとしたらどのような手段によるのかが問題になる。
　(1)　裁　判　例
　外国離婚判決が承認要件を充たさないことを理由に，その効力を国内で争う方法として，下級審裁判例のレヴェルでは，いわゆる外国離婚判決無効確認の訴えが認められている(14)。ただし，国内事件では判決の無効確認の訴えは許されないとするのが判例の立場であり(15)，この点については後述の裁

判例も認めているところである。以下では，いわゆる外国判決無効確認の訴えに関する裁判例を紹介する（いずれも認容判決）。

①東京地判昭和46年12月17日[16]では，メキシコのチワワ州で下された離婚判決の無効確認の訴えについて，とくにこの種の訴えそれ自体の適法性については論じていないが，原告の請求を認容していることから同訴えの適法性を認めていると考えられる。

②東京地判昭和48年11月30日[17]では，カリフォルニア州離婚判決の無効確認の訴えを認容している。「確認訴訟の対象は，現在の権利または法律関係の存否に限られるべきものであるから，判決が無効であることを訴訟上主張するに際しても，その判決自体が無効であることの確認を求めることは，一般には許されず，そのような場合には，その判決が無効であることを前提として，その結果として生ずる現在の権利または法律関係の存否の確認を求めるべきものと解せられる。しかし，本件訴は，形式上は外国判決の無効確認を求めるものであるが，その実質は，右判決がわが国においては効力を有しない結果，原被告間に現在夫婦関係が存在することの確認を求める趣旨であることは，原告の主張自体から明らかであるから，この訴の形式をあえて夫婦関係存在確認の訴に改めなくても，原被告間の紛争解決の目的は達しうると考えられる。また，外国の確定判決については，内国確定判決のように再審の道が開かれていないことから考えても，判決自体の無効確認の訴を一概に不適法なものとすることはできない」。

③宇都宮地裁足利支判昭和55年2月28日[18]では，ニューヨーク州離婚判決の無効確認の訴えを許容している。「一般に，国内事件の判決を直接無効の対象とし，その確認を求めることは許されないと解される。しかし，本件において原告が求める訴は，……その実質原・被告間に現在夫婦関係が存在することの確認を求める訴と解すべきである。また，問題の解決は，夫婦関係存在確認の訴を提起し，その先決問題として外国判決の承認要件不備を主張すれば足りるとも考えられるが，外国判決の効力の存否を直接審判対象とした方が，子の監護権その他離婚に付随する諸問題を統一的・確定的に解決できる利点も考えられること，さらに，外国判決については再審等当該判決に対する直接の不服申立て方法もないことを考慮し，本件訴は適法と考える」。

④東京地判昭和55年9月19日[19]では，カリフォルニア州離婚判決の無効

確認の訴えにつき，この訴えそれ自体の適法性については触れていないが，原告の請求を認容していることから適法と解していると考えられる。

⑤横浜地判昭和57年10月19日[20]では，ハイチ離婚判決の不承認を求める訴えにつき原告の請求を認めた。「被告らの主張は要するに，本邦においては，外国判決の承認を前提とした執行判決のみが許され，本件訴訟の如き外国判決不承認の訴えは許されるべきでないということに帰着する。たしかに，外国判決の承認を主たる手続によって求める場合には，常に執行判決を求める訴によるべきであって外国判決承認の訴を認めるべきではないという主張も理解できない訳ではない。しかし，外国判決の不承認を求める場合には（民訴法200条各号は外国判決承認の要件であって，執行の要件ではない。それが執行の要件となるのは，民事執行法第24条の規定によってである。したがって，いやしくも外国判決が存在する以上，その不承認を主張することも当然に許されなければならない。），執行判決を求める訴の如き代替物が存しない以上論理必然的に外国判決不承認の訴が許容されなければならない（このような訴は，外国の訴訟において当事者となっていなかった者に対して，又はその者から提起することができるという点にその実益がある）」。

⑥東京地判昭和63年11月11日[21]では，カリフォルニア州離婚判決の無効確認を求める訴えにつき原告の請求を認容した。そのさいに裁判所は，いわゆる外国離婚判決の無効確認を求める訴えの適法性については触れていないが，原告の請求を認容していることから同訴えを適法と解していると考えられる。

(2) 学　説

外国離婚判決が日本で効力を有しないことを主張する手段として，夫婦関係存在確認の訴え[22]などが可能であり，いわゆる外国離婚判決無効確認の訴えの適法性について消極的とみられる見解もある[23]。

しかし，今日の学説においては，前記裁判例が説く，いわゆる外国離婚判決無効確認の訴えという手段は，一般的に認められているといえる[24]。この種の訴えが許容される根拠としては，つぎのような点があげられている。第1に，国内事件の判決に対しては，上訴・再審による不服申立方が認められているが，外国判決に対しては，このような方法が内国裁判所には認められていないこと，第2に，外国離婚判決については勝訴者が判決謄本を添付し

て届けを提出することで完了することから，当該外国離婚判決が承認要件を充足していないことについて，敗訴した当事者から主張する機会を与える必要性があること，第3に，夫婦関係存在確認の訴えによるときには，外国離婚判決が国内的効力を有するか否かの判断は，先決問題にすぎず既判力が生じないことから，子の監護権や離婚扶養などの付随問題について後日紛争が生じたときの抜本的解決にはならず，統一的解決のためにはこの種の訴えを認める必要があること，である。

　ただし，裁判例において「外国判決の無効確認」という表現が用いられているが，外国判決そのものの無効確認は本来的に当該判決国でなすべきであり，承認国たるわが国で外国判決の無効の是非を論ずることは，実質的再審査の禁止の原則（民事執行法24条2項）との関係で問題があろう。したがって，この訴えによって日本の裁判所は，当該判決が民事訴訟法118条の外国判決承認要件を具備しないことから，日本では効力を有しないことを確認するにとどまると理解すべきである。それゆえ，この訴えの性質は確認訴訟であると考える[25]。この点，形成訴訟と理解する見解があるが[26]，法律上の自動承認制度を前提とするかぎり，外国離婚判決が承認要件を充たしていないときには，当然，わが国ではその離婚判決は効力を有していないのであり，この訴えは承認要件充足の有無を確認するものと捉えるべきである。しかし，渉外家事事件におけるわが国の法的安定を確保する必要があると考えられることから，旧人訴法18条[27]を類推して対世効を肯定する見解[28]に賛成したい。

　では，どのような者が，外国離婚判決の不承認の訴えを提起することができるのだろうか。当該外国離婚判決の当事者自身が，当事者適格を有することには問題はないであろう。これに対して，当事者以外の者，たとえば当事者の相続人などの利害関係人が，相続の前提問題として外国離婚判決の不承認の訴えを提起することができるだろうか。この点について，否定する有力な見解がある[29]。しかし，国内事件について，第三者が婚姻無効などの訴えを提起することが認められていることとのバランスを考えると（旧人訴法2条2項）[30]，当事者以外にも確認の利益を認めてよいと考える（なお，横浜地判前掲⑤判決参照）。

　第三者が訴訟を提起したときに，その前提として外国離婚判決の国内的効

力の有無が判断される場合には，当該外国離婚判決が承認要件を具備して日本で効力を有するか否かに関する裁判所の判断は理由中の判断でしかないことから，既判力は生じない。このような場合には，むしろ裁判所は，釈明権を行使して中間確認（145条）の裁判をなすことも一考に値すると考えられる。しかし，かねてから説かれているように，より根本的解決としては，ドイツでの法務局による確認のような公的機関による承認制度を確立すべきであり[31]，日本を取り巻く環境で人的国際交流がこれほど活発になされている現在，そのような制度の整備が早急に求められる。

2　外国離婚判決の承認要件

(1) 従来の議論——裁判例の動向を中心に

外国離婚判決の承認要件については，外国判決承認規定の全面的適用はあるのか，とくに相互保証の要件（民訴法118条4号）を課するのか，また準拠法の要件を求めるのか否かという点が争点となる。この点に関して詳細に言及することができないので[32]，ここでは裁判例の動向と私見を簡単に述べるにとどめておくことにする（近時の学説・裁判例においては，承認要件を全面適用する立場が有力である）。なお，戸籍実務では，昭和51年の通達[33]により外国判決承認要件の全面適用のもとで離婚届を受理しているとされる[34]。

裁判例についてみてみると，まず旧民事訴訟法200条の1号から3号の要件に加えて，準拠法の要件を要求する，東京地判昭和36年3月15日[35]がある。本件では，日本で提起された離婚訴訟につき，すでにネバダ州で離婚判決を得ていることからネバダ離婚の日本での効力が問題になった。裁判所は，外国離婚判決の承認要件として旧民事訴訟法200条1号から3号を類推し，準拠法の要件を加重した上で，本件では準拠法の要件を欠くとしてネバダ離婚を承認しなかった。

また，旧民事訴訟法200条の1号から3号だけを求めた，横浜地判昭和46年9月7日[36]では，東京地裁昭和36年判決と同様に，日本で提起された離婚訴訟につき，すでにネバダ州で離婚判決を得ていることからネバダ離婚の日本での効力が問題になった。裁判所は，同法200条1号から3号が類推されるとした上で，2号の要件を欠くとして不承認としている。

しかし，近時は，むしろ外国判決承認規定を全面適用する裁判例が多い。東京家審昭和46年12月13日[37]では，カリフォルニア州離婚判決につき旧民

事訴訟法200条を適用の上，管轄要件を欠くとして不承認とし，東京地判昭和46年12月17日[38]では，メキシコのチワワ州で下された離婚判決の無効確認訴訟で，裁判所は同法200条を適用したうえで，2号の要件を欠くとして請求を認容した。宇都宮地裁足利支判昭和55年2月28日[39]では，ニューヨーク州の離婚判決無効確認訴訟で，裁判所は旧民事訴訟法200条の適用ないし類推適用があるとしたうえで，1号の要件を欠くとして請求を認容し，横浜地判昭和57年10月19日[40]では，ハイチ離婚判決不承認の訴えについて，裁判所は旧民事訴訟法200条を適用し，1号の要件を欠くとして請求を認容し，東京地判昭和63年11月11日[41]では，カリフォルニア州離婚判決無効確認訴訟について，裁判所は旧民事訴訟法200条が適用されるとしたうえで，1号の要件を欠くとして請求を認容した。

また，外国離婚判決の承認要件一般について言及しないまま，不承認とした例もある。たとえば，東京地判昭和48年11月30日[42]では，カリフォルニア州離婚判決の無効確認訴訟で，裁判所は外国離婚判決の承認要件について一般論を展開せず，旧民事訴訟法200条1号の要件を欠くとして請求を認容し，東京地判昭和55年9月19日[43]では，カリフォルニア州離婚判決の無効確認訴訟において，裁判所は外国離婚判決承認要件の一般論を提示せずに，旧民事訴訟法200条1号の要件を欠くとして請求を認容した。最判平成8年6月24日[44]では，ドイツの離婚判決が旧民事訴訟法200条2号に反するとして承認を認めなかったが，その他の承認要件については言及していない。

(2) 検討

以上が裁判例の状況であるが，外国離婚判決承認要件としては，今日の学説・裁判例における有力説である承認要件全面適用説に与したい。準拠法の要件を求める見解によると[45]，形成的効果が生ずるのは，法廷地国際私法が指定した準拠法が形成的効果を認めるからに他ならないが，このことは外国で離婚判決が下されるときにも妥当し，外国裁判所が，法例の指定する準拠法と同じ法により裁判を下したときにのみ，わが国において承認されると説く。しかし，法例が指定する準拠法は，わが国の裁判所が渉外事件を解決する基準として用いられるにすぎないと考えられること，また，法例が指定する準拠法と同じ法により外国離婚判決が下されたかどうかを問うのは，実質的再審査禁止の原則との関係で問題があると考えられることから，準拠法の

要件は不要と解する。つぎに，相互保証の要件の問題については，わが国の民事訴訟法がドイツ法と異なり外国離婚判決について相互保証の適用除外を規定していないのは，ドイツ民事訴訟法継受のさいに立法者が外国判決の承認・執行について十分な認識をしないことから生ずる欠点であるとして，相互保証を解釈上排除する有力な見解がある[46]。しかし，立法担当者は離婚判決についても旧民事訴訟法200条の適用を予定していたと考えられるし[47]，外国判決の承認をするいじょうは，訴訟類型により区別するのは解釈論として不自然であると考える。そもそも，外国裁判の承認の局面において，確認・給付・形成という区別，訴訟・非訟という区別，財産事件・人事事件という区別は，国内事件に妥当するものとして渉外事件では相対化して考察しなければならない。これらの区別は，あくまでも国内法上の概念であり，渉外事件において普遍的に妥当するキー・タームとは言えないからである。したがって，同一の離婚事件をめぐり外国裁判所が下した裁判，たとえば，外国離婚判決の承認，子の監護権の承認，慰謝料ないし扶養料の承認などは，従来の扱いでは承認要件が3つとも異なる可能性があったが，承認要件を手続類型により区別することなく，民事訴訟法118条を全面的に適用すべきである。この場合，事件の内容はあくまでも離婚をめぐる諸問題の承認であるといえ，3者を総体として承認するか否かという観点からすると，承認国法たる日本法では個々の事件は手続類型が異なるからといって，それを渉外事件にまで持ち込み承認要件を区別するのは適切でないと考えられる（3者のなかで，1つは承認されるが他の2つは承認されないという可能性を当初から一般的に認める扱いには，やはり問題があるといえよう。この点は監護権裁判の承認のところでも後述する。もちろん，個別事件の承認に際して，公序要件の適用により3者のなかで承認・不承認と分かれることはあり得る）。他方，全面適用説に対しては，相互保証により承認可能性が狭まることから，跛行婚のおそれが生ずるとの批判がある[48]。たしかに，身分関係については跛行的法律関係の回避の要請は強く生ずると言える。しかし，近時は相互保証の要件を緩和する傾向が学説・判例の主流であることから[49]，解釈論的に相互保証の位置づけが克服されつつあるといえる。

3 訴訟・非訟の区分と外国裁判の承認
(1) 問題の所在

本件では，子の監護権に関する裁判の承認をなすにさいして，ドイツ＝ベルギー条約の適用が問題になった。連邦通常裁判所は，離婚判決の承認が監護権に関する裁判の承認の前提になるところ，離婚判決について法務局の認定を受けていないとして，条約とドイツ固有法［autonomes Recht］のいずれが適用されるかについての判断を避けたが，実際には外国裁判が終局的［endgültig］であれば条約が適用されることになる（本条約の適用上は訴訟・非訟は問題とされない。同条約１条３項参照）。そして条約が適用されず，固有法が適用される場合には，ドイツ民事訴訟法328条の要件にしたがい判断される。本件評釈でガイマーは，終局性を有しないとして条約の適用を否定したことは既に述べた。

わが国においても，民事訴訟法118条柱書きが「外国裁判所の確定判決」と規定していることから，「判決確定」概念との関係で外国で下された子の監護権に関する裁判の法的性質をめぐり，同様に問題となる。すなわち，わが国では非訟と位置づけられているタイプの外国裁判は，118条にいう確定判決に該当するのか，またその要件（とくに相互保証の要否）はいかに解すべきか，が問題とされてきた(50)。

(2) 従来の議論

学説では，ドイツ法の影響を強く受けてきたこともあり，手続の性質論から非訟事件には旧民事訴訟法200条の適用も準用もなく，国際裁判管轄と公序が要件となるとする見解が，有力に説かれていた(51)。他方で，近時は，相互保証を除いて承認要件が適用されるとの見解が主張されたり(52)，承認要件の全面適用説（ただし，争訟性の強弱により要件に差を設ける立場もある）を説く論稿が多く見られ(53)，議論が錯綜している。

裁判例についてみてみると，オルガ引渡事件(54)では，マサチューセッツ州裁判所の監護命令は，仮処分の性質を有するだけで確定力を有する終局判決にはあたらないとしたり，最判昭和60年２月26日(55)は，イタリア裁判所の暫定的監護命令に基づく人身保護請求につき確定判決に当たらないとして，いずれも承認していない。しかし，未確定裁判であることを理由に承認を拒否することに対しては，学説からの厳しい批判を受けている(56)。そこで最近では，承認適格を有することを前提にその要件について，２つの方向に分かれる。まず，承認要件が全面適用されるとする裁判例として，東京地判平成４

年1月30日では(57)，テキサス州裁判所が下した監護権者変更と子の引き渡しを命ずる裁判について，確定判決に当たるとした上で旧民事訴訟法200条，民事執行法24条により執行判決を認めているし，東京高判平成9年9月18日(58)では，オハイオ州裁判所の養育費支払いを命ずる判決について旧民事訴訟法200条の適用を認めた上で，1号，2号の要件を欠くことを理由に不承認としている。さらに，東京地八王子支判平成9年12月8日(59)では，ニューヨーク州裁判所が下した監護権に基づく子の引渡しについて，旧民事訴訟法200条を適用のうえで送達要件を欠くとして，承認を認めなかった。なお，神戸家伊丹支審平成5年5月10日(60)では，イリノイ州裁判所が下した監護権者の変更を求める裁判につき，旧民事訴訟法200条が類推適用される余地があるとしている。他方，かねてから主張されている有力説にしたがい，国際裁判管轄と公序が要件となるとの裁判例がある。たとえば東京高判平成5年11月15日(61)では，1号と3号を要件としたうえで3号に反するとして不承認としているし，京都家審平成6年3月31日(62)では，フランスの裁判所が定めた子との面接交渉に関する裁判の承認については，旧民事訴訟法200条1号と3号が要件となるとしたうえで，管轄の要件を充たしていないとして不承認とした。

(3) 私 見

このような議論状況において，近時有力になりつつある，承認要件全面適用説を支持したい。前掲の京都家審平成6年3月31日をもとに，その根拠を示したい。この事件では，日本人女性Yとフランス人男性Xがフランスで婚姻し，子供が生まれたが，その後Yは子を連れて帰国した。そこでXがフランスで離婚訴訟を提起したところ，Yを親権者とし，Xとの面接交渉について定めた離婚判決が下された。京都家裁は，フランス判決を訴訟部分（離婚）と非訟部分（面接交渉）とに分け，非訟部分について旧民事訴訟法200条の適用を否定したうえで，条理により管轄と公序を要件としている。しかし，まさしく，このような場合において訴訟・非訟の承認要件峻別論の妥当性が問われてしかるべきではないだろうか。つまり，たとえば，最初に子の監護権の承認が申し立てられ，その後に離婚判決の承認が求められたときに，子の監護権の承認については，管轄と公序だけを要求し承認要件を緩和することで承認される局面が拡大するのに対し，離婚判決については判決承認規定を

全面適用して不承認となるのは，たんに，手続構造が異なるからやむを得ない，ということで済まされるものではないと思われる。離婚後の子の監護権に関する裁判が承認されるいじょう，その前提となる外国離婚判決も同じ条件下で承認される環境におくべきではないであろうか。訴訟・非訟といった手続構造の相違は国際的には普遍的なものではないのであるから，できるだけ統一的判断がなされるように訴訟・非訟を一体的に扱う承認要件を目指すべきであろう。

(1) 州法務局が外国離婚裁判などの承認について独占的に確認する権限を有しても基本法92条に反しないとするのが，連邦通常裁判所の判断である。BGHZ 82, 34 =IPRax 1983, 37. vgl. Kegel, IPRax 1983, 22.

(2) Rahm/Künkel, Handbuch des Familiengerichtsverfahrens, 4.Aufl.1994, Bd. 3, Ⅷ Rdnr. 169.

(3) Kropholler, Internationales Privatrecht, 3.Aufl. 997, S. 341. また，Keidel/Schmidt, Freiwillige Gerichtsbarkeit, 14.Aufl. 1999, Vorbemerkung §§ 19-30 Rdnr. 45 では，迅速性，法的安定性と並んでコストの点を挙げている。

(4) 争いがないとされる。Staudinger/Spellenberg, Internationales Verfahrensrecht in Ehesachen, 1997, Art.7 § 2 FamRÄndG Rdnr. 687.

(5) Beitzke, Sorgerechtsregelung bei Ausländerkindern, in: Festschrift für Lehmann, Bd.Ⅱ, 1956, S.493, 503.

(6) Staudinger/Gamillscheg, BGB, 10./11.Aufl. 1973, § 328 ZPO Rdnr. 74 und 78.

(7) KG Beschl. v. 13. 11. 1973, FamRZ 1974, 146, 148.

(8) Staudinger/Kropholler, BGB, 12.Aufl. 1979, § 19 EGBGB Rdnr. 365; Geimer, NJW 1975, 2141（本件評釈）。

(9) Geimer, Internationales Zivilprozeßrecht, 3.Aufl. 1997, Rdnr. 3018; Kropholler, a.a.O. (Fn.3)., S.341; Linke, Internationales Zivilprozeßrecht, 2.Aufl. 1995, Rdnr. 429; Martiny in Handbuch des Internationalen Zivilverfahrensrechts, Bd.Ⅲ/1,1984, Kap. Ⅰ Rdnr. 1667; Münchener Kommentar/Gottwald, ZPO, 3. Bd. 1992, § 328 Rdnrn. 154 und 171; Münchener Kommentar/Winkler von Mohrenfels, BGB, Bd. 10, 3.Aufl. 1998, § 17 EGBGB Rdnr. 287; Schack, Internationales Zivilverfah-

rensrecht, 2.Aufl. 1996, Rdnr. 892; Soergel/Schurig, BGB, 12.Aufl. 1996, Bd. 10, §17 Rdnr. 94; Staudinger/Spellenberg, a.a.O. (Fn.4), Art.7 §2 FamRÄndG Rdnr. 688 und §328 ZPO Rdnr. 241; Stein/Jonas/Roth, ZPO, 21.Aufl. 1998, Bd.Ⅳ/1, §328X Ⅸ Rdnr. 195; Zöller/Geimer, ZPO, 21. Aufl. 1999, §328 Rdnr. 230. しかし，これらの文献は，とくに理由を述べていない。

(10)　学説においても，離婚承認に関する州法務局の決定が下されるまで，裁判所の手続を中止することができる点については特に異論はないようである。vgl. Staudinger/Kropholler, a.a.O. (Fn.8), Vorbemerkung zu §18 EGBGB Rdnr. 627 und §19 EGBGB Rdnr. 365

(11)　Geimer, a.a.O. (Fn.8), S. 2141.

(12)　Geimer, a.a.O. (Fn.8), S. 2141 f.

(13)　本条にいう終局性については争いがある。vgl.Staudinger/Henrich, BGB, 1994, Art.19 EGBGB Rdnr. 469.

(14)　なお，フランス裁判所が下した破産債権につき，不承認の訴えを認容した裁判例がある。東京地判昭和51年12月21日下民27巻9～12号801頁。

(15)　最判昭和40年2月26日民集19巻1号166号＝判時403号32頁。評釈として，石川明「判批」民商53巻5号165頁（1965年），新堂幸司「判批」法協82巻5号141頁（1966年）。

(16)　東京地判昭和46年12月17日判時665号72頁＝判タ275号319頁。本件評釈として，烋場準一「判批」判評165号22頁（1972年），林脇トシ子「判批」ジュリ513号113頁（1972年），松岡博「判批」ジュリ535号212頁（1973年）がある。

(17)　東京地判昭和48年11月30日家裁月報26巻10号83頁。本件評釈として，烋場準一「判批」ジュリ603号170頁（1976年），海老沢美広「判批」渉外百選〔増補〕274頁（1976年），大須賀虔「判批」渉外百選〔第2版〕212頁，木棚照一「判批」法時47巻11号128頁（1975年）がある。

(18)　宇都宮地足利支判判昭和55年2月28日判時968号98頁。本件評釈として，岡本善八「判批」ジュリ743号309頁（1981年），澤木敬郎「判批」判評264号33頁（1981年），渡辺惺之「判批」ジュリ741号144頁（1981年）がある。

(19)　東京地判昭和55年9月19日判タ435号155頁。本件評釈として，三ツ木正次「判批」ジュリ756号209頁（1982年）がある。

(20)　横地判昭和57年10月19日判時1072号135頁＝家裁月報36巻2号101頁。本件評釈として，大須賀虔「判批」ジュリ819号158頁（1984年），大須賀虔「判批」渉外百選〔第3版〕234頁，川口冨男「判批」季刊実務民事法3号242頁（1985

⑵1　東京地判昭和63年11月11日判時1315号96頁＝判タ703号271頁。本件評釈として、熊谷久世「判批」ジュリ951号156頁（1990年）、河野俊行「判批」ジュリ957号280頁、櫻田嘉章「判批」リマークス1号279頁（1990年）、高野芳久「判批」判タ735号346頁（1990年）、道垣内正人「判批」判評371号41頁（1990年）がある。

⑵2　山木戸克己・人事訴訟手続法40頁（1958年）。

⑵3　三ツ木・前掲注（19）210頁。

⑵4　後述の文献の他、烁場・前掲注（16）24頁、石川＝小島編・国際民訴134頁（坂本恵三）、海老沢・前掲注（17）274頁、大須賀・前掲注（20）ジュリ160頁、大須賀・前掲注（20）百選235頁、岡田幸宏「外国判決の効力」伊藤眞＝徳田和幸編・講座新民事訴訟法Ⅲ377頁（1998年）、岡本・前掲注（18）310頁、木棚・前掲注（17）130頁、木棚ほか・概論〔第3版〕282頁〔渡辺惺之〕（1998年）、注解民訴（5）119頁〔小室直人＝渡部吉隆＝斎藤秀夫〕、櫻田・前掲注（21）280頁、澤木・前掲注（18）36頁、高桑昭「外国判決の承認及び執行」新実務講座（7）135頁、道垣内・前掲注（21）42頁、林脇・前掲注（16）115頁、松岡・前掲注（16）214頁、渡辺・前掲注（18）146頁、渡辺惺之「外国の離婚・日本の離婚の国際的効力」岡垣學＝野田愛子編・講座実務家事審判法（5）195頁（1990年）。ただし、烁場・前掲24頁、澤木・前掲注（18）36頁は、常にいわゆる外国離婚判決無効確認の訴えによるべきかは問題であるとする。

⑵5　注解民執（1）390頁〔青山善充〕（1984年）、注釈民訴（4）365頁〔高田裕成〕。

⑵6　岩野徹ほか編・注解強制執行法（1）112頁〔三井哲夫〕（1974年）。

⑵7　同条については、吉村徳重＝牧山市治編・注解人事訴訟手続法〔改訂〕270頁（吉村徳重、1993年）。

⑵8　岡本・前掲注（18）311頁、竹下守夫「判例から見た外国判決の承認」新堂幸司ほか編・中野貞一郎先生古稀祝賀・判例民事訴訟法の理論（下）520頁（1995年）。

⑵9　高桑昭「外国離婚判決の承認」青山正明編・民事法務行政の歴史と今後の課題（下）523頁（1993年）。

⑶0　旧人訴法2条2項にいう第三者の範囲については争いがある。たとえば、山木戸・前掲注（22）25頁、我妻栄・親族法61頁（1961年）、岡垣學・人事訴訟手続法79頁（1981年）を参照。

(31) 高桑・前掲注（29）523頁，鳥居淳子「判批」ジュリ551号266頁（1974年）。
(32) 議論の詳細については，たとえば，徳岡卓樹「身分関係事件に関する外国裁判の承認」澤木＝青山編・理論403頁，渡辺惺之「外国形成判決の承認」国際私法の争点〔新版〕243頁などを参照。
(33) 昭和51年1月14日民2第280号民事局長通達戸籍363号73頁。戸籍実務の変遷については，村重慶一＝梶村太市編・人事訴訟の実務〔第3版〕584頁以下（1998年）など参照。
(34) その理由として，旧民事訴訟法200条の立法趣旨が形成判決にも適用されると考えられていたことに求められているとされる。住田裕子「民事訴訟法第200条と外国裁判所による非訟事件」戸籍549号7頁（1989年）。
(35) 東京地判昭和36年3月15日下民12巻3号486頁＝判時258号24頁＝判タ120号60頁＝家裁月報13巻7号109頁。本件評釈として，矢ヶ崎高康「判批」渉外百選〔増補〕178頁，山田鐐一「判批」ジュリ287号101頁（1963年）がある。
(36) 横浜地判昭和46年9月7日判時665号75頁。本件評釈として，大須賀虔「判批」ジュリ521号133頁（1972年）がある。
(37) 東京家審昭和46年12月13日家裁月報25巻2号108頁。本件評釈として，鳥居・前掲注（31）263頁がある。
(38) 前掲注（16）に同じ。
(39) 前掲注（18）に同じ。
(40) 前掲注（20）に同じ。
(41) 前掲注（21）に同じ。
(42) 前掲注（17）に同じ。
(43) 三ツ木・前掲注（19）209頁がある。
(44) 最判平成8年6月24日民集50巻7号1451頁。本件評釈として，小野寺規夫「判批」主判解平成8年度314頁，海老沢美広「判批」リマークス15号174頁（1997年），多喜寛「判批」ジュリ1113号287頁（1997年），道垣内正人「判批」ジュリ1120号132頁（1997年），山下郁夫「判解」ジュリ1103号129頁（1996年），渡辺惺之「判批」判評464号37頁，渡辺惺之「判批」法教195号106頁（1996年）
(45) 江川英文「外国離婚判決の承認」立教1号28〜30頁（1960年）。
(46) 江川英文「外国判決の承認」法協50巻11号66頁以下，75頁（1932年）。
(47) 長島毅＝森田豊治郎・改正民事訴訟法解釈228頁（1930年）。
(48) 松岡博「外国離婚判決承認の要件」現代家族法大系（2）450頁（1980年）。
(49) 最判昭和58年6月7日民集37巻5号611頁。
(50) 議論状況については，たとえば，早川眞一郎「判批」リマークス10号172頁

(1995年）参照。

(51) 石川明ほか編・注解民事執行法（上）204頁（小島武司＝猪俣孝史，1991年），鈴木忠一「外国の非訟裁判の承認・取消・変更」曹時26巻9号1506頁（1974年），高桑昭「判批」リマークス13号159頁（1996年），溜池良夫「渉外人事非訟事件の諸相」新実務講座（7）203頁，中野貞一郎・民事執行法〔新訂4版〕177頁（2000年），山田鐐一・国際私法447頁（1992年）。

(52) 櫻田嘉章「判批」ジュリ1024号298頁（1993年）。

(53) 石黒・現代439頁，石黒・国際民訴214頁，河野俊行「判批」ジュリ1026号154頁（1993年），小室百合「判批」法学58巻1号223頁（1994），横溝大「判批」ジュリ1105号154頁（1997年），渡辺惺之「判批」ジュリ1046号298頁（1994年）。

(54) 大判大正6年5月22日民録23輯739頁。

(55) 最判昭和60年2月26日家裁月報37巻6号25頁。評釈として，櫻田嘉章「判批」ジュリ862号257頁（1986年），道垣内正人「イタリアから連れ去られた子の人身保護請求事件」ひろば38巻5号71頁，中野俊一郎「判批」ジュリ857号126頁（1986年），南敏文「判批」渉外百選〔第2版〕148頁，南敏文「判批」渉外百選〔第3版〕156頁。

(56) 中野・前掲注（55）127頁。

(57) 東京地判平成4年1月30日判時1439号138頁＝判タ789号259頁＝家裁月報45巻9号65頁。評釈として，河野・前掲注（53）153頁，小室・前掲注（53）221頁，櫻田・前掲注（52）296頁，西野喜一「判批」主判解判タ852号276頁（1994年）。

(58) 東京高判平成9年9月18日高民50巻3号319頁＝判時1630号62頁＝判タ973号251頁。評釈として，越山和広「判批」判評476号44頁（1998年）がある。

(59) 東京地八王子支判平成9年12月8日判タ976号235頁。

(60) 神戸家伊丹支審平成5年5月10日家月46巻6号72頁。評釈として，奥田安弘「判批」リマークス11号162頁（1995年），小野寺規夫「判批」判タ882号134頁（1995年），神前禎「判批」ジュリ1068号267頁（1995年），横溝大「判批」ジュリ1098号144頁（1996年）。

(61) 東京高判平成5年11月15日高民集46巻3号98頁＝判タ835号132頁＝家裁月報46巻6号47頁。前掲注（57）東京地判平成4年1月30日の控訴審判決。評釈として，西野喜一「判批」判タ882号254頁（1995年），早川・前掲注（50）172頁，山田恒久「判批」渉外百選〔第3版〕230頁，横溝・前掲注（53）153頁，渡辺・前掲注（53）296頁。

(62) 京都家審平成 6 年 3 月31日判時1545号81頁。評釈として，海老沢美広「判批」ジュリ1091号255頁（1996年），高桑・前掲注（51）156頁，山田恒久「判批」法研70巻 6 号192頁（1997年）。

追 補

1 ブリュッセル規則（Ⅱ）の成立

本文脱稿（2000年10月14日）後，外国離婚判決の承認に関するルールは，2001年 3 月 1 日にデンマークを除く EU 域内で発効した「婚姻事件及び子に対する親の責任に関する手続の管轄並びに承認及び執行に関する2000年 5 月29日の理事会規則」（いわゆるブリュッセル規則（Ⅱ）。以下ではこちらの名称を用いる）により，大きく変更を受けた。

ドイツが関係する外国判決の承認に関する多国間条約としては，1968年のいわゆるブリュッセル条約，そして EFTA（ヨーロッパ自由貿易連合）地域をも取り込んだ1988年のいわゆるルガノ条約があり，2002年 3 月 1 日に発効した「民事及び商事事件における裁判管轄並びに裁判の承認及び執行に関する2000年12月22日の理事会規則」（いわゆるブリュッセル規則（Ⅰ）。以下ではこちらの名称による）が重要な位置を占める。しかし，これらの条約は，家事事件関係をカバーしていない（ブリュッセル条約 1 条 2 項(a)，ルガノ条約 1 条 2 項 1 号，ブリュッセル規則（Ⅰ） 1 条 2 項(a)参照）。

したがって，従来は，この分野はハーグ条約，二国間条約，または各国の国内法が規律していたが，これまでヨーロッパワイドの多国間条約はなかった。その結果，ドイツと地域的に密接な関係のある他のヨーロッパ諸国との関係で統一的な手続法的規律がなされていなかったため，複数の国で管轄が競合し，また準拠法決定基準の国際的統一もなされていないことから相互に矛盾する判決が生じたりするなど跛行的法律関係が頻繁に発生していた。そこで，ブリュッセル規則（Ⅱ）は，EU 域内において，婚姻事件の裁判管轄と外国判決の承認に関する統一ルールを定め，婚姻法における主要な領域で跛行的法律関係を排除することを目的に作成された（なお，婚姻事件に関する EU での準拠法決定基準の統一へ向けた動きについては，vgl. Wagner, Überlegungen zur Vereinheitlichung des Internationalen Privatrechts in Ehesachen in der Europäischen Union, FamRZ 2003, 803ff.）。

2 ブリュッセル規則（II）における規律

ブリュッセル規則（II）全体を紹介する余裕はないので（寡聞にして初稿校正段階において，同規則（II）について紹介する邦語文献を見いだすことはできなかった），ここでは，同規則（II）における事項的適用範囲，国際裁判管轄，および承認の規律方法を中心に概要を簡単に確認しておきたい。

(1) 適用範囲

適用される事項は，①離婚，別居，婚姻無効宣言に関する手続（1条1項(a)）と②その手続から生ずる子に対する親の責任（同項(b)）である。

①については（本判決の論点は②に関するが，この点は項を改めて論じる），相手方配偶者の帰責性，夫婦財産契約，扶養および同手続でのその他の問題には適用されないとしている（Borrás Bericht, ABl. EG. Nr. C 221 v. 16.7.98, Rdnr. 64）。構成国で下された裁判は判決や決定といった名称を問わずに，また管轄原因を問題にせずに，さらには執行証書，裁判上の和解であっても自動的に承認される。承認対象となる手続は，離婚，別居，または婚姻無効を認めた裁判だけであるので（検討理由 Erwägungsgründe 15; Borrás Bericht, a.a.O., Rdnr. 60），従来の身分関係を維持する請求棄却判決は承認されない（Schack, Das neue Internationale Eheverfahrensrecht in Europa, RabelsZ 65 (2001), 615, 627）。したがって，たとえば離婚を望む当事者が離婚訴訟を提起したところ，ある構成国で請求棄却判決を下されても，他の構成国で訴えを再度提起することができることになる。しかし，このような規則における扱いに批判的な見解も有力に主張されている（Hau, Internationales Eheverfahrensrecht in der Europäischen Union, FamRZ 1999, 484, 487; Kohler, Internationales Verfahrensrecht für Ehesachen in der Europäischen Union: Die Verordnung "Brüssel II" NJW 2001,10,14; Spellenberg, Anerkennung eherechtlicher Entscheidungen nach der EheGVO, ZZP Int 6 (2001), 109, 124 f.）。たとえば，シュペレンベルク [Spellenberg] によると，離婚訴訟で勝訴した原告は新しい身分関係をヨーロッパのいたるところで主張することができるのに対して，離婚訴訟で勝訴した被告はヨーロッパの他国ではその都度防御に追われることになり不当であるとする。

ブリュッセル規則（II）が，離婚などの現状の身分関係の変更を認める裁判の承認を問題にしていることから，婚姻存否に関する確認訴訟にも同規則

が適用されるのか否かについては争いがある。肯定説は，婚姻をめぐる身分関係を明確にするというブリュッセル規則（Ⅱ）の趣旨からすれば，婚姻関係の存否確認の訴えも規則の適用範囲内に含まれると解すべきであると説く。他方，否定説は，規則（Ⅱ）の1条1項(a)の文言が身分関係を変更する裁判の承認だけを問題にしていることを理由に，たんなる婚姻関係の存否確認の訴えには適用されないと主張する（肯定する見解として，Baumbach/Albers, ZPO, 61. Aufl.2003, Anh I §606a (EheGVVO) Art.1 Rdnr. 4; Gruber, Das neue "europäische Rechtshängigkeit" bei Scheidungsverfahren, FamRZ 2000, 1129, 1130; Hau, Das System der internationalen Entscheidungszuständigkeit im europäischen Eheverfahrensrecht, FamRZ 2000, 1333; v. Hoffmann, Internationales Privatrecht, 7.Aufl. 2002, §8 Rdnr. 68b; Pirrung, Europäische justitielle Zusammenarbeit in Zivilsachen, ZEuP 1999, 834, 843 f.; Schack, a.a.O., S.620; Schlosser, EU-Zivilprozessrecht, 2.Aufl. 2003, Art.1 EuEheVO Rdnr. 2; Thomas/Putzo/Hüßtege, ZPO, 25.Aufl. 2003, Art.1 EheVO Rdnr. 2; Wagner, Die Anerkennung und Vollstreckung von Entscheidungen nach der Brüssel-Verordnung, IPRax 2001, 73, 76; Zöller/Geimer, ZPO, 23.Aufl. 2002, EG-VO Ehesachen Anh II, Art.1 Rdnr. 8. 否定する見解としては, Münchener Kommentar/Gottwald, ZPO, 2.Aufl. 2001, Art.1 EheGVO Rdnr. 2; Hausmann, Neues internationales Eheverfahrensrecht in der Europäischen Union, The European Legal Forum 2000, 271, 273; Helms, Die Anerkennung ausländischer Entscheidungen im Europäischen Eheverfahrensrecht, FamRZ 2001, 257, 259; Helms, Internationales Verfahrensrecht für Familiensachen in der Europäischen Union, FamRZ 2002, 1593, 1599; Simotta, Die internationale Zuständigkeit Österreichs in eherechtlichen Angelegenheiten, : in FS. Geimer, 2002, S. 1115, 1149; Spellenberg, Der Anwendungsbereich der EheGVO ("Brüssel II") in Statussachen, S. 423, 433)。ボラス［Borrás］報告書によると，本規則は婚姻無効，離婚および別居に関わる手続だけが該当するとしており，否定説が導かれると思われる（vgl. Borrás Bericht, a.a.O., Rdnr. 22)。

(2) 国際裁判管轄

国際裁判管轄についてブリュッセル規則（Ⅱ）は2条から12条にかけて規定しているが，ここでは便宜上，離婚などに関する2条と親の責任に関する

3条だけを見ておく。なお，国際裁判管轄はブリュッセル規則（Ⅱ）9条により判決国裁判所にとっては職権調査事項ではあるが，承認拒否事由とはなっていない（同17条および24条2項参照）。

　離婚などに関するブリュッセル規則（Ⅱ）2条は，常居所地管轄と本国（ないしドミサイル）管轄を定めている。それによると，①共通常居所地国，②夫婦の一方が現在も滞在する最終共通常居所地国，③被告または被申立人の常居所地国，④夫婦が共同で申し立てるときには一方の常居所地国，⑤申立前1年以上滞在する原告の常居所地国，⑥申立前6ヶ月以上滞在し，原告が国籍（またはドミサイル）を有する常居所地国，または⑦共通本国（または共通ドミサイル国）に管轄が認められている。ドミサイルとは，コモン・ロー諸国に特有の住所概念で，大陸法における住所概念の理解とは大きく異なる。略述すると，ドミサイルは法域ごとを単位とするので，たとえば日本にあるのかカリフォルニア州にあるのかという形で問題になり，また出生により住所を取得する（本源住所）が一定年齢に達すると別の場所に取得することも可能となるが（選択住所），そのさい重要となるのはその地に永住する意思とされる（ドミサイル概念については，池原季雄・国際私法〔総論〕166頁（1973年），溜池良夫・国際私法講義〔第2版〕114頁（1999年），山田鐐一・国際私法の研究84頁（1969年）を参照）。

　子に対する親の責任の管轄に関するブリュッセル規則（Ⅱ）3条1項によると，①2条が定める離婚などの事件について管轄を有する構成国に子が常居所を有するときには，親の責任に関する事件について管轄を認める。また同条2項によると，②離婚などの事件について管轄を有する構成国に子が常居所を有しないときであっても，(i)他の構成国に子が常居所を有し，(ii)少なくとも夫婦の一方が子に対して責任を有し，(iii)夫婦の双方によって管轄が認められ，(iv)管轄を認めることが子の福祉に合致する，ときにはその構成国に管轄を認めている。

(3) 承認・執行

　離婚などを認めた判決は，他の構成国で承認されるが，そのさいには特別の手続や法的行為を経ることなく身分登録簿に記入されることになる（ブリュッセル規則（Ⅱ）14条1項2項）。したがって，官公署もまた，身分関係事項の訂正の際や婚姻的確の判断の際に，外国裁判を顧慮しなければならないこ

とになる。

　このような承認体系は，外国離婚判決の承認に関して従来からドイツ法で妥当してきたシステムとは大きく異なる。家族法改正法の下では（ブリュッセル規則（II）が妥当しない領域では依然として重要な法源ではある），法務局のよる承認が確認されて初めて国内に効力が及ぶことになるが，ブリュッセル規則（II）においては自動的に承認される。また，承認されるのは，前述のように離婚など身分関係の変更を認める裁判であり，請求棄却の判決は承認されない。

　承認要件についても，従来とは異なるいくつかの特色がある。まず，承認国の国際私法が指定する準拠法を用いずに判決国裁判所が事件の判断をしたことを理由に不承認とする立場（準拠法の要件論）を排除している（ブリュッセル規則（II）18条。参照，ブリュッセル＝ルガノ条約27条4号）。つぎに，法的審問に関しては，ブリュッセル＝ルガノ条約27条2号では適時性（[Rechtzeitigkeit]）（送達時に被告が防御するのに十分な時間的余裕が与えられたかという問題）と適式性［Ordnungsmäßigkeit］（送達が判決国で認められている方式性を具備しているかという問題）の要件が必要とされていたのに対して，ブリュッセル規則（II）15条1項(b)2項(c)では後者の要件に重要性は認められなくなった。また，判決国の管轄審査は承認段階では許されない（ブリュッセル規則（II）17条）。なお，承認されるか否かが疑わしい外国判決について，ブリュッセル規則（II）14条3項は，判決を承認すべきか否かを判断する特別の手続を定めている。承認要件の証明責任の所在について，法が不承認事由として規定してはいることから，承認を争う者が負うと考えられる（Thomas/Putzo/Hüßtege, a.a.O., Art.15 EheVO Rdnr. 2. aber vgl.auch Schack, a.a.O., S. 628）。

　ブリュッセル規則（II）は21条以下で執行についても規定をおいている。しかし，前述のことから明らかなように形成判決の承認についてはとくに執行手続を要さないことから，ここで問題になるのは子の引渡しといったケースに限られる（Schlosser, a.a.O., Vorbemerkungen zu Art.21 EuEheVO）。

3　論点の確認

　本文で問題となった中心的論点を簡単にまとめると，離婚の判決に付随して下された監護権は，本体である離婚判決が承認されていないときでも承認

が可能であるのか，というものであった。この問題に対して1975年連邦通常裁判所判決は，外国離婚判決の承認は法務局が専属的に判断するのであり[Feststellungsmonopol der Landesjustizverwaltung]，まずそこで離婚判決が承認されることが，付随事件である監護権の承認の前提になるという判断を示した。

では，同種の問題はブリュッセル規則（II）では，どのように処理されるのであろうか。

4 ブリュッセル規則（II）における本件の解決

1975年連邦通常裁判所判決の様なケースがブリュッセル規則（II）で承認されるか否かは，①当該外国判決がデンマークを除くEU域内で下されたものであるか（ブリュッセル規則（II）1条3項），②監護権に関する裁判が，ブリュッセル規則（II）1条1項bがいうところの「共通の子供に対する親の責任［die elterliche Verantwortung für die gemeimsamen Kinder］」に該当するのか，③ブリュッセル規則15条の承認要件の存否，が問題になる（なお，前述のように，承認段階では判決国の国際裁判管轄の審査をすることはできない。同17条。したがって，判決国の国際裁判管轄は承認レベルではなく，その前提となる判決手続の段階で判決国において争うべき事項となる）。以下では，①と②についてみてみる。まず①については，1975年判決の判決国はベルギーであるのでクリアすることになる。つぎに②についてであるが，何が「離婚，別居および婚姻無効手続から生ずる親の責任」なのかは，条文上は明らかにされていない。また，ブリュッセル規則（II）に関するバルセロナ大学ボラス［Borrás］教授の公式報告書にも，必ずしも明確な定義はなされていない。この点を広く解するか狭く捉えるか，ドイツではすでに議論が生じているものの，学説は，監護権に関する裁判はブリュッセル規則（II）1条1項(b)に該当するとする点で落ち着いている（Gruber, Maßgebliche Rechtsquellen im neuen internationalen Sorge- und Umgangsrecht, Rechspfleger 2002, 545, 546; Hausmann, a.a.O., S. 274; Helms, a.a.O., FamRZ 2002, 1594; Kohler, a.a.O., S. 12; Schlosser, a.a.O., Art.1 EuEheVO Rdnr. 3; Vogel, Internationales Familienrecht - Änderungen und Auswirkungen durch die neue EU-Verordnung, MDR 2000, 1045, 1047. なお面接交渉権［Umgangsrecht］について

は争いがある。vgl. Wagner, a.a.O., IPRax 2001, 76）。ただし，①監護権の裁判は婚姻事件（ブリュッセル規則（Ⅱ）1項(a)）と一緒に下されていること，②夫婦の共通の子供であること，③居所地法により未成年者であることが必要とされる（Thomas/Putzo/Hüßtege, a.a.O., Art.1 EheVO Rdnr. 6ff.）。

したがって，ベルギー裁判所が下した監護権に関する裁判のドイツにおける承認が問題になった1975年のケースと同種の事案では，ブリュッセル規則（Ⅱ）が適用されると考えられる。この場合，外国離婚判決の承認要件（ブリュッセル規則（Ⅱ）15条1項）と監護権に関する裁判［Sorgerechtsentscheidung］の承認要件（同15条2項）は異なる。ブリュッセル規則（Ⅱ）がこのような相違を認めた根拠として，子の監護権の判断をするに際し，婚姻手続に両親である夫婦とともに当事者として関与する必要はなく，むしろ検察官などが関与した手続が考慮されなければならないという指摘がある（Münchener Kommentar/Gottwald, a.a.O., Art.15 EheGVO Rdnr. 1）。

5　ブリュッセル規則（Ⅱ）における承認に関する若干のコメント

このように，ブリュッセル規則（Ⅱ）の施行によって身分関係事件の判決の承認をめぐるEUの法状態は大きく変わった。しかし，本文で述べた評者の見解に変更はない。ここでは，2点の指摘をしておきたい。第1に，身分関係に関する外国判決の承認システムの在り方について，第2に，承認対象となる判決と承認要件について，である。

まず，外国判決の承認に関するシステムの相違についてコメントをしておきたい。すでに見たように，ブリュッセル規則（Ⅱ）では自動承認制度が採られているのに対し（ブリュッセル規則（Ⅰ）も同じ），ドイツの家族法改正法では，法務局による承認の確認がなされて初めて国内的効力が生じるとしており，両者のシステムは大きく異なる。わが国の民事訴訟法118条による承認はブリュッセル規則に近い制度である。ブリュッセル規則（Ⅱ）による承認システムでは，同14条3項により，利害関係を有する当事者は外国離婚判決の承認・不承認の確認訴訟を提起することができるとしてるものの，一般的には家族法改正法におけるような形で承認・不承認の判断は明確にはなされない。また，ブリュッセル規則（Ⅱ）14条4項では，婚姻解消の有無などが先決問題として登場したときには，裁判所は独自に判断することができると

している。このようなことから、ブリュッセル規則（II）においては離婚などの判断について矛盾する判決（ないし役所の判断）が生ずるとの指摘がなされている（Hausmann, a.a.O., S. 351. vgl. auch Helms, a.a.O., FamRZ 2001, S. 261; Vogel, a.a.O., S. 1049; Wagner, a.a.O., IPRax 2001, 79）。このような制度は、EU域内における裁判制度の近似性ないし信頼性を前提にした判決の国際的融通性を重視し、家族法改正法が有した承認手続の確実性を後退させるものと評価できよう。しかし、EU域内における裁判制度の近似性からは、ブリュッセル規則における承認要件の緩和化と相まって、現実的に承認要件の具備が問題になるケースはそれほど多くはないと考えられ、効率性を重視した承認枠組によっても大きな混乱は生じないとの判断が働いたものと推測される。だが、ドイツにおいては、（デンマークも含む）EU域外との関係では家族法改正法による手続は依然として妥当し、わが国をめぐる法環境からすると、外国離婚判決の承認に関してはブリュッセル規則（II）での承認システムよりも家族法改正法での承認枠組の方が、参考にすべき点が多いように思われる。

つぎに、承認対象となる判決と承認要件との関係について、述べてみたい。ブリュッセル規則（II）は、夫婦間の婚姻関係の存続をめぐる問題と子に対する親の責任［die elterliche Verantwortung］に関する問題とで承認要件を分けている（ブリュッセル規則（II）15条1項2項）。また、たとえば、扶養の問題はブリュッセル規則（II）の適用範囲から排除されており（Erwägungsgrund Nr.10）、ブリュッセル規則（I）の5条2号に含まれることから（vgl. Thomas/Putzo/Hüßtege, a.a.O., Art.5 EuGVVO Rdnr. 13）、同規則（I）34条の承認要件が適用される。さらには、離婚後の氏名使用や夫婦財産制の問題などには、いずれの規則の適用もなく、その他の条約ないしドイツ国内法の適用が考えられる。本文でも述べたが、立法技術はともかくわが国の解釈態度としては、承認対象を細分化し承認国の側で用意する承認要件を異ならせることによって、一個の事件から派生した諸問題についての判決国における解決を、一部は承認しその他は不承認とする可能性を当初から認める承認枠組を採用することには基本的に疑問が残る（2003年9月14日追補脱稿）。

なお、本文脱稿後の邦語文献として、石川明「外国離婚判決の付随裁判の

承認——BGH の判例について」石川明編・ゲオルグ・レス教授65歳記念論文集・EU法の現状と発展273頁（2001年）がある。

〈参照条文〉
ブリュッセル規則（Ⅰ）
　第1条
　第1項　〈略〉
　第2項　本規則は，つぎの事項には適用されない。
　　(a)　身分関係，自然人の権利能力及び行為能力並びに法定代理，夫婦財産制及び遺言法を含む相続法の領域
　　(b)　破産，和議及びその他これに類する手続
　　(c)　社会保障
　　(d)　仲裁
　第3項　〈略〉

ブリュッセル規則（Ⅱ）
　第1条（事項的適用範囲）
　第1項　本規則は，つぎの事項に適用される。
　　(a)　離婚，別居又は婚姻無効に関する民事裁判手続，
　　(b)　(a)に掲げられた婚姻事件に関する手続から生ずる，共通の子供に対する親の責任（die elterliche Verantwortung für die gemeinsame Kinder der Ehegatten）に関する民事裁判手続。
　第2項　〈略〉

　第2条（離婚，別居及び婚姻無効の宣言）
　第1項　離婚，別居又は婚姻無効の宣言に関する裁判は，つぎの構成国の裁判所が管轄を有する。
　　(a)　つぎの構成国の高権領域，
　　　—　夫婦の共通常居所地，
　　　—　夫婦が最後に有した常居所地で，かつ夫婦の一方が現在も常居所を有するとき，

— 被申立人の常居所地，
　　— 夫婦が共同で申立てをするときには，夫婦の一方の常居所地，
　　— 申立人［である夫婦の一方］が申立前に1年間居住しているときには，その常居所地，又は
　　— 申立人［である夫婦の一方］が申立前に6ヶ月間居住しており，かつ申立人が当該構成国に国籍を有する又は連合王国若しくはアイルランドについてはドミサイルを有する常居所地。
　(b) 夫婦の共通本国，又は連合王国若しくはアイルランドについては共通のドミサイルを有する地。
第2項　本規則においては，ドミサイル概念はイングランド法及びアイルランド法によって定まるものとする。

第3条（親の責任）
第1項　2条により離婚，別居又は婚姻無効の宣言に関する申立てについて裁判をする構成国の裁判所は，夫婦の共通の子供がその構成国に常居所を有するときには，その子供に対する親の責任に関するあらゆる裁判について管轄を有する。
第2項　子が1項に掲げた構成国に常居所を有しないときは，子がいずれかの構成国に常居所を有し，かつ，つぎの場合には，構成国の裁判所が子供に対する親の責任に関するあらゆる裁判について管轄を有する。
　(a) 少なくとも夫婦の一方がその子に対して親の責任を有し，かつ
　(b) 当該裁判所の管轄が夫婦双方によって承認され，また子の福祉に適合すること。
第3項　1項及び2項による管轄はつぎの場合には終了する。
　(a) 離婚，別居又は婚姻無効の宣言に関する申立てについて，請求認容又は請求棄却の裁判が確定したとき，
　(b) (a)に掲げた時点で親の責任に関する手続が係属中であるときには，この手続の裁判が確定したとき，又は
　(c) (a)(b)に掲げた手続がその他の理由により終了したとき。

第9条（管轄の調査）

構成国の裁判所は，本規則によれば管轄を有さず他の構成国の裁判所が管轄を有する事件について審理を求められているときには，職権で無管轄を宣言しなければならない。

第13条（判決の意義）

第1項　本規則において，判決とは，構成国の裁判所で下された離婚，別居又は婚姻無効並びに当該婚姻事件手続から生じた夫婦の親としての責任に関する裁判をいうが，判決又は決定といった裁判の名称とは関係ない。

第2項　本章の規定は，本規則に基づき開始した手続により生じた費用の確定及びその費用を確定した決定の執行に適用される。

第3項　〈略〉

第14条（判決の承認）

第1項　構成国の判決は，いかなる特別の手続も要することなく，他の構成国において承認される。

第2項　とくに，3項とは無関係に，他の構成国で下された離婚，別居又は婚姻無効に関する判決に基づき構成国の身分登録簿を更新するには，特別の手続を要しないが，その判決に対して判決国の法により上訴提起をすることができないときに限る。

第3項　いかなる利害関係を有する当事者も，本章2節及び3節が定める手続において，外国判決の承認又は不承認の確認を申し立てることができる。

第4項　構成国裁判所の訴訟において，判決の承認が先決問題として解決されなければならないときには，当該裁判所はその問題を判断することができる。

第15条（不承認事由）

第1項　つぎの場合，離婚，別居又は婚姻無効に関する判決は承認されない。

(a) 承認することが，承認国の公序に明らかに反するとき，

(b) 応訴しなかった被申立人に，手続を開始する書面又はこれに相当す

る書面が適時に送達されず防御できなかったとき。ただし，この者が明らかに判決に同意していると判断されるときはこの限りでない，
   (c) 承認国である構成国で，同一当事者間で下された判決と矛盾するとき，又は
   (d) 他の構成国又は第三国において同一当事者間で下された先行する判決と矛盾し，先行する判決が承認国での判決承認のための必要的要件となるとき。
第2項 つぎの場合，13条にいう婚姻事件手続を契機として下された親の責任に関する判決は承認されない。
   (a) 子の福祉に鑑みて，承認が承認国の公序に明らかに反するとき，
   (b) 緊急の場合を除いて，承認国である構成国の手続の基本原則に反する方法で，子に審問の機会を与えずに判決が下されたとき，
   (c) 応訴しなかった者に，手続を開始する書面又はこれに相当する書面が適時に送達されず防御できなかったとき。ただし，この者が明らかに判決に同意していると判断されるときはこの限りでない，
   (d) 審問の機会を与えられずに判決が下されたことで，親権が侵害されたとする主張があるとき，
   (e) 承認国である構成国で後に下された親の責任に関する判決と矛盾するとき，又は
   (f) 判決が，他の構成国又は子が常居所を有する第三国において親の責任に関して後に下された判決と矛盾するとき。ただし，後で下された判決が承認国での判決承認のための前提要件となるときにかぎる。

第17条（判決国裁判所の管轄に関する審査の禁止）
   判決を下した構成国裁判所の管轄を審査することは許されない。15条1項(a)及び2項(a)による公序の適合性審査は，管轄に関して2条乃至8条で定められた規定には及ばない。

第18条（準拠法の不一致）
   離婚，別居又は婚姻無効に関する判決の承認は，承認国である構成国の法が同一事実関係の下では離婚，別居又は婚姻無効を認めていないこ

とを理由に，拒絶することはできない。

第19条（実質的再審査の排除）
　いかなる事情の下においても，判決は本案そのものについて再審査をすることは許されない。

第24条（裁判所の裁判）
第1項　〈略〉
第2項　［強制執行の］申立は，15条，16条及び17条に掲げた事由に基づく場合にのみ，棄却することができる。
第3項　外国判決は，本案について再審査をすることは許されない。

追補脱稿後の邦語文献として，北坂尚洋「外国で成立した身分関係のわが国での効力──スイス国際私法における取り扱いについて──」国際私法年報6号168頁（2004年），酒井一「外国形成裁判の承認」高田裕成ほか編・企業紛争と民事手続法理論889頁（2005年），村上正子「外国非訟裁判の承認執行制度再考──子の監護・扶養に関する裁判を中心に──」民訴雑誌51号183頁（2005年）がある。

21 承認管轄の審査方法と実質的再審査禁止の原則の限界

BGH, Urteil vom 25.11.1993

安 達 栄 司

BGHZ 124, 237＝NJW1994, 1413＝IPRax 1995, 101 Anm. Gottwald (75)＝ZZP 108 (1995), 359 Anm. Koch

〈判決要旨〉

1　外国裁判所の国際（承認）管轄は，それを生じさせる事実が同時に訴求債権を内容的に維持するものである場合にも，別個独立してその存否を確定しなくてはならない。二重の事実が，有理性を備えて主張されただけでは不十分である。

2　外国判決の承認宣言をめぐるドイツにおける訴訟にあっては，原則として，管轄問題に関する双方当事者の新たな提出は，これを顧慮しなくてはならない。

3　民事訴訟法945条の損害には，ある仮差押債務者自身に対する仮差押えの執行によって生じたのではなく，他の仮差押債務者に対する執行により間接的に生じたにすぎない損害は含まれない。

〈事案の概要〉

　原告は，合衆国ワシントン州に本店をもつ，コンピューター部品の製造会社である。1988年3月30日，F市に本店をもつA有限会社は，原告会社と販売契約を結んだ。この契約によれば，A有限会社は，独立した契約当事者として，次のような機器を販売する義務を負っていた。すなわちその機器とは，A有限会社が自己の計算に基づいて原告から購入し，ドイツにおけるエンドユーザーに譲渡すべきとされていたものであった。さらに，被告は，当該機器のアフターサービスも引き受けていた。販売契約の条項13号は，法的紛争については，ワシントン州シアトルにおける仲裁によると規定していた。そ

の第1被告は，A有限会社の業務執行者であり，第2被告は，その支配人であった。

1988年の11月から，A有限会社は，原告に対して支払がとどこおるようになった。原告は，A有限会社と被告らを相手に，キング郡を管轄するワシントン州の上位裁判所 [superior court] に訴えを提起した。そこでは被告らは，その地の弁護士を通じて，訴えは有理性を欠き [failure to state claim]，また，国際裁判管轄を欠く [lack of personal jurisdiction]，加えてまた，フォーラム・ノン・コンヴィニエンスだと申し立てた。この申立ては，1991年4月20日，管轄に疑念を生じさせるような事実が何も主張されていないという理由をもって，裁判官により退けられた。これと同時に裁判官は，被告らに対する人的裁判権があることを確定した。その後被告らは，もはやこの手続には関与しなかった。裁判官が被告の欠席を確認した後，補助裁判官 [commissioner] は，1991年9月20日の判決をもって，当該被告に対し，総額約240万ドルの損害賠償の支払を命じた。

A有限会社は，そうこうするうちに倒産してしまった。原告の訴えに基づき，先の上位裁判所の判決は，最終的には314.581,38ドルおよびその利息につき，ドイツにおいて執行できることが上級地方裁判所によって宣言された。これに対して，被告が上告。上告は差戻しをもたらした。

〈判　旨〉

A　ドイツ民事訴訟法328条1項1号によれば，外国判決の承認およびそれにともなう執行宣言（ドイツ民事訴訟法723条2項2文）は，当該裁判所の属する国の裁判所が，ドイツ法によれば管轄を有しないときは，認められない。

控訴裁判所が確定したところによれば，本件では，このような承認障害がないとは言えない。

I　控訴裁判所はこの点に関し，つぎのように判示した。すなわち，「ワシントン州の裁判所は，ドイツ民事訴訟法32条によれば，314.518,38ドルの訴求債権につき，管轄を有していた。なぜなら，被告は，原告の主張によれば，その限りでは不法行為，すなわち詐欺を行っていたからである。原告は，被告が，わけても1989年9月7日のファックスおよび1989年の秋から1990年の5月までの間の電話でのやりとりにおいて，2人の顧客が，製品の技術的問

題点のせいでまったく支払ってくれないと主張したことを，個々の点にわたって陳述した。被告が主張したことは真実ではなかった。もし原告が，正しい情報をえていたならば，1989年9月30日以後は，A有限会社からの注文に応じなかったはずである。そうはせずに，原告はなお，262.850,01ドル分製品を納入したのであった。」

「不法行為地もまた，合衆国である。これに加え，損害もまた，合衆国において生じた。主張されたこの不法行為に対する被告のあい異なる事実主張は，管轄審査にあたり，考慮されるべきではない。民事訴訟法328条1項1号の枠内においては，審査の義務は，同法32条の枠をこえることはできない。本条によれば，それを法的に適切に評価すると，ドイツ民法823条以下の意味での不法行為が導かれる事実が主張されていれば足りる。本案の裁判に際し，不法行為がなかったということが判明すれば，民事訴訟法32条に基づく管轄を欠くことになる。」と。

控訴裁判所は，原告が主張する事後の納入代金から，振込のあった分を減額したが，56.674,55ドルの弁護士費用を詐欺による損害とし，その賠償を追加的に認めた。「外国判決は，本案について正しいかどうかを判断してはならない（ドイツ民事訴訟法723条1項）。」ということである。

II　上告は，この点に対し不服を申し立てるものである。すなわち，「民事訴訟法328条1項1号の枠内においては，いわゆる二重の事実の問題は，同法32条の場合とは異なってくる。前者の規定は，被告に対して，外国の裁判所における防御を期待してよいかに関するものである。このような徹底した効果からするなら，唯一原告の提出のみに切り結んだのでは，充分ではありえない。したがって，承認の判断にあたる裁判官は，外国で行われた不法行為について確信をえなくてはならない。

これに加え原告は，被告の詐欺に関する故意についてはなんらの主張もしていない。上位裁判所は，弁護士費用を詐欺による損害とはあつかっていなかった。さらに控訴裁判所は，原告が認めた振込を過小に評価した。」というのがその主張である。

III　控訴裁判所は，民事訴訟法328条1項1号の枠内において，はたして被告が（合衆国内で）本当に不法行為を行ったかを審査すべきであった。

1　たしかに，ドイツの民事訴訟法においては，管轄および訴えの理由具

備性の双方にとり欠くことができない重要な事実（いわゆる二重の事実）は，理由具備性を審査する段になってはじめてこれを確定するするという原則が適用されている。したがって，管轄に関しては，すべての必要な事実が原告から一方的に主張されればそれで足りる（RGZ29, 371, 373f; 158,1,2; RG, JW1901, S.396Nr.4 und S.798f.; JW1902, S.125 Nr.3; BGHZ 7,184,186; BGH,Urt. v.9. Dezember 1963-VII ZR 113/62, NJW1964, 497, 498 unter 2)。このことは，わけても，裁判所の管轄（民事訴訟法32条）および民法823条以下に基づいて訴求される損害賠償請求の双方を根拠づけることになるはずの不法行為の存在について当てはまる（vgl. Stein/Jonas/Schumann, ZPO 21, Aufl. §1 Rdn. 20k und 32 Rdn. 16; Zöller/Vollkommer, ZPO 18. Aufl. §12 Rdn. 14 参照）。

そのめざすところは，最終的な訴訟の解決の簡素化と迅速化である。特別の裁判籍を選択した原告は，有理性を備えた主張さえすれば，出訴裁判所において，求めているところの，訴えが認められるものかどうかの審理をうけることができる。もっとも原告はこうすることで，つぎのような危険をおかすことになる。すなわち，訴えが不適法として却下されたときは，原告は，障害事由が除去されれば，たとえば管轄を有している裁判所に，再度訴えを提起することができるが，この場合には，その主張が真実でないとされたときは，理由がないとしてその請求を最終的に否定されてしまうことになる。このような手続の集中は，被告にとっても受け入れうるものである。すなわち，被告が，管轄を理由づける（二重の）事実を争うことに成功すれば，被告は，請求棄却判決をえて，債務は負っていないという確定の裁判をうることができる（Stein/Jonas/Schumann, a.a.O., 1 §1 Rdn. 21cff. 参照）。他方で，被告が不当に争ったときは，被告に対する訴えの適法性と理由具備性の双方について裁判所が判断しても，なんら不当な不利益を被告が負わされることにはならない。いずれにしても，事実が争われる手続では，争われている事実の真否は，裁判所が確定しなくてはならないということが保証されている。

このような原則は，ドイツ裁判所の国際裁判管轄についてもまた妥当するはずである（RGZ 95,268,270; Schumann, in Festschrift für Nagel S.402, 416f.)。この場合には，外国裁判所は，ドイツの裁判所の管轄をその規範に基づき再審査することができる。

2　はたしてこれらの原則が，民事訴訟法328条1項1号の意味での国際承

認管轄にも妥当するかは，争われている。

　ライヒ裁判所第7民事部は，なんら詳細な理由を付すことなく，かつまた結果にとりなんらの重要性をもたないかたちでではあるが，ある事件においてこの原則を承認管轄にも適用した（RGZ61,69,71）。ヨーヘン・シュレーダー〔Jochen Schröder〕(Internationale Zuständigkeit S.786f.）が，同一の問題について二重に証拠調べをするのを避けるということから，これに賛成している。

　これに対しライヒ裁判所第6民事部は，第7民事部が示した見解には疑問があるとした（RG WarnR 1913 Nr.302 S.359）。この見解はまた，学説の多くからも反対されている(Wieczorek, ZPO 2 Aufl. §328 Anm. EIc; MünchKomm/Gottwald, ZPO §328 Rdn. 63; Martiny in Handbuch des Internationalen Zivilverfahrens rechts Bd. III/1 Kap. I Rdn. 784; Geimer, Zur Prüfung der Gerichtsbarkeit und der internationalen Zuständigkeit bei Anerkennung auslandischer Urteile S.102,163f）。その理由にあげられているのは，被告の保護である。

　連邦通常裁判所は，いままでこの法的問題について判断したことはなかった。連邦通常裁判所が認めていたのは，外国裁判所により欠席判決をうけた被告が，執行法上の紛争においては，当該外国裁判所は管轄を欠いていたと主張することを妨げられないということだけであった（BGHZ 52,30,37f.）。本件ではそのことが問題となっているわけではない。というのは，管轄が争われたので，当該上位裁判所は，1991年8月21日の中間判決をもって，管轄問題について判断を下していたからである。

　3　外国裁判所の国際（承認）裁判管轄は，管轄原因となる事実が，同時に訴求債権を内容的に根拠づけるものである場合であっても，民事訴訟法328条1項1号にしたがって，独立してこれを確定しなくてはならない。管轄を根拠づける事実を単に有理性を備えたかたちで主張するだけでは足らない。

　a）　二重の事実は，まずはドイツの判断裁判管轄の枠内において審査されるのではなく，かえって，その理由具備性にあたり審査されるという結論が導かれるその理由（上記1参照）は，同じようには国際承認管轄に当てはまらない。わけてもここでは，被告に対する充分な保護を欠いている。

　ドイツの（承認を担当する）裁判官が，判決国の管轄について独自に確定することを放棄したとすると，そのかぎりにおいて当該裁判官は，争いのある

主張が正しいかどうかをもはや再審査することができない。つまりは，訴えの理由具備性の枠内では，民事訴訟法723条1項により，当該裁判官にはこれをなすことが禁じられている。そうなると，民事訴訟法328条1項1号が規定する管轄審査は，内国においてはこの範囲で行われないことになってしまう。しかしながら，各国の民事訴訟規則は，つぎの点でいまなお大きく異なっている。すなわち，それは，二国間条約が適用される場合を除いて，承認国では，執行宣言をするに先立って，判決国に国際裁判管轄があることの確定を一般的に放棄できるかという点である。ところで本件では，合衆国裁判所は，管轄の枠内においてのみならず，理由具備性の枠内においてもまた，主張されていた詐欺に関する証拠調べを行っていない。控訴裁判所がとる法的な立場からすると，原告の主張が正しくない場合でさえ，執行できる旨の宣言がなされることになってしまう。

　b）　反対の見解をとると，ドイツ人被告は，このような場合，どこでも好きな外国において，その国の裁判所は客観的にみて管轄権をもたないときでさえ，防御を強いられることになってしまう。しかしながら，まさに民事訴訟法328条1項1号は，これを防止するはずのものである。それによれば，被告は，そうしても，ドイツにおける権利保護にとり不利益な効果が生じることを恐れることなく，国際裁判管轄を欠く裁判所に応訴しなくともよいとされている。たしかに，訴訟要件とされている二重の事実の内国における訴訟上の取扱いは，同じく，被告が，そこで請求棄却をかちえるために，土地管轄を欠く可能性がある裁判所において防御しなくてはならないという結果をもたらす。国内におけるこのような困難は，しかしながら，国際領域におけるほど重大ではない（ドイツ民訴512条a・549条2項参照）。管轄を有しない外国で訴訟を追行する難しさは，はるかにそれにまさる。

　さらに，反対の見解は，一般的にみると，原告をして，被告がその地では有効なかたちでの防御ができないことを期待して，自らにとりできるだけ有利な裁判権を探し出し，そしてその管轄を必要なら一方的あるいは偽りの主張によって根拠付けようという誘惑にかることになろう。当部は，たとえば原告が本件ではこのようにしたと考えているわけではない。この可能性がありさえすれば，それが一般的にみて途方もないものでないなら，それだけですでに注目に値する。

c）これに対しては，当部が正当と考えるこの見解では，二重の事実は，それが理由具備性に与える影響に照らすと，民事訴訟法723条1項に該当するにもかかわらず，その存否を審査すべきことになってしまうという指摘がなされている。このことは，甘受しなくてはならない。すなわち，外国の裁判が法に適合しているかの審査を禁止していることは，民事訴訟法328条1項1号にしたがって外国裁判所の国際裁判管轄を審査すべしという要請に優先するものではない（結果的に同旨，BGHZ52,30,37; Schütze, Deutsches Internationales Zivilprozessrecht S.161）。

　4　個別的にみると，被告は，合衆国において，原告代理人に対し，その口頭弁論での主張の陳述を争った。1989年9月7日のファックスに関しては，その仮処分手続における提出を引用して，次のように陳述した。すなわち，顧客からの支払がない旨のその説明は，支払うべき売買代金についてのものではなく，なされたアフターサービスに関するものである。このような内容であるから，被告がした説明は，真実にかなったものであったと。

　a）被告の言うところが正しければ，そもそも詐欺の第1の要件，つまり詐欺行為がなかったことになる。控訴裁判所はいまだ次の点を確定していない。すなわちそれは，「何人かの顧客が，送り状の支払を中断している」という内容の英語表記のファックスの原文に照らし，どうして原告が，被告の説明は売買代金にのみ関するもので，契約上することになっていたアフターサービスに関するものではないととらえてよかったのかである。

　さらに被告はまた，「何らかの詐欺行為があったにしても，それは原告の財産の処分の原因ではなかった」と争った。この点に関し被告は，「原告は，A有限会社の経済状況が悪化していることを正確に知っていた。その後の電話での話し合いがなされるとすぐ，原告はもはや製品を供給しなくなった。」と主張した。

　民事訴訟法32条の枠内においては，詐欺（ドイツ刑263条，ドイツ民823条2項）が成立する要件は，ドイツ法に基づいて審査しなくてはならない。ドイツ法によれば，重要な要件事実の1つがでもあれば，そこはすべて不法行為の行為地となる（RGZ72,41,44; MüchKomm-ZPO/Patzina §32 Rdn. 17; Zöller/Vollkommer a.a.O., §32 Rdn.16）し，さらには，被保護法的利益が侵害されたところもまた不行為地となる（侵害結果発生地。BGHZ 52,108,111; BGH, Beschl.

v.14.12.1989-IARZ 700/89, NJW 1990,1533. なお，BGH, Urt.v.3.5.1977-VIZR24/75, NJW 1977,1590 参照)。したがって，詐欺が主張される場合には，いずれにせよ詐欺行為が錯誤を引き起こした場所，あるいは損害を引き起こした財産の処分がなされた場所もまた，行為地となる (vgl. BGH, Urt.v.6.2.1990-XI ZR 184/88, NJW-RR 1990,604 参照)。

b) 国際裁判管轄の審査にさいしては，ワシントン州の上位裁判所がその国際裁判管轄について下した1991年8月21日の中間判決に拘束されない。民事訴訟法328条1項1号は，その保護目的からして，ドイツ裁判官が事実的かつ法的な観点から独自に審査することをその前提としている (vgl. Hahn, Die gesamten Materialien zu den Reichs-Justizgesetzen 2. Bd.1. Abt. S.1192 zu §611; RG Gruch Bd.30 S.740,742f.; Wieczorek, a.a.O., §328 Anm.EIc; Geimer, Zur Prüfung der Gerichtsbarkeit a.a.O., S.97; Nagel, Internationales Zivilprozeß- recht 3. Aufl. Rdn. 662; Schack, Internationales Zivilverfahrensrecht Rdn. 839,883. RGZ 75,147,149f. は反対のようである)。

さらに，被告が，おそらくは，いまやっているような応訴を，個別的にワシントン州の上位裁判所においてはしていなかったことは重要ではない。民事訴訟法328条1項1号に基づく広範な審査の枠組みにおいては，原則として双方当事者は新たな提出をすることができる (RG WarnR 1908 Nr.678; Wieczorek, a.a.O.; Martiny, a.a.O., Rdn. 790; Zöller/Geimer, ZPO 18. Aufl. §328 Rdn. 128; Stein/Jonas/Schumann, ZPO 20. Aufl. §328 Rdn. 161; Geimer, Zur Prüfung der Gerichtsbarkeit, a.a.O., S.142f, 153f. これに対し Jochen Schröder, a.a.O., S.785; Gottwald, ZZP 103,257,277 は，反対のようである)。このことは，被告が外国においてあえて欠席判決をうけた場合のみ妥当するものではない (このような場合については，BGHZ 52,30,37 参照)。外国が被告に対する国際裁判管轄を有しないときは，被告はそもそもその外国において応訴する義務を負わないのであるから，単に一部だけ応訴したからといって，そのことだけで被告に不利益を負わせることはできない。被告がこのような対応をしたのには色々な理由がありえるし，乱用とみてよい理由に常に基づいているものとはかぎらない。その陳述したところによれば，被告は，コストがあまりにかかりすぎるので，合衆国においてそれ以上権利擁護をはかることを放棄したのであった。ひるがえって，原告もまた，判決国の管轄権をま

さにドイツの視点から根拠づける新たな事実を提出することを妨げられない。このかぎりにおいては，——たとえば不法行為の裁判籍のように，判決国と承認国の双方が原則的には認めている裁判籍に関してでさえ——異なった評価がなされる可能性があるのである。いかなる当事者も，承認国においてはじめてその意義をもつことになる可能性のある事実を，つとに第一訴訟において主張しておくよう求められることは決してない。それに対し，手続を簡素化し，そして促進しようという考慮は後退することとなるのである。

　管轄にとって意味をもつ事実について行われた外国での証拠調べの結果を，場合によっては考慮すべきであるか，またそうならどの程度までか（従前のドイツ＝ベルギー間の執行条約5条1項1文に関するBGH, Urt. v.9.4.1973-VIII ZR64/71, WM 1973,551,552参照）ということについては，本件では判断する必要がない。

　c）　最後に被告は，上位裁判所において応訴したことで，民事訴訟法39条が準用され，ワシントン州の裁判権を認めたということにはならない。被告は，その国際裁判管轄をはっきりと争ったのであるから，被告は，補充的に実体法上の異議を主張したことで，いずれにしても外国判決を受け入れる用意があると明示的に示したことにはならない（このような要件については，当部の判決, Senaturt. v.3.12.1992-IX ZR 229/91, WM 1993,524,527〔＝IPRax 1994,204 Basedow〔183〕およびGeimer〔187〕の評釈付き〕，BGHZ120,334所収参照）。

　B　したがって，不服を申し立てられた判決には違法がある。判断は，不法行為とされた詐欺に関する事実認定にかかっているので，事件を控訴裁判所に差し戻さなくてはならない（民事訴訟法564条1項・565条1項1文）。今後の手続に関し，当部は，次のことを指摘しておく。

　I　地方裁判所および控訴裁判所は，訴訟費用のための担保提供を求める訴訟上の抗弁に関して，ワシントン州との関係では，相互の保証（ドイツ民事訴訟法110条2項1号）があるとしているが，現在のところこれには疑問がある。地方裁判所は，この問題を誤って328条1項5号の枠組みにおけるのと同じ問題としてしまつた。控訴裁判所は，唯一，Baumbach/Lauterbach/Hartmann（ZPO 52. Aufl. Anh.. § 110 Rdn. 25に，「合衆国」とある）のみをその見解のよりどころとした。しかしそこでは，はっきりと，ワシントン州との相互の保証が確保されているのは，原告がその住所をドイツ連邦共和国にも

っている場合のみだとされている（同旨，Büllow/Böckstiege/Schütze, Der Internationale Rechtsverkehr in Zivil-und Handelssachen Bd. III Ordnungsnr. 1157 Bl.9 i.V.m.B 15, Alaska; Stein/Jonas/Leipold, ZPO 20. Aufl. §110 Fusn. 160。また，ニューヨーク州については，BGH, Zwischenurt. v.9.12.1981- VIII ZR 35/81, DB 1982,802参照）。本件はこのようなケースではない。この外国法に関する問題については，双方当事者が，鑑定による証明の申立てをしている。

II　上告のいうところとは異なり，訴えの特定性（ドイツ民事訴訟法253条2項2号）および判決の特定性（民事訴訟法313条1項4号）に関しては，なんらの問題もない。〔不服を申し立てられた〕判決は，執行さるべき判決およびドイツにおいて行われる執行の上限をかくする金額をはっきりと示している。さらにこの判決は，外国判決がそのために執行される請求権をもあげている。したがって，ドイツ民事訴訟法722条および723条の訴訟の訴訟物は，充分に特定されている。

　上位裁判所［Superior Court］の判決は，詐欺が原因となったと考えられる商品供給および弁護士諸費用を個別詳細に示すことはせず，かえっていずれについても総額だけでこと足れりとしてはいるが，それだけで，この判決は無効であり，したがって執行できないということはない。外国判決の単なる内容的な瑕疵については，それがもしかしたならドイツの考え方によった外国判決の既判力の確定を難しくする場合であっても，ドイツにおける承認に関する訴訟においては，これを審査してはならない。この既判力確定の準拠法は，ここでは問題となっていないドイツ民事訴訟法328条1項3号の場合は別として，被告がこれについては何も提出していない外国法である。必要な場合には，既判力の範囲はどこまでかの解明は，原則としては，外国裁判所において，その地において適用されている手続法規にしたがって行われるべきものである。ちなみに本件では，多くの点からすると，原告は，被告の行為によって生じたとされるすべての損害を訴求したと解釈してよい。原告が，ワシントン州では，多数の独立の請求権の単なる一部分の額を主張したことをうかがわせるものは何もない。

III　上告人のとる見解とは異なり，被告は資金不足から上位裁判所における広範な防御をあきらめたというその概括的な主張もまた，その判決の承認を妨げるものではない。

この点に関して，当部は，次のような問題を一般的に判断する必要はない。すなわちそれは，判決国の法が，資力の乏しい者が，経済的にみて負担可能な費用の予納なくして法的知識を備えた訴訟代理人をえることができないようにしており，したがって資力の乏しい者は，判決国の手続においてきちんとした代理をうけることができないときは，ドイツの公序が手続法につき侵害されることになるのかという問題である（vgl. Zöller/Geimer, a.a.O., §328 Rdn.156; Breuer in Rahm/Kunkel, Handbuch des Familiengerichtsverfahrens VIII Rdn. 262)。そもそもその事実上の要件からして，充分に陳述されていない。いままでドイツでは訴訟費用救助を申し立てたことはない被告は，その財産関係，および，合衆国においてさらにその防御を続けるのに必要であった弁護士費用のいずれについても詳しく陳述していない。

　ちなみに，内国における承認手続における法的な明確性という理由から，先にのべた意味での無資力を主張できるのは，通常は，判決が下された外国での手続において，無料での代理，あるいは通常より低廉な費用での代理がなされるよう申立てをしたが，認められなかった当事者に限られる。

　IV　執行できる旨の宣言がなされた上位裁判所の判決は未確定であるという原告の見解は，外国手続の経過の誤解に基づくものである。中間的な裁判というのは，被告の3つの防御を（さしあたり）却下した1991年8月21日の判決のみである。これに対して，控訴裁判所が執行宣言を付したのは，1991年9月20日の外国判決であり，この判決は——今や，その後の手続に被告が欠席したことに基づいて下されたものではあるが——，訴訟を最終的に終結させたものである。

　この判決が確定したことを，当該上位裁判所は，1991年12月4日の決定をもって宣言した（ドイツ民事訴訟法723条2項1文）。被告は，外国公文書の証拠力（ドイツ民事訴訟法438条参照）を，判決の送達を争うだけでくつがえすことはできない。ちなみに，原告は，判決が被告の合衆国における訴訟代理人に送達されたことを詳しく主張している。すでに地方裁判所が正当にも述べているように，このことをドイツ民事訴訟法138条4項にしたがって不知をもって争うことはできない。というのは，被告は自分の代理人に問い合わせるべきだからである。

　V　控訴裁判所が，第1被告の相殺の抗弁を却下した理由には疑問がある。

21　承認管轄の審査方法と実質的再審査禁止の原則の限界

　1　その理由は以下のとおりである。すなわち，原告は，Ａ有限会社および被告らに対し，1991年2月8日に，ドイツにおいて仮差押命令および差押決定をえた。この決定に基づいて原告は，Ａ有限会社と被告らの預金を差し押さえた。仮差押被告の異議に基づき，1991年4月26日に，仮差押え原因がないことを理由に，〔仮差押えの執行である〕裁判所の処分が確定的に取り消された。

　第1被告は次のように主張した。すなわち，「仮差押えとしての預金の差押えが原因で，Ａ有限会社は，1991年2月25日，支払不能を理由に破産を申し立てなければならなかった。」その結果，Ｄ銀行は，第1被告がＡ有限会社のために引き受けた206.689,07マルクの保証を理由に，第1被告に請求をしてきた。1991年8月7日までに，第1被告は，その債務を和解を通じて135.000マルクまで減らすことができた。1991年8月28日この和解のための条件が整った。」と。

　第1被告は，予備的に，135.000マルクの保証債務に基づく損害賠償請求権による相殺を主張した。

　2　控訴裁判所は，確かに出発点としては，この抗弁の適法性を正当にもドイツ民事訴訟法767条2項に照らして判断している。しかしながら，いままでのところこの規定の要件は，疑問の余地がないまでに確定されているわけではない。第1被告は，そのＤ銀行に対する保証債務を弁済したとは主張していない。そうであれば，第1被告には，原告に対する損害賠償請求権として，債務からの免除を求める請求権（ドイツ民法249条）が認められる可能性がある。ドイツ法のもとでは，同種性を欠くので，このような免除請求権をもって，――本件における原告のそれのような――金銭支払請求権と，ドイツ民法387条により相殺することはできない(vgl. BGHZ 25,1,6f; 29,337,343; BGH Urt.v.28.6.1983-VI ZR 285/81,NJW 1983,2438f; Urt.v.2.4.1987- IX ZR 68/86, VersR 1987,905)。しかしながら，ワシントン州の上位裁判所における相殺の場合には，その地の法のみが準拠法となったはずである。なぜなら，実体法的には，相殺の有効性は受動債権の準拠法によって判断されるからである(BGH 38,254,256)。ちなみに，手続法的見地からの相殺可能性の拡大および制限は，それぞれの裁判所が準拠する訴訟法による。本件では，このような観点からみたワシントン州法について，いずれの当事者もなんら提出をしてい

401

ない。

　ドイツ民事訴訟法767条2項がこの防御方法を認めないということでないなら、ドイツ法によれば、いままでの事実および争訟状況に照らすと、ドイツ民法273条1項の留置権（のみ）が問題となる。

　3　しかしながら、その点につき準拠法となるドイツ法に基づいてみてみると、第1被告の自動債権が有理性を備えているかについては、いまのところ疑問がある。

　ドイツ民事訴訟法945条によれば、被告は、被告に対する仮差押えの執行により生じた損害の賠償を求めることができる。本件で被告は、自らの預金が差し押さえられたために、保証人として支払い義務を負っていることを主張していない。それに代えて、被告はその債務を主債務者としてのA有限会社の破産申立てから、つまりは、Aに対して執行された仮差押えから導き出している。この限りにおいては、第1被告自身が、仮差押えの執行を直接受けたわけではない。このような損害は、ドイツ民事訴訟法945条の危険責任の対象とはならない。すなわち、この規定の定める厳格な責任は、ドイツ民法823条のそれと同じく、損害をこうむった相手方自身のみに認められる（RGZ 121, 185,187ff; BGH Urt. v.7.11.1961-VI ZR47/61, MDR 1962,125,126; v.15.6.1965-VI ZR 35/64, WM 1965,863,864; unter I 1; v/23.9.1980-VI ZR 165/78, MDR, 1981, 132; v.3.7.1984-VI ZR 264/82, NJW 1985,128; Baumbach/Lauterbach/Hartmann, ZPO 51.Aufl. §945 Rdn. 14)。このような原則については例外が説かれているが（Stein/Jonas/Grunsky, ZPO 20.Aufl. §945 Rdn. 13; Heinze, in MünchKomm-ZPO §945 Rdn. 15; Thomas/Putzo, a.a.O., §945 Rdn. 13)、いずれにせよ、本件のように、第三者に対する執行により影響をうけた仮差押え被告の一般財産に対する侵害のみから損害が導き出される場合はこの例外にはあたらない。

　第1被告は、その反対請求権を、民法826条にも基づくものとしているが、この点については、損害を与えたことが公序に反しているということの提出が今までのところ充分にはなされていない。このさい注意すべきは、原告は、仮差押えの執行を行うことで、自らの請求権を確保するために、原告に法律上認められた権利追求の方法を行使したのだということである。

〈参照条文〉

ドイツ民事訴訟法

第32条（不法行為の特別裁判編）
　不法行為に基づく訴えは，その行為がなされた地の裁判所の管轄に属する。

第328条（外国判決の承認）
第1項　以下の場合は，外国の裁判所の判決を承認することができない。
第1号　外国裁判所の所属する国の裁判所がドイツ法によれば管轄を有しないとき。
第2号－第5号　〈略〉
第2項　〈略〉

〈研　究〉

I　はじめに

　わが国において，外国判決の承認・執行に関する民事訴訟法118条の各号の承認要件は，最高裁判所の判例および学説によって次第に明らかになっている[1]。ただし各号のうち，1号のいわゆる承認管轄（間接的国際裁判管轄）の要件については，従来からその審査基準をめぐって学説上の争いはあるものの，判例の蓄積はない。とくに外国の不当な訴訟に巻き込まれた（と考える）被告を日本での執行判決請求訴訟において保護するという観点から，その審査方法を検討することは必ずしも十分ではなかった。

　ここで検討する連邦通常裁判所の判決は，まさにこの敗訴被告保護という観点から，ドイツ民事訴訟法328条1項1号における承認管轄の審査の方法および程度を明らかにしている注目すべき判決である[2]。加えて，本判決では，米国法に固有の三倍賠償[3]を言い渡す米国裁判所の判決が問題になっている。このような米国法の固有の法制度に起因するいわゆる対米司法摩擦問題は，日独双方の国際民事訴訟法学において最も重要性の高い課題である。この意味においても興味深い事件である[4]。

II　わが国の議論状況の概観

承認管轄の審査の意義およびその程度（限界）の問題は，被告が不当と考える原告の訴訟上の請求を基礎づける事実が，外国裁判所の国際裁判管轄権の行使を直接支えているような場合に鮮明になる（請求原因事実と管轄原因事実の符号の場合）。たとえば，不法行為地または契約上の義務履行地の存在が根拠となって判決国たる外国に国際裁判管轄が存在すると主張される場合が典型である。

1　判決管轄について

わが国において，このような請求原因事実と管轄原因事実が符号する場合の管轄審査の特殊性の問題は，いわゆる判決管轄（直接管轄）の場合について議論されてきた(5)。国内管轄と国際裁判管轄の双方が検討されている。いずれも問題関心の出発点は，たとえば，管轄原因事実としての不法行為地の存在（民訴5条9号）は，同時に本案の請求原因事実と符号しているので，管轄の有無の審査と本案の審査が重複し，訴訟上不経済ではないか。そのような場合には，本案審査を先取りして，請求棄却の本案判決を下したほうが，被告にとっては同一事件について再度応訴するというわずらわしさから解放されるので，効果的な権利保護が与えられることになるのではないか，という考慮である。

まず，国内管轄の局面でわが国では2つの見解が対立している。1つは，このような考慮を是認し，管轄審査の段階では，原告の主張するとおりに管轄があるものと仮定され，実際に不法行為があったのかどうかは本案の審理に委ねられるという見解である。それに対して，管轄の審査と本案の審査は別次元のものだから，被告から管轄違いの抗弁が提出されているかぎり，一応は管轄原因事実の証明が要求されるという見解がある。

次に，国際裁判管轄（判決管轄）の場合にも，同様に，この2つの見解が対立し得るが，学説上は後者の見解が有力である。なぜなら，前者の見解に従えば，原告の主張さえ整えば日本の国際裁判管轄が肯定されることになるが，そのことによって外国（日本）の裁判所に呼び出される被告の負担は国内事件に比べてより深刻だからである。それゆえに，被告に日本での応訴を強いるには相応の根拠が原告によって示されなければならず，たとえば被告による不法行為があり，その地が日本であるということについて，「一応の証明」を

要すると主張されている。

2　承認管轄について[6]

判決管轄の議論において被告の利益を重視する有力説に従うならば，承認管轄の審査に関しても，たとえば原告が，不法行為地を承認管轄の根拠として援用する場合，不法行為地が判決国にあることについては，原告の主張だけは足りず，「一応の証明」によるそれ以上の確実性を要するという結論を導くことが，同じく被告保護の観点から要請されそうである。

しかしながら，従来の学説においては，これと逆の結論を導く見解が有力である。たとえば青山善充教授は，承認管轄の審査について一般的に次のように述べられる。「間接的一般管轄の有無は，すでに判決裁判所が自国の管轄を肯定していることでもあるから，原則として原告の主張するところによって管轄原因事実（連結素）を認定し，これに上記のような我が国の国際民事訴訟法上の法原則を適用して判断すれば足りる」[7]。あるいは，小林秀之教授は管轄原因事実と請求原因事実が符合する場合の固有の問題として「直接管轄の審理の場合には，原告の主張だけでは足らず，管轄原因の存在たる不法行為の存在につき，疎明程度の一応の証明を実体審理にはいるには要するのが，国際裁判管轄の重要性に鑑み妥当であるが，外国判決の承認・執行については原則として原告の主張するところによって判断する（原告の主張に虚偽の疑いがある場合にのみ一応の証明を要求するのが妥当か）」とされている[8]。これらの見解によれば，外国判決について執行判決を求める訴訟において，原告は，被告によって不法行為が判決国で行われ，その結果，判決国で損害を被ったということを，虚偽の疑いのない程度に理路整然と主張すれば，民事訴訟法118条1号にいう外国裁判所の承認管轄は肯定される，ということになる。そのさいに，もはや不法行為の成立について被告が反駁することは許されない。その他の民事訴訟法118条の各号の要件が満たされている場合には，米国判決の日本での執行が許可されるという結論になる。これらの見解の背後には，承認管轄の審査のために，不法行為の存在について，原告の主張からさらに立ち入って審査する（たとえば「一応の証明」を要求する）ことは，必然的に民事訴訟法24条2項の禁止する実質的再審査を意味するからだという考慮があると思われる。

III 承認管轄審査における日独法の対照

　請求原因事実と符合する管轄原因事実の訴訟上の取扱いに関して，日本の有力説と全く逆の結論を採っているのがドイツ法である[9]。ドイツの通説・判例によれば，不法行為地の裁判管轄が問題なる場合に，請求原因にも関連している管轄原因事実は，判決管轄の審査においては，原告の有理性のある主張だけで存在するものと仮定される（これを「二重の事実の理論」と呼んでいる[10]）。それに対して，本判決でも確認されたように，承認管轄の審査の場合には，まさに敗訴被告の保護のために，そのような管轄原因事実の仮定は行われない。

　沿革的に見るならば，日本民事訴訟法118条の直接の母法はドイツの外国判決承認規定である。その間に双方において文言等の修正はあるが，その基本的性格はそのことによって変化していない。それにもかかわらず，この問題について両国におけるこのような日独法の相違はどうして生じているのか。興味深い論点である。

1　ドイツにおける承認管轄の審査[11]

　ドイツ民事訴訟法328条1項1号は，外国判決の承認・執行要件として，外国裁判所の国際裁判管轄（間接管轄）の存在を要求する。そして承認管轄は，日本の判決管轄・承認管轄同一基準説と同様にドイツ法の国際裁判管轄のルール，すなわちドイツ民事訴訟法の裁判籍の規定（12条以下）によって判断される。いわゆる鏡像原則［Spiegelbildgrundsatz］である[12]。

　通説・判例によれば承認管轄の問題は職権調査事項であるが，管轄原因事実の審査資料の収集には弁論主義が妥当する。したがって，原告は管轄原因事実（被告の住所，財産，合意の履行地など）が判決国の領土内に実際に存在していたことを承認国たるドイツの裁判官に確信させるために，主張・立証しなければならない。そのさいに，ドイツの裁判官は，国際裁判管轄についての判決国の裁判所の判断には拘束されず，また原則的に両当事者は新たな事実や証拠を提出することができる。

　外国判決の承認・執行の要件として，承認国の裁判所が当事者からの新しい主張・立証も考慮して外国裁判所の国際裁判管轄を独自に審査することは，何よりもドイツ民事訴訟法328条1項1号の規制目的，すなわち被告保護によって正当化されている。とくに，外国判決が，原告による一方的な主張にだ

け依拠して国際裁判管轄を肯定（擬制）して言い渡されている欠席判決の場合には，判決承認・執行の手続の段階において，独自に承認管轄を審査することによって被告を保護する意義は顕著である。

2 管轄原因事実と請求原因事実が符合する場合の特殊性

問題は，不法行為地のように管轄原因と請求原因が符合する二重の事実によって承認管轄の要件が充足されている，と原告が主張する場合に生じる。すなわち，承認管轄の審査基準として鏡像原則を前提として，判決管轄に妥当するような「二重の事実の理論」がここでも妥当するならば，たとえば被告による不法行為の存否はもっぱら本案の問題として扱われるべきことになる。他方で，承認国の裁判所が，外国判決における本案の判断にまで立ち入って事後審査することは禁止されると考えられているので（実質的再審査の禁止。ドイツ民訴723条1項），結局，承認国の裁判所は，二重の事実が問題になる場合には，承認管轄の要件についてもはや独自に審理をすることができない。

この不都合を回避するために，ドイツの学説においては，承認管轄の審査の場合，判決管轄の審査におけるような，二重の事実の理論による管轄原因事実の仮定は行われないとするのが多数説である。帝国最高裁［RG］の判例は分かれていた（判旨 A III 2 参照）[13]。

Ⅳ 本判決の意義

ここで検討する1993年の連邦通常裁判所の判決の意義は，判決管轄の審査の場合に妥当する二重の事実の理論，すなわち管轄の審理においては不法行為の存在のような二重の事実については原告の一方的な有理的な主張のみで足りるという原則が，承認管轄の審査には妥当しないという通説の見解に従うことを連邦通常裁判所として初めて明らかにしたことにある[14]。その根拠は何よりも被告の保護である（判旨 A III 3b）。

さらに注目されるのは，管轄審査においてすでに，理由具備性にも関連する二重の事実（不法行為の存在）について包括的な審査をすることは，ドイツ民事訴訟法723条1項により禁止される実質的再審査を惹起することになるのではないかという疑問に対して，実質的再審査の禁止は，外国裁判所の国際裁判管轄を審査するというドイツ民事訴訟法328条1項1号の要件審査よ

りも優先するものでないと明確に述べていることである (判旨 A III 3c)。

それゆえに，連邦通常裁判所は，被告が米国へのファックスの送付によって挙行したとされる詐欺行為の行為地が米国にあること，そしてそれがドイツ民事訴訟法32条の不法行為地による承認管轄の創設をもたらすのか否かについて審査が必要であると述べている (判旨 A III 4a)。そのさいには，国際裁判管轄を肯定した米国裁判所の判断 (中間判決) には承認国の裁判所は拘束されず，また両当事者はこの承認手続の段階で新しい事実・証拠を提出できるとすることも重要な説示である (判旨 A III 4b)。さらに，このような承認管轄の包括的な審査は被告が米国訴訟を欠席していた場合に限らず，本件のように部分的に応訴していた場合にも当てはまるという (判旨 A III 4b)。なぜなら，外国裁判所に国際裁判管轄が欠如している場合には，そもそも被告は外国において応訴する義務を負っていないからである。これらの考慮の結果，連邦通常裁判所は，被告の主張・立証を考慮するならば，不法行為地によって創設される米国裁判所の国際裁判管轄には疑問があるとして，この点を判決させるために事件を原審に差し戻したのである。

V 日本法への示唆

1 実質的再審査禁止原則との関係

承認管轄の審査 (ドイツ民訴328条1項1号) の目的が何よりも被告保護にあることを強調し，しかも管轄原因事実が請求原因事実と符合するために外国判決で認容された原告の請求の当否にもかかわる事実の存否が問題になっている場合においても，承認国の裁判所は新たな主張・立証を考慮して再審査することさえも可能であると明言する本連邦通常裁判所判決は，日本においても十分考慮に値するように思われる。なぜなら，日本法は，ドイツ法と同じ外国判決承認・執行の規制内容を有し，また承認管轄の要件に関しても，その基準として承認国のルールが採用されること，とくに判決管轄・承認管轄同一性説 (鏡像原則) が支持され，しかもその目的として，一般的に敗訴被告の保護が念頭に置かれているということでは共通の理解があるからである[15]。

しかしながら，前述のとおり日本の従来の有力説において承認管轄の審査方法に関しては，ドイツ法とは全く逆の立場が指向されていた。すなわち，

承認管轄の審査の場合には，原告の主張するところによって管轄原因事実を認定すれば足りるというのである。この日独の相違は，結局，実質的再審査の禁止の原則によって実現されると思われる寛大な外国判決承認・執行ないし国際協調の理念が，承認管轄審査の目的としての被告保護の目的との関係で，どの程度尊重（または制限）されるべきかという問題の理解に由来するものである。

　この問題について，ドイツの議論を確認しておく必要がある。まず第1に，そもそも承認管轄要件の審査には実質再審査禁止の原則は及ばない，と明快に述べる見解がある。たとえば，シュッツェ［Schütze］は「実質的再審査禁止は，承認管轄も含め，外国判決承認の要件の審査には及ばない。承認要件に関する限りにおいて，外国判決承認の枠内において，事実認定および法適用を事後審査すること［Nachprüefung］は必要である。この審査があるから，それよりも広範な事後審査を放棄することができる」とする(16)。同様にガイマー［Geimer］は，二重の事実の審査に関して「問題となっている管轄の構成要件に該当する事実が存在するのかどうかを審査することは実質的再審査ではない」という。その理由として，原告の有理的主張にのみ依拠した場合には被告保護の目的が達成されないこと，原告によるフォーラム・ショッピングの可能性を阻止できないこと，が論拠として述べられている(17)。本判決において，承認管轄の審査の必要性は実質的再審査禁止の原則よりも優先する，と判断されているのは，まさにこれらの見解にしたがったものと評価できるだろう。

　ドイツの学説では他方で，承認国における承認管轄審査の程度を外国訴訟における被告の応訴の態様に応じて決定しようという見解も主張されている。たとえばゴットヴァルト［Gottwald］は，本判決の評釈の中で次のように述べている。すなわち「二重の事実（不法行為の存在）について判決国の裁判所による事実認定が欠如していることは，当事者の責めに帰することができないので，両当事者は判決承認・執行手続の中で管轄問題について新しい事実を提出することができる。つまり，原則的に失権はない。その点で，実質的再審査禁止の原則は侵害されない。なぜなら，承認管轄の要件で審査されるのは，本案判決の正しさ［Richtgikeit］ではなく，ただ，承認管轄の審査の視野の下で，若干弱められた判決管轄の審査が後から繰り返されるだけだから，

である。しかし，被告が外国の手続に実際に関与して，裁判所が管轄問題について判断していたならば，たしかに外国裁判所のその判断に拘束されることはないが，おそらく執行判決手続の枠内における管轄問題についての当事者の新たな主張が失権することは正当化されるだろう」(18)。

ただし，このゴットヴァルトの見解においては，被告のどの程度の外国訴訟への関与があれば失権が正当化されるのか，本案への応訴が必要なのか，あるいは外国裁判所の無管轄を主張するための限定的な応訴で足りるのかは，必ずしも明らかではない。さらに，どの程度の失権であれば，承認国から見て無管轄の裁判所への応訴強制から被告を保護するという承認管轄要件の趣旨と合致するのかについては，留保されている。

2 日本法への示唆と私見(19)

まず議論の出発点として，外国判決の承認の前提として日本民事訴訟法118条1号において承認管轄が要求されることには，日本法から見て国際的に無管轄の外国の裁判所によって下された判決が日本において承認・執行されることから被告を保護するという意義があることが確認されなければならない。このような承認管轄要件の独自の意義（被告保護）が日本法においても肯定されるならば，一般論として承認管轄を原告の主張のみによって判断するという見解は排除されなければならない。外国判決承認・執行手続における国際協調を重視して，判決承認の要件の審査をできるだけ制限するという見解は，それ自体考慮に値すべきものである。しかし，各国の訴訟法規，とくに国際裁判管轄のルールが不統一である現状では，二国間または多国間条約が存在しないかぎり(20)，承認国の裁判所による承認管轄の独自の審査は放棄され得ないだろう(21)。しかもそのさいに，承認国の裁判所は，判決国の裁判所による国際裁判管轄についてのいかなる判断にも拘束されず，判決承認手続における原告と被告の主張・立証を考慮して，承認管轄を発生させる事実，たとえば被告の住所，本拠，財産の存在，合意による義務履行地が判決国に存在することを確信しなければならない。

同じことは，被告による不法行為責任が追及され，それが認容された外国判決の日本での執行が問題になっているとき，日本民事訴訟法5条9号を類推適用して承認管轄が創設されるべきことを原告が主張している場合にも当てはまる。すなわち，承認国の裁判所は，判決国に不法行為地があるという

原告の主張だけに依拠して民事訴訟法118条1号の承認管轄を認めることは許されず，被告による不法行為が判決国において実際に存在したのかどうかを独自に審査しなければならない。そうしなければ，連邦通常裁判所判決が指摘していたように，被告の負担する判決国への応訴義務が無限に拡大されることになり，不当である。

では，そのような審査は，民事執行法24条2項による「裁判の当否の調査をしないこと」，つまり実質的再審査の禁止の原則に抵触することになるだろうか。まずここで言う「実質的再審査の禁止」が何を意味するのかということ自体が，国際民事訴訟法上の1つの問題である。このことに関しては，ドイツ法においても必ずしも明確な回答があるわけではないことは上述の検討から明らかである。もちろん，前述のシュッツェや本件における連邦通常裁判所の見解が強調するように，被告保護という独自の規制価値を有する承認管轄の審査には実質的再審査の禁止は及ばないとして，割り切って考えることも1つの方法である。しかし，最近日本においては，フランス法の研究もふまえたうえで実質的再審査とは何かが研究されているので，その成果を本稿においても参照したい。

中西康教授は，従来「実質的再審査の禁止」の内容を厳密に検討しないままに，承認国の裁判官による「再審査」または「実質的」審査が一般的に許されないと考えられてきたことを批判して，許されない実質的再審査とは何かを追究した。中西教授によれば，許されない実質的再審査とは，「外国裁判所と同じ作業，すなわち本案請求が認められるか否か，当事者間の権利義務の存否の判断をやり直すこと」である[22]。

この見解に従えば，判決国の裁判官がそこで適用されるべき国際裁判管轄のルールを正しく適用していたかどうか，仮にそこで管轄原因事実と請求原因事実が符号するならば，本案審理において請求原因事実（たとえば不法行為の成立要件）が外国裁判所の適用すべき法規に従って正しく認定されて判決が下されていたかどうか，の問題を承認国の裁判所が承認管轄審査の枠内において審査することは，許されない実質的再審査になる。それに対して，承認国の裁判所が，承認国において妥当する国際裁判管轄のルールに従い，そこで使用されている法概念，たとえば不法行為（日本民訴5条9号）の存否を，承認国の法（日本民709条など）によって性質決定して認定することは，許され

ない実質的再審査にはならない。

　しかし，外国判決の本案において被告の不法行為による損害賠償責任が認容されている場合に，承認国の裁判所が，承認管轄の審査の枠内にとどまるとはいえ，被告の不法行為が実際に存在したのかどうかを独自に審査して，場合によってはそれを否定するような結論が導かれ得るということに対しては，外国判決の尊重または国際協調という外国判決承認・執行の制度趣旨からみて疑問ないし抵抗感が示されるかもしれない。そこで，この点を考慮して，請求原因事実と符合する管轄原因事実が承認管轄を基礎づけているような場合には，承認国の裁判所による再審査の対象を限定しようという見解が同時に主張されている。たとえば，民事訴訟法5条9号の不法行為地が問題になる場合には，行為の「違法性」，「有責性」および「損害発生」の審査は行われず，単に不法行為となり得る事実関係が判決国に存在したことを確認するにとどめる，という中西教授の見解がそうである[23]。

　同様の見解は，ドイツにおいても主張されていた。それによれば，たとえば身体侵害を理由とする損害賠償請求が問題になっている場合には，被告が実際に判決国のどこかで喧嘩に巻き込まれたこと，あるいは判決国に滞在していたことが認定されれば足りる[24]。

　中西教授の見解は，従来の実質的再審査禁止原則の形式的理解を見直し，被告保護の趣旨にも配慮しており，検討の方向性としては賛成できる。しかし，個別的には疑問がないわけではない[25]。まず，そもそも違法性の判断を離れて不法行為の存在を確定することは困難ではないかという疑問がある。つぎに，被告の単なる滞在や不法行為を惹起させるような被告の挙動が判決国に存在したという「土地関連性」だけが国際裁判管轄を発生させるという管轄のルールは存在しないので，そのかぎりで承認管轄についての鏡像原則がもはや維持されていないことになる。かかる土地関連性の存在があれば原告の有理的な主張だけに基づいて不法行為地の裁判管轄を仮定すること（二重の事実の理論）は，本案判決（請求棄却判決）を獲得することについての被告の利益が考慮される判決管轄にのみ妥当する審理手続上の便宜的かつ例外的な取扱いであった。そして，敗訴被告の保護という規制目的からいって，承認管轄の審査の場合には，そのような二重の事実の理論が採用され得ない，ということを明らかにすることに，まさに本判決からの示唆するところがあ

るのである。それゆえに，管轄原因事実と請求原因事実が符合する場合に，外国判決の尊重または国際協調を考慮して，本案の請求に関連するような事項についての承認国の裁判所による再審査をある程度抑制しようとするならば，ゴットヴァルトが主張していたように，被告の外国訴訟への具体的な関与の程度に応じて，承認管轄の審査における新事実の主張・立証は失権する可能性があるということが考えられるにすぎないだろう。

したがって，私見[26]によれば，本判決およびドイツの通説と同様に，敗訴被告の保護という承認管轄の要件の規制目的を重視して，承認国の裁判所は，たとえば不法行為地による管轄（日本民訴5条9号）に関しては，日本法から見て不法行為（日本民709条ほか）と評価される行為の侵害行為地または結果発生地が実際に判決国において存在したのかどうかを独自に認定しなければならない。そして，そのことは，禁止される実質的再審査，すなわち「外国裁判所と同じ作業，すなわち本案請求が認められるか否か，当事者間の権利義務の存否の判断をやり直すこと」を意味するものではない。

このような私見は，反国際協調的な見解として非難されるかもしれない。しかし，承認管轄審査において，ここで検討したような実質的再審査禁止の原則との限界付けが問題になるのは，二重の事実に結びついた特別裁判籍（不法行為地ないしは義務履行地）によってしか判決国の国際裁判管轄（承認管轄）が認められないという，例外的なケースにおいてのみである。この程度の反国際協調性は，とくに判決の承認・執行に関する二国間条約および多国間条約の存在しない分野では，敗訴被告の保護という民事訴訟法118条1号の意義にかんがみるならば，甘受されるべきである。

(1) 安達・展開第二部参照（なお，193頁注（1）の各最判）。詳細な参照文献もそこに譲る。なお，本判決は，同書第6章（「承認管轄（民訴118条1項）の意義と審査方法」）において日本法との対比させて論じられており，以下の叙述と重複する部分がある。

(2) 本判決の評釈として次のものがある。Jacob, RIW 1994, 331, Hohloch, Jus 1994, 800, Gottwald, IPRax 1995, 78, Koch, ZZP 108 (1995) 359. わが国では本判決について，前注書の他にラインホルト・ガイマー（勅使川原和彦訳）「『国際的教育』か効果的な被告の保護か!?」早稲田大学外国民事訴訟法研究会編・ヨーロッパにおける民事訴訟法理論の諸相（1999年）97頁，と

くに109頁以下が言及する。
(3) 安達・前掲注（１）168頁注（36）参照。RICOに関しては，リンダ・B・ラクディーア（松木和動訳）「民事・刑事で活用される米国の暴力団対策法（上，下）」NBL544号8頁，548号26頁（1994年）田村泰俊・組織・企業と公的規制訴訟（2001年）参照。
(4) 対米司法摩擦問題における日独法比較の意義について，安達・前掲注（１）「はしがき」参照。
(5) 以下について，安達・前掲注（１）151頁以下参照。この問題に関するわが国の学説および判例は，森勇「土地管轄および国際裁判管轄の原因が請求原因と符合する場合における管轄審査」中村（英）古稀・民事訴訟法学の新たな展開上巻（1996年）343頁以下，ならびに髙橋宏志「国際裁判管轄における原因符合」原井古稀・改革期の民事手続法（2000年）312頁が詳細である。最近，最判平成13年6月8日民集55巻4号727頁は，不法行為地の裁判籍の規定に依拠してわが国の国際裁判管轄を肯定するための管轄審査に関して，次のような注目すべき判断を示した。「我が国の裁判所に不法行為を根拠とする国際裁判管轄があるか否かを判断するためには，その前提として，不法行為の存在を認定しなければならないが，原告の主張のみによってこれを認めるべきではなく，管轄の決定に必要な範囲で一応の証拠調べをし，不法行為の存在が一定程度以上の確かさをもって認められる事案に限って，不法行為に基づく国際裁判管轄を肯定するのが相当である。」この判断は，すべての管轄原因事実について一応の証明を要するとしていた従来の有力説に従わないことを明らかにしている。本判決の評釈等として，安達栄司・NBL735号91頁（2002年），荒木新五・Credit & Law147号22頁（2001年），渡辺惺之・ジュリ1223号106頁（2002年），樋爪誠・Law & Technology14号50頁（2002年），松岡博・ジュリ1224号（2002年），花村良一・判タ1096号（2002年），小林秀之・判評518号9頁（2002年），木棚照一・リマークス2002年〈下〉146頁（2002年），佐藤鉄男・知財管理52巻4号503頁（2002年），村上正子・法教257号135頁（2002年），齊藤哲・法セ565号111頁（2002年），横溝大・法協119巻10号203頁（2002年），大塚彰男「国際的な知的財産紛争の裁判管轄と準拠法」際商29巻10号1171頁（2002年），高部眞規子・曹時55巻2号549頁（2003年），同・ジュリ1220号107頁（2002年），同・Law & Technology16号72頁（2003年），早川吉尚・民商131巻3号440頁（2004），髙橋宏志・国際私法判例百選166頁（2004）がある。
(6) わが国の判例において，この論点を取り上げることができたと思われるの

は，東京地判平成6年1月14日判タ864号266頁，および東京地八王子支判平成10年2月13日判タ987号282頁である。しかし，いずれにおいても承認管轄の審査の程度についての問題意識は見て取れない。
(7) 注解民執(1)396頁〔青山善充〕。
(8) 小林秀之「外国判決の承認・執行についての一考察」判タ467号21頁（1982年）。
(9) 安達・前掲注（1）154頁以下参照。
(10) 二重関連事実の理論の詳細は，安達・前掲注（1）155頁以下。
(11) 安達・前掲注（1）157頁以下参照。
(12) 承認管轄の審査基準としての鏡像原則並びに日本法の状況について，安達・前掲注（1）148頁以下参照。
(13) 従来の判例状況に関して，中西康「外国判決の承認執行における révision au fond の禁止について（2）」論叢135巻4号（1994年）16頁。
(14) 本判決では，以下で検討する承認管轄の審査の程度の問題のほかに，米国判決における請求の特定の問題（判旨BII），被告の資力不足のゆえに判決国裁判所で十分な防御活動ができなかったことは，なんら判決承認の拒絶事由として考慮されないこと（判旨BIII），最後に，執行判決手続の枠内において，請求異議事由たる被告による相殺の抗弁を考慮することができること，および相殺の準拠法について詳細な説示をしているが，本稿ではその検討を省略する。
(15) 安達・前掲注（1）160頁以下。
(16) Schütze, DIZPR (1985), 161.
(17) Geimer, Anerkennung ausländischer Entscheidungen in Deutschland (1995), 122.
(18) Gottwald, IPRax 1995, 76. 承認要件の審査全般にわたり，訴訟経済および国際的な矛盾判決の回避を考慮して，被告が判決国で応訴していた場合，承認国の裁判所において新しい事実や証拠があらためて提出されることの不合理を強調する Spickhoff, ZZP 108 (1995) 475, 486ff. も同様である。わが国では越山教授がこの立場を支持される。越山和広「書評・安達栄司著・国際民事訴訟法の展開」静法5巻3・4号647頁（2001年）。
(19) 安達・前掲注（1）162頁以下。
(20) 承認管轄の審査を放棄することによって，その実施にもっとも成功した国際条約(協定)は，もちろんブリュッセル条約である。
(21) 現在検討中のハーグの判決承認執行条約草案のように，いわゆるブラッ

ク・リストを指定する一方で，承認管轄の審査も維持する国際条約もある（同草案25条1項参照）。

(22) 中西康「外国判決の承認執行における révision au fond の禁止について（4）」論叢136巻1号（1994年）27頁。

(23) 中西・前掲注（22）10頁，森・前掲注（5）365頁，366頁。

(24) Geimer, a.a.O., 164f. , Martiny, Handbuch Marting, Handbuch des Internationalen Zirlerozeßreclt Bd. III/1, 1984 Rn. 784. 本判決に関しても同様の見方がある。Koch, ZZP 108 (1995), 371. ガイマー・前掲注（2）109頁。

(25) 以下の見解は，安達・前掲書165頁以下によるものである。

(26) 安達・前掲書166頁。

22 外国における執行の必要性とブリュッセル条約

EuGH, Urteil vom 10.2.1994-398/92 Mund & Fester/Hatrex

森　勇

Slg. 1994 I 467＝NJW 1994, 1271 Anm. Mankowski (1995, 306)＝JZ 1994, 1165 Anm. Chr. Wolf (1151)＝RIW 1994, 329＝IPRax 1994, 439 Anm. Geiger (415)＝EuZW 1994, 216 Anm. Thümmel (242)＝EWS 1994, 95 Anm. Gieseke (149)＝ZZP 1995, 109, 47 Anm. Schack (47)＝Rev. crit. 1994, N.J. 1994, Nr. 385 Anm. Schultsz

〈判決要旨〉

他の構成国において執行せざるをえない判決については，執行を外国でせざるをえないというだけで直ちに仮差押えを認めながら，内国においてその執行がなされることとなるはずの判決については，その発令がないと執行ができなくなるか，あるいは執行が困難となるおそれがある場合のみ仮差押えを認めている内国民事訴訟の規定〈ドイツ民訴法917条2項〉は，ヨーロッパ経済共同体条約220条およびブリュッセル条約とあいまって，ヨーロッパ経済共同体条約7条に反する。

〈事実の概要〉

Yは，オランダに本店を置く国際運輸会社である。Yは，荷送人（A）の依頼を受けて，「くるみ」を，トルコのカルサンバからドイツのハンブルクに輸送した。しかし，輸送に用いたコンテナの密閉不良のため，くるみは水をかぶって毀損してしまった。

X社は，上記荷送人から譲り受けた権利に基づき，Y社に対し損害賠償を求め，そしてその債権を保全するために，1992年6月23日，ハンブルク地方裁判所に，Y社が所有するくるみ輸送の用いられ，当時ドイツ国内にあったコンテナの仮差押えを求めた。当時ドイツ民事訴訟法（以下「ドイツ民訴法」）

917条2項は，外国で執行しなくてはならなくなるときは，当然に「保全の必要」が認められる旨を規定していた。申立てを受けたハンブルク地方裁判所は，ブリュッセル条約構成国における執行が可能である場合には，当時のドイツ民訴法917条2項の適用はないとして，申立てを棄却した。

これを不服とするX社は，ハンブルク上級地方裁判所に抗告。抗告を受けたハンブルク上級地方裁判所は，外国といっても，ヨーロッパ経済共同体条約に加盟している外国での執行が問題となっている場合，外国での執行の必要性のみをもって，仮差押えにつき保全の必要を認める当時のドイツ民訴法917条2項は，ブリュッセル条約があることをふまえると，条約構成国国民の国籍による差別を禁止しているヨーロッパ経済共同体条約7条に反しないかの判断をヨーロッパ裁判所に求めた。これが本件である。

〈お断り〉本稿は，少なくとも5年以上前に脱稿したものであり，その後のブリュッセル条約等の展開は一切考慮していない。

〈判　旨〉

ハンザ都市ハンブルク上級地方裁判所は，1992年11月23日にヨーロッパ裁判所に送付された同年同月16日の決定をもって，ヨーロッパ経済共同体条約7条にしたがい，ヨーロッパ経済共同体条約220条および改正を経た現行の文言における1968年9月27日の民事・商事事件における裁判管轄および裁判の執行に関する条約（ABl.1972, L299, S.32。以下，ブリュッセル条約）とあいまったヨーロッパ経済共同体条約7条の解釈の問題を，先行判断のために付託した。

この問題は，X社と，オランダに本店を置く国際運送会社であるY社間の，ドイツにあるY社の財産に対する対物仮差押命令に関する事件において生じたものである。

Y社は，トルコのカルサンバからハンブルクにくるみを運送していたが，コンテナの密閉が甘かったために，運送中くるみは水をかぶって毀損してしまった。

X社は，荷送人から譲り受けた権利に基づき，損害賠償を求め，そしてその債権の実行を確保するために，1992年6月23日，ハンブルク地方裁判所にドイツ民訴法917条2項に基づき，Y社がくるみの運送に際して用い，いまだ

ドイツ国内にあるコンテナの物的仮差押えを申し立てた。

ドイツ民訴法917条は、以下のとおり規定する。

「（１）物的仮差押えは、それが発令されないと、執行が不可能あるいは困難となる恐れのあるときに認められる。

（２）判決が外国において執行せざるをえないときは、仮差押えの充分な理由があるものとみなす。」

ハンブルク地方裁判所は、申立て当日に、決定をもって仮差押えの申立てを棄却した。ドイツ民訴法917条2項の意味での仮差押原因はない。なぜなら、ブリュッセル条約構成国における判決の執行が問題となっているからだというのが、その見解であった。

X社は、この地方裁判所の決定に対し、わけても次のような理由をもって、ハンザ都市ハンブルク上級地方裁判所に抗告を提起した。すなわち、ドイツ民訴法917条2項の解釈は、ブリュッセル条約によって変わることはないというものであった。

ハンザ都市ハンブルクの上級地方裁判所は、仮差押申立てに対する裁判は、もし判決をオランダで執行せざるをえない場合、ドイツ民事訴訟法917条2項の意味での仮差押原因があるのかという問題にかかっていると考え、手続きを停止して、先決判決を求めて、以下の問題をヨーロッパ裁判所に付託した。すなわち、その問題とは、

「仮差押を外国でせざるをえないこと（ドイツ民訴法917条2項）は、1968年9月27日の民事・商事事件における裁判管轄および裁判の執行に関するヨーロッパ経済共同体条約（ブリュッセル条約＝訳者注）に加盟している国において執行が行われる場合にも、仮差押えの原因となるか。」

である。

先行判決を求めた裁判所は、上記の問題提起によって、要するに次のことを知ろうとしたのであった。すなわち、他の加盟国において執行せざるをえない判決については、執行を外国でせざるをえないというだけで仮差押えを認めながら、内国においてその執行がなされることとなるはずの判決については、その発令がないと執行ができないか、あるいは執行が困難となるおそれがある場合のみ仮差押えを認めている内国民事訴訟の規定〔ドイツ民訴法917条2項〕は、ヨーロッパ経済共同体条約220条および1968年9月27日の民

事・商事事件における裁判管轄および裁判の執行に関するブリュッセル条約とあいまって，ヨーロッパ経済共同体条約7条に反するかどうかである。

この問題にこたえるためには，まず，ヨーロッパ経済共同体条約がこの〔ドイツ民訴法の〕規定に適用されるかを検討しなくてはならない。

ヨーロッパ経済共同体条約220条4節によれば，各構成国は，必要なときには，その国民のため，裁判の相互承認と執行に関する方式の簡素化を確保すべく，交渉を行うこととなっている。この規定は，ダイレクトに適用される法原則を立てようとするものではなく，かえって，構成国間における交渉の枠組みだけを示そうとするものではあるが（1985年7月11日の137/84事件の判決参照，Mutsch, Slg.1985, 2681, Randnr. 11参照），構成国に関連する事件についての管轄規定をもうけることによって，共同市場が機能することをめざすものであり，そしてまた，条約構成国の領域における判決の承認と執行に関わる障害を容易に除去できるようにすることを目したものである。

この規定に基づき，そしてまたこの規定において確定された枠組みにおいて，構成国は，ブリュッセル条約を締結した。その結果，判決の承認と執行に関する裁判管轄および方式の簡素化に関わる本条約の諸規定ならびに条約が指摘する内国諸規定は，ヨーロッパ経済共同体条約と関係することになる。

本件では，付託のもととなった手続［Ausgangsverfahren］で問題となった内国規定が，ヨーロッパ経済共同体条約7条により禁じられている，国籍を理由とする差別をもたらすかを審査しなくてはならない。

確立した判例によれば，ヨーロッパ経済共同体条約7条は，条約の適用領域においては，いかなるものであれ国籍に基づいた差別を禁止している。この規定は，単に国籍に基づく明白な差別のみを禁じているわけではなく，さらには，他の区別の基準を用いて事実上同じ結果をもたらす，隠れたやり方の差別をも禁止するものである（1980年10月29日の22/80事件の判決，Boussac, Slg.1980, 3427, Randnr. 9参照）。

付託のもととなった手続において問題となった内国規定は，隠れたやり方の差別を内包している。

ドイツ民訴法917条2項を検討してみると，たしかにこれは，明らかに国籍に基づいた差別をするものではない。なぜなら，この規定は，判決の執行を外国でしなくてはならない場合すべてに適用される，つまり，仮差押えによ

り捕捉される財産がドイツ国民のものである場合にもまた適用されるからである。しかしながら，委員会が正当にも指摘するように，後者の事例は希有である。というのは，外国での執行のほとんどは，ドイツ国籍をもたない自然人あるいはドイツ連邦共和国に主たる事務所・営業所をもたない法人の場合に問題となるからである。したがって，問題の内国規定は，事実上，国籍に基づく差別と同じ結果をもたらしている。

　しかしながら，以上のことは，付託のもととなった手続において問題とされた規定が，ヨーロッパ経済共同体条約7条に反すると結論づけるには充分ではない。そのためには，これに加え，問題の規定が，客観的な事情によって正当化されないことが必要である。

　この点に関してみると，仮差押えは，債権者が，後に下される判決を，債務者に対し実際に，かつまた適時に執行できることを保障するものだということを，指摘しておく必要がある。事案の状況に照らすと，理性的にみて，保全のための処分がなければ，後に下される判決の執行ができなくなるか，非常に困難となるおそれのあるときは，ドイツ民訴法917条1項により，この処分をなすことが認められる。同条2項によれば，執行をドイツ連邦共和国以外の国でせざるをえないということだけで直ちに，このような危険があると推定される。

　このような推定をはたらかせることは，後に下される判決の執行を条約構成国以外の国の領域で行わざるをえない場合には，たしかに正当である。しかしながら，共同体構成国の領域において判決を執行できる場合はそうではない。すなわち，すべての共同体構成国は，ブリュッセル条約の構成国であり，その領土は，この条約の報告書において述べられているように（ABl. 1979 C59, 1頁，とくに13頁），全体として1つに統一されたものとみることができる。

　つまり，裁判の執行の要件と，執行にともなう諸々の困難と結びついたリスクは，すべての構成国において同じであるにもかかわらず，ドイツ民訴法917条2項は要するに，執行がドイツ以外の構成国の領域で行われるということだけで直ちに，これらの危険や困難は確実でありまたはっきりしているということをその出発点としている。

　このことから，当該内国規定は，客観的な事情によって正当化されるもの

ではないということが導かれる。

　以上述べたことから，提示された問題に対しては次のように答えるべきである。すなわち，他の構成国において執行せざるをえない判決については，執行を外国でせざるをえないというだけで直ちに仮差押えを認めながら，内国においてその執行がなされることとなるはずの判決については，その発令がないと執行ができなくなるか，あるいはそれが困難となるおそれがある場合のみ仮差押えを認めている内国民事訴訟法の規定は，ヨーロッパ経済共同体条約220条および1968年9月27日の民事・商事事件における裁判管轄および裁判の執行に関するブリュッセル条約とあいまって，ヨーロッパ経済共同体条約7条に反する。……

　このような理由に基づき，当裁判所（第6部）は，ハンザ都市ハンブルク上級地方裁判所から1992年11月16日の決定をもって付託された問題が正当であることを認めるものである（〈判旨〉参照）。

〈参照条文〉

ドイツ民事訴訟法
　第917条
　　第2項（1994年当時）判決の執行を，外国で行うべきことになる場合には，十分な仮差押原因があるものとみなされる。

ヨーロッパ経済共同体条約（ローマ条約）
　第7条（1994年当時。現在は，ヨーロッパ共同体条約＝アムステルダム条約12条）
　　　本条約が適用される範囲においては，本条約に別段の定めがある場合をのぞき，国籍に基づくすべての差別は，禁止される。
　以下　〈略〉

　第177条（1994年当時。現在は，ヨーロッパ共同体条約＝アムステルダム条約234条）
　　　司法裁判所は，次の事項について先行判決を行う。
　　(a)　本条約の解釈
　　(b)　省略

(c) 省略

　前記の問題が，構成国の裁判所において提起され，かつ当該裁判所が，その判決を為すにはこの点に関する判断が必要と認めるときは，司法裁判所に対し，その判断を求めるために，当該問題を提示することができる。

　前記の問題が，その判断自体に対しては国内法上上訴ができない国内裁判所に係属中の手続きにおいて提起されたときは，当該裁判所は，司法裁判所の判断を求めなければならない。

第220条（1994年当時。現在は，ヨーロッパ共同体条約＝アムステルダム条約293条）

　構成国は，必要あるときは，その国民のため，次の事項を保証すべく，相互に交渉する。

―――〈略〉

―――〈略〉

―――〈略〉

―――裁判所の判断および仲裁判断の相互承認および相互執行のための手続きの簡素化

〈研　究〉

Ⅰ　はじめに

ドイツ民訴法912条2項は，「判決の執行を，外国で行うべきことになる場合」を絶対的仮差押事由とする。ブリュッセル条約の下においては，その立法の趣旨からして，条約構成国での執行の必要を仮差押原因とする根拠はもはやない。また，ローマ条約6条に違反するとする見解が，かなり以前から唱えられてきていた[1]。そしてまた，ブリュッセル条約の下では，本条の適用はないことを示唆するドイツの裁判所の先例は，すでにこのヨーロッパ裁判所の判決よりも18年も前にみられたし[2]，さらには，ローマ条約6条に違反するとする先例も，十数年前にあった[3]。もっとも，多数説は，本条がブリュッセル条約下でも適用されるとしてきたし，先例の多くも同様であった。このような状況の中で，ハンブルク上級地方裁判所は，ドイツ民事訴訟法917条1項および2項の仮差押えの理由を否定したハンブルク地方裁判所の決定

に対する抗告を受けて、ローマ条約177条第3項に基づき、ヨーロッパ裁判所の先行判決[4]をあおいだのが本件である。

このさいハンブルク上級地方裁判所は、おそらくのところ、ドイツ民事訴訟法917条2項について確定的な解釈をえるべく[5]、その質問を「仮差押えを外国においてする必要があること（ドイツ民訴917条2項）は、ブリュッセル条約に加盟している国における執行が問題となる場合にも、仮差押えの理由となるか。」と構成して判断をあおいだのであった[6]。しかしながら、ローマ条約177条1項が規定する先行判決の対象は、（当時では）ローマ条約ないしはEC共同体法のみであり、加盟各国の内国法はその対象にはならない。すなわち、ヨーロッパ裁判所の裁判権は、EC共同体法の内容と適用範囲のみにしかおよばない。そこで裁判所は、ハンブルク上級地方裁判所の質問を、ローマ条約7条の定める差別禁止がおよぶ範囲の問題として構成し直したのであった。その結果、ヨーロッパ裁判所の判断は、そこに示されているように、次の3つの点を検討する形となったのである。すなわち、①ドイツ民訴法917条2項は、ローマ条約が適用される射程の範囲にはいるか。②この規定は、国籍に基づく差別をもたらすものか。③この規定は、ことに即して［sachlich］みた場合に正当化されることはないか、である。

以下では、まず、ドイツにおける従前の議論がどうであったかを紹介し、次にこの判決に対する評価をみていく。そして最後に、この判決がドイツ民訴法にもたらした影響を紹介してみることとしよう。

II　従前の議論
1　適用否定説

すでに述べたように、ブリュッセル条約の下では、この条約構成国での執行が見込まれるときは、ドイツ民訴法917条2項はもはや適用されないとする見解は早くから主張されてきたが、それらの見解（適用否定説）は、まず第1に、本条が規定された趣旨（その法政策上の根拠）、つまりは目的論的な解釈にその理由を求める[7]。すなわち、ドイツ民訴法917条2項は、その規定の体裁からして、外国での執行は、独立の仮差押えの理由ではなく、第1項が定める仮差押えの理由、つまりは、執行ができなくなるか非常に困難になる場合の一例と考えられたから規定されたものである。しかしながら、ブリュッセ

ル条約構成国での執行は，同条約により容易になったので，もはやこのような推定は当たらない。具体的には，ブリュッセル条約の下では，執行判決手続は放棄され，内国手続と同じような執行文付与の手続となっている。不服申立てについても，ドイツ内国法と同じようになっている。問題となるのは[8]，①現実には主文を翻訳する必要があることと，②ブリュッセル条約の留保条項（ブリュッセル条約27条・28条）わけても公序条項であるが，前者については，大したことではないから，さして時間のとるものではない[9]。また後者についても，その適用は厳格でなくてはならないとされているから，実際に問題になる例はあまりない。たしかに，ブリュッセル条約構成国での執行は，内国での執行と比べると，ある程度の困難が伴うことは否定できないが，それはもはや「著しい［wesentlich］」ものではないと主張する[10]。第2は，立法者の意思である。1877年ドイツ民事訴訟法の理由書には，本条について概略次のように説明されている。すなわち，立法者としては，仮差押えの理由を列挙することは，裁判所をしばることになるからこれをしない。1つだけ例としてあげておく必要があるのは，外国での執行の必要性であるが，これは，各州の立法が異なっているので統一する必要があるからである。外国での執行の必要は，その外国で司法共助が保証されているか否かにかかわらず仮差押えの理由となる。ただし，条約により司法共助が保証されている場合はこのかぎりではない[11]と，説明されている。これを受けて適用否定説は，ブリュッセル条約はそこで言われている趣旨の条約に他ならないのであるから，この条約の下では，もはや本条は適用されないと主張する。そして第3には，本判決と同じように，本条が適用される多くの場合は，外国人が債務者となっている場合であるから，本条は，その実質においては国籍による差別であり，ローマ条約7条が規定する国籍による差別禁止に反する[12]と主張するわけである。

２　適用肯定説

これに対し，ブリュッセル条約下においても，ドイツ民訴法917条2項は，そのまま適用されるとする多数説（適用肯定説）は，まずもって本条の明確な文言をそのよりどころとする。すなわち，立法者は，（わが国民事訴訟法旧738条のように）外国での執行の必要性を1項の要件に該当する場合の例示として規定したり，あるいは「看なし」規定として構成することを意識的に放棄

したのである。したがって、1項の要件の例示ではないのだから、外国での執行が容易になったかどうかは、2項の適用の可否に関係しない。そして、ローマ条約およびブリュッセル条約の構成国も、やはり外国である。また、仮にその法政策上の根拠がなくなったにしても、本項の改廃は、立法者の判断にゆだねられるべきものであるとする。第2は、適用否定説の言う簡易化がブリュッセル条約によりはかられたと言っても、その構成国での執行と内国での執行では、無視できない違いがあるため、外国での執行の必要性を仮差押えの絶対的理由とした本項の法政策上の根拠はいまだなくなってはいないと主張する。ここでは、1ヵ月の不服申立期間をともなう執行を行う国での手続（ブリュッセル条約31条以下）が必要となるほか、時間がかかる、翻訳の必要がある、そしてまた外国の弁護士に依頼しなくてはならないといったかなりな不利益を被ることが指摘されている。第3は、理由書が、その存在により本項は不適用となるとする「条約」の解釈である。適用肯定説は、1877年ドイツ民訴法案の審議においてなされた質問とこれに対する政府委員の答弁[13]を根拠に、この条約とは、既存の条約のことであり、その後に締結されたものはあたらないとする[14]。そして最後に、ローマ条約7条が規定する国籍による差別禁止に反するかについては、本項は、国籍ないしは住所に標準を当て差異を設けているわけではない。かえって、差押えの対象になる財産がどこにあるかを基準に差異を設けているのみであるから、違反とはならないと主張する[15]。

3 両説の対比

以上にみた適用肯定説と否定説の論戦は、少なくとも同じ状況に身を置いていない者からすると、一種水掛け論であり、公権的な判断ないしは立法がなされるまでは、およそその決着を期待するのは無理な代物と言うのは、必ずしも言い過ぎではなかろう。たとえば、本項について適用否定説が言うような目的論的解釈は、たしかに立法理由が、2項は1項の仮差押えの理由の例だと言っている点からすれば正しいようにもみえるが、それではなぜ、わが国の旧民事訴訟法737条（「殊ニ外国ニ於イテ判決ノ執行ヲ為スニ至ル可キトキ」と規定し、執行が不可能ないしは著しく困難な例としてあげる）のように、一般的仮差押えの理由の一例とせず、独立した項としたことは、適用肯定説にとって有利にみえる。極め付きは、立法理由書において本項は適用なしとさ

れる「司法共助を保証する条約がある場合」の解釈の対立である。一方で，1877年にドイツ民訴法（CPO）が成立した後は，唯一財産の所在地のみが問題とされ，条約の存在の問題にふれるものはなかったのをみて，否定説は，それは当時このような条約がなかったからだと言う[16]。他方，ここで言う条約とは，1877年ドイツ民訴法制定当時すでに締結されていたものを指すと適用肯定説は言うが，審議のやりとりからは必ずしもはっきりはしない[17]。

要するに見解の差は，ブリュッセル条約の下においてもなお存在する内国での執行と，同条約構成国での執行における差異を，執行に障害があるとは言い難いとするか否か。裏返せば，ブリュッセル条約のもとで，ドイツ以外の構成国に主たる財産を有する債務者に，本案判決がでるまではドイツにある財産をいわゆる塩漬けにされる危険を負わせてよいのかということである。極論するなら，厳然として存在する構成国での執行に伴う困難につき，ヨーロッパ共同体は一体であるから，いわゆる「一体ヨーロッパに適合した解釈[europa-freundliche Auslegung]」と言うスタンスをとるのか，それとも，リアルに，現実的な困難をみていくのかと言う，非常に政策的な，さらに言うなら，ヨーロッパは一体という信仰に帰依するかどうかと言った側面すら否定できない論争だからである。

本判決は，このようなイデオロギッシュとも言ってよい論争に終止符を打つものとなったが，必ずしも両手をあげて歓迎されているわけではない。次には，その論理にそって，この判決に対する批判をみていこう。

Ⅲ　本判決に対する批判とその評価

1　本判決に対する批判

ヨーロッパ裁判所のこの判決は，もっぱら，ローマ条約7条の適用問題として判断しているために，論点の比重がシフトしている。その趣旨ないし根拠は，適用否定説とその説くところを支持するもの，さらに言えば（あるいはその簡略な理由付けからすると），むしろヨーロッパ統合に幅寄せしたそのスタンス自体を支持するものと言ってもよさそうである。したがって，当然のことではあるが，適用肯定説からは（その国内向けの議論を差別禁止の論法に置き換えて）激しく批判されることになる[18]。その概要をみてみよう。

(a)　まず判決の第1点目は，本判決は，ローマ条約適用の可否について，

ブリュッセル条約がローマ条約220条4節に基づいて締結されたことを理由に，ローマ条約の適用対象となるとするが，これについては，つぎのように批判されている。すなわち，ローマ条約220条に基づいて締結された個々の条約すべてがローマ条約の適用対象となるわけではない。同条4節は，「裁判の相互承認と相互執行に関する手続の簡素化」の交渉を行うとしているのであって，判決理由11で言われている「管轄に関する規律の定め」，つまりは直接管轄を定めるブリュッセル条約は，このスキームには入っていないから，ローマ条約は適用されない。加えて，仮にブリュッセル条約がローマ条約の適用対象になるとしても，ブリュッセル条約24条は，保全処分の管轄を構成国に任せているのであるから，国際仮差押管轄の問題は，ローマ条約の適用対象とはならないと。

(b) 第2点目のローマ条約7条の差別禁止については，次のように批判される。すなわち，従来から，本条が適用されるのは，明確に国籍を基準とした差別に限られない。ほかの基準がとられてはいても，国籍で差別したのと同じ結果になるときも，「隠れた国籍による差別」とされてきたところである。翻ってみるとこれは，差別的な扱いが，事実上かつ典型的に国籍によったのと同様でなくてはならないと言うことである。判決は，大多数の場合には，債務者は外国人になることを理由に，これにあたるとする[19]。しかし，ドイツ民訴法917条2項は，唯一，内国での財産不足のために外国で執行しなくてはならなくなるという点，つまりは具体的な執行の見込みのみを基準としたものである。ドイツ人であろうとなかろうと，債務者が国内に十分な財産を持たないときには，差し押さえられる。このような本項のコンセプトからするなら，隠れた差別ではないとする[20]。

(c) 最後に，第3点目として，国籍による差別であっても，はたして正当化の理由があるかにつき，本判決は，ブリュッセル条約構成国の「領土は……全体として1つに統一されたもの」[21]であり，加えて，ブリュッセル条約の下では，いずれの国にあっても，執行の要件とそれに伴うリスクは，同じである。したがって，外国での執行の必要から，ドイツ民訴法917条2項のように，将来執行が不可能ないしは著しく困難になるとの推定をはたらかせるのは正当ではないと，適用肯定説を一蹴する。この，木で鼻をくくったような理由付けに対する批判は，つぎのようである。すなわち，まずもっ

てここでは，先に見たような適用肯定説（上記II2）が提起した問題との取り組みが一切なされていない。もし，ブリュッセル条約構成諸国は，1つの統一的な領土をなすというのなら，そもそもが，ブリュッセル条約31条以下の承認要件や執行宣言手続と言ったものは不要なはずである。いかに簡単になったとは言っても，このような手続がある点で，執行文を簡単にえられる内国で執行するのとは，根本的に異なっている。この点との取り組みを欠いた本判決は，カナデコで殴り飛ばすようなやり方をとるものであり，これは，ヨーロッパ裁判所の威信を損ねる恐れさえあると手厳しい。ちなみに，本判決の理由付けは，かなりラフなことは事実である。この判決を支持する者からさえ，その理由付け，とくにローマ条約7条違反に当たるとする理由付けは簡略にすぎ杜撰であると批判されていることを[22]，ここで指摘しておこう。

ただこれもまた指摘しておくべきは，仮に以上のような批判が正当であっても，本件にあっては，ドイツ民訴法917条2項は，やはりローマ条約違反となりそうである。というのは，本件において債務者Yは，ドイツの運送業者であれば受けることがない差押えを受け，その営業用の資材を長期間使用できなくなるという点で，ドイツの運送業者とは異なった条件下におかれることになる。これは，ローマ条約59条以下の役務提供の自由から導かれる，内国人と同等の扱いという要請に反するものだからである[23]。

2　本判決の評価

ドイツ民訴法917条2項は，ローマ条約7条に反する。これを判旨とする本判決は，ヨーロッパ裁判所が，その裁判権の対象となる共同体法の規定と一見関係がないようにもみえる内国法の領域にますます多く介入してきていることを示す一例であるが[24]，それはまた，ローマ条約の解釈に関しはっきりしなかった若干の点を明確にすることに奉仕するものである一方，他方では，本項ないしは1項の適用に関し，あらたな問題を提起することにもなった。

前者の1つは，ローマ条約7条の解釈に関するものである。すなわち，7条は，その適用の範囲内では，国籍に基づくいかなる差別も禁じるとしており，いわば絶対的な差別禁止（絶対的平等）となっている。したがって，本判決のように，さらにその差別を正当化する客観的事情の有無を検討する（相対的差別禁止＝相対的平等）ということを許さないものとも解すことができる。

支配的見解は，相対的な差別禁止を命じるものと7条を理解していたが，従前のヨーロッパ裁判所の判決には，この点に疑念を起こさせるものがあった。しかし，本判決により，ヨーロッパ裁判所は，7条を，相対的差別禁止を命じるものであると解することがはっきりした[25]。

　第2点は，ローマ条約7条の人的な適用対象の解釈に関し，ドイツにおいてなされていた議論に決着をつけることとなった点である。すなわち，同条のドイツ語正本の文言表記は，ドイツの法律用語では自然人について用いる「国籍[Staatsangehörigkeit]」となっており，法人のいわば本国については，通常「帰属[Staatszugehörigkeit]」という表現がドイツの法律用語では用いられている。このために，本条の対象は，自然人に限るのか，それとも法人についても本条が適用になるかが争われてきた。この判決が，オランダに本店を置く法人である仮差押債務者につき7条を適用したことは，とりもなおさず，7条の対象者には法人も含むとしたものに他ならない。したがって，ドイツにおける本条の人的適用範囲に関する見解の対立は，解消されることになろう[26]。

　つぎに，後者についてであるが，1つは，ブリュッセル条約に加盟していないルガノ条約加盟国についてはどうかである[27]。ルガノ条約においては，ローマ条約7条のような差別禁止規定はないからである。第2には，それではドイツ以外のブリュッセル条約構成国に財産を持っているために，そこで執行する必要があるドイツ人債務者についてはどうか。また，判決時で言えばヨーロッパ経済共同体（現在では，ヨーロッパ共同体）に滞在し，ドイツ以外のその域内の国で執行を受けることになるヨーロッパ共同体加盟国以外の国の国民ないしは法人についてはどうなるのか，という問題が生じてくる。これもまた，ローマ条約7条が，共同体を構成する他国「共同体の市民[Unionsbürger]」に対する差別を禁止しているだけだからである。もっとも，これらの点については，後に述べるように，立法的に解決がなされているところである。

　問題は，それでは，ブリュッセル条約構成国における執行の必要性は，ドイツ民訴法917条1項の一般的な仮差押えの理由（執行が不可能ないしは著しく困難になる恐れ）を基礎づける事情として考慮することができるのか。また，できるとしたなら，どのようにかである。本判決がよりどころとする，ブリ

ュッセル条約構成国の領土は一体であるという考え方からすれば，いっさい考慮すべきではないとも考えられよう(28)。領土が1つであるなら，いずれであれ構成国での執行は，ドイツ領土における執行と同じだとも言えるからである。もっとも，本判決に賛成する者から次のような解釈が主張されているのは，注目に値しよう。すなわち，その資産状況がはっきりしない債務者がその唯一の換価可能な財産を外国に移転しようとしている場合には，ブリュッセル条約31条以下の債務名義取得手続によってもたらされる時間的ロスにかんがみると，1項の一般的な仮差押えの理由となりうる。そしてこのように解することこそが，ドイツでの執行と構成国でのそれとの間にいまだなお存在している一定の違いをみすえた唯一正しい解釈であるとする(29)。しかし，2項も「外国で執行しなくてはならないことになる」という要件に服することからすると(30)，2項との要件上の差は，余り大きなものではなくなってくるのではあるまいか（先の例で，1項による場合には，財産が外国に移転する危険のあることが要件となるが，2項ではその必要がないという程度であろう）。翻って本判決に賛成する者もまた，ドイツ国内での執行と，ブリュッセル条約構成国での執行との間には，1項の一般的な仮差押えの理由を生じさせるような違いがあると認めていることは，とりもなおさず，本判決ないしは適用否定説は，つまるところ，ブリュッセル条約下における統一的な管轄ルールを守ろうという，ある種ヨーロッパ的な法政策的考慮に立脚していることを物語っているように思われる(31)。

Ⅳ　本判決の影響
1　ドイツ民事訴訟法917条2項の改正
　ヨーロッパ裁判所の判決は，当該事件についてのみその法的拘束力をもち，ローマ条約に違反するとされた規定を改廃する効力をもつものではない。しかしながら，現実には，違反とされた規定が再度適用されることは事実上ありえないことは言うまでもない。もっとも，本判決で条約違反とされたドイツ民訴法917条2項について言えば，たしかに法的安定のためには改正するのが最適ではあるが，本判決に齟齬をきたさないようにするというだけであれば，これをブリュッセル条約構成国での執行ができる場合には，適用しなければよいだけであり，本判決に沿うようにドイツ民訴法917条2項を改める必

要に必ずしも迫られていたわけではない。このような事情もあってか，本項が，このヨーロッパ裁判所の判決に抵触しないように，2項に2文として次のような文言を加え，これによりその適用範囲に明文をもって限定が加えられたのは，ほぼ4年も経った1998年になってのことであったし，それも，政府提案ではなく，連邦衆議院［Bundestag］の法務委員会によって提案されたものであった(32)。

「ただし，判決の執行が，1968年9月27日の民事および商事事件に関する裁判についての裁判管轄とその執行に関する条約およびそれへの加盟条約〈ブリュッセル条約〉，または，1988年9月16日の民事および商事事件に関する裁判についての裁判管轄とその執行に関する条約〈ルガノ条約〉(BGBl, 1994, II, s.2658, 3772) に基づいてなされることとなる場合には，この限りではない。」(33)

これによりまた，先に述べた2つの問題，すなわち，ルガノ条約構成国との関係，そしてまたその人的適用範囲，つまり，ドイツ人あるいはブリュッセル条約構成国以外の国民に対するブリュッセル条約ないしはルガノ条約構成国での執行となる場合はどうかという問題も，併せて立法的に解決されることとなったのであった。

それでは，はたして条約構成国での執行の必要性は，1項の枠組みの中で仮差押えの理由を構成する事情となるのかであるが，立法者はこの点について，つぎのように述べている。すなわち，「欧州共同体構成国での判決の執行にともなう法的・事実的困難は，今後においても，ドイツ民訴法917条1項の一般的規律の枠内において，これを考慮することができる。」と(34)。だとすると，2項の適用肯定説が指摘してきたようなブリュッセル条約の下においても今なお存在する内国での執行との差，すなわち困難の評価次第では，適用肯定説に限りなく近づくこともありえよう。

2　ドイツ民事訴訟法917条2項にいう「判決」の意義

本判決が与えたもう1つのインパクトは，2項にいう判決(35)が，ドイツのそれのみをさすのか，それとも，外国判決もここで言う判決であるのかという論争に決着をつけた点にある。すなわち，仮差押えについてはドイツ裁判所が国際裁判管轄を有しているとしても，本案については，外国裁判所が国際裁判管轄を持つため，当該外国で本案につき判決を取得しなくてはならな

い場合にも適用されるかについては，見解が分かれていた。多数説は，ドイツの判決のみを指すとするのに対し，全面的に外国判決でもよしとする見解が対立し，その中間として，ブリュッセル条約構成国の判決については，2項の適用を認めてよいとする見解に分かれていた(36)。そしてこの第3の見解は，ブリュッセル条約構成国での執行ができるときは，2項は適用されないという見解に呼応するものであった。すなわち，ブリュッセル条約構成国が，2項の意味での外国でないなら，その判決もまた外国判決ではない。したがって，2項の判決に外国判決一般も含まれるかどうかとは全く別の観点から，これにあたるとするものであった(37)。2項が先のような2文を付加された現在では，ここで言う判決には，少なくともブリュッセル条約ないしはルガノ条約構成国の判決も含まれることにもはや異を唱えるものはあるまい(38)。現在では，両条約以外の国（たとえば日本）での執行の必要があるときのみ2項の適用があるが，そのさい本案の管轄裁判所がドイツになくとも，両条約構成国にあれば，本項により直ちに仮差押えができることとなったのである。

3　日本との関連

最後に，わが国の民事保全法の解釈にとって，この判決ないしはこれを取り巻く議論は，どのような影響ないしは示唆を与えてくれるのであろうか。結論から言えば，ほとんどない。あったとしてもごくわずかでしかないと言っても過言ではあるまい。すなわち，わが国は，平成元年の民事保全法制定まで，旧民事訴訟法旧738条（仮差押えの理由）後段に，前段が規定する仮差押えの一般要件である，「判決ノ執行ヲ為スコト能ハズ又ハ判決ノ執行ヲ為スニ著シキ困難ヲ生スル恐アルトキ」の例示の形で，「殊ニ外国ニ於イテ判決ノ執行ヲ為スニ至ル可キトキ」をあげていた。この規定は，ドイツ民訴法917条2項と異なり，例示の形を取っているにもかかわらず，同じ趣旨，つまりは絶対的な仮差押事由と解されていた(39)。しかし，民事保全法は，その20条（仮差押命令の必要）において仮差押命令の必要性を定めるにあたり，旧民事訴訟法738条の前段のみを単に口語化しただけで取り入れ，後段は取り入れなかった。その理由については，このような場合は，「強制執行をするのに著しい困難を生ずるおそれがある場合の一典型といえますから，ことさら，この場合のみを絶対的仮差押えの理由として規定するに乏しいので，新法では，これ

について特に規定していません。したがって，新法においても，外国において強制執行をしなければならなくなる恐れのあることが，仮差押えの必要性の事由となることを否定するものではありません。」と説明されている[40]。つとにわが国では，ドイツ民訴法917条2項を削除した現状の下では，本判決が少なくともダイレクトにわが国民事保全法の解釈に示唆を与えることはない。

　少しく，その有用性を，あえてあげようとするなら，わが国の民事保全法下の外国での執行の必要性をどう，また，どの程度評価するかについて，本判決に基づき，法改正を終えたドイツの学説・判例が，ブリュッセル条約およびルガノ条約構成国における執行の必要性について，仮差押えの理由をどう判断していくかであろう。ドイツ民訴法917条2項に対応する規定を削除した現在のわが国では，要するに，事案ごとに具体的事案を判断すればよい[41]と説かれているからである。しかしながら，この観測もあまりに楽観すぎよう。なぜならば，欧州共同体の夢を追う状況下にあるドイツが，その構成国を見る目で我々が外国を見ることが，いかに「極楽とんぼ」であるかは，誰でも理解できることだからである。

　翻って，現行の民事保全法下においては，おそらくのところ，日本国内にある債務者の財産が，外国に持ち出される危険があれば（現実に持ち出す危険が切迫していなくとも，たとえば預金等のように簡単に海外に移転できる状況であれば），仮差押えの要件を満たすことになろう。この点では，先に述べた，2項の適用はないとする見解が導き出した結論と同じではある。しかしこれは，偶然でしかない。ブリュッセル条約・ルガノ条約下において，その構成国での執行の必要性がどう評価されるかは，これからの問題である。

(1) 参照した文献からみると，Geimer, RIW 1975, S. 26 が最初のようである。
(2) OLG Koblenz, 1976, NJW 1976, S. 2081.
(3) Schlosser, RIW 1983, S. 473 (483); LG München I IPRax 1992, S. 321.
(4) 先行裁判 (Voeabentscheidung) については，Hess, ZZP Bd.108, S. 59ff. 参照。
(5) Schack, ZZP Bd.108, S. 47.
(6) Vorlagebeschluss vom 16. 11. 1992, IPraz 1993, S. 398.

(7) 学説・判例の状況については，Ress, JuS 1995, S. 967f にうまくまとめられているので，基本的にはそれによっている。文献については，この論文の注(5)以下および Ackmann, IPraz. 1991, S. 167 の注 (11)（適用肯定説）および注(14)（適用否定説）を参照されたい。
(8) Ehricke, NJW 1991, S. 2189 (2190).
(9) Ackmann, IPraz 1991, S. 166 (168).
(10) ただし，やはり2，3週間かかるようではある。Schlosser, JZ 1986, S. 83.
(11) Mugdan/Hahn, Die gesamten Materialien zu den Reichs-justizgesetzen, Zweiter Band, Erster Abteilung, S. 471.
(12) 注(3)参照。
(13) Mugdan/Hahn, a.a.O. (Fn.11), S. 524/869.
(14) OLG München, OLGZ 83 S. 478 (479).
(15) このほかに，保全処分については，本案管轄裁判所所在地国以外も，国際裁判管轄を持つことができるとするブリュッセル条約24条を根拠に，保全処分が認められるか否かの準拠法は，発令国である。したがって，ブリュッセル条約の存在は本項の適用を妨げるものではないとする主張もある。Schack, a.a.O. (Fn. 5), Rdnr. 420ff. しかし，24条は，本案裁判所と保全処分発令裁判所が異なることを承認するもの以外のなにものでもないから，関係あるまい。Ehricke, a.a.O. (Fn. 8), S. 2191.
(16) Schlosser, a.a.O. (Fn. 3), S. 482; Ehricke, a.a.O. (Fn. 8), S. 2190.
(17) 代議士が，なぜ条約のある場合を除外する旨が規定に盛り込まれていないのかと質問したのに対し，政府委員は，「条約の規定は，一国の法律によって変更されることはない。しかし，このような一般的な規定を盛り込むことはやめた。もしここで特別の規定をおくことにしたら，ほかの多くのところでやらなくてはならなくなる。」と応えている。このような質疑から，条約とはすでに締結済みのものを指すと断言するには，相当の勇気がいろう。Ackmann, a.a.O. (Fn. 9), S. 168, FN20.
(18) Schack, a.a.O. (Fn. 5), S. 48ff.
(19) このような論法は，ドイツにおいてもすでになされていた。Schlosser, a.a.O. (Fn. 3), S. 482; LG Munchen I, a.a.O. (Fn. 3), S. 322.
(20) 結論的には本判に賛成する Ress, a.a.O. (Fn. 7), S. 970. も，多数の場合には外国人に適用されると言うことだけでは，事実上の差別の証拠にはならないとする。
(21) このような表現は，判決が言うように，たしかに，Jenard-Bericht (EG-

(21) ABl. 1979 C 59, S. 1, 13) にあるが，これは，非常に慎重に，共通の管轄規律を設けることに関連づけられており，一般的に，ブリュッセル条約によって，民事司法の領域では国境がなくなったと言っているわけではない。Schack, a.a.O. (Fn. 5), S. 52 FN. 19 参照。

(22) Ress, a.a.O. (Fn. 7), S. 969ff.

(23) Ress, a.a.O. (Fn. 7), S. 969. なお，この観点から，イギリス人相続財産管理人につき，相互の保証がない場合には，被告は，担保提供を求められるとするドイツ民事訴訟法110条は，ローマ条約59条以下の国籍を理由とする差別に当たると判断している。EuGH (Hubbard/Hamburger), EuZW 1993, S. 514.

(24) Ress, a.a.O. (Fn. 7), S. 968. 本判決までに，ヨーロッパ裁判所は，注(23)であげたもののほか，もう1件，ドイツ民事訴訟法の規定が，ローマ条約7条の差別禁止に当たらないかを判断したものがある。EuGH (Bousssac/Gerstenmeier) Slg. 1980, S. 3427. この事件では，外国で送達がなされる場合だけしか，外国通貨による支払督促は認められないとするドイツ民事訴訟法688条は，ローマ条約7条に違反するかが問われたものである。この判決は，やはり，大方の該当者は外国人であることを理由に，7条の国籍による差別に当たるとしたが，結論的には，通常手続で訴求する道が開かれていることを理由に，不適法な差別に当たらないとしたものである。

(25) Schack, a.a.O. (Fn. 5), S. 51.

(26) Geimer, IPRax 1994, S. 415 (416).

(27) Stein/Jonas/Grunsky, ZPO 21.Aufl., §917 Rdnr. 15a.

(28) Thümmel, NJW 1996, S. 1930 (1934).

(29) Ress, a.a.O. (Fn. 7), S. 971.

(30) この観点からする2項の適用要件（制限）については，Stein/Jonas/Grunsky, ZPO 21.Aufl., §917 Rdnr. 19 参照。

(31) Thümmel, a.a.O. (Fn. 28), S. 1934.

(32) Beschlußempfehlung und Bericht der Rechtsausschusses (6. Ausschuß), BT-Drucks. 13/10871, S. 10

(33) Drittes Gesetz zur Änderung des Rechtspflegergesetzes und anderer Gesetze vom 6 August 1998, BGBl. I, S. 2030.

(34) Beschlußempfehlung und Bericht der Rechtsausschusses (Fn. 32), S. 18.

(35) ドイツ民事訴訟法917条は，「判決」の執行を問題としているが，決定でも

よいことは言うまでもない。問題は，仲裁である。Stein/Jonas/Grunsky, a. a.O. (Fn. 27), §917 Rdnr. 18 参照。

(36) 学説の状況については，Ress, a.a.O. (Fn. 7), S. 968 参照。ドイツ判決のみとする見解の根拠は，2項に言う外国とは，外国全部をさすのであり，そうするとそこで言われている判決とは，ドイツの者のみということになる。加えて，これを認めると際限がなくなるというものである。OLG Hamburg, NJW 1990, S.1425. 全面的に外国判決であってもよいとする見解の根拠は，仮差押による保護の必要性は，それがドイツで承認されるものであれば，債務名義がどこの国の者であるかに関係ないということである。もっとも，無条件ではなく，たとえば債権者がドイツに住所をもっていることなどが必要とだとする。Grunsky, IPRax 1983, S.210ff. (711).

(37) もっとも，Stein/Jonas/Grunsky, a.a.O. (Fn. 27), §917 Rdnr. 17a は，ブリュッセル条約構成国が2項の外国にあたるかどうかとは別に，条約の趣旨から2項に言う判決にあたるとしていた。

(38) Musielak/Hüber, ZPO, §917, Rdnr. 6.

(39) 民事訴訟法旧738条後段の解釈については，三ケ月章ほか編・注解強制執行法（4）(1978) 256頁〔西山俊彦〕(1978年) 参照。

(40) 法務省民事局参事官室編・一問一答新民事保全法79頁以下（1990年）。

(41) 竹下守夫=藤田耕三編・民事保全法〔北山元章〕150頁（1997年）。

(2001年11月脱稿)

23 ブリュッセル条約50条における公の証書の意味について

EuGH, Urteil vom 17.6.1999-260/97 Unibank/Christensen

越 山 和 広

Slg. I-1999, 3715; IPRax 2000, 409 Anm, Geimer (366); EWS 1999, 268; DNotZ 1999, 919 Anm. Fleischhauer (925)

〈判決要旨〉

作成地国の官署または作成地国によって授権された者による公証がなければ，たとえ作成地国法上執行力が認められる債権証書であっても，それは単なる私証書であり，ブリュッセル条約50条における「公の証書」には当たらない。

〈事案の概要〉

当時デンマークに在住していたY（債務者）は，1990年から1992年にかけて各々利息込みで27万デンマーククローネ，42万2千デンマーククローネ，13万8千デンマーククローネをデンマークの銀行であるX（債権者）へ支払う旨の債権証書[Schuldschein; Gaeldsbrev]に署名した。この文書はタイプ打ちでXの行員の署名があるほか，デンマーク民事司法法[Lovom rettens Pleje] 478条により強制執行をすることの基礎付けとなり得るとの条項が含まれている。

これらの債務の履行期限が到来したが，Yはドイツに住所を移していたために，Xは，ドイツ・ダルムシュタット地方裁判所に対して右債権証書に基づく強制執行の許可を求める申立てをした。これが認容されたので，Yはフランクフルト上級地方裁判所に抗告し，一部弁済と分割払いの合意があることを主張した。ところが，後にYはドイツから退去することだけを通知して行方不明となってしまった。抗告審は，Yが外国に出国したことでこの債権証書はドイツで執行できなくなったから，権利保護の必要が消滅したと判断した。そこで，Xは連邦通常裁判所に再抗告した[1]。連邦通常裁判所は手続

を中止し，ヨーロッパ裁判所へ以下のように先行判決を求めた[2]。

(1) 公の証書作成機関の関与なしに債務者によって署名された債権証書で，作成地国法上執行力が与えられているものは，ブリュッセル条約50条における「公の証書」に当たるのか。

(2) 外国裁判への執行認可に対する抗告手続中に債務者が出国し行方不明となった場合，裁判所は申立てを却下ないし棄却することができるか。

〈判　旨〉

ヨーロッパ裁判所は，以下のとおり第1の問題を否定に解し，その結果として第2の問題は解答する必要がないと判断した。

ブリュッセル条約50条にいう「公の証書」は，それ以外の外国裁判と同じ条件の下に外国裁判と同様に各構成国で執行することができるのだから，この証書の証拠力 [Beweiskraft] は，執行国裁判所がそれを信頼できる程度まで疑問の余地のないものでなければならない。私証書それ自体はそのような証拠力を有せず，したがって，それは作成地国の官署または作成地国によって授権された者の関与があって初めて，公の証書になりうるのである。したがって，官署等によって公証されていない証書は，たとえ作成地国法上執行力があっても，ブリュッセル条約50条にいう「公の証書」には当たらない。

〈参照条文〉

ブリュッセル条約

　第50条

　　第1項　構成国で作成され，執行力が認められる公の証書は，他の締約国で第31条以下の規定にしたがって申立てがなされたときは，これに執行力がある旨を認可する。この申立ては，公の証書による強制執行が執行国の公の秩序に反する場合をのぞくほか，これを拒否することができない。

　　第2項　提出された証書は，作成国において真正であるために必要な条件を充していなければならない。

　　第3項　第3編第3節の規定はこれを準用する。

第32条
第2項　裁判所の土地管轄は債務者の住所により決定する。執行を求められた国の領域内に債務者が住所を有しないときは，土地管轄は強制執行が行われるべき土地により決定する。

〈研　究〉

I　ブリュッセル条約50条1項にいう「公の証書」

　ブリュッセル条約50条1項（ブリュッセル規則（I）57条に対応）は，「構成国で作成され，執行力が認められる公の証書は，他の構成国で31条以下の規定にしたがって申立てがなされたときは，これに執行力がある旨を認可する。この申立ては，公の証書による強制執行が執行国の公の秩序に反する場合をのぞくほか，これを拒否することができない。」と規定している[3]。また，50条3項は外国裁判の執行に関する31条以下を準用する。その結果，外国裁判所の裁判だけではなく，たとえば公証人が作成した執行証書のような証書も，それがブリュッセル条約の適用対象となる法律関係に関するものであるかぎり，作成地国以外の他の構成国でも執行力が与えられることになるのである。

　ブリュッセル条約50条がいう「公の証書」がどのようなものを意味するのかに関しては，条約自体は何の手掛かりも与えていない。ブリュッセル条約の並行条約であるいわゆるルガノ条約の制定にあたっては，この点の精密化が求められ，同条約に関するジュナール［Jenard］とメラー［Möller］の公式報告書は，公の証書が満たすべき要件として，①公の官署によって公証ないし認証がなされること，②公証はたとえば署名の真正だけではなく，証書の内容に及ぶものでなければならない，③証書は作成地国で執行力がなければならないとの見解を明らかにしている[4]。本判決は，この見解がブリュッセル条約にも当てはまることを明らかにした初めての判決である。

II　デンマークの債権証書の執行力

　本件では，デンマークの債権証書の執行力が問題となった。同国では，いわゆる公証人のような公証業務を行う公務員の関与なしに私的に作成された債権証書に対して，広く執行力を認めている。すなわち，デンマーク民事司法法478条1項4号は，履行期限が到来している債務についての裁判外の和解

証書で，これに執行力を与える旨の合意が記載されているものは執行力があるとされ，また，同条 1 項 5 号は， 4 号に定められた以外の債権証書で，証書中に強制執行に服する旨の記載がある場合にも，執行力が付与されるものとしている(5)。そうすると，上述した「公の証書」の判断基準によれば，本件の証書は公の官署や公証人などの関与なく作成されたものであるから，そもそもブリュッセル条約50条 1 項の要件を欠くことになる。ドイツでは，かつてこのデンマーク法上の債権証書にブリュッセル条約50条 1 項の執行力を認めた裁判例があるようだが(6)，多数説はこの点を否定に解しており(7)，本判決の結論は少なくともドイツ法的には予想されたものといえるであろう。

Ⅲ　本判決とヨーロッパ統一公証制度

ところで，とりわけ公証人が作成したものでなければ「公の証書」とはいえないという本判決の性質決定は，いわゆるラテン系公証人制度に属するヨーロッパ諸国の法観念を前提とすることに注意しなければならない。最初にブリュッセル条約に加盟した諸国では，このような法観念を共有しているが，後に加盟した国の中には，本件で問題となったデンマークやイギリスのようにそうではない国もあり，ラテン系公証人制度を採用した国を基準にして条約独自の法的性質決定を行うことには疑問がないわけではない。しかし，官公署や公証人がその権限内で法定の方式を遵守して作成した文書であればこそ，その証拠力が高いことに注目するならば，公務員の関与なしに作成された文書を直ちに債務名義とすることはできないであろう。

いずれにしろ，ヨーロッパ域内で簡易債務名義としての執行証書の相互承認，執行を広く実現するためには，各国においてラテン系公証人制度を基準とした公証制度の整備が不可欠となろう(8)。その意味では，本判決はヨーロッパ統一公証制度の実現のための重要なきっかけとなるといえるかもしれない。

Ⅳ　その他の問題

本件では論点とならなかったが，ブリュッセル条約50条 1 項にいう「構成国で執行力が認められる」ことをどのように判断するのかについては，作成地国法を基準とすることになろう(9)。また，本件の第 2 の論点についてだが，

債務者が行方不明になると権利保護の利益が消失したり，あるいは執行管轄が消滅するという本件抗告審が前提とした議論は，伝統的なドイツ法の議論からは異質であるといわざるを得ないことだけを付言する(10)。

(1) ブリュッセル条約構成国でなされた裁判（本件で問題となった公の証書も同じ）のドイツ国内での執行は，ドイツ民事訴訟法722・723条に定める執行判決手続ではなく，以下のような簡易な執行文付与手続による。債権者は，債務者の住所地の地方裁判所の民事部裁判長に対して申立てを行う。裁判長は，承認要件の存否などを調査して，執行文を付与する旨の命令（これに基づいて書記課の文書作成官が執行文を付与する），またはそれを拒絶する決定を行う。そのさい債務者は審尋されない。執行を許す旨の裁判に対しては，債務者は上級地方裁判所に抗告できる。抗告審の決定に対しては連邦通常裁判所にさらに抗告できるが，抗告理由は法の違反に限られる（いわゆるRechtsbeschwerde）。以上の手続は，ブリュッセル条約31条以下に基づいて，ドイツでは，1988年5月30日（2001年2月19日全面改正）のAnerkennungs- und Vollstreckungsausführungsgesetz（AVAG と略される）によって具体化されている。

(2) この決定は，ZZP 111 (1998), 9 (Anm. Leutner, 93) に掲載されている。

(3) 本条についての包括的な研究として，Leutner, Die vollstreckbare Urkunde im europäischen Rechtsverkehr, 1997 が新しくかつ有益である。

(4) Jenard/Möller, Report, para. 72, OJ C189/80.

(5) Leutner, a.a.O.(Fn. 3), S. 148.

(6) 注（2）の BGH 決定の指摘による。

(7) Schütze, Internationales Notarverfahrensrecht, DNotZ 1992, 66, 79; Wolff, in: Handbuch des Internationalen Zivilverfahrensrechts, Bd. 3/2, 1984, Rdnr. 251; Zöller/Geimer, ZPO, 21.Aufl. 1999, Art.50 GVU Rdnr. 1. 本件について，Mankowski, EWiR 1997, 843, 844; Leutner, ZZP 111 (1998), 96 は否定説。

(8) Fleischhauer, DNotZ 1999, 928f.

(9) Kropholler, Europäiches Zivilprozeßrecht, 6.Aufl. 1998, Art. 50 Rdnr. 5. ただし，Leutner, ZZP 111 (1998), 97f. は，作成地国法上適式に作成されたことの他に，執行力ある公の証書が民事判決と同等の執行力を持つことを要求する。そのうえで，後者の点は各構成国で区々であるために条約独自の判

断基準が必要として，第1に，執行力ある証書が執行手続外で実体審査に服することがないかどうか，第2に，執行手続外での実体審査に服するとしても，民事保全制度による財産保全が可能かどうかの2点から判断すべきことを提案する。詳細は省略するが，Leutner, ZZP 111 (1998), 98f. は，デンマーク法は右の基準をクリアしていると解している。その結果，たとえばドイツでデンマーク法の私的な債権証書を執行しようとするのであれば，デンマークで公証を受ければよいということになる（デンマーク法も公証人制度を全く知らないのではない）。

(10) Mankowski, EWiR 1997, 844; Leutner, ZZP 111 (1998), 93 Fn.6.

（2000年8月脱稿）

〈編者紹介〉

石川　明（いしかわ・あきら）
　　現　在　慶應義塾大学名誉教授，朝日大学大学院法学研究科教授

石渡　哲（いしわた・さとし）
　　現　在　防衛大学校人文社会学群教授

EUの国際民事訴訟法判例

2005（平成17）年11月20日　初版第1刷発行

編　者	石　川　　　　明
	石　渡　　　　哲
発行者	今　井　　　　貴
	渡　辺　左　近
発行所	信 山 社 出 版

〒113-0033　東京都文京区本郷6-2-9-102
　　　　　　TEL 03 (3818) 1019
　　　　　　FAX 03 (3818) 0344

印　刷　東洋印刷株式会社
製　本　大三製本

Printed in Japan

©石川明・石渡哲，2005．　落丁・乱丁本はお取替えいたします。
ISBN4-7972-2255-7　C3332